让法律被信仰

国家高端智库武汉大学国际法研究所

国 际 法 文 库
INTERNATIONAL LAW LIBRARY
黄 进 总主编
肖永平 执行主编

专著系列
黄志雄 主编

梁西
论国际法与国际组织五讲
（节选集）

梁西 著

法律出版社
LAW PRESS·CHINA

梁西 · 一九二四年生 · 湖南安化人

总　序　一

当今之世界，随着全球投资贸易不断增长，科学技术特别是信息技术飞速进步，通信和交通日益便捷，人文交流蓬勃发展，经济全球化、政治多极化、文化多元化、社会网络化、法律趋同化已成为天下大势。在这种背景下，作为国际社会最为重要的行为规范，国际法在全球治理中发挥着不可替代的作用。

今日之中国，秉持“创新、协调、绿色、开放、共享”五大发展理念，正在全面建设小康社会、全面深化改革、全面推进依法治国、全面从严治党、全面参与全球治理。在这个过程中，国家始终坚持统筹国内国际两个大局，于内，追求实现“两个一百年”奋斗目标，追求实现中华民族伟大复兴的中国梦。于外，坚定不移对外开放，参与全球治理；坚持和平发展、合作共赢；积极构建中国特色大国外交，完善对外战略布局，既“请进来”，又“走出去”，加快推进“一带一路”建设；坚决维护国家主权、安全、发展利益，争取良好国际环境，维护世界和平稳定，促进各国共同发展，打造“人类命运共同体”。毫无疑问，坚持统筹国内国际两个大局，不仅要全面推进依法治国，加强国内法治，而且要在全球治理中高度重视和善于发挥国际法的作用，加强国际法治，推进国内法治与国际法治良性互动，特别是要完善中国自己的涉外法律法规体系，积极参与国际规则的制定，增强中国在国际法律事务中的话语权和影响力，运用法治思维和法治方式依法处理涉外事务，强化涉外法律服务，加强国际法治合作。

当下之中国国际法学界，经过改革开放30多年的建设和发展，可以肯定地说，国际法学科体系不断健全，学术队伍不断壮大，国际学术交流与合作不断拓展，学术水平和创新能力不断提高，培养了一大批国际法专门人才。而且，广大国际法专家学者解放思想、实事求是、求真务实、与时俱进，深入研究和回答中国改革开放面临的国际法理论和实践问题，产出了一大批有分量的学术成果，为国际法学的繁荣发展和国家改革开放及现代化建设做出了重要贡献。但应该指出的是，中国国际法学领域还存在一些亟待解决的问题。比如，国家缺乏整体的国际法学科发展战略规划，国际法学科建设放任自流，各国际法机构各自为阵；国际法人才队伍学术原创能力和解决实际问题的能力不强，活跃在世界国际法舞台的人才不多，总体素质亟待提高；国际法人才培养体系不健全，德行教育与知识传授相分离、理论培养与实践训练相脱离、国内培训与国际培训相隔离；国际法学术研究缺少精品力作，还没有产出具有广泛国际影响的创造性思想成果和理论成果，在国际规则制定和国际法律事务中的话语权和影响力不大。可以这样说，中国国际法学界目前在学术命题、学术思想、学术观点、学术标准、学术评价、学术话语上的能力和水平同中国综合国力和国际地位还不太相称。

综上所述，国际法在国际社会中的重要地位日益凸显，中国全面推进依法治国、对外开放、参与全球治理，亟须掌握和运用国际法，中国国际法学界仍处于有数量缺质量、有专家缺大师以及作用没有充分发挥出来的状态。我们所处的时代表明，这是一个需要国际法的时代，这是一个需要国际法理论创新而且一定能够产生国际法新理论的时代，这是一个需要国际法思想而且一定能够产生国际法新思想的时代。所有这些，正是我们编辑出版《国际法文库》以推动国际法学繁荣发展的初衷。

《国际法文库》将坚持兼容并包、思想自由。主张立足中国、借鉴国外，挖掘历史、把握当代，关怀人类、面向未来，着力推进构建既具有中特色、中国风格、中国气派，又能进入世界学术话语体系的国际法学。

《国际法文库》将坚持问题导向。面对中国改革开放的新常态、国际局势的新变化，世界范围内各种思想文化交流交融交锋的新形势，只有聆听时代的声音，回应时代的呼唤，认真研究国家深化对外开放、全面参与全球治理的重大而紧迫的问题，才能真正把握历史脉络，找到发展规律，推进国际法理论创新和全球治理实现良法善治。

《国际法文库》将坚持跨学科研究。国际法律问题涉及国际社会生活的方方面面，具有跨学科性，需要从多学科视角，运用学科交叉融合的方法，进行跨学科研究。也就是说，对于国际法律问题，不仅要从国际公法、国际私法、国际经济法等国际法学视角进行研究，而且还要从宪法、行政法、民商法、刑法、诉讼法等国内法学视角进行研究;不仅要从法学视角进行研究,而且还要从国际政治、世界历史、全球经济、人类社会变迁、多元文化交融、地球生态文明等视角进行研究。跨学科研究在于坚持用联系的发展的眼光看待问题,增强研究的整体性、系统性、协调性、战略性,促进问题合情、合理、合法的解决。

《国际法文库》将坚持创造创新。创新是一个民族进步的灵魂,也是引领理论发展的动力。创新,就是有所发现、有所发明、有所创造。国际法理论的生命力在于创新 ,只有不断进行探索,才能推进国际法思想创新、知识创新、理论创新、制度创新、方法创新。国际法理论创新要从问题开始,发现问题、筛选问题、分析问题、研究问题、解决问题的过程就是创新的过程。国际法理论创新不必贪大求全,发现新事实、新材料、新现象是创新,阐明一个新原理、提出一种新学说、揭示一条新规律是创新,发明一项新技能、找到一条新路径、创造一种新方法也是创新。

《国际法文库》设专著系列、译著系列、实务系列、文集系列,是法律出版社与武汉大学国际法研究所共同打造的学术品牌。法律出版社在中国出版界特别是法学法律出版领域的龙头地位自不待言。这里有必要对武大国际法所多说几句。武大国际法所是我国著名法学家、教育家、国际私法一代宗师韩德培先生于1980 年创办的,是我国高校设立的第一个国际法研究所。该所自创立以来,自强不息,追求卓越,先后培养了一大批已在学术和实务方面崭露头角的国际法专门人才,先后产出了一大批具有较高水平的国际法学术成果,先后两次被评为国家级重点学科,2000 年被确定为教育部人文社会科学重点研究基地,2015 年入选首批国家高端智库。可以肯定地说,武大国际法所是当今中国国际法领域的学术重镇,不断推进中国国际法人才培养、科学研究和新型智库建设,不仅是它义不容辞的责任,更是它崇高而神圣的使命。正是基于这种情怀,武大国际法所与法律出版社携手合作,设立了这个《国际法文库》。这是为中国国际法学界开辟一块新的学术园地,建造一个新的学术舞台。《国际法文库》是自由、开放、包容、多元的,海内外的国际法同仁都可以在这块园地里辛勤耕耘,春播夏种、秋收冬藏;也都可以在这座舞台上翩翩起舞,崭露头角、一展锋芒。我真诚希望,所有以国际法为志业、立志为中国国际法事业做出贡献的海内外同仁,都能把《国际法文库》视为我们共同的国际法事业的一部分,关心之、支持之、帮助之、鞭策之,勿忘初心、久久为功,去迎接我们共同期待的中国国际法学界百花齐放、百鸟争鸣的春天。

是为序。

*

2016 年 12 月 1 日于北京

---

* 黄进，中国政法大学校长，法学教授，中国法学会副会长，中国国际私法研究会会长。

总 序 二

随着中国日益接近世界舞台的中央，我国迫切需要加强国际法律共同体建设，利用国际法维护世界和平和人类命运共同体以及可持续发展，保障中国的正当利益。因此，不管是国际法制度构建，还是国际法理论创新，抑或是国际法实践引领，中国都需要从“被动适应者”向“主动引领者”转变。

由我国著名法学家、教育家、社会活动家、国际私法一代宗师韩德培先生创办的武汉大学国际法研究所是1980年由原国家教委批准成立的中国高校第一个国际法研究机构；1981年设立博士点；1995年建立博士后流动站；1996年列为“211”工程重点建设单位；2000年被教育部批准为普通高等学校人文社会科学重点研究基地；2004年被批准为“985”工程哲学社会科学创新基地；2015年被中宣部确定为首批国家高端智库试点建设单位。她一贯秉持国际公法、国际私法、国际经济法的全面和综合研究，积极拓展联合国法、欧洲联盟法、国际能源法、电子商务法、国际发展法、国际网络法、国际投资法、国际金融法、国际体育法、世贸组织法、海洋法和海商法等前沿学术领域，形成了学科研究方向齐全、学科发展水平一流、咨政服务能力突出、教学科研成果领先的鲜明特色。

但是，不管是作为教育部的人文社会科学重点研究基地，还是作为国家高端智库，仅仅依靠一个研究所的力量难以实现中国国际法理论的创新，难以实现中国从国际法的“被动适应者”向“主动引领者”的转变。当下，中国面临的问题在全球化进程中愈发凸显其复杂性，许多问题往往需要从不同学科、不同视角、不同谱系进行合理的理论解释、作出正确的政策选择；而不同学者、学术机构、智库在不同领域具有相对优势，或者因所在区域不同而存在区域政策问题的竞争优势。因此，团结、组织中国国际法学者共同攻关、协同创新是获得国际竞争优势、创新中国国际法理论，进而实现中国从国际法的“被动适应者”向“主动引领者”转变的必由之路。正是出于这种考虑，我们与法律出版社合作出版《国际法文库》，希望集中展示中国学者的国际法著述和学术见解，及时传播国外国际法学界的最新研究成果，协同研究中国面临的重大国际法实践问题，不断增强中国国际法理论的国际话语权，不断提升中国国际法制度的国际吸引力，不断提高中国国际法实践的国际影响力。

因此，《国际法文库》将面向中国国际法理论界和实务界广泛征集选题，通过自荐与他荐相结合的方式，由丛书编辑委员会根据其学术性、思想性和创新性决定出版选题。本文库分为专著系列、译著系列、实务系列和文集系列。

专著系列旨在集中呈现中国学者在国际法领域的理论研究成果，引导中国国际法学界关注国际学术动态、设置前沿学术议题、营造良好学术风气，推动中国国际法理论创新。以学术性和创新性为选题标准，主要出版中国学者关于国际法领域具体问题的创新性研究成果。

译著系列旨在全面推介国际社会国际法理论的经典著作和最新成果，促进中外国际法理论的交流与交锋，促使中外国际法实践的互动与创新。以思想性与新颖性为选题标准，主要出版国际社会在 20 世纪 90 年代以后创作或再版的国际法著作的译作。

实务系列旨在中国国际法理论研究和实践运用之间架起桥梁，促使中国国际法研究更加贴近国家和社会的现实需要，在国际法理论的支撑下运用国际法规则分析和解决实践中出现的问题。以对策性与实用性为选题标准，主要出版针对实践中的国际法问题，特别是与中国密切相关的国际法问题的著作，强调贴合国家对外交往实际需要，关注操作层面的问题选择、分析和解决方案。

文集系列旨在及时反映中国国际法学界举办的学术会议成果，提高学术交流的质量，加强学术交流的深度，扩大学术交流的影响。以新颖性与可行性为选题标准，主要出版能够设置学术议题、引领理论前沿的论文集。

我们相信，在中国国际法学界同仁的关心、支持与积极参与下，《国际法文库》一定能够实现上述目的，为中国国际法的理论创新、制度变革和实践引领贡献她应有的智慧、发挥她应有的作用。

*

2017 年元旦于武汉

---

* 肖永平，武汉大学国际法研究所所长，长江学者，法学教授，中国国际私法研究会常务副会长。

简　目

详　目

第一讲　引　论

第二讲 国际组织的法理学分析

第四讲　法学教育方法论系列——国际法之角度

第五讲　一次概述学术生涯的访谈记录——法苑往事如歌如云烟

附　录

第一讲

引　论

第一节　国际法的性质与基础

一、国际法的概念和特征

（一）国际法的名称和定义

从社会发展史观之，人类在其发展过程中，自形成国家以后，就出现了国内社会。由于各国彼此交往而形成种种关系以后，又出现了国际社会。有国家，有社会，就有法。国际社会和国内社会一样，也需要有法。没有法，国际社会即无行为规则可循，国际关系必然难于维持，国际交往也就难于进行了。

国际社会所需要的这种法，现在通称为国际法。

几个世纪以来，随着国际社会与国际关系的发展，各国学者曾经给国际法下过很多定义，但内容各有侧重，观点不尽一致。我们可以结合国际实践，比较分析各种观点及学说，扬长避短，从国际法的本质属性出发，给它下一个定义：国际法是在国际交往中形成的，用以调整国际关系（主要是国家间关系）的，有法律约束力的各种原则、规则和制度的总称。

上述定义着重从实质上阐明了下列三点：

第一，国际法是国际社会各成员所公认的，而不是经由某个超国家的世界统一立法机关直接产生的。

第二，国际法以国际关系为调整对象，其中主要是调整国家之间的各种权利义务关系。

第三，国际法由对国际社会成员具有法律约束力的各种行为规范组成，与适用于国内社会的国内法相对照，国际法是法的一个独立体系。

国际法这个词的词源，可以追溯到罗马法。在古罗马，以所谓市民法适用于罗马公民，而以所谓“万民法”（jus gentium）适用于外国人以及外国人与罗马公民的关系。但是万民法只是罗马国内法的一部分，并非上述定义所指的国际法。

后来，由于学者们在其著作中，特别是荷兰法学家格劳秀斯（Hugo Grotius，1583～1645年）在其名著《战争与和平法》中，常借用“万民法”来称呼调整国家间关系的法，所以就使这一术语的含义扩大而有了万国法（law of nations）的性质。

再后来，英国的边沁（Jeremy Bentham，1748～1832年）倡议改用“国际法”（international law）这一名称，终于为大家所普遍采用，一直沿用到现在。

有些学者把对世界所有国家（及其他国际法主体）均适用的那一部分原则、规则和制度，称为“一般国际法”（general international law），而把只能对两个或两个以上的某些国家（及其他国际法主体）适用的那一部分原则、规则和制度称为“特殊国际法”（particular international law）。两者所调整的权利义务关系，广狭有别，范围不同。前者效力一般高于后者。前者对整个国际社会成员具有普遍的法律约束力，而后者则只对某些特定国家（及其他国际法主体）具有法律约束力。国际法（学）所着重研究的是一般国际法。[1]

有些学者为了在名称上对应国际私法，又称国际法为“国际公法”（public international law）。但是，国际公法与国际私法的相互关系是一个有争论的问题。一般认为，通常所说的国际私法，并不是直接用来调整国家之间的关系，而是一国在其涉外关系中用来调整不同国家的自然人、法人相互间的民事关系的一种法律。例如，一个法国人居住在瑞士，死后留有财产在奥地利，某国法院如受理有关此项财产的继承案件，到底应适用哪国法律呢？这个问题原则上应该根据该法院的国内法来加以确定。因此，从传统意义上说，国际私法是国内法而不是国际法；只有当各国为了解决法律适用上的彼此冲突，就某些国际私法规则签订条约使之对各缔约国产生约束力时，或者当各国共同采用某些规则而形成国际习惯时，这些规则才具有国际公法的性质。不过，近几十年来，由于各国人民来往频繁，含有涉外因素的民事法律关系屡见不鲜，有关这方面的国际条约和国际习惯已经大量出现并在继续增加。这说明国际公法和国际私法的相互联系正在日益加深，需要从理论与实践的结合上加以广泛研究。

（二）国际法的社会基础

从上面对国际法所下的定义出发，我们应该进一步看到：国际法的产生和发

---

〔1〕 参见并比较《国际法院规约》第38条的规定。

展,有其特定的社会基础。通过以下分析加以概括,这就是众多主权国家同时并存,且彼此进行交往与协作而形成的各种国际关系和整个国际社会的存在。国际法的理论和实践,无不与国际社会的存在密切联系在一起,因此,两者的辩证关系,是涉及国际法学各个方面的一个非常重要的问题。

国家是国际法产生的前提。

没有各主权国家的存在,就不可能有国际法的存在。因为从一般意义上说,只有独立自主的国家才具有享受国际权利和承担国际义务的完全能力。更不用提国际法的制定和执行也都不可能离开国家的实践这个基本问题了。

国际法的产生,必须有一个社会基础。[1] 但是这个基础到底应该如何去认定呢?[2]

单独一个国家,或者多个各自孤立的国家,彼此不发生关系,当然不可能产生国际法。只有存在一个国际社会,才有生长国际法的土壤。国际社会,就像国内社会是基于共同物质生产活动的"人们交互作用的产物"一样,它是"众多国家交互作用的产物"。在中世纪,世界各地区包括欧洲在内,并未出现形成一个真正国际社会的条件。所以中世纪的欧洲,在以封建割据为根基的统一基督教世界里,不可能有真正意义上的国际法的产生。只有当这个统一霸权分裂为众多独立国家并产生"交互作用"之后,才有了产生国际法的可能性。

国际社会的形成是一个渐进的过程。

当一群独立国家平行并立,而且由于各种交互关系所带来的若干共同利益把它们联系在一起时,一个以众多主权国家为其成员的社会就会产生。这时,国际法才获得了存在的价值和适用的基础。

最早形成"社会"的欧洲国家,原先只承认欧洲基督教文明各国为欧洲国际团体(family of nations)的成员而适用国际法。后来,国际团体的概念逐步运用到欧洲之外。至19世纪末和20世纪初的两次海牙和会,已分别有世界各地区的26个和44个国家参加会议。此后"国际团体"一词才逐渐扩大为"国际社会"(society of nations)。如1916年美洲国际法学会发表的《国家之权利与义务宣言》(The

---

〔1〕 参见[奥]菲德罗斯等:《国际法》,李浩培译,商务印书馆1981年版,第10~19页。

〔2〕 参见梁西:《国际法的社会基础与法律性质》,载《武汉大学学报》1992年第4期。笔者在该文首次发表其有关国际法发展规律的"社会基础论"。笔者认为:在国际法的科研与实践过程中,都始终不应背离以宏大的国际社会为背景来分析、认识和评价国际法的性质、功能和演变规律以及其他各种理论或现实问题。

American Institute of International Law: Its Declaration of Rights and Duties of Nations)即已用“国际社会”一词来替代“国际团体”这种狭义的提法。

建立国际法律秩序,是世界各国进行交往的一种内在需要。

人类历史,由古代向近代发展,经过20世纪两次最大的战争之后,现已进入21世纪。这一漫长的过程,使世界相距甚远的各个地区性社会逐渐连结成了一个包括所有国家在内的普遍性国际社会。在国际社会逐步扩大的过程中,各国为了建立、维持和发展平等互利的国际关系,就需要相互承认、设立外交机关、互派使节、实施外交特权与豁免的规定;为了便利各国人民之间的来往,就需要形成有关外国人待遇的一般原则、实施有关本国侨民的外交保护制度;为了促进国际交通与运输,就需要有海洋、陆地和空间的各种通行制度;为了进行国家间的合作、共同参加国际会议、解决争端、缔结条约,就需要有国际议事规则、国际争端法、条约法,等等。可见,国际法是以一定的社会目的为根据而逐渐形成和发展的。

国际社会的组织化程度,对国际法的发展产生深刻影响。

近百余年来,特别是最近50多年来,由于国际组织数量的增加,及其职能的扩大,已经形成一个以联合国为中心的国际组织网。这一趋势,明显地加强了国际社会的造法功能和实施国际法的能力。

当今地球上,已有约200个国家。虽然,其中有发达国家和发展中国家、有大国和小国、有富国和贫国、有强国和弱国的差别,其文化传统、经济结构或社会制度也有诸多不同,但是,在现代国际法上和国际组织中,它们均为主权国家,都是组成今日国际社会的平等成员。在科学技术高度发展、交通信息迅速进步的条件下,各国之间的政治、经济、文化等方面的组织合作日趋扩大。实践表明,在各国来往频繁和组织化程度加深的国际社会里,各国之间存在一种交叉影响、彼此补充和相互依存的关系。为了维护全人类共同及根本的利益、加速各国特别是贫国的经济及社会进步,“共同谋求和平与发展”已成为各国人民的普遍要求。国际法在国际组织的影响下,也正在迅速发展之中。

现代国际法需要适应一种复杂的世界格局。

当前,特别引人注目的是,从第二次世界大战以来建立在雅尔塔体制基础上的两极格局已经发生根本变化。世界正在向多极化方向过渡。在这个国际舞台上,“舞伴”们将不时地重新组合和更换,从而形成一种使平衡不断发生变化的新格局。在国际关系中,由于各自国家利益和民族传统的不尽相同以及意识形态上的某些差异,国家与国家之间或国家集团与国家集团之间的矛盾和冲突有增无减。各国,特别是经济和军事上的强国,总是谋求主宰国际活动而获取利益,而这种利益在不少场合是靠损害别国(尤其是弱小国家)利益而取得的。这就会使国际社会出现一种颇为复杂、敏感的形势。以此为背景,作为协调国际关系的一种手段的国际法,将像一艘潜入深海的洋底游艇,它必须蛇行地绕过种种暗礁,才有可能到达目的地。但是,可以预见,在国际大气候有可能改善的条件下,国际法必能发挥它应有的作用。因为,如前所述,不仅国际法需要有一个国际社会的存在,国际社会的存在也需要有一个国际法体系来进行有效的协调。

综上所述,关于国际法社会基础的论述,笔者从理论与实践相结合的高度概括出如下几点带规律性的基本认识(统称为"社会基础论"):

第一,独立并存的主权国家以及主要由主权国家组成的国际社会,是国际法形成和发展的前提及最重要的社会基础。

第二,人类的组织化趋势,强化了国际法的地位,当代国际组织已成为国际社会的重要行为体,其作用与影响不容忽视。

第三,各国间存在各种差异与矛盾,但也不乏某些共同的"国家利益"。这种利益是形成国际关系的一根重要纽带,而国际法则是协调各国之间利益的一种重要手段。可见,国际法既是国家间关系的产物,又反过来影响各国间的关系。

第四,国际社会的需要不断推动着国际法的演变与发展,国际法律秩序的建立又有助于国际社会的进步。国际法的演变同国际社会的演变相伴而行,而且基本上是同步的。

第五,平等互利的国际关系有助于国际法的成长,而国际社会强权政治与霸权主义的出现则有可能扼杀国际法的生机。可见,国际法会受到国际关系各个方面的影响,特别是会受到国际政治的制约。国际政治给国际法带来时隐时现的局限性。这是国际法的重要特征之一。

第六,21 世纪的国际法理念及其价值取向,必将随着国际社会法律秩序的改善和加强而不断向前发展。

(三)国际法的法律性质和效力根据

1. 国际法否定论

顾名思义,国际法是法。但是,这个在国际法理论中带有根本性的命题,却不为国际法法律效力的"否定论"者所接受。这种观点认为,国际法不是法。它的早期代表，可以举出17世纪的法学家普芬多夫（S. Pufendorf，1632～1694年），他从自然法角度否认任何一种作为实在法律的国际法的存在。他认为只有自然法才是法，一切实在的国家间协议（条约）或“相互义务”都可能被个别国家随意解除，因此它们并不构成国际法律。19世纪的英国法学家奥斯汀（J. Austin，1790～1859年）则从实在法的角度否认国际法的法律性。他根据其“三位一体”说，认为法律是掌握主权的“上级”所颁布的一种“命令”，如不服从即以“制裁”作为威胁，但国际法并非如此。所以他断言，国际法只是一种道德体系，而不是法。在两次世界大战期间，甚至现在，由于国际法常常遭到粗暴的违反和破坏，也不断引起人们对国际法法律性质的怀疑。

上述各种否定论的观点，有的带有明显的片面性，有的是一种在法律观念上先入为主地把衡量国内法的标准移植于国际法理论的结果。人们一般都生活在一定的国内法律秩序之中，因此总习惯于以国内法来说明国际法。但是，正像国内法不能以国际法来说明一样，国际法也是不能以国内法来说明的。虽然它们都是法，但它们是两种不同的法。

2. 国际法与国际道德

国家作为国际社会的成员，在彼此交往中，必然客观地形成种种行为规范。这些规范，有的属于国际道德的范畴，有的则属于国际法的范畴。

就国际道德规范而言，它主要是通过国际社会舆论形成的，依仗人们内在的信念及道义力量来维持，是一种不太确定的规范。此外，各国为了彼此尊重、交往方便和友好合作，往往相互采取各种国际礼让，如驻在国对外交使节的某些礼仪、便利及善意等措施。这种规范和措施，在相互基础上，一般均能得到遵循。但它们不是国际法的法源，即使遭到抵制与破坏，也只构成不道德行为或不友好行为，并不引起当事国的法律责任。因为，它们并不具有法律约束力，除非它们通过某种法律程序确已转化成了国际法规则。例如，早先对战俘的某些人道主义待遇，现已通过国际条约转化成了有约束力的国际法规范。

就国际法而言，它主要是由各国间的协议（条约）和习惯形成的，必要时可由外力加以强制实施，是一种较为确定的规则。这种规则，与否定论所说的国际道德的区别，主要就在于它们对当事国是具有法律约束力的。

从上两个世纪以来，国际法一直在作为国际交往中有法律约束力的行为规则而不断发展。

第一,各国常常通过其议会和政府宣示愿意遵守作为国际行为规则的国际法。很多国家在其宪法中以明文确认国际法的效力。

第二,各国在其缔结的各种条约中,不仅接受权利而且承担义务。甚至在违反国际法时,有关国家也并不否认国际法的存在,而是设法证明其行为的合法性。特别值得注意的是,《联合国宪章》在序言中郑重宣布,各缔约国决心"尊重由条约和国际法其他渊源而起之义务",并强调依"国际法之原则调整或解决足以破坏和平之国际争端"。《国际法院规约》也有"法院对于陈诉各项争端,应依国际法裁判之"的条款。1969 年《条约法公约》更明确规定,"凡有效之条约对其各当事国有拘束力","一当事国不得援引其国内法规定为理由而不履行条约"。

第三,国际法的约束力不仅为各国所公认,在实践中,国际法也是为各国所遵守的。国际法遭到破坏毕竟只是少数情况。而且,正如不能因为有强盗而否定国内法的效力一样,也不能因为有侵略行为而否定国际法的效力。如果国际法确已遭到破坏,有关国家有权依法采取单独或集体行动来保障国际法的执行。[1]

第四,自 20 世纪初第二次海牙和会关于陆战法规惯例的第四公约,规定交战国违反陆战法规者应负赔偿责任之后,国际上出现了有关"制裁"的规则。1945 年《联合国宪章》以第 7 章各条,规定了对侵略行为的强制行动(enforcement action),以实施集体制裁。第二次世界大战结束后的纽伦堡和远东两个军事法庭,各自根据伦敦协定、两个法庭宪章及有关国际法规则,于 1945 ~ 1948 年,分别对德日战争罪犯进行了国际审判。1949 年签订的日内瓦四公约,也规定了对严重破坏公约者加以有效之制裁。除国际联盟曾根据《国联盟约》对意大利进行过经济制裁外,联合国曾于 1966 年、1968 年、1976 年、1977 年对南罗得西亚,于 1963 年、1977 年对南非,于 1990 年对伊拉克,近年来对利比亚、伊朗和朝鲜,多次分别宣布进行经济制裁和武器禁运。可见,现代国际法的效力和国内法近似,在一定程度上,也是以对违法者实行某种制裁作为保证的。

3. 国际法约束力的来源

在国际法理论上更深一层的问题是,为了论证国际法的法律性质,还必须回答"国际法效力的根据"问题。这一问题的实质是,国际法的约束力是从哪里来的?它的基础和根据是什么?

---

〔1〕 参见《联合国宪章》第 51 条之规定。

自然法学说，包括各种带自然法色彩的新流派在内，一般认为，国际法的约束效力产生于“自然理性”，而自然理性是决不可违背的。有的把这种理性称为“法律良知”“正义观念”或“最高规范”。这一学说将航海自由、人类和平、国家之独立、平等、自保等权利，都归于一种永恒的自然权利。自然法学说，在历史上新兴资产阶级反对欧洲封建的教皇霸权中起了重要作用，有些观点如正义战争与非正义战争等，至今犹有影响。但是，它从一些抽象的概念出发，显然使法律规范和伦理道德有所混同。且其内容多为“法学拟制”，难于在实践水平上加以检验。

盛行于19世纪的实在法学说及其新的流派，一般认为，国际法的约束效力产生于各国在国际习惯或条约中所表现出来的“共同意志”。这一学说认为，任何规则不能仅仅因其合理而成为国际法，只有在证明该规则确已为各国所共同同意后才能成为国际法；这种同意是国际法效力的基础。这一学说的影响一直延续至今。与自然法说重视内容上的正义性相比，实在法说则重视形式上的有效性。后者主张，法与道德没有必然联系，甚至认为某法律尽管不正义，只要是依正式程序制定的，即应有效。推至极端，这是一种“恶法亦法”论。

还有些学者强调“权力政治”对国际法的决定性作用，认为国际法的效力来自各国“势力均衡”。另一些学者则提倡“政策定向”学说，认为国际法的效力来自国际社会中“权威决策的总和”。这一学说，以美国现实主义法学派理论为基础，产生于20世纪60年代。其代表人物主要出自耶鲁大学，故有纽黑文学派（New Haven School）之称。这些学说在一定深度上揭示了政治权力、国家对外政策与国际法的关系。国际法诚然与世界政治势力和各国对外政策密切相关，但是若将它们铸为一体，则显然悖于事理。

如果说，以自然理性等来说明国际法的效力，是对神权法学的一大突破，那么以共同意志等来说明国际法效力则是对自然法理论的一个更大的突破。因为这第二个突破，使国际法从抽象的概念向可供捉摸的世界靠近了一步。但是，只重形式效力而忽视正义内容的“恶法亦法”等命题，无论在国内法还是在国际法中，都遭到了抨击。

我国学者关于这一问题的观点，也众说纷纭，但较为普遍的认识是，国际法的约束力源于“各国意志之间的协调”，可以称之为“意志协调说”。这种观点，虽然将各国体现于所缔结的条约之中的意志作为国际法效力的根据，但是认为，这种意志不可能是各缔约国的共同意志，只是各国意志在求同存异基础上的一种协调或

“协议”。著名国际法学家周鲠生先生在其遗著《国际法》一书中写道:国际法是各国公认的,它代表各国统治阶级的“协调的意志”。[1] “意志协调说”较确切地阐明了各国意志之间的矛盾,同时也注意到这种矛盾还有可能协调的一面。这一认识,似乎与国际法的实践较为接近。

4. 国际法的特殊性

关于国际法的法律性质问题,我们应该从前面所阐述的“社会基础论”的原理出发,探究国际法这一概念的两个方面:一方面如上所述,它是法;另一方面与国内法相对照,它是一种特殊的法。国际法是“法”,这并非答案的全部,答案的真谛在于:它是“国际”的法。它作为国际的法,与各国的国内法比较,具有如下基本特征。

第一,国际法是适用于国际社会的法律。

(1)从国际法调整的对象来分析:包括国际法在内的任何法律,从法律哲学上说,都根源于一定“物质的生活关系”,都是适应国家和社会生活的需要而产生的,因此,法律无不以一定社会关系作为其调整的对象。国际法是适用于国际社会的法。国际法调整的对象是广义的国际关系,即包括国家与国家之间、国家与其他具有国际法律人格的国际实体之间以及此等实体彼此之间的关系。但基于国际社会结构的基本情况,国际法主要是调整国家之间关系的一种法律体系。国际法不调整各国内部发生的关系。这是国内法的调整范围。虽然国际法规范有时对这种关系产生一定影响,甚至在一国内部有效,但是,在一般情况下这只是根据该国国内立法而产生的一种转化或并入。

(2)从国际法的主体来分析:国际法律关系的主体主要是国家。此外,在一定条件下和一定范围内,民族解放组织(处于形成期的国家)和国际组织等国际实体也可成为国际法律关系的主体。国际法原则上只规定国家间的权利义务。这里,值得注意的是,法律制度在不断发展,有些国际法规则或条约,实际上已具体涉及个人(自然人或法人)的若干权利义务,如在侨民待遇、人权保护、外交豁免等方面就是如此。但是,也需要看到,在多数场合,还需要通过缔约国才能产生权利义务关系。因此,一般来说,国际法律关系的基本主体仍然是国家。

第二,国际法是平等者之间的法律。

(1)从国际法的形成方式来分析:如前所述,适用国际法的国际社会,主要是由

---

〔1〕 参见周鲠生:《国际法》,商务印书馆 1976 年版,第 8 页。

众多的主权国家组成的，和国内社会相比，它是一个高度分权的社会。国内社会，是在一定领土上，由国家管辖的自然人和法人为成员而构成的一种纵向的“宝塔式”社会。国内社会的权力集中于中央，国家有统一的中央权力机关。但是，国际社会的基本结构显示，它是一种横向的“平行式”社会，在其成员（各国）之上不可能有一个超国家的世界政府存在。因此，国际社会没有一个统一的最高立法机关来制定法律。国际法是作为国际社会平等成员的各国，在相互协议的基础上逐渐形成的。无论是条约法还是国际习惯法，都必须有主权国家的明示同意或默示同意才能生效。

（2）从国际法的实施方式来分析：基于同上理由，国际社会，没有一个处于国家之上的司法机关来适用和解释法律，也没有这样一个行政机关来执行法律。虽然过去的国际联盟和现在的联合国，都设有国际法院，但它们对当事国并没有像国内法院对当事人那样的强制管辖权。从实质上分析，任何国家都不得被强迫违背其意志进行诉讼。各诉讼当事国的自愿是国际法院受理案件的基础。虽然联合国宪章所设立的集体安全制度有助于对破坏和平及侵略行为进行制裁，但是宪章所规定的“执行措施”如涉及大国的利益，即可能在安理会遭到否决。因此，联合国不大可能对作为安理会常任理事国的大国实行制裁。国际法的实施，在颇大程度上仍是凭借国家本身的力量。可见，国家不仅是自己应遵守的国际法规范的制定者，而且在一定程度上是这些约束它们自己规范的解释者和执行者。

综观上述各种特征，与国内法相比：国际法是国际社会的法，它所建立的不是一种以统治权为基础的法律秩序，它不像国内法那样具有超于当事者的最高权威。国际法迄今仍然基本上是一种以国际社会的主权者“平等协作”为条件的法律体系，是一种国家之“间”的法律体系。因此，也常常被认为是一种较弱的法（weak law）。这恰好从一个侧面说明了国际法最本质的属性和特征。不过，应该看到：现代国际法与传统国际法相比，由于20世纪后半期以来国际社会组织化与民主化程度的提高，其影响与作用在21世纪定会有所发展和加强。

二、国际法与国内法

为了深入理解国际法的性质和基础，除上述最基本的原理之外，还应从横向比较的角度进一步具体探讨国际法与国内法以法律效力为核心的各种关系问题。

（一）关于国际法与国内法关系的早期学说

如前所述，国际法是有别于国内法的另一种法。若要更全面地揭示国际法的特殊性，就须先剖析有关两者关系的各种学说，然后再阐述两者关系的各国实践。

国际法与国内法的关系，无论在理论或实践上，都是一个很复杂的问题。两者关系问题的实质是，在彼此并存时，“各自的法律效力如何”？或者说，在彼此发生抵触时，“何者处于优先地位”？各国学者对这一问题的解释及论述甚多，形成了种种学说。其中较早的并最有代表性的，是“法律的一元论”和“法律的二元论”。在一元论中，又因所强调的隶属关系不同而有国内法优先说和国际法优先说之分。

1. 国内法优先说

在国际法形成独立体系以前的自然法理论，是一种法律一元论。它认为，国际法与国内法都从属于自然法，是一个法律体系。但后来的国内法优先说则有所不同，它主张的是一种国际法从属于国内法的一元论，其实质是国内法的效力应高于国际法的效力。这一理论，兴起于19世纪，以19世纪末期的一些德国学者如耶利内克（Georg Jellinek，1851～1911年）等为代表。他们主张国际法和国内法从整体上构成一个统一的法律体系，但以国内法的效力为优先；同国内法相比，国际法是次一级的法律。他们认为，国家的所有对外活动，都是以其国内法为根据的，如条约的缔结，必须先有国内宪法的授权，否则条约就不可能产生，因此，国际法的效力来自国内法，在整个法律体系中，国际法应处于国内法的下位，并从属于国内法。他们甚至把国际法理解为所谓“对外的国家法”。

国内法优先说，源于黑格尔的“国家至上”观念，有浓厚的强权思想。依照这一学说的逻辑推理，既然国际法从属于国内法，各国即可凭借本国法律任意解除其国际义务，这样势必导致对国际法效力的根本否定。国内法优先说，不仅在理论上非常片面，而且和现实的法律经验很不相符，相去甚远，因此遭到了二元论的尖锐批评。经过第一次世界大战，特别是在第二次世界大战之后，这一学说已逐渐衰落，失去了影响力。

2. 国际法优先说

一元论中的国际法优先说早已有之，但其较系统的理论，则是在进入20世纪以后才逐步形成的。它以世界主义思潮为背景，曾在欧美法学中盛行，现在犹有一定影响。这种理论认为，国际法与国内法是一个法律体系，在此体系中，国际法应处于金字塔的最高位，各国的国内法从属于国际法，均处于低位。其实质是国际法的效力应高于国内法（宪法）的效力。这一学说最著名的代表是规范学派的学者凯尔逊（H. Kelsen，1896～1973年）等人。他们否认国家意志创造法律，而主张法律的统一性；认为整个法律体系有层次之分，国内法的效力是国际法赋予的，而国际法的效力则来自一个不以人们意志为转移的最高的“原始规范”。但是，这一学说始终无法证实这个原始规范自身的效力根据，最后只能勉强地把它归结到“法律良知”等一些抽象的概念中去。

显然，国际法优先说，带有很深的古典自然法学说的色彩。按照此说，既然国内法从属于国际法，国内法所赖以存在的国家主权就必然会遭到否定，这无疑也是对国际法基础的一种破坏。可见，国际法优先说与现实国际社会的基本结构是相互矛盾的。

3. 国际法和国内法平行说

国际法与国内法平行说，同上述一元论的两种学说相对照，它是法律上的二元论。

最早从理论上阐明二元论的名著，是德国特里佩尔（H. Triepel，1868～1946年）的《国际法与国内法》一书。最初，二元论对国内法优先说进行了有力的批评，后来，国际法优先说又同二元论形成了学术上的对立。二元论与一元论的长期论战，对国际法，特别是对国际法学的发展，做出了巨大贡献。同时也加深了人们对国际法的性质和基础的更为科学的认识。二元论依据实在法理论，主张国际法与国内法分别构成各自的法律秩序，有各自的效力范围，是两种完全不相同的法律体系。

平行说的主要论点可以概括为：

（1）国内法和国际法的效力根据不同。前者的约束力来自本国单独的意志，后者的约束力则来自多国共同的意志。

（2）国内法和国际法的调整对象不同。前者是用以调整隶属于国家的个人相互间的关系或国家与其国民间的关系，后者则是用以调整国家相互间的关系。

（3）国内法和国际法的法律渊源不同。前者的渊源是国内立法，其根本规范是“立法者的命令应该服从”；后者的渊源则是国际习惯与条约，其根本规范是“条约必须遵守”。

平行说的结论是，国内法和国际法的关系，不是一种从属关系，而是一种平行关系。它们基础不同，性质不同，各有自己的效力范围，分别形成两种完全独立的法律体系。国内法适用于国内，国际法适用于国际，在此范围内，各行其道，互不抵触。一般情况下，国际法不能在国内直接适用，除非一国宪法或法律作出直接适用的明确规定;若要使国际法适用于国内,必须通过某种国家行为(法律程序)将其“转化”为国内法。

平行说从实在法出发,较正确地分析了国际法与国内法的不同性质,论证两者是两种效力范围不同的法律体系,这是国际法理论上的一个重要发展。但是平行说在强调国际法与国内法各自独立的一面时,却忽视了两者彼此联系非常密切的另一面,对这两个体系的解释不免带有片面性,甚至使之绝对化了。因而,它仍然难以全面阐明实际的法律现象以及国际法与国内法两者所特有的复杂关系。

(二)国际法与国内法内在联系论

任何事物都是对立的统一,作为两个不同法律体系的国际法与国内法之间的关系也不例外。上述法律一元论完全否定了两者“对立”的一面,而法律二元论则忽略了两者“统一”的一面。我们从前面对国际法的社会基础与法律性质所作的基本分析,可以看出:一方面,国际法与国内法,在性质、主体、渊源、效力根据、适用范围、调整对象和实际执行等方面,都有显著区别;但是,另一方面,现代国际实践也向我们表明,这两个不同的法律体系的存在与发展,并不是彼此孤立无关,而是有内在联系的。例如,国际海洋法,不可能不与各国关于领海及渔业的法律制度发生关系;一国关于庇护和引渡等问题的具体规定,必然与国际法的一般原则具有联系。关于国籍问题,国际法有一般规定,而国籍的取得与丧失,则需各国制定具体规则。1930 年的《关于国籍法冲突的若干问题的公约》第 1 条规定:“每一国家依照其本国法律断定谁是它的国民。”这两种不同体系的规则,如相一致,则产生相互支持及补充的效果;如不一致,则可能在法律关系中发生抵触。无论是哪一种情况,都将在法律的实施中体现出来。在不一致的情况下,就需要从法律效力和适用范围上解决国际法与国内法彼此冲突的问题。

国际法与国内法发生内在联系的根本因素和纽带,笔者认为,主要来自下列几个方面:

第一,国家是国际法与国内法发生内在联系的最重要的纽带和动力。虽然国内法和国际法的产生及形成,各有截然不同的程序,但是,均以国家的存在及其意志活动为前提,均以此为法律效力的根据。国家,既是国内法的制定者,也是参与制定国际法的主体。因此,能为国家所接受的国际法规范必然与其国内法规范具有内在联系。

第二,国家的对内职能及政策,同国家的对外职能及政策,虽然分属两个不同领域，但却彼此密切相关。这一客观事实，加强了国内法和国际法在实践中的联系，必然使两者在付诸实施的过程中相互发挥作用。

第三，适用国内法的国内社会和适用国际法的国际社会，虽各有特点，但具有千丝万缕的关系。从纵向关系来考察，国内社会及其法律制度形成在前，国际社会及其法律制度发展在后，这种历史联系使国际法承袭了一部分国内法的有益经验及一般性规则。从横向关系来考察，国内事务与国际事务，彼此交叉，相互渗透，这种实际情况，对国际法与国内法在效力与适用的范围上无疑会产生重要影响。在当今情况下，国家间交往越频繁，人类组织化程度越高，国际社会和国内社会的联系就越紧密，国际法与国内法的关系也就更为复杂。

上述有关国际法与国内法关系的这种观点及论证，我们可以将其概括称为"国际法与国内法内在联系论"。

（三）关于国际法与国内法关系的各国实践

1. 通过何种程序国际法才能在国内适用的问题

如上所述，国际法与国内法是两个有密切联系的法律体系。这种联系的一个重要表现，是国际法在国内的效力问题，或者说国际法如何在国内（法院）适用的问题。

国际法是国际社会的行为规则，在国际关系中必须予以信实遵守。为了确保国际法的有效执行，还需要得到各国国内法律秩序的支持。因为国际法所调整的是国际关系，而不是国家内部关系，所以，国际法关于国家间权利义务的规定，其效力原则上只及于作为国际法主体的国家，而一般不能直接及于国家内部的机关和个人。这些权利和义务，在国家内部到底根据什么形式、通过什么程序、如何具体履行的问题，是一国主权范围内的事情，应由国内法来加以补充规定。例如，1948年的《防止及惩办灭种罪公约》，除其他有关灭种罪的实质性条款外，还专门在第5条规定，"缔约国承允各依其本国宪法制定必要之法律以实施本公约各项规定"。实际上，国际法的任何规则，无论是有关国家权利还是义务的规则，都需要进一步通过国内立法的补充，才能得到有效的执行。值得注意的是，某些当代自成体系的国际法对于其在国内的实施方式和程序有更为具体和明确的要求。例如，世界贸易组织中的一些多边贸易协定明确地要求各成员要建立适当的独立审查机构和程序（司法的或行政的）以及设立专门的咨询点，以保证有关多边贸易协定的实施。

国际法究竟怎样通过国内立法在国家之内实施呢？要使国际法能在国内实

施,首先必须使国际法具有国内法的效力,以便使其能适用于国内。关于使国际法在国内具有效力并能适用的问题,各国情况不一。

在国际习惯法方面,如英国,很早即有国际习惯法为国内法一部分的原则。后来,包括美国、日本、德国、法国在内的许多国家也承认国际习惯在国内的可适用性。但各国在适用中所加的限制条件,则有宽有严,不尽相同。

在条约法方面,如美国,以宪法明文规定条约为国内法的组成部分。日本、法国、奥地利、荷兰等国也承认条约在国内的效力。但以英国为代表的另一些国家,则非如此。英国法律规定,王国政府缔结、批准的条约,还必须在议会就该项条约通过一项特定法案后,才能在英国法院适用。

各国立法在这一方面所采取的具体方式也是多种多样的。因为各国宪法体制各有差异,所以在国际法上不可能就这一方面形成统一的规则。但就实践来分析,各国所采取的立法方式,概括起来可以分为以下两大类:

(1)转化。有的国家,为了使国际法能在国内有效地加以适用,通过其立法机关,将国际法有关具体规则变成国内法体系,用国内法的形式表现出来。如果国内法缺少有关国际法规则所要求的内容,则规定新的国内法,将国际法规则的内容纳进其中;如果国内法规则与国际法相矛盾,则修改国内法的有关条款,使之有助于国际法在国内的履行。

(2)并入。有的国家,为了使国际法能在国内直接适用,一般地作出原则规定,从总体上承认国际法为国内法的一部分。这可以由宪法统一规定国际法具有国内法效力,或由立法机关就某项条约通过专门法案赋予其国内法效力,也可以用其他方法(如通过批准条约、公布条约、司法判例等)使之能在国内(法院)适用。

2. 国际法在国内适用过程中的等级问题

在解决国际法能在国内适用的问题之后,另一个突出问题就是国际法与国内法的效力顺序问题。

如上所述,国际法所规定的权利义务的对象,从整体上看是国家本身。当国际法与国内法发生关系时,国家到底怎样在国内具体履行自己所承担的国际义务,原则上是国家的自由。上述两种立法方式,是与此有关的两种不同宪法原则的反映。从理论上说,转化方式,基本上不承认国际法在国内的效力;而并入方式,则倾向于承认国际法在国内的效力。采前一类方式的国家,在国内只适用国内法,而不直接适用国际法,程序比较简单;采后一类方式的国家,在国内除适用国内法外还要适用国际法,相对而言,程序就要复杂多了。到底被并入的国际法在国内体制中处于什么地位？特别是当两种法律发生抵触时,为了解决这一冲突,究竟应优先适用两者中的哪一种呢？这就出现了一个效力等级和顺序的问题。各国关于这个问题的规则,不尽相同。

(1)就条约而言,除有些国家未对上述问题作出规定外,有很多国家确认条约在国内适用中的效力高于国内法。例如,1958 年的法国《宪法》第 55 条规定,凡依法批准或通过的条约,具有高于国内法的效力。日本、刚果、扎伊尔、中非、哥伦比亚、希腊、荷兰等国也有过类似规定。另有一些国家认为,条约在国内适用中的效力与国内法相等。例如,美国《宪法》第 6 条规定,依宪法制定的联邦法律和以联邦权利缔结的条约,都是全国的最高法律(高于各州法律)。但按美国最高法院判例的解释,其第 6 条所指的条约只限于"自动执行条约"。当这种条约同联邦法律发生抵触时,则采用"后法优于前法"的原则来处理。这种采后法优于前法的国家,实际上并没有为解决国际法同国内法相抵触的问题提供一项真正确定的原则。因为如有需要,国家可随时由立法机关通过一项新法规,使已经成为国内法一部分的有关条约处于不适用的地位。

(2)就国际习惯法而言,除很多国家对此未作规定外,有些国家确认国际习惯在国内适用中的效力高于国内法。例如,1949 年的联邦德国《宪法》明文规定,国际习惯法是其法律的组成部分,位于各项法律之上。日本、意大利及希腊也作过类似规定。另有不少国家认为,国际习惯在国内适用中的效力低于国内法。例如,英国法律,虽然没有关于国际习惯在国内地位的明确规定,但它通过判例表明,国际习惯法如果与议会制定的法律抵触,应以议会的法律为优先。美国等其他一些国家也采取过类似的原则。

3. 国际法与国家宪法的关系问题

上面所作的比较分析,是针对国际法在国内适用中与国内一般法律的关系而言的。至于国际法在国内适用中与国家宪法的关系问题,各国一般均不愿赋予国际法以高于国内法(宪法)的效力。由于各国宪法对这一问题一般均采回避态度,不予规定,所以两者在国内适用中的关系,完全取决于各国的具体政策与态度。但是,在实践中,一般都通过解释尽量使两者一致起来。

4. 中国的实践

我国宪法,虽然尚未就国际法在国内的适用与地位问题作出一般性的规定,但在若干部门法中已为此设有专门条款。如我国《民法通则》在第八章“涉外民事关系的法律适用”中规定，我国缔结或者参加的国际条约同我国的民事法律有不同规定的，“适用国际条约的规定”，但我国声明保留的条款除外。我国法律和我国缔结或者参加的国际条约没有规定的，“可以适用国际惯例”，但适用国际惯例不得违背我国的社会公共利益。这些规定，在上述有关范围内表明：第一，我国缔结或参加的国际条约，除声明保留的条款外，在我国具有法律效力。第二，在我国缔结或参加的国际条约与我国国内法规定不一致时，国际条约在国内适用中处于优先地位。第三，国际惯例在我国具有法律效力，但由于只有在缺乏法律或条约规定的情况下才可在国内适用国际惯例，所以，国际惯例在适用上仅起补充（或补缺）的作用，其效力显然是在国内法与国际条约之下。不过，必须注意的是，我国《民法通则》中所称的“国际惯例”，主要是指国际商业惯例，与国际法上的国际习惯有所不同。

在我国其他部门法中，还有若干关于“直接适用国际条约”的规定。较早采用这种方式的是 1982 年的《民事诉讼法》，该法规定：对享有司法豁免权的外国人或某些组织提起的民事诉讼，法院根据我国法律和“我国缔结或参加的国际条约的规定办理”。其后，在我国《行政诉讼法》《邮政法》《环境保护法》等之中，均有类似规定。此外，为了履行我国加入的国际条约，还制定了一些专门条例，以便将国际法“转化”为国内法。我国为履行有关外交关系和领事关系的两个维也纳公约而制定的《外交特权与豁免条例》和《领事特权与豁免条例》，就是这方面的典型例子。

（四）国际法在国际关系中的普遍效力

综观国际实践，国际法作为调整国际关系的行为规则，其效力及于国际社会的所有成员（国家）。国际法在国际关系的广泛范围内，从基本制度上对国际法与国内法的关系作了原则性规定。一方面，条约必须遵守，国家不能以国内法改变国际法。国家必须信实地履行国际义务。另一方面，内政不容干涉，国际法不能干预国家依主权原则而制定的国内法。凡未承担国际义务的事项，均属国内管辖，由国内法调整，不在国际法效力范围之内。这两个方面，是彼此联系且相互制约的。

在国际关系中，国家既然依国际法承担了国际义务，就有责任使其国内法与其国际义务保持一致，不得以任何国内法为理由而否认国际义务。1965 年的《消除一切形式种族歧视国际公约》第 2 条，明确体现了这一原则。该条规定：“缔约国应采取有效措施……对任何法律规章之足以造成或持续……种族歧视者，予以修正、废止或宣告无效。”《维也纳条约法公约》第27条也明文规定了历来国际社会所普遍承认的原则：“……一当事国不得援引其国内法规定为理由而不履行条约”（但在违反有关缔约权限的国内法规定时，可使条约无效）。《建立世界贸易组织协定》第16(4)条更为具体地规定：“每一成员应当保证其法律、规则和行政程序，与所附各协议中的义务相一致”。

如前所述，国际法与国内法都是国家意志的体现，从逻辑上推论，两者是不会也不应该发生抵触的。但是，在千差万别的国际实践中，抵触却很难完全避免。如果国际法与国内法已经发生抵触，而有关国内法院仍根据该国国内法作出裁判，致使国家违背依国际法所承担的义务时，则必然会产生国际法上的“国家责任”。尽管在国内体制上，国家机关及其法院（除宪法或法律另有规定外），可能有责任不顾条约规定而适用国内法，但在国际关系上，该国作为国际法主体，应对其所属法院的这一司法行为承担违反国际法的一切国际责任，因为该行为已经构成该国的国际不法行为。

国际司法机关曾经利用多次机会表明，国家在国际关系中的权利和义务是由国际法规定的，国家不能利用国内法来改变国际法。例如，国际常设法院在1932年“上萨瓦和节克斯自由区案”中主张：国家不能依赖它自己的立法来限制其国际义务的范围。此外，在关于“在但泽的波兰国民之待遇问题”的咨询意见中，又一次明确阐述了这一重要原则：一国不能以其国内法来规避依据国际法或有效国际条约所承担的国际义务。1956年（9月24日）美意和解委员会在“特勒夫斯诉意大利共和国案”中所持的见解，[1]也反映了这一公认的国际法原则。

三、国际法的形成、发展和现状

过去不会消失的历史和未来难于预言的趋势，都是形成包括法律制度在内的各种社会制度的一种不容忽视的重要背景与因素。要更深入地了解国际法的性质和基础，还必须进行纵向研究，论及国际法的历史和未来。

（一）19世纪及此前的国际法

随着国家的出现，在国家相互交往中，自然会逐渐产生一些交往的习惯和规则。这种习惯和规则的胚胎，可以追溯到公元前的远古时代。但是，真正具有独立

---

〔1〕 参见《美国国际法杂志》（第51卷），1957年，第439页。

体系的国际法,则是近代的产物。

1. 古代及中世纪国际法的萌芽

在国际法形成独立体系以前(特别是在公元5世纪末西罗马帝国崩溃以前),原始国际习惯与规则的出现,带有明显的区域性。它们是在相距遥远的世界各地(包括东方和西方诸文明古国)各自成长起来的。这些孕育于古代希腊、中国以及埃及的古老国际法的源流,形式原始,十分零散,处于一种游离状态,多与宗教、正义、道德等观念联系在一起。但它们对后来国际法发展的影响,不容忽视。其中,尤以欧洲源流更为重要。

到中世纪,罗马教皇和皇帝成为整个欧洲社会至高无上的权威,形成了一个以封建割据为基础的统一基督教世界。在这个统一霸权(帝国)的长期统治下,其他国家的主权被否定,国际法很少有适用的余地。各国争端,只需诉诸教皇与皇帝,不必诉诸国际法。在中世纪,国际法的发展极为缓慢,几乎处于一种停滞状态。

2. 近代国际法的形成及发展

众多主权国家和一个国际社会的存在,是近代国际法产生的基础。

中世纪欧洲社会向近代社会的过渡,使基督教社会逐渐分裂为众多的独立国家。早在16世纪,主权国家并存的趋势已经出现。进入17世纪以后,发生了“30年战争”。1648年为结束这场宗教战争而召开的威斯特伐利亚和会及其所缔结的和约,是国际法漫长发展过程中的一块重要里程碑。它不仅标志着一个由众多主权国家组成的实际的国际社会的存在,而且标志着一种对国际行为产生直接约束力的国际法的产生。

《威斯特伐利亚和约》(Peace of Westphalia)对国际法发展的划时代意义,足以表明它是近代国际法的实际源头。该和约的生效,使“30年战争”所造成的领土变更得以调整,使罗马帝国统治下的大批城邦国家取得了独立,使荷兰与瑞士成为主权国家,使新教国家脱离了教皇的霸权,并使领土主权概念趋于加强,国家平等原则获得承认。这一切,使帝国从政治上和法律上发生了分裂。其发展结果是,作为国际社会成员的主权国家,大为增加;进行平等交往的常设使馆,相继设立;通过国际会议解决各国之间的争端,逐渐成为正常制度;日益增多的国际来往,为国际法规范的形成提供了各方面的素材。一个不屈从于教皇霸权而由独立国家平等组成之国际社会的发展,是国际法发展的根基,从而使国际习惯法的逐步形成,获得了重要条件。

国际法学，对近代国际法具有重要影响。

国际法学先驱者的学说，特别是格劳秀斯的学说，对国际法的发展和威斯特伐利亚和会的影响是显而易见的。格劳秀斯的著作，特别是他的名著《战争与和平法》，对具有独立体系的国际法学的产生与繁荣起了继往开来的作用。他在国际法领域内提出的各种基本原则和主张，代表新兴资产阶级表述了鲜明的反教权观点，具有折中自然法理论与实在法理论的时代特征。他被誉为近代国际法的奠基人。十七八世纪的西方学者大多接受他的学说，称为格劳秀斯派（Grotians）。

先前的学者从自然法理论出发，把国际法理解成一种适应当时"国际社会"（除国家外，还包括军队、君主及其他个人）的法，认为它是由一种以自然理性为基础并普遍适用于人类的自然法规则组成的。17 世纪下半期以后，国际法中占优势的实在法理论则认为：国际法是唯一由主权国家组成的国际社会的一种法律体系，是根据各国明示或默示同意而有效的，并以规定国家的相互间关系为限。

国家主权概念已盛行于 18 世纪，这一趋势也是当时自然法理论所承认的。因为人格化的国家被认为跟人一样享有自然权利，而国际法的主要任务是保护这些权利。特别是鼎兴于 19 世纪的实在法观点，更是以纯粹的国家主权观念为前提的。

早在 18 世纪末，国际法已开始了一个新的发展阶段。

法国大革命和此后发生的一系列战争，摧毁了欧洲各国的封建体制，在激烈变革中产生了一些有利于新兴资产阶级的有关国际法的民主原则，如国家享有独立主权、内政不容干涉、公海自由、条约不可违反、禁止贩卖奴隶等。19 世纪前期的国际法，十分强调国家的基本权利——独立、平等、自保及尊严。这些权利具有很强的政治性，促进了国际法的发展。整个 19 世纪在维也纳、巴黎、柏林、海牙及日内瓦召开的多次国际会议，以及国际习惯法的不断积累，对包括战争法在内的国际法各部门均产生了重要影响，使近代国际法形成了一个比较完整的独立体系。

强权政治，在 19 世纪的国际法中留下了深刻的烙印。

19 世纪及此前的国际法，其适用范围甚小，殖民色彩颇深。到 19 世纪中叶，帝国主义列强侵入远东，以炮舰政策迫使中国、暹罗（泰国）、朝鲜等国订立不平等条约、强行通商、设置领事裁判权。此后，殖民掠夺又相继扩及非洲等地，使众多国家沦为强权瓜分的牺牲者。这些国家在不平等条约的法律形式下被纳入了近代国际法的效力范围，但近代国际法的主权原则并未适用于这些弱小国家。此时的国际法，适用范围虽有所扩大，但仍为以西方价值观为基础的体系，是列强凭借殖民制度、保护国、势力范围、租借地、领事裁判权等方式支配亚非拉的体系。

到19世纪末，在列强疯狂争夺世界的战争威胁下，世界和平运动兴起，从而促进了和平解决国际争端等国际法制度的发展。由于科学的进步与世界市场的扩大，超国界活动日益频繁，使国家间缔结的条约大量增加。据统计，从19世纪初至第一次世界大战前夕，各国所签订的双边及多边条约不下15,000个，其中包括许多实体的国际法规范。这100年左右的时间，堪称“实体国际法形成时期”。

（二）20～21世纪的国际法

进入20世纪后，国际社会发生剧烈震荡，迎来一个新的历史转折点，使国际法获得了巨大的发展，开始进入现代期。

在不到30年的短暂时间里，地球上发生了两次世界大战。战争这个恶魔，一方面使国际法破坏无遗，另一方面为国际法带来新的转机。整个20世纪，世界日新月异。俄国十月社会主义革命胜利，国际社会急剧改组，东西方意识形态对立形成，各国社会、经济及政治结构出现深刻差异，包括中国在内的一大批新独立国家不断发展，国家集团相继出现，战后科技大发展，核军备和外空竞争日趋激烈，南北经济、政治难民、世界环境等问题不断出现。20世纪是国际法大变革的世纪。随着世界大局的波动，传统国际法规范，有些被更新，有些被废弃，许多被继续沿用，同时还不断产生各种新的原则和规范。

在跨进21世纪之后，总结过去的100余年，笔者认为，可以归纳出如下几点有关国际法发展的带规律性的特征，这些特征无疑将继续影响21世纪国际法的发展。

1.20世纪，国际关系的一个最大特征是新独立国家的迅速增加及其对国际法发展的重要影响

20世纪后半期以来，作为民族自决与非殖民化的结果，各洲殖民地纷纷独立，殖民体系基本瓦解。在现在全世界的约200个国家中，包括中国在内的发展中国家〔1〕已增加到约160个。新独立国家的激增，远远超出了其数量上的意义。它们经济不发达，过去长期被排除在所谓“文明国家”之外。它们加入国际社会后，强烈反对殖民体系残余和不平等条约，要求修改其未参与制定而且对其有损的那部分国际法规范。它们作为一种新的国际力量，已成为推动传统国际法变革和促进现

〔1〕“发展中国家”是20世纪50年代之后形成的一个新概念，国际上并无统一的划分标准，一般是依惯例来认定的。例如，联合国开发计划署的受援国，即可视为由联合国惯例所认定的发展中国家。

代国际法发展的一种重要动力。它们在维护民族经济和巩固国家独立的过程中，特别是在促进民族自决、建立新国际经济秩序和编纂海洋法、外交法、条约法、空间法等方面，推动了许多新的国际法原则、规则和制度的发展。在21世纪，发展中国家继续发挥着更重要的作用。

2. 20世纪，在国际法的深刻变化中，国际社会的扩大和国际法主体的增加最富有时代意义

在近代国际法形成的年代里，源于欧洲的国际法具有强烈的排他性。它把美、亚、非各洲均排除在当时适用国际法的国际社会（“欧洲团体”）之外，称非基督教各国为非“文明”国家。其后，国际法的适用范围才逐渐扩至美洲各国，再后扩及澳洲，至19世纪中叶的巴黎会议，才开始接受非基督教国家（土耳其）加入国际社会。[1] 20世纪的国际法承认：世界各种文明相异的国家，无论大小及政治经济制度如何，均为国际社会的平等成员，参与国际法的制定，接受国际法的调整。这种国际社会结构的发展与国际法主体的增加，不仅从横面上扩大了国际法的适用空间，而且从实质上加强了国际法的有效性。在此过程中，促使许多传统的法律规则，如国家及政府之承认、领土取得之方式、条约之效力等，发生了重大变化。

传统国际法只承认国家是国际法上唯一的法律人格者（Legal person），国际法规则是通过作为国家间关系产物的习惯、条约和仲裁裁决等而形成的。但在进入20世纪以后，既非民间团体也非国家的政府间国际组织，已逐渐被承认在一定条件下具有国际法律人格，可成为国际法的主体。因此，除国家间的关系外，国家与国际组织间以及国际组织彼此间的关系，也能形成国际法的新规则。由于国际组织具有参与国际法律关系的资格，从而大大丰富了国际法的内容。例如，在现代外交法中，国际组织一方面有派遣外交使团的职权，另一方面也能接受外交使团；在现代条约法中，国际组织不仅有一定的缔约能力，可以享受权利，而且也需承担违约责任。这样，就必然会产生诸如国际组织官员的特权与豁免、国际组织的继承等一系列新的国际法规章制度。[2]

关于民间团体和个人（以及无国籍人、难民、托管地居民等）在国际关系中的地

---

〔1〕 当时的欧洲五大国（法、奥、英、普、俄）在1856年的《巴黎和平条约》第7条明文承认土耳其为国际社会的成员，被允许参加欧洲公法及欧洲协调。参见［德］拉萨·奥本海著、［英］詹宁斯等修订：《奥本海国际法》（第9版）（第1卷·第1分册），王铁崖等译，中国大百科全书出版社1995年版，第84页，第152个注释。

〔2〕 参见谢默斯（H. G. Schermers）：《国际机构法》，1980年英文版，第770～833页。

位问题，在现代国际法上也有较大程度的突破，虽然各国意见不尽相同，尚未明确形成国际社会所一致公认的一般国际法原则，但是关于个人权利义务特别是国际责任的规则，在战后已经有了若干明显的发展。例如，在纽伦堡及东京曾两次对德日战犯进行国际审判，稍后又有《灭种罪公约》对个人国际责任的规定。这些国际实践，对加强国家行为的个人责任，产生了很重要的影响。此外，还应看到，关于个人权利义务特别是权利方面的规则，在国际人权法等方面也发展甚为突出。个人在国际法上的地位，在 21 世纪将如何演变，这在理论及实践上都是非常引人注目的问题，因为这将涉及国际法的性质和一些基本观念的发展变化。〔1〕

3.20 世纪，国际法发展的一个重要方面，是其客体的迅速扩大与国家“保留范围”的相对缩小

国家主权原则是各项国际法原则的核心。它和其他国际法原则分别从两个不同角度说明一个共同问题：前者（主权原则）从个体角度侧重说明处于静态的国家，后者（其他原则）从社会角度侧重说明处于动态的国家。两者是相辅相成并相互制约的，如果各自向两个极端推论，它们会转化为两种逆向的原则。国际法的发展，往往是在侧重国家主权为一端与侧重国际秩序为另一端的矛盾天平上运行的。过去如此，今日亦然。

传统国际法，为维护“文明”大国的权益，在主权原则下，将国际法所未明确规定的事项，都归于由主权国家任意决定的“保留范围”，推至极端，战争权也在国家保留之列。这种国际法所规定的有限的法律秩序，显然只是一种“小范围的秩序”，而各国极其广泛的保留范围，则可能造成“大范围的无秩序”。这种“小范围的秩序”常常因为“大范围的无秩序”而遭到损坏。按照传统国际法，基于绝对主权的行使，甚至两个国家相互间可利用协议更改一般国际法的规则和所规定的权利与义务。

经过两次世界大战，由于人类对国际关系认识的加深和国际社会发展的需要，情况在发生变化。现代国际法的触角逐渐伸入国家管辖的保留范围，使战争权、国籍问题、关税及贸易政策等受到了各种条约及国际实践的影响。同时，在新的条件下，国际强行法（jus cogens）理论兴起，要求加强国际法的作用。其后，在 20 世纪 80 年代生效的《维也纳条约法公约》又进一步对强行法作了规定，即“条约在缔结

〔1〕 参见［意］安东尼奥·卡塞斯：《分裂世界中的国际法》，1986 年英文版，第 85 ~103 页。

时与一般国际法强制规律（强行法）抵触者无效”。可见，进入20世纪以后，特别是在20世纪的后半叶，天平在向另一端倾斜，由主权任意决定的保留范围在减轻分量，而由国际法加以规范的客体则有所增加，国际合作范围在扩大。但是情况表明，在由主权国家组成并以主权国家为基石的国际社会里，这是一个极其复杂而敏感的渐进过程。

由于科学技术日益进步及国际交往日益频繁的影响，传统国际法受到多方冲击，有了显著发展。在20世纪，海洋法这个古老的部门，已从过去的海面法规延伸到了海底开发制度。在深海资源、大陆架、专属经济区、领海范围、远洋捕鱼等方面，都有了很多新规定。空间法虽是一个较年轻的部门，但在20世纪的后50年时间里，人类为解决月球及其他天体的归属和使用问题，已由空气空间发展到了外层空间。此外，在20世纪的后半叶：在和平利用原子能及国际核技术交流中，产生了新的原子能法；在国际组织爆炸性增长的情况下，产生了国际组织法；在工业污染及环球性公害的威胁下，产生了国际环境法；在极地科研活动的推动下，产生了极地法；在交通进步及世界旅游业的基础上，产生了国际旅游法；国际发展法、国际人权法、国际刑法等也在迅速形成之中。

20世纪20年代之后，由于国家干预经济生活的趋势加强、国家经济的日益国际化和建立新国际经济秩序的迫切要求，过去主要以调整国家间政治关系为任务的传统国际法，迅速向经济领域伸展。在此过程中，逐渐形成了有关国际贸易法、国际货币法、国际投资法、国际产品责任法、国际反托拉斯法等的许多新的原则及规则。从而，使有关国际经济关系的实体法大大增加，扩展了国际法的调整范围，对国家经济活动、跨国公司、国有化补偿政策等产生重大影响。国际经济法的迅速发展，是现代国际法的突出现象之一。

20世纪以来，国际法领域不断拓宽的趋势，给我们以启示：早先以规定各国管辖权为重点的“共处”国际法，在21世纪将继续朝着进一步促进各国“共同协调发展”与“积极合作”的方向前进。[1]

4. 与传统国际法对照，现代国际法的发展以战争法最为突出

战争古已有之，原非国际法制度，但国际法的产生与形成却常与战争联系在一起。古老的国际法可以说是从战争发迹的。中世纪的战争非常残酷，战争法规随

---

〔1〕 参见梁西：《国际组织法》（修订第4版），武汉大学出版社1998年版，第411～415页。

之发展。在19世纪以前的国际法中,战争法规的比重较大,为战争制定各种规则(如限制作战手段等),以减轻杀伤的残酷后果。但是,传统国际法并未从根本上限制战争,如前所述,它为主权国家保留了诉诸战争的绝对权利。这一权利,直到第一次世界大战,没有发生实质性的改变。在很长一段时间里,只是为了使战争更有"秩序"和比较"人道",而对传统规则进行了多次编纂。这种编纂至19世纪后期进入高潮。

经过20世纪的第一次世界大战,事实证明,仅仅限制武器使用和改善伤病员待遇是无济于事的。人们对战争的认识有了新的突破,希望进一步从根本上否定战争。首先做这种尝试的是《国际联盟盟约》,它规定国际争端在提交一定程序解决之前不得诉诸战争。显然,盟约的规定很不彻底,只是对战争作了时间上的限制。此后,1928年的《巴黎非战公约》宣布"废弃战争作为实行国家政策之工具"。这比国联限制战争权的体制前进了一步。但在实际上,非"战争"的武装冲突并不亚于战争的破坏性,因此非战公约对战争权的取缔仍然是不彻底的。

经过第二次世界大战,人类惨遭浩劫。在战争废墟上孕育起来的《联合国宪章》规定:所有成员国在其国际关系中,不得以武力相威胁或使用武力来侵害任何国家的领土完整或政治独立,亦不得以任何其他同联合国宗旨不符的方式以武力相威胁或使用武力。宪章关于禁止"使用武力"的规定,比非战公约关于禁止"战争"的规定更为广泛。宪章确认一切武装干涉、进攻或占领以及以此相威胁的行为,都是违反国际法的。至此,限制战争权的努力,进一步涉及了以"武力自助"的一切措施。其法律效果是,除严格的自卫外,从主权范围内完全排除了使用武力之权。

战争法在20世纪的这一发展,在国际法上形成了一个新的逻辑推理:因为武力被禁止,从而使和平解决争端必然成为现代国际法上的一项基本原则,从而为审判战犯制度奠定了基础,促进了国际社会关于侵略定义的制定,有助于联合国维持和平行动与集体安全制度的发展,加强了现代国际法的作用。在这里,我们可以看到,从战争法规的产生到对战争的限制,直到战争权的废止,是国际法演变过程中的一条极重要的轨迹。现代国际法的发展,在理论及实践上动摇了传统的战争法规及中立法规,使国家及国家公务人员的国际责任发生了重大变化。然而,不可忽视的是,只要21世纪的世界上还存在战争的根源和武器库,还存在强权政治,"以法律代替战争"的努力终究是很有限度的。20世纪最后一些年代所出现的战乱频仍(特别是恃强凌弱)的现象,已足以充分证明这一点。

5. 人类的组织化趋势和20世纪国际组织的迅猛发展,极大地推动了现代国际法的发展

这一趋势,在21世纪将有增无减。其具体内容,将在第二讲和第三讲中论及,兹不赘述。

进入21世纪,当代国际法呈现出一些新的趋势,引人瞩目。

(1)随着一系列重要公约的诞生,国际法适用的领域或空间得到进一步拓展。例如,在反恐领域,虽然关于国际恐怖主义的全面公约仍在谈判之中,但是继20世纪的一系列专门性反恐条约之后,2005年通过《制止核恐怖主义的国际公约》,而且联合国还通过了一系列打击国际恐怖主义的决议。在反腐败领域,2005年12月生效的《联合国反腐败公约》具有深远的意义,标志着反腐败已经超出了各国国内法和区域机制的范畴,正式进入国际法管辖的领域。在文化领域,联合国教科文组织继2001年通过《世界文化多样性宣言》之后,于2005年通过了《文化多样性公约》,首次以多边公约的形式确立了"文化多样性是人类共同遗产",从而拓展和进一步丰富了国际法上原有的"人类共同继承财产"或"人类共同物"概念。

(2)随着国际法上"对一切义务"(oblgations erga omnes),或共同体义务或权利(community obligations or rights)概念的形成和发展,在一定程度上增强了国际法的效力。这种新兴的国际法义务的基本特点为:(1)它们是一种旨在保护基本价值的义务,如和平、人权、民族自决、环境保护等;(2)它们是一种对国际社会所有成员(或多边条约中的其他所有缔约国)或人类整体的义务;(3)它们是一种由属于任何其他国家(任何其他缔约国)的权利相伴随的义务;(4)这种权利(共同体权利)可以由任何其他国家(或任何其他缔约国)来行使,而不论它在物质上和道德上是否受到这种违反的损害;(5)这种权利是代表国际社会整体(或缔约国整体)为维护整个共同体基本价值而行使的。[1] 可见,这种新兴的国际义务超出了国际法上的权利与义务的对等原则。

(3)在20世纪国际人权法和国际人道法发展的基础上,21世纪的国际法的人本化趋势尤为突出。所谓国际法的人本化,主要是指国际法的理念、价值、原则、规则、规章和制度越来越注重单个人和整个人类的法律地位、各种权益的确立、维护

[1] Antonio Cassese, *International Law*, Oxford University Press, 2001, p. 16.

和实现。当代国际法的人本化主要表现在两个基本方面：一方面，是在国际法中已经出现了大量有关确立人和人类的法律地位和各种权益的原则、规则、规章和制度（如国际人道法、国际人权法、国际难民法、国际刑法等）；另一方面，国际法的人本化的主体和对象不仅仅是指个人，而且包括整个人类（如国际海底是人类共同财产原则、外层空间和极地是“人类共有物”概念、世界文化多样性是人类共同遗产原则等）。然而，国际法的“人本化”趋势现在并未改变国际法的“国家间”属性，而且归根结底还是通过“国家间”协议和认可予以确立的。没有国家间的条约和各国承认的国际习惯法，就不可能实现国际法的人本化；没有国家间的合作，国际法的人本价值，无论多么崇高，也不可能变成现实。[1]

（4）在20世纪一系列临时性国际刑事法庭的基础上，21世纪常设国际刑事法院的建立，实现了国际刑事责任制度的历史性突破，具有划时代的意义。首先，它突破了临时性国际刑事法庭为“胜利者的正义”或“临时的正义”的局限和嫌疑，实现了国际刑事领域的持久正义；其次，国际刑事法院与国内法院以及联合国安理会之间，在惩处诸如灭绝种族罪、违反人类罪、违反人道罪、侵略罪等严重的国际罪行方面，建立了一种固定的合作、协助和补充关系。

（三）中国与国际法

1. 中国古代国际法的遗迹

中国古代是否有国际法的存在，是一个有争议的问题。在公元以前的春秋战国时期，诸侯并立，常以所谓“礼、信、敬、义”进行交往。礼，近似国际规则；信，近似国际道德；敬，近似国际礼节；义，近似国际公理。各诸侯国之间，合纵连横，相互争霸，确实存在过一些近似国家联盟、国际条约、外交使节的制度，和有关宣战、媾和、优待战俘的规则。但是，这些制度和规则甚为原始，很不确定。而且，这些诸侯国也不是一般意义上的国家，并未形成一个真正的国际社会。因此，当时很难有一种真正国际法规则的存在。

秦始皇统一七国后，虽然中国历史上还出现过三国、南北朝等短暂时期，但都只是昙花一现。在2000多年的时间里，大一统的中国封建王朝，只承认“天朝”是国家，把邻邦视为夷狄。与周邻各国不是平等交往，而是一种阶层关系。邻国成了向中国纳贡和受封的“藩属”。在这种关系中，自然也没有国际法的存在。

---

〔1〕 参见曾令良：《现代国际法的人本化趋势》，载《中国社会科学》2007年第1期。

中国作为一个文明古国，和外部世界各国的商业及文化交往，至16世纪前后，已经有了较大发展。早在明代，郑和曾7次带队远航，最远到了非洲东岸和红海海口。可是，由于交通等客观条件及王朝的唯我独尊等传统思想的影响，实际上，当时中国仍然与外部疏远，处于一种闭塞状态。而这时，正是欧洲国际法形成发展的时期。

2. 近代国际法输入中国

1840年鸦片战争之后，国际法开始从西方输入中国。林则徐到广东禁烟时，曾派人将瑞士滑达尔（E. Vattel，1714～1767年，现译瓦特尔）《国际法》一书中有关战争、封锁、扣船等章节译成中文作参考。后来被收入1852年魏源（1794～1857年）编著的《海国图志》第83卷。这是中国对西方国际法最早的翻译。1862年清朝政府设立京师同文馆，聘任美国传教士丁韪良（William Martin）为总教习，将惠顿（Henry Wheaton，1785～1848年）的国际法（Elements of International Law）译成中文，于1864年正式出版，名为《万国公法》。[1] 这是介绍到中国来的第一本国际法著作。总理衙门曾将此书分发到沿海各重要通商口岸，作为对外交涉的论据。此后，西方国际法的一些译著陆续在中国出版。19世纪70～90年代，曾有吴尔玺（T. D. Woolsey）等的《公法便览》等数部国际法著作译成中文。进入20世纪后，中国留日学生开始从日本翻译国际法书籍。欧美国际法之传入日本，虽然更晚于中国，但后来日本的国际法学却比中国发展得快。

国际法传来中国，对清朝外交产生了一定影响。1894年关于中日战争的中国宣战书中，曾谴责日本"不遵条约，不守公法，任意鸱张，专行诡计"。足见当时清政府已考虑利用国际法作为保障国家权益的一种手段。但是，自鸦片战争失败之后，中国已沦为半殖民地，国际法无济于事。世界列强利用各种不平等条约，在中国享有领事裁判、海关管理、内河航行及驻军等特权，侵占租界和租借地，划定势力范围，强开商埠，使中华民族处于水深火热之中。清臣张之洞深感清廷屈辱，曾经写道："今日五洲各国之交际，小国与大国交不同，西国与中国交不同。即如进口税，主人为政，中国不然也；寓商受本国约束，中国不然也；各国通商只及海口，不入内河，中国不然也；华洋商民相杀，一重一轻，交涉之案，西人会审，各国所无也。"他力

---

[1] 《万国公法》共4卷：第1卷"释公法之义明其本源题其大旨"（包括2章）；第2卷"论诸国自然之权"（包括4章）；第3卷"论诸国平时往来之权"（包括2章）；第4卷"论交战条规"（包括4章）。

主自强，认为“权力相等，则有公法，强弱不侔，法于何有”。[1]

至1899年和1907年，中国分别派代表参加了两次海牙和会，并签署了有关公约及宣言。经过第一次世界大战，中国于1920年参加国际联盟。经过8年浴血战斗，中国取得了抗日战争的胜利，于1945年参加创建联合国，并成为联合国安理会的5个常任理事国之一。

尽管在形式上，中国已经逐步跨进国际社会，并被纳入国际法律秩序的范围，但是，从1840年至20世纪上半叶的整整一个世纪里，作为半殖民地的中国，在列强不平等条约的枷锁下，主权被破坏，领土被割让，屡遭战祸，备受欺凌。这100多年中，中国人民为了争取恢复国家的主权和独立，进行了艰苦卓绝的斗争。1949年中国革命胜利，中华人民共和国成立。从此，中国与国际社会的关系开始进入一个崭新的历史时期。

3. 新中国与现代国际法

1949年的《中国人民政治协商会议共同纲领》，规定了我国独立自主、友好合作和反对侵略的外交政策。为维护国家基本权利和民族的尊严，确定对旧中国同外国签订的各种条约和协定进行审查，废除一切不平等条约，肃清帝国主义的一切在华特权。从1950年1月起，先后采取具体措施，收回或征用了英、美、法、荷在北京、天津、上海等地的驻军兵营；宣布并实行了海关自主权；统一了航运管理，外轮未经许可一律不得驶入内河，等等。中国政府还多次谴责国际关系中各种形式的殖民主义与侵略行为。这些步骤，既有助于恢复和巩固中国自鸦片战争以来所丧失的独立和自主，也为中国以新面貌积极参加国际社会、同世界各国建立平等外交关系开辟了新的道路，为国际法的有效适用创造了良好的条件。

中国对于促进国际社会公正合理的法律秩序抱积极态度。一贯维护《联合国宪章》的宗旨和原则，认真执行公认的国际法规范和制度，如实履行自己的国际义务，参与国际合作，共谋和平与发展。1954年新中国首次以五大国之一的地位参加了讨论朝鲜和印度支那问题的日内瓦会议；1955年参加了第二次世界大战后第一次由亚非国家自己举行的有29个国家参加的亚非会议。这些国际活动，对结束印度支那的殖民统治、加强亚非国家的合作与国际和平，均有重大意义。

1954年中国同印度和缅甸共同倡导“互相尊重主权和领土完整、互不侵犯、互

[1]（清）张之洞：《劝学篇・非弭兵第十四》。

不干涉内政、平等互利、和平共处”五项原则。这五项原则，同旧国际关系中的“弱肉强食”形成鲜明对照。近50多年来，它不仅被载入了中国与各国所签订的友好、经贸、交通等一系列双边条约或协定，以及其他各种宣言、声明、公报等重要的国际性文件，而且获得了国际社会的广泛承认，已经成为中国同外国以及各国彼此间建立友好合作关系的一种基本原则。特别值得注意的是，中国依据这五项原则，已分别同缅甸、尼泊尔、蒙古、巴基斯坦、阿富汗、越南、俄罗斯等邻国，签订了边界条约；同印度尼西亚签订了有关解决双重国籍问题的条约。这些条约对执行睦邻外交政策、和平解决国际争端产生了显著影响。

中华人民共和国成立后，在国家承认、双重国籍、国际条约、和平解决争端等重大国际法问题的理论与实践上，做出了很有价值的贡献。中国除同许多国家签订了有关政治、经济、贸易、文化、科技等方面的大量双边条约外，还先后参加（包括批准、核准、加入、接受和承认）了重要公约300多项，如《国际货币基金协定》《国际民用航空公约》《南极条约》《维也纳外交关系公约》《关于难民地位的议定书》《国际纺织品贸易协议》《建立世界贸易组织协定》，以及有关国际战争、裁军、人权等各方面的国际条约。中国幅员广大，人口众多，富有影响力，参加这些全球性公约，不但真正体现了公约的普遍性，增加了它们的适用空间，也大大提高了公约的实质效力，扩大了它们的社会基础。

所有这些新型国际关系的形成，标志着在鸦片战争170年之后，在21世纪，中国的国际地位发生了巨大变化。它作为一个广大国际社会的平等成员和主权国家，坚持独立自主的和平外交政策，对21世纪国际法律秩序的维护与发展，将起着日益重要的作用。

第二节　国际法的渊源和编纂

一、国际法的渊源

(一)国际法渊源的含义

渊源(sources)一词,中文和英文的原意均为河水的源头,通常用以泛指事物的根源,并非专门的法律术语。但是,当人们把这个词借用来说明国际法时,情况就复杂多了。国际法的渊源问题,是国际法理论中分歧较多的问题之一。

在中外国际法教科书中,通常把国际法渊源分为实质渊源与形式渊源。但是在二者的具体含义上中外学者是有分歧的。

从"国际法的实质渊源"来说,笔者认为,"实质渊源系指在国际法规范形成过程中对其内容产生直接或间接实际影响的各种因素。它们广泛涉及政治、经济、文化、思想观念、伦理、哲学等各个方面,是法律规范生存与发展的基础或深层原因。实质渊源溢出了法学领域,除国际法(学)必须作相应研究外,同时也是包括法社会学、法哲学等在内的其他相关学科的重要研究范围"。[1] 而在英国学者布朗利看来,实质渊源(material sources)为国际法规则的存在提供证据,即一旦被证实,就具有一般适用的法律约束力规则的地位。它们是国家间有关特定规则或做法之合意(consensus)存在的极为重要的证据(evidence)。因此,国际法院判决、联合国大会决议和"造法性"多边条约才是各国对特定规则之态度以及合意存在与否的真正的实质证据。[2] 长期在国际法院书记处工作的胡舍伟(Hugh Thirlway)则认为,[3] 在某一规则被宣称为国际法律规则的情况下,实质渊源便是指这一规则最初出现

---

〔1〕 梁西:《国际组织法》(总论)(修订第5版),武汉大学出版社2001年版,第10~13页。

〔2〕 [英]伊恩·布朗利:《国际公法原理》,曾令良、余敏友等译,法律出版社2007年版,第1章。

〔3〕 Malcolm D. Evans ed., *International Law*, Oxford University Press, 2003, Chapter 4.

的地方——常常是某种法律文件,或者是一个条约、联大决议、国际法委员会议案、司法判决,或者是某个研究机构报告甚至某教科书中的陈述。在确定某一实质渊源时,并不需要它被法律当局以法律文本的形式予以确认:例如,某一条约可能从未生效,也就从未以条约的形式对任何国家产生法律约束力,但它也可能成为某一规则的实质渊源,只要这一原则从其他渠道获得了法律约束力。[1]

从国际法的形式渊源(formal sources)来说,笔者认为,"形式渊源系指国际法规范所由形成的各种外部方式。从其广义解释,就是相当于《国际法院规约》第38条第1款的全部列举。但如果从其严格的法律意义来说,则只应包括国际习惯和国际条约。形式渊源关系到各种法定程序,主要是国际法(学)研究的对象"。[2]胡舍伟认为,某一规则是否具有法律规则对国家的强制力问题,主要是由这一规则的形式渊源所决定的。普遍承认的法的形式渊源在《国际法院规约》第38条中得到了权威界定。[3] 而在布朗利看来,形式渊源是为了制定具有一般适用性并对特定对象具有法律约束力的规则的那些法律程序和方式,实际上只是由必备的而又没有帮助的普遍性的准宪法原则构成。在国际关系背景下,"形式渊源"术语的使用令人困惑并且产生误导,因为读者的脑海里被烙上了存在于各国之中制定法律的宪法体制。国际法规则的建立不存在这种方式。国际法院判决、联合国大会一致通过的有关法律事项的决议和涉及编纂或发展国际法规则的重要多边条约,都不可能具有像英国议会立法约束英国人民那样来普遍约束世界各国的特性。从某种意义上讲,"形式渊源"在国际法中并不存在。作为一种替代,也许是一种类比,国际法中存在这样一条原则,即各国的普遍同意(general consent)确立一般适用的各种规则。另外,"渊源"这一术语可以指国际法本身的约束性质的根源,也可以指作为信息来源的国际法的书面渊源。[4]

显然,国内外学者对国际法渊源的含义,有各种不同的解释。有的着眼于国际法产生的原因或形成的过程,有的着眼于国际法确立或存在的形式,有的着眼于了解或确认国际法的资料,有的甚至着眼于给国际法以约束力的事物。[5] 但是,在

---

[1] 例如,1933年蒙得维的亚(Montevido)有关国家权利义务公约对国家所下的定义被普遍采纳,尽管这一公约因未被签署从未生效。

[2] 梁西:《国际组织法》(总论)(修订第5版),武汉大学出版社2001年版,第10~13页。

[3] Malcolm D. Evans ed., *International Law*, Oxford University Press, 2003, Chapter 4.

[4] [英]伊恩·布朗利:《国际公法原理》,曾令良、余敏友等译,法律出版社2007年版,第1章。

[5] 参见王铁崖:《国际法引论》,北京大学出版社1998年版,第47~55页。

多种解释中,比较有代表性的是下列两种:一种是国际法渊源是指国际法作为有效法律规范所由形成的方式;另一种是国际法渊源是指国际法规范第一次出现的地方。[1] 这两种解释,从不同角度出发,各有侧重,各有独到之处,我们认为:可以兼采其长,使之综合成为一种“带类别性的国际法渊源的理论”。

按照国际法渊源的第一种解释来分析:在国际社会内,由于不可能有一个超国家的最高立法机关,所以用以形成有法律约束效力的国际行为规范的方式,只可能是国际习惯和国际条约。这一类渊源,我们可以称为“严格法律意义上的国际法渊源”。

按照国际法渊源的第二种解释来分析:国际法,除了上述习惯和条约之外,还有其他与国际法规范有历史联系的各种渊源,如国际法院的裁决、重要的国际文件和外交文件、著名国际法学家的学说,以及政府间国际组织的决议等。这是因为,有许多国际法规范在成为有国际约束力的法律之前,往往曾在某种学说、法院判决、国际或国内文件中出现过。例如,不干涉内政原则,最早来自法国大革命时期的宪法;有关大陆架的法律概念和制度,最初见于美国总统的一项公告;公海自由原则,最先是格劳秀斯在其著作《海洋自由论》中提出来的。这一类渊源,我们可以称为“广泛历史意义上的国际法渊源”。应当说与前一种渊源相比,这是一种国际法的辅助性渊源。辅助性渊源实质上就是《国际法院规约》第 38 条所谓的辅助性资料,其效力同条约与国际习惯的效力是不相同的。很明显,这种辅助性渊源的自身,当初并不是有效的国际法规范,而是在通过长期国际实践并获得国际社会公认后,才有可能成为对各国有约束力的国际法规范。尽管如此,从上述第二种解释的角度来研究国际法,仍然富有意义。因为,这对于揭示国际法发展的规律,了解国际法的特殊性,特别是在国际社会尚无统一法典的情况下,如何更准确地认定及适用国际法,都具有理论和实际上的意义。

(二)《国际法院规约》第 38 条与国际法渊源的类别性

《国际法院规约》第 38 条第 1 款规定:“法院对于陈诉各项争端,应依国际法裁判之,裁判时应适用:(子)不论普通或特别国际协约,确立诉讼当事国明白承认之规条者。(丑)国际习惯,作为通例之证明而经接受为法律者。(寅)一般法律原则为文明各国所承认者。(卯)在第五十九条规定下,司法判例及各国权威最高之公

---

〔1〕 参见周鲠生:《国际法》,商务印书馆 1976 年版,第 10 页。

法学家学说，作为确定法律原则之补助资料者。”

这个条文常常被认为，不仅是为国际法院规定应适用的法律，而且可视为是关于国际法渊源内容的一种权威性的说明和列举。但是，由于条文并未具体提及“国际法渊源”，各国学者对此仍有不同的分析。有的认为，除条文前3项外，(卯)项并非国际法的渊源；有的认为，只有前两项才是国际法的渊源，(寅)项的“一般法律原则”应排除在渊源之外；有的认为，条文对国际法渊源的列举还不够详尽，如国际组织的决议，特别是联合国大会的决议，也应该是现代国际法的渊源。但是上述各种观点，都肯定国际条约和国际习惯是国际法的渊源，这是一致的看法。

综上所述，我们拟在《国际法院规约》第38条列举的基础上，根据前述分类方法，以前2项(条约和习惯)作为“严格法律意义上的渊源”，以后2项作为“广泛历史意义上的渊源”，全面综合地将国际法的各种渊源按其性质分为两大类来进行阐述。

(三)严格法律意义上的国际法渊源

1. 国际条约

条约是国际法主体间就权利义务关系缔结的一种书面协议。“条约必须遵守”是国际法的基本原则，因此，条约构成现代国际法首要的渊源，是一种严格法律意义上的渊源，是具有法律约束力的。

《国际法院规约》第38条，将国际条约(协约)分为“一般(普通)”和“特别”两种。如果从缔约国或参加国的数量来分析，前者主要包括各主要国家在内的多数国家(甚至几乎所有国家)参加的普遍性条约，后者主要是2个或2个以上少数国家缔结的条约。如果从条约的法律内容来分析，前者主要是有关确立(或更改)一般国际行为规范的所谓造法性条约，后者主要是就特定事项规定缔约国间具体权利义务的所谓契约性条约。

一般认为，能作为一般国际法渊源的条约只能是普遍性的造法条约，如《维也纳外交关系公约》、芝加哥《国际民用航空公约》等。这类条约，由于有很多国家参加，所制定或编纂的是一般国际行为规范，所以具有一般国际法的效力。但是，从理论上说，即使是大多数国家参加的造法性条约，通常也只能约束其缔约国，而对非缔约国无效。从非缔约国来说，其所以承认这种造法性条约为一般国际法的渊源，乃是因为这种条约所包括的规范，有些也许原来就是(或已接近于)国际习惯法，有些则可以通过包括非缔约国在内的各国实践而成为国际习惯法。所以，实际上，凡是包括世界各主要国家在内的绝大多数国际社会成员甚至几乎所有国家参加的造法性条约，即可认为是一般国际法的渊源，而对整个国际社会产生普遍效力。

由少数国家参加的契约性条约（如边界条约、贸易协定等），其规定通常不超出现行国际法规范（按现行国际法行事），且仅在特定事项上约束少数当事国，所以只是有关国家间的一种特殊国际法，而不能直接成为一般国际法的渊源。

上述关于造法性条约与契约性条约的区分，只是一般性的归纳，在理论和实践上都不可能有一条绝对的界限。因此，下面几点值得注意：

（1）各种条约的性质和作用，并非都是单一的，有些条约实际上兼有造法和契约的内容，或者以其一种为主而附带他种内容。

（2）从广义上看，各种条约都是在不同程度上和不同范围内规定当事方间未来的权利义务关系，对当事方来说，都具有某种创设法规的性质。

（3）少数国家参加的条约，如其内容为其他许多国家所承认（甚至在其他许多类似条约中出现），它们即有可能成为一般国际法规范。这类条约也就成了一般国际法的间接渊源。如1899年第一次海牙和会缔结的《陆战法规和惯例公约》和《陆战法规和惯例章程》，虽然当初只有26个国家签署，后来却普遍为非缔约国所接受而具有一般的法律约束力。

（4）有些重要国际组织的章程，虽其内容主要是规定各该组织的内部结构、职权、成员间的权利义务和活动程序等，但其法律性质却是一种带造法性的多边公约。其中最突出的例子是《联合国宪章》，它所载的宗旨和原则及有关规定，多已成为现代国际法中各国公认的基本原则。《联合国宪章》是当代影响最大的一项造法性条约。

2. 国际习惯

国际习惯，是各国在其实践中形成的一种有法律约束力的行为规则。它同条约相比，是国际法更为古老（原始）的渊源，和条约一样，也是一种严格法律意义上的渊源。

《国际法院规约》第38条关于“国际习惯”的规定，特别强调“通例”（又称“常例”）的存在和被“接受为法律”。这是国际习惯（法）得以形成的两个要件。[1]

国际习惯的形成，首先必须有通例的存在，即各国在其相互关系上，对某种事

---

〔1〕 参见［英］E. 劳特派特编：《H. 劳特派特国际法》（第1卷），1978年英文版，第61～68页。

项长期重复地采取类似行为(或不行为)这一客观事实的存在。有些学者称这个客观要件为形成国际习惯的"物质因素"。通例的存在,一般来说,在时间上要求有较长的延续性,在空间上要求包括较广泛的国家,在数量上要求有多次不断的实践,在方式上要求对同类问题采取经常和一致的做法。

从法律性质来分析,通例的存在,并不等于国际习惯已经形成。国际习惯的形成,还应具备另一个要件:存在的通例已被各国接受为法律。具体说就是,各国对这种通例体现出来的行为规则认为是一种需要遵守的规则,即在主观上对这种通例有一种法的信念。这个要件常被称为形成国际习惯的"心理因素"。这种心理因素,与对国际礼让的那种单纯感到社会有此需要的意识不同,它是一种承认国际法约束力的法律意识。如果各国对某一通例没有这种法律信念,这一通例就只可能是国际礼让之类的规范,而尚未形成为国际习惯。这种法律信念是在通例存在过程中逐渐产生和积累而成的。只有上述这两方面的因素(要件)已经同时一致具备的情况下,某项具有法律约束力的国际习惯才被正式确立起来了。

国际习惯是一种"不成文"法,为了证明某项规范已经确立为国际习惯,必须查找到充分的证据。1947 年的《联合国国际法委员会规约》明文规定"应考虑使国际习惯法的证据易于查找的方式和方法"。迄今,国际社会尚无这方面的统一制度。鉴于国际习惯是在国际关系中形成的,因此其证据也只能到国际关系中去查找。这种证据可能存在于:国家(及其他国际法主体)间的各种外交文书之中,国际机构及国际会议的各种重要实践材料之中,国内立法、司法、行政方面的各种有关文件之中。如果查找不到证据,该项国际习惯即不能确立。例如,国际法院在 1969 年北海大陆架一案的判决中认定:等距离划界方法并不是必须遵守的,因为还找不到这一规则已被国际社会接受为法律的普遍而一致的实践证据。

国际习惯的形成是一个很缓慢的过程。例如,不干涉内政原则从提出到被确认为国际法基本原则,经过了长达一个多世纪的时间。但随着科学技术的巨大进步和国际交往的大量增加,现在某些国际习惯的形成过程有大大缩短的趋势。如有关大陆架、外层空间等方面的若干规章制度,在不长时间内即被各国接受而形成为国际习惯,有的在此基础上已缔结为国际公约。

综上所述,国际习惯,作为国际法的渊源,早在条约以前就已经存在了。在条约尚未发达的时代里,国际习惯是用以调整国家间权利义务关系的一种非常重要的手段。即使在条约大量增加的现代国际社会中,国际习惯也仍然不失为国际法的一种很重要的渊源。因为,条约不可能包罗一切,国际习惯还在不断形成之中。而且,在现代国际关系中,一方面,有不少条约(如海洋法、外交法等方面的条约)是在编纂国际习惯的基础上缔结的;另一方面,有些规定在双边及少数国家参加的多边条约中的规则及原则(如和平共处五项原则),在通过各国不断实践并获得公认后,也能够以国际习惯的方式而成为一般国际法规范。可见,作为国际法渊源的条约和国际习惯关系密切,具有一种相互补充、渗透和转化的作用。

(四)广泛历史意义上的国际法渊源

1. 一般法律原则

《国际法院规约》第38条规定:国际法院应适用为各国所承认的"一般法律原则"。

国内外学者对"一般法律原则"的含义及其是否为国际法的渊源,争论甚多。有些学者认为,该规约第38条首先明确规定法院"应依国际法裁判之",因此,其后所列出的"一般法律原则"是指国际法中的一般原则。但此说无法回答:一般国际法原则当然已包括在国际习惯或条约之中,又何必要再单独列出?另有许多学者认为,"一般法律原则"是指能适用于国际关系的各国法律体系中的某些共有的原则(如时效原则、禁止反言、善意原则等),所以,同国际习惯及条约有别的一般法律原则,可以成为国际法的第三个法律渊源。但此说不能解释,既然第38条规定一般法律原则尚需各国"承认",那么它与国际习惯规则有何区别?而且,尤其值得注意的是法的渊源应该是指法律规则所由形成的方式而不是指具体法律规则的本身。此外,有的学者还认为,并无理由可以肯定"一般法律原则"不是既指国际法的一般原则,也指国内法的一般原则。还有些学者,甚至根据自然法理论认为"一般法律原则"是指从国际社会的一般法律意识中引申而来的那些原则。

综上所述,可见"一般法律原则"的含义,比较抽象,颇为广泛,难于掌握,不易确定。所以,"一般法律原则"显然很难成为一种独立的严格法律意义上的国际法渊源。而且,实际上,国际法院也很少单独适用这种原则。不过,如果从裁判实务的角度来分析,我们也许不难发现"一般法律原则"的一个实际用途:当法院缺乏任何条约及国际习惯规则可资适用时,则可利用一般法律原则作为一个弥补国际法空白的有效办法。但是,第38条对此有一个限制,即该项原则必须是各主权国家所承认的。

2. 确定法律原则之辅助资料

《国际法院规约》第38条规定,国际法院在第59条的规定下,可适用"作为确定法律原则之补助资料”的司法判例及各国权威最高的国际法学家的学说。

这里，对法院适用司法判例和国际法学说，规定了两个限制：第一，判例及学说，是用来作为确定法律原则的补助资料的；第二，根据该规约第59条，法院的裁判，只对当事国及本案发生约束力。可见，判例和学说都只是一种广泛历史意义上的国际法渊源。

(1)司法判例

司法判例有国际和国内之分，但主要是指国际司法判例。因为国内司法判例只能在一定程度上反映一国对国际法的态度和实践，处于次要的地位。就国际法院而言，虽然根据法院规约的规定，国际法院没有造法职权，只能适用法律，但是它的裁判活动及其判例，对国际法规范的认证、确定和解释，起着重要作用，对国际习惯法的形成和发展，产生显著影响。国际法院自1946年4月开始工作以来，所受理的诉讼和咨询案件，截至2011年4月11日，总数已各达124件[1]和26件。[2]其中某些重要案件的判决和咨询意见，对划定领海及其他海域的原则、国际组织的法律地位、外交关系、禁止使用武力原则等重大国际法问题，具有重要的理论和现实意义。

(2)国际法学说

国际法之权威学说，在历史上对国际法的形成和发展，无疑产生过很大影响。虽然随着国际法律制度的进化，各种国际法资料日益增多，国际法学说在这方面的影响有所降低，但是，作为一种补助资料，国际法学说在对国际实践进行高度概括分析和评价方面，仍富有意义，能为法律原则的论证和确定提供有用的证据。

(3)重要国际组织的决议

除上述《国际法院规约》第38条规定的判例与学说外，人们认为，普遍性政府间国际组织（如联合国大会）的决议，也应该是确定法律原则的一种非常有价值的补助资料。特别是其中一些涉及有关国际法原则、规则及制度的所谓规范性决议（声明、宣言等），因其具有广泛的代表性和舆论价值，从而具有重大的道德及政治

---

〔1〕 参见国际法院网：http://www.icj-cij.org/docket/index.php? p1=3&p2=3，最后访问日期：2011年4月11日。

〔2〕 参见国际法院网：http://www.icj-cij.org/docket/index.php? p1=3&p2=4，最后访问日期：2011年4月11日。

影响。联合国大会决议被认为构成国家实践的即时要素和法的信念的必要证明。[1] 在国际法院"对尼加拉瓜的军事行动和准军事行动"案[2]和"使用或威胁使用核武器合法性"案[3]中,联合国大会决议被当作法的信念的证明。所以,它们在国际司法活动中,作为一种"确定法律原则之补助资料",其地位和作用,应高于司法判决和国际法学说。

二、国际法的编纂

(一)国际法编纂的含义

国际法编纂(codification),一般是指把国际法或国际法某一部门的规则(包括国际习惯和条约的规则),以类似法典的形式,更精确、系统地制定出来。若从狭义来理解国际法编纂,它只意味着把分散的现有法律加以法典化;若从广义来理解国际法编纂,它还应包括以法典的形式来制定新法律在内。

国际法编纂可以有两种不同的方式:一种是统一作全面的编纂,另一种是分别按部门的编纂。但迄今为止,国际法的编纂都只是个别部门法的编纂。

概括过去的国际法编纂活动,大体上可以分为两种类型:一种是民间类型,另一种是政府间类型。前者为学者或学术团体的编纂,后者为国际会议或国际组织的编纂。本节将着重阐述政府间的编纂活动,这是现代国际法编纂的正式途径。

国际法编纂的最后成果,一般是进一步缔结为国际公约,除非公约内容是重申既存的(或形成了新的)国际习惯规则,否则公约只对接受它的国家产生约束力。

在国际社会不可能有一个最高立法机关的前提下,国际法的编纂,将有助于改善国际法过于分散和不够精确的现象。它对现代国际法的形成与发展,具有重要意义。

(二)国际法编纂简史

早在18世纪末,英国学者边沁即倡导把国际法编纂成法典。接着,国际法学家和权威性的学术团体(如国际法研究院、国际法学会、国际法协会、哈佛大学国际

---

[1] Bin Cheng, "United Nations Resolutions on Outer Space: 'Instant' International Customary Law?", 5 *Indian J. Int' ll.* 23(1965).

[2] Military and Paramilitary Activities in and against Nicaragua (Nicaragua v. United States of America), Merits, Judgment, ICJ Reports 1986, p. 14, paras. 184 and 188.

[3] Legality of the Threat or Use of Nuclear Weapons, Advisory Opinion, ICJ Reports 1996, p. 226, para. 73.

法研究部等）曾多次发表各自编纂的法典及方案。这些，为后来的编纂工作提供了有用的资料与经验。

发展到19世纪，开始有了政府间的编纂活动。1815年的维也纳会议，其后的巴黎会议和日内瓦会议，均制定过一些带编纂内容的公约。特别是1899年和1907年的两次海牙和会，分别制定了关于和平解决国际争端和战争（包括陆战、海战和禁止有毒武器、其他有关事项）法规的10多项公约及宣言。它们对国际争端法及战争法的形成和发展，产生了重要影响。

第一次世界大战以后，在国际联盟的组织下，经过6年准备工作，于1930年在海牙召开了一次有48国参加的国际法编纂会议。会议在原有准备的基础上，对"国籍""领海""国家责任"3个议题，进行了1个月的谈判和讨论。最后，就"国籍"这一议题，通过了1项《关于国籍冲突的公约》和3项有关的议定书。虽然其他2个议题未能取得具体成果，但作为一次有组织的大型国际法编纂会议，它在国际组织编纂工作的历史上是富有重大意义的。

（三）联合国国际法委员会及其编纂活动

1. 国际法委员会的组成及职能

在第二次世界大战废墟上建立起来的联合国，非常重视国际法的发展。《联合国宪章》除在序文及第1条强调国际法外，特别在第13条规定了"提倡国际法之逐渐发展与编纂"。1946年联合国大会在其首届会议上，成立了一个专门委员会来研究这一问题。次年，在第2届大会上，以这个"国际法逐渐发展与编纂委员会"的一项研究报告为基础，正式建立了国际法委员会，作为联合国负责编纂工作的主要机关。

联合国国际法委员会，最初由15名委员组成。《国际法委员会规约》规定：各委员，必须是公认合格的国际法人士，能代表世界各主要文化体系和各主要法系，先由联合国各会员国政府提名，经联合国大会选举，以个人资格任期5年。这表明，规约是以国际法院法官资格的标准来要求委员会委员的。委员人数，至1956年从原来的15名增加到21名，至1961年增加到25名，至1981年再增加到34名。在此过程中，来自亚非拉和大洋洲的委员，逐渐有所增多。

国际法委员会成员背景各异，有的是著名国际法学者，有的是曾出任过外交部或国际组织的法律顾问，有的是曾在国际司法机构出庭的律师或法律顾问，但这不影响他们在国际法委员会这个集体组织基础上开展活动。国际法委员会是一个具有广泛文化、地理、法律和政治代表性的机构。它以国际法委员会整体的名义进行工作。国际法委员会大多数成员的资历植根于国际事务的现实,从而使它比纯学术机构更能确保对于政策问题达成满意的解决方案。国际法委员会成员资格将专业技术资格和政府工作经验结合在一起,从而其草案更容易变成各政府可接受的决议而获通过。而且,其成员资格反映了各种不同的政治和区域观点,从而其同意的草案为法律义务提供了现实的基础。

依据《联合国宪章》第13条的精神,《国际法委员会规约》第15条为委员会规定的主要职能有两个方面:第一,"国际法的逐渐(进一步)发展"。这是指"对尚未为国际法所规定的或在各国实践中有关法律尚未得到充分发展的问题,拟定草案"。这方面的职能可以理解为,是用规定新主题的方法或者用修改既存规则的方法,来为制定新的国际法规则拟定公约草案。然后,由联合国大会审议决定是否进一步采取步骤以缔结一项国际公约。第二,"国际法的编纂"。这是指"在已经存在广泛的国际实践、先例和学说的领域内,对国际法规则进行更精确的制定和系统化"。这方面的职能可以理解为,是对既存的国际习惯更精确地加以制定,并使之具有较完整的体系。然后,由委员会正式发表一项报告,或者由联合国大会以决议对该项报告表示注意或以决议通过该项报告。

2. 国际法委员会的编纂程序及成就

根据《国际法委员会规约》,关于"逐渐发展"国际法的建议不由委员会正式提出,而应由大会(第16条)或联合国会员国和其他受权机构(第17条)送交委员会。另外,委员会本身可选择有待"编纂"的专题,尽管它必须优先处理大会请它处理的任何问题(第18条)。该规约还规定了委员会在进行逐渐发展(第16条和第17条)和编纂(第18~23条)工作时所应采取的具体不同的程序和工作方式。

而在这两项工作中,国际法委员会实际所使用的方法基本上是一样的。即为每一专题任命一个特别报告员;制订适当的工作规划;适当时,要求各国政府提供有关法律、法令、司法裁决、条约和外交信件的案文;特别报告员(Special Rapporteurs)提交报告,国际法委员会以该报告为基础通过一个临时草案,这一草案一般采取条款形式,并附有说明判例、国际法委员会委员所表示的任何意见分歧及考虑采取的各种解决办法的评注。该临时草案作为国际法委员会的文件分发,并提交大会,同时也提交各国政府以征求其书面评论。鉴于经验表明,在较短时间内,相当一部分政府是不会作出答复的,所以,根据现行程序,各国政府一般可有1

年多的时间来研究这些临时草案和提出它们的书面评论。特别报告员对所收到的答复,连同联合国大会第六委员会辩论中所提出的任何意见一并进行研究;然后提出另一份报告,建议对临时草案作出适当的修改。国际法委员会再以该报告及评论为基础通过一项最后草案,并将该草案连同有关采取进一步行动的建议,一并提交大会。《国际法委员会规约》第 23 条第 1 款规定:“国际法委员会可向大会建议:(a)报告既已发布,不必采取行动;(b)以决议方式表示注意,或通过这项报告;(c)向会员国推荐这项草案,以求缔结一项公约;(d)召集会议以缔结一项公约。”[1]

国际法委员会的这套工作程序,同过去形成国际习惯、缔结条约的传统程序比较起来,有一个重要发展:由非常分散到较为集中。它的特点是,通过国际法委员会这一辅助国际造法活动的机构,把各国政府的意志、成员国代表的要求和国际法专家的研究结合起来了。这一过程,有助于联合国为通过此种条款草案而召开的国际外交会议取得成果。

委员会 60 多年来的工作实践表明:上述编纂现存国际习惯和发展新国际法的区分,只是程序上的,而不是种类上的。国际法委员会普遍认为,从规约对逐渐发展和编纂这两个概念所下定义的意义上讲,其草案既是对国际法的编纂,也是国际法的逐渐发展,它感到想确定每一条款属于哪一类是做不到的。[2] 实践中,国际法委员会一直没有在其国际法的编纂与“逐渐发展”任务之间维持严格的区分。委员会已日益使其工作程序在“逐渐发展”和“编纂”的区分中融合在一起了。这种程序上的日益结合,是对过去烦琐工作方式的一种简化,在一定程度上也是国联编纂工作以来的某些历史经验的总结。同时,从委员会所拟定的各种草案来分析,实际上一般都兼有“编纂”与“逐渐发展”的内容。委员会所起草的各种草案条款,除极少数提及这种区分外,多数并未提到这一点。

国际法委员会在 1949 年第一届会议上,曾通过一个 14 个问题的编纂表,此表构成委员会后来长期工作计划的基础。在进入 20 世纪 70 年代后的各届会议上,委员会曾多次考虑到联合国大会的建议和国际社会的需要,强调要“进一步刷新其长期工作计划”。多年来,委员会除根据上述编纂表进行工作外,还研究起草了或

---

[1] 国际法委员会的工作方法,载国际法委员会网:http://www.un.org/chinese/law/ilc/methods.htm,最后访问日期:2011 年 4 月 12 日。

[2] 同上。

仍在研究起草联合国大会以建议方式提交的其他多种项目。

60 多年来,共有 49 个议题列入国际法委员会的工作计划,涉及国际法渊源、主体、国家继承、国家管辖与豁免、国际组织法、个人在国际法中的地位、国际刑法、国际海洋法与空间法、国际关系法、争端解决等领域,[1] 其中经国际法委员会完成起草任务的法律草案,已达 33 项。[2] 以委员会拟定的草案为基础,经过在联合国主持下召开的国际外交会议缔结了或经过大会本身通过了一系列重要的多边公约,如 1969 年的《维也纳条约法公约》,1958 年的《领海与毗连区公约》《公海公约》《公海捕鱼与养护生物资源公约》《大陆架公约》,1961 年的《减少无国籍状态公约》,1961 年的《维也纳外交关系公约》和《关于取得国籍的任意议定书》,1963 年的《维也纳领事关系公约》和《关于取得国籍的任意议定书》,1969 年的《特别使团公约》,1973 年的《关于防止和惩处侵害应受国际保护人员包括外交代表的罪行的公约》,1975 年的《维也纳关于国家在其对普遍性国际组织关系上的代表权公约》,1978 年的《关于国家在条约方面的继承的维也纳公约》,1986 年的《关于国家和国际组织间或国际组织相互间条约法的维也纳公约》,2004 年的《联合国国家及其财产的管辖豁免公约》等。

目前,国际法委员会正在从事包括对条约的保留、共有的自然资源、武装冲突对条约的影响、驱逐外国人、引渡或起诉的义务、发生灾害时的人员保护、国家官员的外国刑事管辖豁免、条约随时间演变、最惠国条款等的审议。[3]

这里需要注意的是,虽然 60 多年来,在联合国主持下已缔结了许多公约,但并非全部都是由国际法委员会拟定的。除上述国际法委员会起草的以外,还有一部分公约,是由联合国其他机构或会议(如大会第六委员会、外空委员会、人权委员会、国际贸易法委员会,以及各有关专门机构、特设委员会、专门外交会议等)起草的。例如,20 世纪 60 年代和 70 年代关于外层空间的几项条约,其后,80 年代的新海洋法公约、1998 年的《国际刑事法院规约》(《罗马公约》)即这种情况。

3. 国际法编纂的意义

联合国国际法委员会于 1947 年作为国际法编纂常设机制的建立,是国际社会

---

〔1〕 Periods during which topics were on the Agenda of the International Law Commission, http://untreaty.un.org/ilc/guide/annex1.htm, April 12, 2011.

〔2〕 Analytical Guide to the Work of the International Law Commission, http://untreaty.un.org/ilc/guide/gfra.htm, April 12, 2011.

〔3〕 http://www.un.org/law/ilc/index.htm, April 12, 2011.

第一次努力在由全世界参与编纂工作的基础上，对国际法的整体内容进行系统而综合全面的审查。对于国际法的大部分而言，没有国际法委员会的工作，便不再可能考虑国际法的编纂与进步发展。国际法委员会的价值主要在于这样一种事实，即它是拥有编纂整个国际法的普遍权力的唯一官方国际机构。尽管其他机构拥有在特定领域（如人权、贸易法、武装冲突中的人道法）的编纂权，国际法委员会这样的全能性法律机构具有重大价值，它对国际法整体负责并能促使国际法各不同部门的和谐一致和保证国际法制度整体的平衡和发展。尽管对国际法委员会工作的评价经常是以具体议题为基础，然而从整体上看，即便它没有处理完最初 14 个选题中的某些议题，但其贡献巨大，范围深远，内容权威。它的全球性与集体组织基础，使其文本成为某个具体法律问题的“世界看法”（world view）的一种合理初步指标和对习惯国际法中某个法律主张的一种方便而权威的表达。[1]

编纂公约提供了一种简便手段以识别具有习惯规则或一般国际法规则所缺乏的确定性的法律，并且澄清疑点，解决了以前导致法律内容含糊的各种争论。成功编纂的公约提供了一种法律上的普遍稳定性，尽管不是立法性质的。国际法主要部门的某些公约具有一种引导绝大多数国家受其约束并被视为习惯国际法的宣告或创立甚而对非缔约国也构成法律的特性。编纂公约即便获得签署或批准的很少，但仍有价值。例如，根据国际法委员会一读通过的条文草案，甚至为使不同领域的各种规则确定为内在相连前后一致的法律整体而进行的智力支持工作，也提高了国际法的总体完整性。

国际法委员会拟订的规则草案，既非条约又非国家实践，更不能视为一般法律原则或国际公法学家学说。但是，国际法院在它认为适当时毫不犹豫地援引国际法委员会的规则草案，而不关心国际法委员会的规则草案怎样才能够属于《国际法院规约》第 38 条的形式问题。国际法院多次采用条约（草案）作为具有约束力的文书，以及国际法委员会编写的其他文件作为习惯国际法的证据。反过来，国际法委员会也高度重视国际法院的判例。例如，在其目前所做的关于对条约的保留和国际组织的责任等专题的工作中，国际法委员会拟订的许多规则草案直接提及国际法院的判决或比照国际法院的判决作为论断的基础。国际法院与国际法委员会的

---

〔1〕 Watts QC, Arthur, Codification and Progressive Development of International Law, in R. Wolfrum ed., The Max Planck Encyclopedia of Public International Law, Oxford University Press, 2008, online edition, http://www.mpepil.com, visited on April 13, 2011.

关系有助于促进法治,这不仅表现在以一贯和透明的方式适用清晰的规则,而且证明在确立国际法规则时,不同的确定法律的机构采用相同的做法。世界各洲的区域性法院和各国法院也受到鼓励,引用国际法委员会拟订的规则草案作为国际法证明。这些引用实例提高了有关规则草案的地位,并突出地说明了国际法委员会目前对法治的贡献具有切合实际的特点。[1]

过去数十年来所从事的国际法编纂与逐步发展工作促进了整个国际法的演进,这既体现在所审议的具体议题上,也体现在准备工作的方式已经使国际法成为一个更加成熟的法律体系。国际法编纂工作取得了重大成就,令人印象深刻。尽管尚不能构成一部完整的国际法法典,但形成了国际法主要部分(如国家继承、国家责任、海洋法、外交与领事关系、人权、条约法、武装冲突法等)的编纂结构。通过缔结各议题方面的公约与这些议题的准备审议方法,已经推动了国际法的实质性演进。其中,有些公约被赋予具有超出其缔约方的习惯国际法价值,甚至在公约生效前或者在未成为公约的情况下,准备工作也具有一定的价值。[2]

---

〔1〕《2010 年国际法委员会报告》(A/65/10)(2010 年 5 月 3 日至 6 月 4 日和 7 月 5 日至 8 月 6 日),第 331 页,载 http://untreaty. un. org/ilc/reports/2010/2010repor. htm,最后访问日期:2011 年 4 月 13 日。

〔2〕 Watts QC, Arthur, Codification and Progressive Development of International Law, in R. Wolfrum ed., *The Max Planck Encyclopedia of Public International Law*, Oxford University Press, 2008, online edition, http://www. mpepil. com, visited on April 13, 2011.

第二讲

国际组织的法理学分析

第一节　国际组织和国际组织法的本质

一、国际组织和国际组织法的概念剖析

从法学角度来解释：国际组织是国家间进行多边合作的一种法律形态。

人类在其远古的“童年时代”，在有文字记载的历史过程中，都是在群体中生存的。在漫长的岁月里，由原始集群发展到氏族，由氏族发展到部落，终于产生国家，这是一次飞跃；由国家交往而形成国际社会，在国际合作中又产生国际组织，这又是一次飞跃。

有国家，有社会，就有法。

上述两次飞跃，导致两种不同的法律秩序：一种是以国内法为基准的国内法律秩序；另一种是以国际法为基准的国际法律秩序。两者，是彼此独立而又密切联系的两个体系。

国际组织法（International Institutional Law），是现代国际法一个非常重要的新分支。[1] 中外学者关于“国际组织法”的定义，众说不一。[2] 在理论与实践相结合的基础上，笔者的分析与概括是：国际组织法是指用以调整国际组织内部及其对

---

〔1〕 若对此点作进一步研讨，请参见中外各种国际法著作有关“现代国际法发展状况”的论述。（本书以下各页的注释，有很大一部分本来可以写入正文，但为了使正文“言简意赅”，避免被枝节问题冲淡，笔者常将一些颇为重要的资料甚至论点及论证转入脚注。这种安排的优点是突出了正文，但其缺点是脚注很容易被忽略。）

〔2〕 一些学者提出了如下界定国际组织的标准：一个国际组织必须具有旨在涵盖至少3个国家，具有真正国际性的目标；国际组织的成员国身份必须包括完全的投票权，并且必须向在该组织运作领域内的所有适格国家开放；国际组织的投票必须不受任何国内团体控制；国际组织的章程必须规定正式的结构，赋予成员国定期选举管理机构以及官员的权利；一个常设性的总部应该有可能持续运作；国际组织的官员在超过特定期限之外不得都拥有同一个国家的国籍；国际组织不得从事营利性活动，至少要有3个国家向国际组织的预算提供大额资金；每个国际组织必须表明它可以独立存在，并且选任它的官员；有证据显示它当前所进行的活动。参见[美]何塞·E.阿尔瓦雷斯：《作为造法者的国际组织》，蔡从燕等译，法律出版社2011年版，第6页。

外关系的各种法律规范（包括有关国际组织建立、存在与活动的一切有约束力的原则、规则和制度）的总体。国际组织法，虽然尚未形成一个完整的系统，但它随着国际社会组织化程度的提高，将不断得到发展和完善。

基于上述对国际组织的法学解释和对国际组织法所下的定义，可以进一步对国际组织及其法律体制作下列几点分析：

其一，上述定义中所提及的“国际组织”，是从（国际）法的角度着眼的，因此它仅指政府间组织（intergovernmental organization，IGO），[1]即“若干国家（政府）为特定目的以条约建立的各种常设机构”。这是一种严格的国际法意义上的国际组织。

但是，若从一般（普遍）意义来看，国际组织则可以包括政府间组织和非政府（间）组织（nongovernmental organization，NGO）[2]两大类。因此，我们可以作如下概括：“凡是两个以上国家或其政府、人民、民间团体基于特定目的，以一定协议形

---

〔1〕 1969 年《维也纳条约法公约》第 2 条第（一）款第（壬）项规定：“称‘国际组织’者，谓政府间之组织。”

〔2〕 这里的（国际）非政府组织，本书将其定义为：“一种由个人或团体基于一定社会宗旨以非官方协议成立的跨越国界的民间联合体”。它们需依某国国内法而成为法人，但成员并不限于该国人民或团体。它们一般以特定的问题和领域为中心而形成组织，有其特定主张，代表社会一定阶层或某些集团的利益而活动（如提供咨询、传递信息、开展专家游说等）。起先，非政府组织主要是在宗教及人道主义事务方面进行活动（如 1823 年的“英国及外国反奴隶制社”、1832 年的“保护土著人社”等），经过 20 世纪两次世界大战后有了很大发展，现已涉足于国际生活的各个方面。当前，成千上万的有关环境、人口、科技、发展、贫穷、疾病、人权、裁军、能源等领域的非政府组织，在国际关系中非常活跃，有的已构成国际社会非常重要的新行为体[如“大赦国际”（Amnesty International），“绿色和平”（Green Peace）等]，对国际关系和各国政府产生了不可忽视的影响，十分引人注目。一般国际法对非政府组织的法律地位并无具体规定，如其运行发生问题，须依成立地之法律来解决。非政府组织是非营利组织，经费主要靠捐助，捐助部门常常是一些基金会（如有名的福特基金会、麦克阿瑟基金会等）。非政府组织对经济上的支持者自然形成义务，但不对任何其他部门负有责任。进入 20 世纪 90 年代后，非政府组织的群体势力迅速扩大。例如，1997 年以来，它们促使政府间的经济合作与发展组织之多边投资协定化为一叠废纸；1999 年在西雅图，来自 700 多个非政府组织的万人示威游行，又促使在政府间的世界贸易组织主导下的新一轮全球贸易谈判终于流产。现在，全球共有各种大小非政府组织近 5 万个，其中有约 2000 个已与联合国相关部门有不同程度的咨询联系。联合国召开的一些国际会议也常邀请一些相关的非政府组织派观察员参加。众多非政府组织，特别是其中若干大的组织，在国际社会的活动能量很大。例如，1971 年成立于巴黎的“医师无国界协会”，有来自 45 个国家的约 2000 名志愿者，在 80 多个国家开展医疗等活动，在 20 多个国家有办事处；“世界自然保护基金会”，已在环保方面进入了经济及政治的主流；“大赦国际”的预算，甚至比联合国人权观察组织的预算还要多；而特别值得注意的是，在欧洲 27 个议会中，已有 300 多名议员是“欧洲绿党联合会”（由欧洲 29 个国家共 31 个绿党组成）的人士，立陶宛、斯洛文尼亚、芬兰、格鲁吉亚、法国、意大利等国的部长（尤其是环保部部长），有的也是由绿党人士来担任的（“绿党联合会”宣布的宗旨是要建设一个环境优美和社会公正的欧洲）。参见本书第三讲第三节一、（三）“经社理事会”的注释和《联合国宪章》第 71 条。《联合国宪章》这一条，是经社理事会的协商（consultation）条款，其中所提“非政府组织”（NGO），实际上包括两种不同的类型，主要的一种为国际组织（international organizations），其次一种为国内组织（national organizations）。

式而建立的各种机构,都可以称为国际组织。”[1]这是指广泛的一般意义上的国际组织。

广义的国际组织,无论是“政府间”还是“非政府间”的,虽然都是越出国界的一种跨国机构,但两者在国际法上的法律地位显然是不同的。[2]

其二,“international organization”中的拉丁字头“inter”和中文译名国际组织中的“际”字,都有“中间”的意思。[3] 顾名思义,国际组织这个名称恰当地反映了这种组织原始的和基本的性质。即它是介于国家之间(among different nations)的组织,而不是凌驾于国家之上的组织。因此,国际组织一般不能超越成员国政府对其地方机关、法人或人民直接行使职权。[4]

有些欧美学者所想象的世界政府固然不是国际组织,以若干邦国所组成的联邦(federation)也不是国际组织。因为所谓世界政府,按人们的设想将是超国家的;而联邦本身则已经是一种统一的主权国家,它对各邦及其人民直接行使权力。至于邦联(confederation),虽然有人主张应属于国际组织的范畴,但这也是值得商榷的。因为,邦联虽然一般说是若干主权国家为维持其安全、独立及其他利益以国际条约平等组成的联合体,但是这种联合体也可能有某种形式的中央机构能对各邦行使某些权力,各邦的某些对外关系可能要由邦联加以协调。所以按其属性来说,邦联似乎也不宜视为国际组织。[5]

其三,各国为了一定目的而建立某种国际组织,并授予它某些权力。国际组织的权力,来源于组成该组织的成员国,其权力最终是为成员国所规定的共同目的服务的。各种国际组织有其特定的任务,并承受不同范围和不同程度的权利和义务。例如,联合国为了维持国际和平与安全,可以采取强制措施(enforcement measures),但世界知识产权组织就无权这样做。国际组织由于职能上的差别而形成各种不同的类型。

---

〔1〕 本书关于政府间组织(狭义国际组织)、非政府间组织和广义国际组织的三个定义,其表述具有内在的逻辑联系,同前述国际组织法的概念也一脉相承,需统一加以解释和理解。三者的共同点主要是跨国性,其区别主要是它们及其成员的法律地位。

〔2〕 See Henry G. Schermers, *International Institutional Law*, 1980, pp. 5 -6, 8 -15, 16 -18.

〔3〕 法文和德文等多种文字均与此类似。

〔4〕 欧洲共同体(欧洲联盟),作为一种以“国家实体联合”为目标的区域性高度一体化组织,已具有若干“超国家的因素”,是国际组织中的特例。此点,将在以后有关章节中述及。

〔5〕 联邦,有可能起先也是由国家间条约组成的,然而一旦成立后,原参加国之国际人格即行消失;邦联则不然,各参加国仍为独立存在的国际法主体,而邦联本身一般不能成为国际法主体。国际组织的国际法主体资格(法律人格)问题,将在以后有关章节中论述。

其四，国际组织以政府间的协议作为其存在的法律基础。[1] 这种协议的正式文件，一般就是有关国际组织据以建立组织机构和进行活动的组织章程，人们常称之为“基本文件”（basic instrument）。此类基本文件有各种不同的形式，如国际联盟的基本文件为“盟约”（Covenant of the League of Nations）；世界卫生组织为“组织法”（Constitution of World Health Organization）；国际民航组织为“公约”（Convention on International Civil Aviation）；世界银行为“协定”（The Bretton Woods Agreement）；万国邮政联盟的前身邮政总联盟为“条约”（The Berne Treaty）；国际原子能机构为“规约”（Statute of International Atomic Energy Agency）；美洲国家组织为“宪章”（Charter of the Organization of American States）等。国际组织基本文件的名称虽然不尽相同，但其内容一般都包括各该组织的宗旨原则、组织结构、职权范围和活动程序以及成员国的权利和义务等重要规定。

其五，国际组织以其设有自主存在的某种常设机构而与一般的国际性会议相区别。国际组织通过其机构进行经常性的组织活动，以实现其基本文件所规定的宗旨。它是一种制度性的活动场所，因此具有相对的稳定性与持续性。

其六，如上所述，广泛意义上的国际组织，既包括若干国家或其政府所设立的机构，如国际电信联盟、欧洲理事会、世界贸易组织等，也包括若干国家的民间团体及个人所组成的机构，如国际商会、国际太阳能协会、国际奥林匹克委员会、国际红十字组织和国际律师协会等。[2] 但是，国际法（学）所着重研究的主要是严格意义上的国际组织，即若干政府所设立的国家间机构。近代特别是第一次世界大战后，各国国际法学者（特别是欧美学者）越来越重视对各种政府间组织的基本文件及一切有关原则、规则、制度和实践活动的研究，主要是探讨它们所调整的各种国家间关系。现在，在这方面，已经形成了现代国际法（学）的一个新的重要部门即国际组织法（学）。

综观国际实践，国际组织在国际法上具有下列特性：

---

〔1〕 因此，严格意义上的国际组织，应有别于国际组织本身以单边行为所设立的辅助机关以及各国民间团体及个人所设立的跨越国界的非政府间的组织。

〔2〕 国际律师协会（International Bar Association）建立于1947年，下辖两个工作部：一为1970年设立的商法部（The Section on Business Law），包括23个委员会；二为1974年设立的一般实务部（The Section on General Practice），包括16个委员会。此外，协会还有14个常设委员会（Standing Committees）。协会以大会（General Meeting）为其权力机构，以理事会（Council）为其管理机构，总负责人为会长。协会的会员包括：全国性的律师协会或法律学会（称为National Organization Members）；任何合格的律师也可作为个人参加（称为Individual Members）。目前，该协会已有组织会员197个，个人会员4万多个（详见国际律师协会网站：www.ibanet.org）。

第一，国际组织的主要参加者是国家。虽然有些国际组织，如世界气象组织等，由于对经济、社会或文教等部门负有广泛国际责任而允许某些非独立国家的政治实体参加为准成员（亦可称非正式成员或联系成员，associate member），但是这种组织的主要参加者仍然是国家。而且，这种准成员的权利往往受到一定限制。

第二，国际组织是有别于其成员国而具有相对独立法律人格的一种国家间机构。但是，组成国际组织的国家，是国际组织的主体，是国际组织基本权力的授予者；国际组织的存在与发展，有赖于成员国之间的善意协作，其重大决策，往往需要在各成员国之间达成妥协；国际组织不能凌驾于国家之上，不能违反国家主权原则而干涉本质上属于国家国内管辖的事项。

第三，国家为了使国际组织实现其宗旨，需在一定范围内约束国家本身的行动而赋予国际组织若干职权。但是，国际组织并不要求成员国放弃在国际范围内反映国家主权主要属性的那些东西；参加国际组织同国家主权并不矛盾，国际组织所享有的权利正是国家主权在国际范围内作用的结果；成员国根据有效的国际协议所相互承担的国际义务，不仅不损害国家主权的主要属性，而且是国家主权得以维护的必要条件之一。在主权国家林立的国际社会里，国家间的权利与义务不可能是相互割裂而孤立存在的。

第四，国际组织具有高度的国际合作功能。尤其当今，在各国经济交往频繁和信息技术（Information Technology，IT）突飞猛进的全球化潮流中，国家间彼此渗透与相互依存的关系日益突出。为了维护全人类的共同根本利益及解决跨国界的各种区域性与世界性难题，各国间更需要彼此协调。“共谋和平与发展”已成为全球人民的普遍要求，各国政府在政治、经济、文化等方面的组织性合作也随之进一步加强了。国际组织最基本的原则是所有成员国主权平等。国家是主权的，因而是平等的。在国际合作中，各成员国不论大小强弱，也不论其社会、政治与经济制度如何，在国际法上的地位应一律平等，不得有任何歧视。

第五，国际组织是以国家间的正式协议为基础而建立的。这种协议（基本文件）所规定的宗旨与原则，均应符合一般国际法。国际组织的主要机构、职权、活动程序以及成员国的权利与义务，都应以这种基本文件为根据，不得超越它所规定的范围。[1] 国

---

〔1〕 一些欧美国际法学者喜欢把国际组织的职权按照近代国家的职权来归类，将其分为行政、立法和司法。其实，国际组织的行政、立法和司法职权，都是很不完整的，不能与主权国家同日而语。国际组织的职能主要在于促进国际合作，对许多实际问题一般仅有调查、研究与建议之权，较难作出有广泛拘束性的决定。

际组织(即使是最大的国际组织)所据以成立并进行活动的这种基本文件,虽然有诸多特点,但其性质仍然是国家间的一种多边条约,并非世界宪法。[1] 它的效力原则上只及于成员国,非经非成员国同意一般不能为其创设权利或者义务。

二、国际组织的法律地位与"职能性原则"

如前所述,国际组织是基于特定目的而设立的。要实现此目的,必然需要在维持其组织内部工作机能外,还需在其"职能范围"内对外开展活动。国际组织对外开展有效"职能活动"的基础是在其活动领域内占有必要的法律地位,而这种地位的前提条件是必须在国内法及国际法上具有独立于其成员国的一定的法律人格,从而使之在其"职能活动"中拥有相应程度的自主权。

国际组织的法律人格,是它依法独立享有权利和承担义务的一种资格。[2] 没有这种资格,国际组织就不可能成为法律关系的主体,从而无法依其"法定职能"在(其成员国及非成员国)国内领域与国际社会进行有效的组织活动。有了这种资格,它才能参与法律关系,才有可能在实现其宗旨和"执行其职能"中具有法定的行为能力,即能够以自己行为依法行使权利及履行义务的能力。[3]

笔者认为,一个国际组织在法律关系中并不当然具有法律人格,这应视其成员国所共同制定的"关于建立该组织的基本文件对其职能的大小及范围是如何规定的"而定。[4]

一般来说,较重要的国际组织,特别是那些负有重大国际责任的国际组织,为了达成其宗旨,在其"法定职能"范围内,[5]往往具有相应的法律人格,以便在其国际交往中行使其权利和履行其义务。这里起决定性作用的,是其基本文件规定了

---

〔1〕 这种条约(基本文件),以及与国际组织直接相关的其他各种条约,相对于一般性条约而言,本书在理论上把它们统称为"组织性条约"。这种组织性条约(特别是其中的"基本文件")的特点之一是:一般只能统一接受,而很少承认个别成员国的保留。

〔2〕 即通常所指的"权利能力"(或称"权义能力")。

〔3〕 "行为能力"以"权利能力"为前提。

〔4〕 在各种关于国际组织法律人格的学说中,一般情况是,各国持实在法观点的学者多主张"约章授权论",认为国际组织是否具有法律人格是建立组织的条约所明确具体规定的,是成员国授予的一种权力;持自然法观点的学者多主张"隐含权力论",认为国际组织的法律人格是国际组织客观存在的必然结果,甚至认为是其所固有的一种权力。笔者主张以"约章授权论"为基础的一种新的"折中观点",尽量吸取前两说的合理因素,以期符合国际法律秩序的健康发展与日益完善的实际需要。在本节所主张并加以论证的"职能性原则",即为作者折中观点的一种反映。1986 年《关于国家与国际组织间或国际组织相互间条约法的维也纳公约》规定,国际组织缔结条约的能力依据其组织规则来确定。这里,似乎偏重于实在法理论的主张。

〔5〕 《联合国宪章》第 105 条所采之"宗旨及职务必需说",即为一例。

只有具备一定法律人格始能完成的“重要国际职能”。

但是,在这里,法律人格是一个相对的概念,而不是一条绝对的规则。因为关于国际组织法律人格的存在与范围问题,以及国际组织到底能在多大程度上享有权利和承担义务的问题,尚无一致标准,在国际习惯法上并不明确,也没有普遍性条约来作出统一的规定。在实践中,这个问题一般是在特定范围内,以专门条约个别地来加以具体解决的。如《联合国特权及豁免公约》和《联合国各专门机构特权及豁免公约》就是这种例子,它们对这方面作了详细的规定。

从国际组织的实践来分析,一方面,在其成员国领域内,它依据其基本文件,可具有为“执行其职能”所必需之行为能力。作为法律人格者,它一般有资格订立契约、购置财产、进行诉讼,其会所、成员国赴会代表及其机关官员,均享有相应的特权与豁免,等等。另一方面,在国际社会内,其法律人格和行为能力,可依其“法定职能”表现为:有资格派遣和接受使节、缔结国际条约、调解国际争端、召开与主持国际会议、要求国际赔偿、实施职能管辖、承担国际责任,以及承受作为国际法主体的其他权利和义务。[1]

如前所述,国际组织,即使是最有权威的国际组织,也只是一种介于国家之间的法律组织形式,而非国家实体,并不具备国家的属性。国际组织既没有领土,也不能对成员国国民进行统治,它所取得的法律人格,不管范围有多大,同主权国家所固有的完全法律人格比较起来,显然是很有限的。国际法院在“为联合国服务而受损害的赔偿案”的咨询意见中认定:“国家享有国际法承认的一切国际权利和义务,但一个国际组织作为国际人格者所享有的权利和义务则取决于其特定的宗旨与职能。”离开了体现在建立章程中的主权国家关于“职能方面的授权”,任何国际组织都不可能具备成为国内领域与国际社会中权力主体和(或)行为主体的资格。国际组织的法律人格,只能在执行与实现其组织约章所严格规定的“组织职能及宗旨”所必需的范围内才能得到承认。换句话说,只有在此范围内国际组织才有资格享受权利和承担义务。但关键在于,国际组织的职能范围是受其基本文件(组织约章)的严格规定的。

在此,笔者可以从另一角度作出如下小结:国际组织的法律地位与国家相比,有其基本不同之处。凡国际法所未加规范的事项(剩余事项),几乎都在国家职权与管辖范围之内;国际组织则不然,凡基本文件(国际法)所未加规范的事项(剩余事项),几乎都不在其职权与管辖范围之内。

---

〔1〕 See E. Lauterpacht, *International Law—Collected Papers of H. Lauterpacht*, 1978, pp. 137-141.

以上适用于国际组织的法律人格和管辖权范围的这种理论，本书把它加以概括，谓之“职能性（function）原则”。[1] 这种法律人格的职能局限性是国际组织法律地位的一个重要特征。

关于国际组织法律地位的一些具体问题，将结合本书有关章节分别加以论证，这里不拟阐述。[2]

三、国际组织法的渊源与体系

由于国际组织法还不是一个成熟的法律系统，所以，国际法的编纂工作虽然由来已久，但以国际组织法为题而进行的系统性编纂还从来没有过。按照法学逻辑，作为国际法一个新分支的国际组织法，其渊源的性质和种类，是不可能超出一般国际法的范围的。有关国际法渊源的理论与实践，都应能适用于国际组织法。但是，相对国际法的一般性（共性）而言，国际组织法又有其特殊性（个性），所以对国际组织法的渊源仍有加以剖析的必要。

有关国际法渊源的分类问题，各国学者众说纷纭，[3] 但将其划分为形式渊源

---

〔1〕 参见并比较《联合国宪章》第 104 条关于联合国在各会员国领土内法律行为能力的规定。

〔2〕 有关国际组织法律人格的理论，还可参见本书关于“联合国的法律地位”一节及其有关国际法院“关于为联合国服务而受损害的赔偿案的咨询意见”的注释。

〔3〕 请参考下列图表。

国际法的渊源（如大陆架的划界问题）
- 1.Formal Sources ——可译
  - 形式渊源
  - 正式渊源
  - 有效渊源
  - 效力渊源
- 2.Materials Sources ——可译
  - 实质渊源
  - 实体渊源

一部分学者的解释（如李浩培、[韩]柳炳华等的著作）	实质渊源（大意指影响规范内容的各种因素）	形式渊源（大意指有效规范所由产生的程序或方式）	
另一部分学者的解释（如詹宁斯修订的《奥本海国际法》等）		形式渊源（大意指规范效力的渊源）	实质渊源（大意指规范存在的证据）
	如法律意识、海洋科技、资源开发、国家利益竞争、社会需要等	如多国协商同意等	如有关大陆架的条约等

与实质渊源的主张,似乎比较成熟。

"形式渊源"系指国际法(含作为其分支之一的国际组织法)规范所由形成的各种外部方式。从其广义解释,就是相当于《国际法院规约》第38条第1款的全部列举。但若从其严格的法律意义来讲,则只应包括国际条约与国际习惯(按照部分学者的见解,还可包括一般法律原则在内)。就国际组织法而言,国际条约,有能普遍适用于所有国际关系(包括国际组织)的一般性条约和直接关于国际组织的组织性条约;国际习惯,除能适用于国际组织的一般国际习惯外,还有在国际组织内部及其对外关系中所长期形成的各种来自实践的惯例和做法。国际组织可以倡议、发起或主持国际会议签订国际条约;它们也可以通过决议、宣言、声明等来阐明或形成新的国际习惯。

"实质渊源"系指在国际法(含作为其分支之一的国际组织法)规范形成过程中对其内容产生直接或间接实际影响的各种因素。它们广泛涉及政治、经济、文化、思想观念、伦理、哲学等各个方面,是法律规范生存与发展的基础或深层原因。

形式渊源关系到各种法定程序,主要是国际法(学)研究的对象;实质渊源则溢出了法学领域,除国际法(学)必须作相应研究外,同时也是包括法社会学、法哲学等在内的其他相关学科的重要研究范围。

关于国际组织法体系的构成,现在并无固定不变的模式。从形式渊源这个角度来研究,我们根据前述国际组织法的定义和不同的识别标准,可以对国际组织法的体系作下列4种理论分析。

第一,以法律效力的层次为标准,可以将国际组织法区分为两部分:各种组织性条约与各种行政性法规。

前者如建立政府间组织的各种组织章程(前述"基本文件",是最基本的组织性条约),有关国际组织法律地位、特权与豁免的各种公约,组织与组织间工作关系的各种协定,各国际组织与其总部所在地国家签订的总部协定,区域性国际组织与区域外国家或国家集团签订的经济协定,以及其他与国际组织直接相关的各种公约(如关于成员国在组织中之代表权、组织参加缔结条约之程序、争端和平解决、国际责任与继承关系、外交使团、外交人员保护等的公约)。[1] 后者如国际组织中各

---

〔1〕 国际组织,作为有别于其成员国并相对独立的国际法主体,除上述各种组织性条约外,当然也受一般性条约的调整和约束。国际组织是在两个不同层面上与其成员国打交道的:一是与作为其组成分子的成员国发生关系(如组织内会费的分摊与缴纳);二是彼此作为平等的国际法主体与对方发生关系(如组织与其总部所在地的成员国签订总部协定)。此外,国际组织还需要与非成员国以及其他国际组织进行交往并发生一般的法律关系(如联合国过去与其办事处所在地的当时尚非会员国的瑞士签订总部协定)。

机构根据基本文件所赋予的管理职能所自行制定的各种形式的规则、规定、条例、命令、决定，等等。

一般来说，前者的效力高于后者，后者效力是以前者效力为根据的。而前者中，一般来说，又以"组织章程"的效力为最高，有的章程甚至就直接以"宪法"来命名（Constitution or Charter，通译为组织法或宪章）。值得特别提出的是，《联合国宪章》作为当今世界各国际组织协调中心的联合国的章程，在整个国际组织法体系中处于核心地位，对国际组织法的形成及发展至关重要。有些欧美学者，即以"联合国法"为题而对联合国及其宪章进行重点研究。关于后者，虽然因其并非成员国直接参与制定而不属于严格意义上的国际法，但是，由于它们根据国际组织基本文件（代表成员国意志）在一定行政管理范围内具有不等程度的法律约束力，所以应被视为国际组织法体系中自成一类的"国际组织行政规范"。

第二，以法律调整的对象为标准，可以将国际组织法区分为对外关系法与内部关系法。

前者主要包括用以协调组织本身（作为一个有别于其成员国的国际法主体）与成员国或非成员国之间的关系、成员国（作为国际社会一分子）彼此之间的权利义务关系、本组织与其他组织的交往关系，以及其他为实现本组织对外职能之一切活动的各种法律。它们虽然可能是以组织法的形式出现的，但由于其调整的对象都是国际关系，所以除其中一小部分由组织内机构制定的辅助性法规外，均应属于国际法的范畴。

后者主要包括用以协调组织范围内各成员国（作为组织本身一分子）的权利与义务、各机构间的横向（职权）分工与纵向（领导）关系、议事及决策过程、各种预算及会费分摊、人事安排管理与选举事宜、会议或谈判活动、各种专门技术标准、信息与资料交流，以及语言文字处理等工作的各种有法律约束力的规章制度。其中，有些系基本文件所规定，而大部分则是组织按其职权范围自行制定的规则。它们虽然不能作为国际法规范而单独适用于一般国际关系，但在组织内部运行机制中，对组织内各机构及其成员国，是有不等程度的法律约束力的。

第三，以组织的各种重要事项及问题为标准，可以将国际组织法区分为若干部分来进行列举分析。

一般来说，可以将之分为有关国际组织的章程、法律地位、成员参与、组织结构、职能范围、成员国的权利义务、争端解决、财政制度、总部问题、特权与豁免、议事程序等具体部分来加以法律归类。

这种方法的优点是简明易行，但其缺点则是“列举”很难穷尽，且不易找到很科学的识别标准和区分的规律。

第四，以组织的职能和地域范围为标准，进行交叉分析，可以将国际组织法区分为综合性组织法律制度与专门性组织法律制度，或者区分为全球性组织法律制度与区域性组织法律制度。

这两种区分方法的前半部（综合性组织与全球性组织的法律制度），实际上最有代表性的就是联合国法和国际联盟法。有人把它们，特别是把《联合国宪章》喻为“世界宪法”，虽然言过其实，但足以说明其重要性。其后半部（专门性组织与区域性组织的法律制度），就专门性组织而言，主要是联合国系统的 18 个专门机构，其规章制度十分复杂，但非常丰富，一般统一称为国际专门机构法；就区域性组织而言，主要是欧、美、亚、非几个洲组织的法律制度，其中以欧共体法（欧洲联盟法）比较发达并较为成熟，而非统组织法（非洲联盟法）、阿拉伯国家联盟法，尤其是美洲国家组织法，则各有其特点。

这里所阐明的这两种区分方法，其缺陷是内容有点交叉和重叠；其优点则主要是便于具体联系几种不同类型之国际组织的实践，从不同层面来系统研究其原则、规则与制度及其运作过程，从而概括地给这几种不同类型的国际组织及其法律制度分别勾画出一个比较清晰的轮廓。而且，在此基础上，可以加深对一般组织法的分析、认识和整体理解。在国际组织法律体系尚欠充分发达与不完善的情况下，利用此种研究方法和分析模式，似有其实用价值和可取之处。

法学的学科体系是在法律体系的基础上形成的。本书的学科体系，就是在参考欧美学者（如 Goodrich、Bennett、Bowett 和 Schermers 等）的著述体系且兼顾上述 4 种理论分析的基础上，以其中的第四种分析为主要线索而建立起来的。全书具体分为第一编“绪论”，第二编至第三编全球性国际组织及其法律制度，第四编区域性国际组织及其法律制度，第五编专门性国际组织及其法律制度，第六编“尾论”，具有高度综合归纳的性质。

四、国际法和国际组织的交互影响

国际组织的大量出现，比国际法晚了几个世纪，长期以来，国际法对国际组织的形成、发展和巩固，从法的角度产生了积极影响。首先，国际组织的建立不可能没有成员国之间的协议，国际组织的活动也不可能不受国际法的调整。其次，建立国际组织的章程是基于一般国际法而缔结的一种多边条约，它是在一般国际法的范畴内起作用的。再次，一般国际法承认各主权国家有权缔结建立国际组织的条约，而这种条约并不使其成员国通常的国际法主体资格受到限制。最后，建立某些普遍性国际组织的基本文件本身，往往包含着若干重要的国际法原则与制度，因而使国际组织有可能发挥更大的作用。

国际组织作为现代国际社会的法律人格者，对国际法（特别是对现代国际法）也产生了巨大影响。国际组织是一种法律形态，它的发展，就是国际法的一种发展。特别是进入现代以后，各种国际组织，逐年以加速度增加，其职权不断扩大，它们所管辖的事项，涉及人类生活的各个方面。成千上万的组织，现已形成一个以联合国为中心的巨大的国际组织系统。它们是现今世界一种特殊的国际现象和历史推动力，深深地影响着国际法。此外，国际社会，主要以主权国家为其组成分子，是一个高度分权的社会。但是，随着人类组织化的进展和国际组织的大量出现，国家间的联系纽带加强了，而在欧洲联盟这类新型的区域性组织中，还出现了不少“超国家”的明显因素。这对国际社会的权力结构，国际政治、经济及文化都产生了重大影响，无疑也对现代国际法的形成与发展有巨大的促进作用。

现就国际组织对国际法的影响，作下列几项具体分析：

其一，由于国际社会的特殊性质，国际法的直接与统一立法在短期内几乎是不可能的。虽然很早就有过关于国际法的一些民间编纂活动，但在国际联盟成立之前，这种尝试也并未取得明显成效。而真正有影响的编纂工作，是从国际联盟、特别是从联合国国际法委员会成立后才开始的。该委员会自成立以来，已经完成了几十项条约的起草工作，有些，已通过正式程序最后形成有效决议或签订为国际公约。此外，其他很多国际组织，如国际劳工组织、国际民航组织、世界卫生组织等，也在其专业管辖范围内进行过不少有关国际法律方面的编纂。可见，正是由于国际组织的兴起及其具有某种程度的造法功能，才大大促进了国际法编纂工作的开展。

其二，在缺乏直接立法功能的国际社会里，利用国际法庭的判例和咨询意见来澄清和证明有关的法律规则，对国际法规范的形成有着重要影响。例如，国际法院及其前身国际常设法院所受理的案件中，有些判决或咨询意见，对于许多国际法原则、规则与制度的发展，具有重要意义。又如，战后在纽伦堡和东京进行的两次军事审判，1993 年为起诉前南斯拉夫境内战犯而设立的国际刑事法庭，[1] 均对国际法的发展已经或将会产生深远的影响。

其三，在国际组织典型的“三级结构”体制中，一般均设有一个由所有成员国组成的代表机构，在这类机构中，以联合国大会的职权最为庞杂。联大在其长期职能活动中，曾就国际和平与安全、国际经济与社会等问题作出过很多决议、宣言、纲领和方案，其中有不少对国际法的发展具有重要影响。对比《国际法院规约》第 38 条而言，联大的各种重要决议应是确定法律原则的很有价值的“补助资料”。

其四，从众多国际组织的基本文件来考察，它们同其他许多与国际组织密切相关的条约、协定、行政法规联系在一起，已初步形成一个国际组织自身的法律系统。这个系统的形成，大大丰富了现代国际法的内容，对现代国际法的发展具有极大影响。

综上所述，可见国际组织与国际法彼此相辅相成，关系甚为密切。国际法的存在，为国际组织的形成和活动提供了法律前提。国际组织的发展，对国际法产生着越来越深远的影响。国际组织的大量涌现、发展中国家的兴起及科学技术的进步，已成为现代国际法继续发展的三大动力。就国际组织而言，下列趋势值得注意：国际组织数量的日益增长，使适用国际法的国际社会逐渐由高度分裂状态向更多合作的方向过渡；国际组织职能的日益扩大，使早先强调“疆场”的国际法迅速向国际“市场”延伸；国际组织，特别是联合国（作为世界各国际组织的中心）造法功能的发挥，使松散的国际法体系有可能进一步加强其有效性。

---

[1] 根据联合国安理会 1993 年的一项决议，前南斯拉夫问题国际刑事法庭于 1994 年在荷兰海牙成立。该法庭的职权是对自 1991 年以来在前南斯拉夫领土上严重违反国际人道主义法律的人提出起诉。可起诉的罪行分为：严重违反 1949 年日内瓦公约，违反战争法或战争惯例、种族绝灭、反人类四种。

第二节　国际组织的过去与现在

国际组织的形成与发展,与其说是由于哲学家、社会学家的倡导,还不如说是各国外交家、政治家根据国际需要所作出的各种实验及推动的结果。但是,思想家的倡导和学说,确实为国际组织的产生作了重要的理论准备。例如,早在欧洲中世纪,杜布瓦(Pierre Dubois,1250～1320 年,法国人)就主张基督教国家应组织到一起,以仲裁解决彼此间的争端,抑制战争的发生。到 17 世纪,法国思想家克律塞(Emeric Crucé,1590～1648 年)呼吁消除战争,主张超出宗教类别的限制,由所有国家组成一个联盟大会来处理国家间的争端。他关于国际组织的思想,已经有了较大的发展。应该着重提及的是彭威廉(Willian Penn,1644～1718 年)的国际组织理论。他力主欧洲国家联合起来,各国按比例委派代表组成一个"欧洲议会",由议会和平解决国家间的争端。在程序上,议会以 2/3 的多数作出决议,以圆桌会议的形式处理席次问题。其后的卢梭(J. J. Rousseau,1712～1778 年),建议把欧洲建成一个永久性的联邦,主张各国都放弃战争权。再后的康德(Immanuel Kant,1724～1804 年)则主张在欧洲组成一个大邦联,但是他并不主张一个世界国家。他还抨击帝国主义理论,认为各国应裁减军备。他倡导"永久和平"的学说,认为理性会指引人们"从野兽般的无法状态中走出来",而进入一种由邻近国家共同形成的有组织的社会状态。

上述各种早期的思想和理论,虽然受时代条件的局限,未能在当时付诸实现,但对此后国际组织的形成与发展,却有不应忽视的影响。

国际组织的产生,经历了一个历史过程。它同人类社会的发展密切相关,其成长是以国际关系的演进为基础的。它是国际政治经济发展到一定阶段的产物。同对任何事物一样,我们对于国际组织的形成与发展,也可以进行分段研究。只是因为出发点不同，国内外学者对国际组织发展时期的划分很不一致。本书根据国际社会的实践情况，拟将其分为：民间交往→政府间会议→欧洲协作→国际行政联盟→联合国成立→其后等几个具体阶段来加以论述。

一、从民间交往到政府间会议

国家形成以后，世界各国之间的关系，长期处于一种相对隔离状态。但是随着社会生产、文化技术、特别是交通运输方面的进步，国家之间出现了民间交往。各国间逐步发展起来的这种关系，首先和最基本的类型是一般商品和文化的交流。这种交流为后来较为成熟的国际交往作了准备。这无论在东方文明古国之间还是在新兴的西方国家之间，都有类似之处。[1] 发展到 14 世纪前后，在地中海东部各国与岛屿的商业城市中，已经出现类似近代领事的职务；个人之间的契约已有走向国家间规章的倾向；调停甚至仲裁的适用也有所发展。但是严格地说，早期的民间交往并不是在国际意义上进行的。直到 19 世纪初期，民间交往才以民族国家（national states）的体制作为其活动的基础。从这个意义上说，它们才真正带有“国际”的性质。

西方国际法学者曾以各种统计数字来说明这方面的迅速发展。例如，在 19 世纪 50 年代的 10 年间，民间国际性团体所举行的各种国际性会议接近 20 次；而到 80 年代这 10 年间，这类会议已超过 270 次；发展到 20 世纪的第一个 10 年，这个数字就几乎突破 1000 次了。表 1 是各民间国际团体在第一次世界大战前 70 多年中召开国际会议的情况：[2]

表 1　民间国际团体在第一次世界大战前 70 多年中召开国际会议的情况

时间	开会次数	比前 10 年增长数(%)
1840～1849 年	10	
1850～1859 年	18	80
1860～1869 年	64	256

〔1〕 我国的丝绸等物，早在汉代就已沿“丝绸之路”输往阿富汗、伊朗甚至欧非一些国家，而中亚、西亚的某些特产如葡萄、石榴、核桃等，也由此逐渐输入我国，从而促进了我国与各国人民间的相互了解和进一步交往。

〔2〕 See P. B. Potter, *An Introduction to the Study of International Organization*, ch. III.

续表

时间	开会次数	比前10年增长数(%)
1870～1879年	139	117
1880～1889年	272	96
1890～1899年	475	75
1900～1909年	985	107
1910～1914年	458	

由此可见,进入19世纪以后,民间国际团体有了长足的发展。此后,这种组织逐步伸展到了人类活动的各个领域,如政治、经济、科学技术、文化教育、工商业、劳工运动等方面。它们的活动,一方面受到各国政府的影响和制约,另一方面也对各国外交政策与对外联系产生作用。各民间国际团体常常要求和争取各国政府的支持,以此表明愿意成为国家体制和国际体制的组成部分。不少民间国际团体和合作机构,终为国家间协定或条约所承认而成为正式国际体系的单位;这就反过来加速了整个国际关系的发展进程,并促进了政府之间的联系。[1]

从国家间的民间交往发展到政府间的国际会议,是一次历史性的飞跃。政府间会议,是国家间进行交往和接触的更高一级的形式。在常设的政府间组织形成以前,国家间的关系仅仅是一种双边或多边的临时接触。随着国际政治经济关系的发展与国家间交往的加深,各国间的多边活动日益增加,政府间会议逐渐成为讨论和解决国际问题的一种有用的手段。它比民间国际团体的会议具有更为重要的意义,它是一种"权力"之间的交往,可能产生国家间的权利义务。对比常设的政府间组织来说,这种会议可以说是政府间的一种临时性的议事机构。早在古代东方国家和中世纪欧洲国家的历史上,就有过由各国代表参加的会议。但是从其历史发展来看,开始时双边会议居多,而多边会议甚少;在战争结束时用以解决善后问题的会议居多,而在和平时期用以调整国家间关系的会议较少。17世纪中叶召开的威斯特伐利亚会议(Congress of Westphalia),是世界近代史上为处理国际问题而召开的一次非常重要的会议,它开创了国家间通过大规模国际会议这种形式来解决重大国际问题的先例。到19世纪前后,特别是1815年的维也纳会议之后,国际

〔1〕 以气象组织的发展为例:1853年在布鲁塞尔举行过一次有关气象学的国际会议;1873年又在维也纳正式召开了一次国际气象大会;至1878年才组成国际气象组织,但它还不是一个官方机构;一直到1947年的华盛顿会议,始以公约将国际气象组织改为政府间的世界气象组织。

会议日益频繁，其范围也不断扩大，以国际会议处理国际问题已被公认为国际生活中的一种通常制度了。[1]

在长期实践中，政府间的各种国际会议，已形成若干带有常规性的习惯程序。这种会议，有的是由一个国家或几个国家联合倡议召开的，有的则是由某个国际组织召开的。它们可能是国家元首或政府首脑参加的最高级会议，也可能是一般外交代表会议；可能是为缔结和约或其他条约而召开的外交会议，也可能是其他专门会议。但是，无论哪种会议，一般来说，平等原则是组织国际会议的最基本的原则。出席国际会议的各国代表都享有外交特权。每个参加会议的国家，不论大小，都有同等的代表权及投票权。会议的时间、地点、议程和使用语言文字等，由会议的召集国与被邀参加国共同协商解决。会议进行时，或者由专门指定的一位或数位主席主持，或者由各代表团团长按照商定文字的国名字母顺序轮流主持。会议的一切决议或其他文件，对于任何没有被邀请或经邀请而未参加会议的有关国家，不发生法律效力；而且，这种文件一般都需要与会者一致表决通过，如只能获得多数通过，则对不表同意的国家没有拘束力。第二次世界大战以后，出现了一种经常采用“协商一致”(consensus)程序的趋势：会议文件经广泛协商后，如所有代表团基本达成共识，在会上均无正式反对意见，即认为通过，无须交付投票表决。[2]

二、“欧洲协作”的影响

拿破仑战争结束之后，在欧洲出现了一个“欧洲协作”时期(亦称欧洲协调，the Concert of Europe)。这一时期从 1815 年的维也纳会议开始一直到第一次世界大战爆发，持续了整整一个世纪。在此 100 年间，除有 53 个国家及邦参加的维也纳会议之外，还召开过 1856 年的巴黎会议，1871 年及 1912 年的两次伦敦会议，1878 年及 1884 年的两次柏林会议，1906 年的阿尔赫西拉斯会议等 30 多次大型的国际会议。所谓“欧洲协作”，其起源是同 1815 年俄、英、奥、普的“四国同盟”联系起来的，实际上，主要是当时欧洲反动封建君主处理其紧迫国际问题的一系列间歇性的多边政治协商会议。这些会议虽然没有定型的常设机构，但已初步形成一种比较

[1] 据国际协会联盟(Union of International Associations)2010 年 6 月发表的一项调查统计显示：2009 年全球全年举行的大型国际会议的总数，已达到 342，500 次之多。该联盟对上述会议的统计标准是：会议参加者在 300 人以上；其中有 40% 的代表为不同国籍者；其中最少有 5 个国家的代表；会议时间不少于 3 天(详见国际协会联盟网：http://www.uia.org)。

[2] “协商一致”的详细内容，可参见本讲第三节二、(四)2.“表决程序”末的注释。

连续和稳定的协商制度。这种制度对国际组织的形成与发展作用颇大。对“欧洲协作”的特点，我们可以作下列几项概括：

第一，“欧洲协作”同以往的一般停战善后会议不同，其宗旨在于调整封建君主间平时国际关系的各个方面，包括政治、经济、宗教、河川管理、少数民族等问题，范围非常广泛。列强如此持续不断地进行会议活动，对确保彼此间霸权的平衡与欧洲的均势具有重要影响。

第二，历史上的外交方式主要是双边接触，而到“欧洲协作”时期，则规定“定期举行会议”，使多边外交成为一种较稳定的体制。在此期间，平均每两年至少要进行一次多边协商，不召开协商会议的年份是很少的。在这些会议中，大国处于一种特殊的霸主地位，是协商的中心。

第三，在这一时期的一系列大型国际会议中，根据实际需要形成了不少新议事规则。这对多边外交会议的活动程序在技术上有所发展，使国际会议在形式上日臻完善，有助于国际组织的发展。

三、从国际行政联盟到联合国成立

欧洲资产阶级革命的胜利，为资本主义的发展扫清了道路，导致了各国间对外贸易关系的发展。随之而起的是海运、铁路交通、通信联系也有了发展。科学技术上的进步，以及社会经济的发展，大大扩展了国际协作的范围，并要求国际法对一系列新的国际关系加以调整。到 19 世纪中期，各国间已有关于调整交通、电信等方面相互关系的国际协定存在。这些协定有一个由双边条约演进为多边条约的过程。在实施多边协定时，国家间出现了若干为特定目的而建立起来的“国际行政联盟”（international administrative unions）这样一类比较稳定的组织形式。这是一类主要以专门的、行政的和技术性的国际协作为职能的机构。它们随着国际关系的进一步发展，其规模与种类都在不断扩大。例如，当时有些国家，由于国际交往的需要，在独自完成与发展邮政业务方面，已经受到各种条件的限制，不能满足时代的要求，因此到 1874 年，有 22 个国家的代表在伯尔尼集会，签订了第一个国际邮政公约，建立了邮政总联盟（The General Postal Union）。甚至在此之前，由于电报的发明与推广，已有 20 个国家早在 1865 年就成立了国际电报联盟（The International Telegraph Union）。除此之外，第一批较大的国际行政联盟还有 1875 年的国际度量衡组织、1883 年的国际保护工业产权联盟、1886 年的国际保护文化艺术作品联盟、1890 年的国际反奴隶生活联盟和同年的国际铁路货运联盟。1899 年成立的海牙常设仲裁法院,也可以作为在当时历史条件下设立起来的这类组织的另一个例子。

这种国际行政联盟,比当时为某种特定目的而建立的一些常设或临时性国际委员会(如 1804 年成立的莱茵河管理委员会等),在组织上要完善得多。国际行政联盟为常设国际组织的发展奠定了基础,它们的出现,使国际组织的历史进入了一个新的阶段,具有划时代的意义。

第一,国际行政联盟所涉及的事项,主要是重大政治问题以外的行政技术事项。在国际上,由于科学技术的高度发展与国家间联系的不断增加,使越来越多的行政活动在客观上突破了国家边界。而国内政府的职权是受本国领土制约的,因此这种国家管辖权方面的矛盾,势必需要各种国际组织来加以调整。国际邮电等方面的行政组织的出现,正好为国际交通运输、文化教育、工农业、气象、卫生、金融、贸易等其他方面国际组织的建立,提供了重要的经验和广阔的前景。

第二,国际行政联盟建立了比较完善的常设机构,为后来国际组织的三重结构,即代表大会、执行机关和国际秘书处分立的体制开创了范例。国际电报联盟所设立的国际事务局,是世界上国际秘书处的雏形。分别设立由全体成员国组成的大会和由部分成员国组成的理事会,也是国际行政组织的重要特征,这种组织模式一直为后来的各类国际组织所仿效。

第三,国际行政联盟,在长期历史发展的基础上,改进了各种程序规则。关于多边条约的起草、通过与生效,同传统的双边条约相比,已有了某些新的特点;各机构的投票程序,同历来国际会议的一致通过原则相比也有所不同。这些演进,使国际议事程序发生了富有意义的变化。

到了 20 世纪,世界资本主义发展到帝国主义阶段,国家间的矛盾进一步激化。为了适应这种国际关系,一般政治性的国际组织,如美洲共和国国际联盟等,相继建立起来。这一时期不仅一般政治性国际组织发展较快,而且许多专门性的国际行政组织也进一步成为更加健全的机构。两次世界大战对国际关系产生了极其深刻的影响。在相隔 1/4 个世纪的时间中,地球上建立了两个著名的国际组织。第一次世界大战结束后,建立了国际联盟,它是人类历史上第一个具有广泛职能的世界性国际组织。经过第二次世界大战,又建立了联合国。2006 年 6 月 28 日联合国接纳黑山共和国为其会员国,至此,联合国的会员国总数已达 192 个,是迄今世界上最大的国际组织。[1]

四、现代国际组织的发展趋势

国际组织的发展，经历了一个长期而缓慢的过程，但是进入20世纪特别是经历两次世界大战之后，其发展速度加快，并且具有如下特点：

第一，国际组织的数量在爆炸性地增长。两次大战后，国际关系的重要特征之一是第三世界和发展中国家的兴起。现在世界上的190多个国家中，约有150个属于发展中国家。[2] 最近50多年来，民族独立和解放运动高涨，帝国主义殖民体系基本瓦解。战后新独立的国家，已大大超过全世界国家总数的一半。从而使新兴的发展中国家所成立的国际组织，特别是经济方面的区域合作机构，大量增加。另外，由于海洋、宇宙科学的迅速发展以及交通工具和通信设备的巨大进步，使地球上的空间距离相对缩小了，各国之间的相互影响和依赖进一步加深，从而使各种组织，特别是国际性的科学、技术及行政机构有增无已。同时，伴随时代的进步，有关其他方面的组织也进一步增加了。

两次世界大战后形势的变化，大大促进了国际组织的发展。据统计，各种影响较大的国际组织已达4000多个，其中政府间的重要组织早已超过500个。它们的90%以上是在20世纪50年代之后发展起来的。[3] 如果19世纪由于国际会议频繁而被人们称为“国际会议世纪”，那么20世纪，由于国际组织的急剧增加我们可

---

〔1〕 南联盟（南斯拉夫联盟共和国）于1992年4月27日宣布成立，标志着已有47年历史的南联邦（联合国的创始会员国之一）最终解体（成为南联盟、斯洛文尼亚、克罗地亚、波黑、马其顿5个国家）。1992年9月22日联合国大会（经安理会建议）以127票赞成、6票反对、26票弃权通过决议：南联盟不能自动继承南联邦在联合国的席位。在贝尔格莱德政府的联合国席位“空缺”长达8年之后，2000年11月1日在联合国大会，法国代表欧盟及其16个联系国提出“接纳”南联盟的决议案，最后决议获得通过。南联盟重返联合国（前南斯拉夫联邦地区的其他4国，早已先后申请加入了联合国）。2003年2月4日南联盟通过并实行了塞尔维亚和黑山共和国宪法，南联盟正式改国名为“塞尔维亚和黑山”。2006年6月3日黑山共和国议会通过了独立宣言。根据塞尔维亚和黑山《宪法》第60条规定，塞尔维亚共和国承续塞尔维亚和黑山在联合国（包括联合国系统内所有机构和组织）的成员资格。黑山共和国由大会2006年6月28日第60/264号决议接纳为联合国第192个会员国。

〔2〕 “发展中国家”（developing country）是20世纪50年代之后才形成的一个新概念，国际上尚无统一划分的标准，一般可依惯例来认定。例如，联合国开发计划署的受援国，一般即可视为由联合国惯例所认定的“发展中国家”。

〔3〕 据2005～2006年国际组织年鉴（Yearbook of International Organizations）的统计，全世界各种大小国际组织的总数，已达58,859个，其中政府间组织有7350个，非政府间组织有51,509个。详见国际组织年鉴网：http://www.uia.org/stats。（国际组织年鉴记载：1907年时，全世界总共只有213个国际组织。其中，政府间组织仅37个。）中国从1971年在联合国恢复合法席位之后，积极广泛地参与了国际组织的活动。进入20世纪90年代之后，中国参加的国际组织已有600多个，其中重要的政府间组织70余个。

以称为“国际组织的世纪”。

第二,国际组织的职能范围包罗万象。在联合国广泛开展工作的同时,国际社会的各个领域都有专业组织在进行活动。现今,政治、经济、文化、社会、科学等各个部门,上至外层空间(the outer space),下达海床洋底(the sea bed and the ocean floor)各个层面,从邮电、气象一直到贸易、金融各个方面,无不有相应的国际组织存在,人类生活无不与这些国际组织的专业活动发生关系。可以说,人类的衣食住行都与国际组织或多或少地联系起来了。

第三,国际组织间的协调在日益加强。由于国际组织数量与职能的不断增长,各种国际组织间的协调(coordination)就显得日益重要起来。早在20世纪初期(1907年~),就有一个国际协会联盟(Union of International Associations)致力于协调和联系国际社会的各种国际组织。[1] 后来,国联盟约又作了相应规定,试图加强这方面的调整工作,但是成效不大,仅有国际劳工组织、国际航空委员会及国际测量局等几个组织置于国联的管辖之下。联合国更加重视这方面的工作,在《联合国宪章》中作了若干有关协调各国际组织的规定。例如,第1条规定,联合国应成为一协调各国行动的中心;第57条、第58条、第63条、第64条和第70条规定,各政府间专门机构应使之与联合国发生关系,由经社理事会加以调整。《联合国宪章》还以第8章专门规定了联合国与各区域性国际组织的关系。此外,第71条规定,经社理事会得采取适当措施,同各非政府间组织磋商其职权范围内的各种事项。除《联合国宪章》外,其他国际组织的基本文件也就如何协调彼此间的关系作了相应规定。通过上述各个方面的调整,使地球上涉及面甚广的各种国际组织,成为一个相互联系的组织体系,这个组织体系的核心是联合国。这个巨大的国际组织体系,可以称为“联合国体系”(United Nations family)或联合国体制下的组织系统。[2]

---

〔1〕 国际协会联盟是一个非政府性的国际组织,成立于1907年。它的总部设在布鲁塞尔,其主要任务是从事注册和协调各国际组织的活动,通报它们的活动情况。它的机关刊物《国际协会》(International Associations)和《国际组织年鉴》(Yearbook of International Organizations),是发行较广的刊物。

〔2〕 联合国组织内各机关的工作,常常是同其他有关国际组织联系起来进行的。例如,联合国开发计划署提供援助的全部项目,几乎都是由联合国本身或者由与联合国有联系的20多个国际机构来实施的。这些机构,除根据特别协定同联合国建立关系的或根据联合国决定而成立的十几个专门机构外,还有联合国贸易与发展会议、美洲国家开发银行、非洲开发银行、亚洲开发银行、联合国儿童基金会、世界粮食计划署、联合国难民事务高级专员办事处、联合国环境规划署、世界旅游组织、阿拉伯经济及社会发展基金等10多个组织。这些组织有些是联合国本身的机构,有些则并不属于联合国。

第四,一个富有希望而又让人困惑的前景。经济与技术的进步,使国家间相互依存、竞争和渗透的程度大大加深。在这样的时代背景中,国际组织作为一种协调各国行动并将其组织起来的机构与制度,无疑将大有可为。然而,全球化世界所面临的诸多问题,如南北差距、环境恶化、强权政治、恐怖主义、核扩散、金融危机等,也不可避免地会成为国际组织前进道路上的严峻挑战。

第三节　国际组织的类型和一般形态

一、国际组织的类型

各种国际组织，千差万别，各自的宗旨和任务不一，组织形态和活动程序也不尽相同。若进行对比分析，可以将其归纳为若干类型。不过由于学者们采取的识别标准不一致，所以有各种不同的分类结果。现取各说所长，作如下几种分类：

第一，如果按组织的基本性质与职能范围来考察，所有国际组织大致可以划分为一般综合性的与专门性的两大类。前者，是以某些领域为中心并广泛涉及其他多个领域的组织。例如，联合国是以国际和平与安全方面的职能为中心，而又广泛进行经济及社会文化等各种活动的一般政治性组织；欧洲共同体（欧洲联盟）是以经济活动为主并涉及其他诸多领域的一般经济性组织。后者，则只具有较专门的职能，是以某一专门技术活动为任务的组织。例如，国际海事组织、非洲邮政联盟等，都属专门性国际组织。

第二，如果按组织成员的地域特点来考察，国际组织大致可以统一划分为世界性的与区域性的两大类。前者向国际社会的所有成员开放，无论其地理位置及其他因素如何，依法定条件组合起来，以求合作解决国际社会有关的各种问题。如联合国、世界卫生组织等。后者是由某一地区的国家组成，其职权也以该地区为限的国际组织。如欧洲航天局、非洲联盟等。

第三，封闭性组织与开放性组织。有些国际组织，是以成员国间某类相同或相近的政治、经济、宗教、文化等特点或利益为纽带而组成的（如过去的华沙条约组织、经互会，现在的北约组织、经合组织，以及各种原料生产和输出国组织等），人们把它们称为封闭性组织。另一些国际组织，与上述特点相区别，是对世界一切国家开放的，被称为开放性组织。

第四,国家间组织与具有若干超国家因素的组织。国际组织,从其本质属性来说,都是国家间组织。但是由于欧洲共同体(欧洲联盟)的实际发展,在理论观念上又出现了一种新的类型即具有若干“超国家因素”的组织。欧共体,从其发展进程分析,是一个联合起来逐步走向“高度一体化”甚至走向“国家实体联合”的经济与政治实体。其部分机关,不仅由相对独立于成员国政府的人员组成,而且接替了成员国机关的部分权力;其部分决定,不仅约束成员国政府,而且还直接适用于成员国的国民及法人。它是现代国际组织体系中的一个特例。但是,在当今主要由主权独立国家组成的国际社会中,不可能有真正完全的超国家组织(supranational organization)。即使像欧洲联盟,虽然拥有若干超越其成员国政府的直接权力,但从根本上讲,这些权力仍是经成员国签订条约而授予的。

第五,政府间组织与民间组织。前已述及对国际组织的广义与狭义两种理解。从广义说,国际组织既包括政府间组织,也包括民间组织(狭义的国际组织则仅指政府间组织)。这种区别主要是按国际组织成员性质所作的分类。不过,政府间组织的成员也并非绝对都是由国家或其政府构成。除联合国与国际原子能机构等政治性很强的组织外,有些以技术活动为主的政府间组织也可能吸收有关非独立国家的政治实体作为准成员参加活动。还有一些政府间组织,如现代国际商品协定组织,还接纳非主权的一体化组织为其成员。

此外,如从国际组织的持续性来考察,也可以将其划分为常设的与临时的组织;如从同联合国的关系来考察,还可以将其划分为同联合国有工作关系的与同联合国无工作关系的组织,[1]等等。

由于各国经济生活的不断国际化,以及国际经济与科学技术的联系日益加强,使国家间的各种经济组织有了突出发展。尤其是第二次世界大战之后,随着各国在经济上相互依存关系的进一步加深,国际经济组织的发展更为迅速。现在,经济领域的各种区域性与全球性组织,其发展速度已远远超过了一般政治性的组织。它们对现代国际关系与国际法律制度,产生了深刻影响。国际经济组织已发展成为专门性国际组织中的一种特殊类型,是现代国家间经济交流与合作的一种非常重要的形式。自20世纪50年代欧洲经济共同体建立后,特别是20世纪60年代以来,发展中国家也相继成立了各种区域经济一体化机构及各种原料生产国和输出

〔1〕 有的作者将国际组织分为国家间的与政府间的。但是“国家间”与“政府间”这两种形式,实际上颇难区分,在有些基本文件中,这两个名词是交互使用的,并无实质上的区别。

国组织,如西非国家经济共同体、中美洲共同市场、石油输出国组织、可可生产者联盟、天然橡胶生产国协会等,它们对协调成员国间的经济政策、维护民族经济利益、保护国家资源,以及对国际经济法的发展,都具有重要意义。

虽然国际法(学)所重点研究的国际组织,主要是政府间的世界综合性组织,但是政府间的区域性组织和专门性组织,在现代国际法上也占有非常重要的地位,甚至不少非政府间的组织在国际关系中也正在产生日益重要的作用和影响,都需要认真加以研究。[1]

二、国际组织的一般形态

虽然根据不同标准,可以将国际组织划分为各种不同的类型,但各种类型的国际组织,在其存在与活动过程中,仍有若干彼此相同或大体相同的基本表现形态。现综合众多国际组织的广泛实践,从总体上将其一般形态作如下几种概括与分析。

(一)基本文件

如前所述,国际组织的基本文件是其产生、存在和进行活动的法律基础。因此,它在国际组织法体系中具有重要意义,人们常称之为国际组织的“宪法”。国际组织机构的设立、法律人格的授予、运行机制的确立等,都是以基本文件为根据的。在国际组织法的渊源与体系中,它处于效力的最高层次。国际组织所有其他有关内部管理和对外关系的法规,都受基本文件的制约,都不得违背基本文件的宗旨与原则。

国际组织的基本文件,并无统一形式,名称也各不相同。但它们都属于国家间的正式协议,其效力与作用在实质上并无重大差别。

(二)成员资格

组成国际组织的成员是国际组织的主体。国际组织,是为实现成员之间的共同目的而进行活动的机构,是为成员的共同利益服务的。离开了成员间的合作,就没有国际组织的存在。建立国际组织的文件,一般都将关于成员及其资格的事项作为重要条款加以规定。

1. 成员资格的取得

1969 年和 1986 年的两个维也纳条约法公约所称的国际组织,都是指政府间组

---

〔1〕 关于国际组织的分类问题,可参见梁西主编:《国际法》(修订第 2 版),武汉大学出版社 2000 年版,第 339 ~342 页;Starke, *An Introduction to International Law*, 1977, pp. 648 –649.

织。这种组织的参加者原则上只能是国家。特别是政治性较强的组织，对成员资格的要求更为严格。如《联合国宪章》，除其他条件外，即明确规定其成员为国家。但是也有例外情况，如《国际联盟盟约》规定，非独立国家的自治领土亦有可能成为其成员。

相对一般政治性组织而言，专门性国际组织虽然所辖专业比较单一狭窄，但所涉地域却往往较为广泛。因此，为了扩大活动范围，发挥其最大专业功能，专门性国际组织在吸收成员的条件上一般比政治性组织显得宽松一些，参加组织的程序也较为简单。有些国家，在某种情况下可能加入不了联合国或其他政治性国际组织，但在接受某些专门性国际组织基本文件的条件下，却有可能成为这些机构的成员。本来，就一般情况而论，只有主权国家才能参加作为政府间组织的专门机构，如国际民航组织、国际货币基金组织、国际劳工组织等对此都作了明确规定。但是，不少专门机构关于成员资格的条件，主要是从行政技术角度着眼的，所以它们除独立国家外，也例外地允许在有关专业领域内享有一定管理权与方便的非自治领土或地区参加其组织，以便在更广泛和必要的范围内彼此进行协作，从而有助于各种跨国界的全球性问题的全面解决。例如，世界卫生组织、世界气象组织、国际电信联盟、万国邮政联盟等即是如此。

国际组织的成员，可以用多种方法进行分类。首先，以国际组织的建立时间为准，可将其区分为创始成员（original members）与纳入成员（elective members）两种。前者是参加创建组织会议、签订设立条约并予以批准者。后者是在组织成立后被接纳为成员者。其次，以成员的法律地位及参与程度为准，可以将其区分为正式成员与准成员。前者能参加组织的全部活动，并能承担完全的权利与义务。后者只能参加组织的某些活动，其权利义务也受到某些限制。第一种区分基本上不影响成员的权利与义务，第二种区分则使成员的权益受到某些影响。例如，世界气象组织规定，它同联合国建立工作关系的协定，需经 2/3 的“国家成员”（正式成员）同意才能通过。这显然是对“非国家成员”（准成员）权利的一种间接削减。

关于国际组织成员的接纳问题，一般来说，开放性组织采取普遍原则，而封闭性组织则采取限制原则。但是无论采取什么原则，一个组织在吸收成员时，都需按照其组织约章所规定的条件与程序行事。

2. 成员资格的丧失

国际组织，即使是开放性的国际组织，不仅不会给予任何国家以无条件成为其成员的权利，而且常常规定，其成员在一定条件下有可能丧失已有的成员资格。成员资格的丧失，主要发生于下列3种情况：

第一，开除。开除是国际组织使其成员丧失成员资格的一种最激烈的方式。一成员国如严重或屡次违犯组织章程，则有可能遭到被除名的后果。例如，国际货币基金组织、欧洲理事会等组织的基本文件，都有关于开除的规定。但是，促进合作是国际组织的固有职能，因此在国际实践中，除极少数事例（如苏联因入侵芬兰而于1939年被国际联盟除名，捷克斯洛伐克因拒绝履行财政义务而于1954年被世界银行除名等）之外，国际组织使用开除来制裁其成员的情况并不多见。

第二，中止权利。中止权利与开除相比，是一种较为温和的制裁方式。有的国际组织规定，成员所享有的某些权利，在若干特殊情况下，有可能被中止。但是，由于只是中止，所以这种一时失去的权利在一定条件下是可以恢复原状的。例如，《联合国宪章》规定：经安理会对其采取防止或执行行动的会员国，大会可根据安理会建议，以2/3的多数中止其会员权利的行使。但此种权利的恢复，只需安理会单独决定，不需经过大会表决。有的国际组织规定，严重的财务拖欠也可能丧失某些权利。这在经济性组织中是比较常见的。

第三，退出组织。国家既然可以经一定程序自主地加入国际组织，当然也同样可以自主地退出。前述两种丧失资格或权利的情况，都是因为组织成员违背组织约章的结果，所以带有不同程度的惩罚性质。而这里所说的退出组织，情况正好相反，它是由成员一方向组织主动（至少在形式上）提出的一种不愿继续进行组织合作的要求。国际组织约章关于退籍的条款，常常规定需经一定预告期之后，方能使退籍生效，如国际劳工组织规定的预告期为2年。不过，有些国际组织并没有任何关于退籍的规定，在这种情况下，一般认为：建立国际组织的章程是一种多边条约，因此退籍问题可适用《维也纳条约法公约》第56条有关一般条约的退出条款来解决。但是，这在实际运用及理论解释上仍是一个很有争论的问题。

（三）组织机构与职能范围

国际组织成员国虽然是组织的主体，但是任何一个强大的成员国或者多个甚至所有分散的成员国都无法使一个组织进行正常运转。因此，各种国际组织都需要设置若干内部机关才能有效地实现其成员国所共同规定的宗旨和原则。这些机关是体现成员国意志和完成本组织任务的必要手段。

各种国际组织的机构设置，虽然没有统一和固定的模式，但是在千差万别的众多机关中,还是有若干基本相似之处。因此可以对之进行科学分类。

国际组织的各种机关,若依其组成人员归类,可将其区分为由成员国代表组成的机关与由国际公务员组成的机关。前者是反映成员国意志的机关,具有明显的政府间会议的痕迹。后者强调对组织整体负责,更具国际社会组织化的特征。此外,若依机关的等级归类,可以将其区分为中央机关与下属机关;若依机关的主次归类,可以将其区分为主要机关与辅助机关;若依机关的持续性归类,可以将其区分为临时机关与常设机关,等等。

国际组织机关的区分方法,采用最多的是依其职能范围来分类:有的将其分为审议机关、执行机关、秘书机关,我们可以将其称为典型的“三分结构”;有的还加上裁判机关,这可谓是“四分结构”。国际组织各主要机关,在其隶属下,还可设立它认为必要的辅助性机关。

1. 审议机关

国际组织一般都有一个作为决策或最高权力机关的审议机关。这种机关,由所有成员国派代表参加,一般称为“大会”“代表大会”“全体会议”等。其主要职能是制定方针政策、审查预算、接纳新成员、选举行政首长、选举执行机关成员并审议其报告、制定及修订有关约章、就有关事项提出建议或作出决定、实行内部监督,等等。它们一般1~2年召开1次常会,但也有规定更长时间的。例如,世界银行将其称为理事会,每年召开常会1次;世界气象组织将其称为世界气象大会,每4年开会1次。国际劳工组织将其称为国际劳工大会,它在这方面有其独特之处:各成员国参加劳工大会的代表团,按规定是由政府代表2人、工人和雇主代表各1人混合组成的,其中工人代表与雇主代表的委派需要取得有关工会与企业联盟的同意;该大会每年至少须举行会议1次。

2. 执行机关

国际组织均设有一个执行机关,一般称为执行局(executive board)或理事会(council),也有称为委员会(committee)的。执行机关的主要职能是执行最高权力机关的决定,处理本组织管辖范围内的事项,提出建议、计划和工作方案并付诸实施。其具体权力大小不等。大会休会期间,一般由理事会行使职权。如国际海事组织的理事会,其职权主要是提出建议、行使协商与咨询方面的职能,而欧共体(欧洲联盟)的委员会、世界银行的执行董事会(board of executive directors),其权力则要大得多。比较而言,联合国安理会的权力最大,它是一个有关国际和平与安全的行动机关,其决议对全体会员国有拘束力,是联合国的权力重心。执行机关一般由最高权力机关推举少数成员国的代表组成,但也有由成员国按定额委派的。如国际货币基金组织的执行董事会,由 24 名执行董事组成,其中 8 名由基金份额最多的 8 个成员分别委派(中国现为此 8 个成员之一),其余 16 名由其他成员国按地域分成选区联合推选产生。

3. 秘书机关

绝大多数国际组织都设有一个以秘书长或总干事为首的常设机关,一般称为国际秘书处。国际电报联盟的国际事务局,是国际组织史上最先出现的国际秘书处;而国际劳工组织的国际劳工局,则是国际秘书处中成熟得最早的一个,其办事人员是从各成员国挑选而来的,被认为是为国际劳工组织整体服务的国际公务员。此后新建的国际组织,其秘书处多脱胎于此。秘书长和秘书处的任务主要是负责处理组织中的各种经常工作,协调组织中各常设机关的活动并为其提供各种服务。它是现代国际组织行政(管理)工作的核心,具有财政、会务、调研、技术、情报、(甚至)调解纷争、对外代表本组织等多方面的职能。

国际组织为了保证秘书处的独立性与工作效率,一般都要求秘书长和所有职员,应以"国际官员"的身份为本组织整体执行职务,只对本组织负责。每个工作人员应保持中立,都不应寻求或接受任何政府或本组织外的其他任何当局的指示,不应采取任何可能影响其国际官员地位的行动。各成员国也应尊重这种国际公务员的独立地位。秘书处工作人员如果在雇佣或职务方面与秘书处(秘书长)发生纠纷,一般应由该组织所设立的司法机构(行政法庭)解决,或者交付仲裁。国际组织的此类案件,不受其所在地的法院管辖。

4. 司法机关

在现代国际组织中,有极少数设有司法机关,用以解决某些国际争端。在近代以前,已有近似仲裁的活动存在,至 18 世纪末,国家间以仲裁来解决国际争端的方式,就成为一种运用得较多的制度了。1899 年有 26 个国家参加的第一次海牙和平会议通过了《和平解决国际争端公约》,并据此于次年成立了常设仲裁法院。此后,国际联盟于 1922 年设立了国际常设法院,联合国于 1946 年成立了国际法院,罗马条约之后的欧洲共同体也成立了欧洲法院,等等。这些法院的法官,一般都是经成员国推荐并通过特定程序正式选举产生的。

同时,还有一些专门性的裁判机关存在,例如,美洲的美洲国家人权法院、欧洲理事会的欧洲人权法院、联合国及国际劳工组织各自的行政法庭等，均属这一类型。此外，联合国安理会针对战乱频仍的前南斯拉夫区域和非洲卢旺达的严峻形势，还分别于 1993 年和 1994 年设立了 2 个新的国际刑事法庭，用以审判几种最为严重的国际罪行。

国际裁判机关的法官，必须以独立国际司法官的身份，执行职务，依法公正审理案件，不得代表其他任何当局行事。

（四）活动程序

上已述及，国际组织基本文件所规定的宗旨及原则，只有通过其职能机关的具体活动才能实现。这些活动，既涉及内部管理，也涉及外部关系。但是，无论内部活动还是外部活动，其决策程序起着非常重要的作用。

1. 会议制度

召开会议，审议、讨论和安排工作，作出决定，是国际组织开展活动和成员国政府通过代表表达意愿的一种重要方式。国际组织各机关所召开的各种会议，可以大致概括为三种类型：经常会议、定期会议、特别会议。

（1）经常会议。国际组织的有些机关是"持续不断行使职能"的机关，需要在必要时能立即举行会议。这种会议的特点是不定时，并可随时召开。例如，《联合国宪章》明确要求"安全理事会之组织，应以使其能继续不断行使职务为要件"。因此，安理会《议事规则》规定，应于"必要时""随时"召开会议，并限定其会议的间歇时间"最长不得超过 14 天"。国际货币基金组织及世界银行的执行董事会，也是这种会议很多的机关。

（2）定期会议。国际组织的有些机关，特别是由全体成员国代表组成的机关，一般是以每间隔一定时间举行 1 次会议的方式来开展工作。间隔时间的长短，则依其职能的实际需要而定。有的间隔期较短，如国际民航组织的理事会每年举行会议 3 次，阿拉伯国家联盟的理事会在每年的 3 月和 9 月分别举行会议 2 次；有的间隔期较长，如东南亚国家联盟的部长会议和美洲国家组织的成员国大会都是每年举行会议 1 次；有的间隔期更长，如万国邮政联盟的世界邮政大会则是每 5 年才举行会议 1 次。

（3）特别会议。国际组织的有些机关，针对某一特殊情况，可以在定期会议之外举行紧急会议或特别会议来处理重大事项或防止情况恶化。紧急或特别会议的召开，须经一定程序。这种程序由于主管机关职能与地位的不同，往往在繁简方面有程度上的差别。例如,联合国《大会议事规则》第 8～10 条规定,大会可在完成一定预备程序后,于 15 日内召开“特别会议”,或于 24 小时内召开“紧急特别会议”。

2. 表决程序

表决程序是国际组织在决策过程中的一项重要制度。会议的表决程序虽然多种多样,但我们可以将其概括为两个基本问题。一个是投票权的分配问题:这是表决的前提条件,其分配方法主要包括一国一票制与加权投票制两种;另一个是表决权的集中问题:这是表决的有效结果,其集中方法主要包括全体通过制、多数通过制及协商一致制等。

进入 19 世纪后,会议外交盛行,会议的表决程序已成为一项国际法律制度。基于国家主权平等原则,国际会议的参与国,无论大小强弱,都有平等的投票权,实行一国一票制。作为国际法主体的国家所派遣的与会代表是代表主权的,以多数票通过的决议不能强加于不表赞同的任何代表;会议所产生的任何文件,一般均需与会者全体通过才能有效(或者文件对投反对票者不发生效力)。但是,在国际组织相继形成与不断发展的情况下,这种传统的表决程序,很难满足国际组织在实际工作中的要求。一些国际组织,为了克服传统表决程序的局限性、加强其组织作用与运行能力,对某些非政治性事项和程序性事项的决议逐渐采用简单多数或特定多数通过制。这是国际议事规则中一项意义重大的发展。

万国邮政联盟成立后,其基本文件允许对某些问题的决议以 2/3 或过半数赞成票通过。国际劳工组织更是一反传统,其各种决议,除有特别规定者外,均以简单多数进行表决。在第二次世界大战后成立的各种专门性国际组织中,包括特定多数在内的多数通过制,已经成为会议程序的常规,而全体通过制则只是一种例外了。但是多数通过制的适用范围仍不是无限的,就所涉问题的性质而言,它多用于行政、技术及程序性事项,而极少用于事关重大的政治性问题;就所作决议的效力而言,它多属建议性的,而较少用来规定严格的法律义务。

很多专门性组织和一般政治性组织一样,通常均采用平等投票原则,但有些专门性组织(特别是经济组织),为了实现成员国的某些特别权益,也有根据一定比例而分配给成员国以不等量的投票权的,即所谓“加权投票制”(weighted voting,有的学者将其译为“掂量投票制”或“比重投票制”)。这一制度给占有某种优势的成员国以较大的投票权。但是构成这一制度基础的加权因素,常因各组织情况不同而并不完全一样。例如,过去的国际农业协会(创立于 1905 年),曾以缴纳会费的比例来分配投票权；现在的国际货币基金组织，依照基金份额的多少来分配投票权；在国际糖业理事会等有关国际商品的组织中，也有按商品的进出口实际比例来分配投票权的。但是，加权投票制在整个国际组织体系中并不占主导地位，一国一票制仍为国际表决程序的通常制度。

最近半个世纪以来，随着国际交往的日渐频繁与组织化现象的不断加深，国际社会逐渐形成了一种“协商一致”（consensus）的程序。此种程序，在联合国的一些主要机关及其主持的某些国际会议中比较流行。联合国《大会议事规则》附件5的第104段中规定：“如根据协商一致通过决定和决议可有助于有效并持久地解决分歧，从而加强联合国的权威，则这种做法是可取的。”然而，“各会员国充分发表意见的权利不能因采用这一做法而受到损害”。在一些专门性国际组织中也常被采用。特别是其中一些审议性的机构，为了发展巩固广泛磋商及谈判的成果，往往避免易于引发对抗的生硬投票方式，而利用协商一致程序作出基本上能为大家所接受的决议。例如，1995年1月1日生效的《建立世界贸易组织的马拉克什协定》（世界贸易组织章程）第9条规定，世界贸易组织应继续沿用1947年关贸总协定以协商一致进行决策的做法。一般实践是，对所议事项的决议草案，如在基本点上没有正式反对意见出现，即不需实际投票而应认为已协商一致通过（这一事实一般由参加协商的主席确定）。只有当不能以协商一致作出决定时，才采用投票方式。[1]

（五）财政问题

国际组织作为相对独立于其成员国的一种法律人格者，在财政和预算问题上也必然具有相对自主性。国际组织都有自己的预算，根据工作方案估算出其年度收入与支出。财政预算，一般先由秘书处拟具意见，然后由各成员国代表组成的全体会议审议核准。例如，欧共体在20世纪60年代以前，其预算由成员国代表机关审核确定，而从70年代中期起，欧洲议会的职能有所加强，它有权决定欧共体的

〔1〕 参见李浩培：《条约法的一个突破：多边外交中的协商基本一致决定程序》，载黄炳坤主编：《当代国际法》，香港，广角镜出版公司1988年版，第48～68页。李先生将这一程序概括为四点：第一，在决定前，各方必须先进行广泛协商。第二，如各方对待决定的问题在基本点上均已同意，即可认为协商已基本一致；这一事实，一般由参加协商的主席确定。第三，其要点是不经过投票。第四，各方对非基本点的不同意见，可用对“投票”（实际并未投票）的解释或保留方式提出并予记录，以表明对所作决定的“一致”的程度。此外，可参见柳炳华：《国际法》（上卷），中国政法大学出版社1997年版，第445～446页。笔者认为：“协商一致，是在问题复杂、难以按多数决定，而且决议通过后需少数国家协助时，由主席团事先调整各利益团体的意见分歧，或利益团体自行缩小相互之间的差异，避开具体细节，只起草包含原则和基本内容的妥协方案，不经表决，由主席宣布后，如无特别反对意见，即为通过的一种制度”。（关于“consensus”程序，还可查阅《国际法百科全书》英文版第7卷，1984年。）

预算。

一个国际组织,如果没有独立的经费来源,不能自主地进行开支,那就很难实现其基本文件所规定的宗旨和任务。国际组织的财政权,主要体现在能够独立于其成员国掌有和管理自己的“钱袋”,并能自主地支配自己的财政收入与支出。

国际组织的固定收入来源,一般是由成员国按照法定摊派比例所缴纳的会费。交纳会费是成员国的一项义务,拒不交纳会费的国家,可能遭到相应的制裁。许多国际组织的会费分摊比例,是按照各成员国的国民收入总额或支付能力并参照其他有关因素来决定的。但是也有一些组织采取平均分摊的办法,如石油输出国组织就是如此。此外,国际组织还可能有其他一些经济来源,如成员国就某些特别费用所作的自愿捐款和某些营利性事业(提供服务、出版书刊等)的收入。

国际组织的任何活动,都可能带来经费支出。其支出额的大小,与国际组织的规模及其活动的性质和范围密切相关。国际组织除预算内的经常开支外,还可能包括一部分预算外的特别开支。一般情况是,前者主要由固定收入支付,而后者则主要由自愿捐款或以其他办法支付。

第四节　国际组织的功能与作用

无论从理论还是实践来考察,都不难看到:国际组织是在人类长期组织化过程中产生的,具有高度国际合作的功能;但是,国际组织在功能方面的实际运作,又反过来进一步加速了国际社会组织化的进程,对国际格局产生着深远的影响。国际组织的兴起肇始于19世纪,但进入20世纪后,特别是第二次世界大战之后,发展非常迅速。国际组织现已发展到对国际关系的各个方面产生越来越大的作用。人们不难想象:如果没有国际组织存在,眼前的国际社会肯定是另外一种状况。

国际组织的实际作用,与其基本文件所规定的宗旨及职权是息息相关的。具体来说,各种不同类型的组织,甚至各个组织,都各有其不同的具体任务、作用和影响,范围非常广泛,可谓千差万别。但是,如以国际组织的基本功能为轴线,则可以将其一般作用综合概括为若干主要方面来加以分析。

一、政治协调方面的作用

国际组织,特别是其中以维持国际和平与安全为宗旨的组织,常常构成协调各成员国政治行动的中心,是国际社会进行各种会晤、多边外交、沟通关系、解决争端和磋商谈判的理想场所,是国际舆论得以充分表达的重要论坛。无论是全球性组织还是区域性组织,都在这方面起着不同程度的积极作用。例如,海湾六国于1981年成立的"海湾合作委员会",即规定以实现成员国之间各领域的协调、达到阿拉伯国家的一致、加强成员国人民间的联系与合作为宗旨;《波哥大公约》规定美洲国家组织的宗旨为加强美洲大陆的和平与安全、保证成员国间争端的和平解决、促进成员国间政治、法律、经济、社会及文化的合作与发展;其他如非洲联盟、东南亚国家联盟、欧洲理事会等组织的基本文件,都有类似的规定。

在这方面作用最大的组织，莫过于联合国。其宗旨，可用《联合国宪章》序文的精神归纳为“维持国际和平与安全”，“促进全球人民经济及社会之发展”。《联合国宪章》第1条明确规定联合国应构成“协调各国行动之中心”。在联合国的协调体制下，没有发生第三次世界大战。虽然世界幸免于大战的原因多种多样，但是联合国的巨大作用是不可否认的。长期以来，联合国曾就协调各国关系、加强集体安全、裁减军备、推进非殖民化、促进国际合作等问题作出和发表过一系列重要的决议和宣言。在中东阿以冲突、苏伊士危机、两伊战争、柬埔寨局势、印巴克什米尔争端等重大国际事件中，甚至在有关欧美等地区的一系列问题中，都有联合国维持和平行动和政治影响的存在。它在政治协调方面所发挥的影响和作用比其他任何国际组织都要显著。

二、经济及社会发展方面的作用

随着国际社会的发展，国家间在经济上的联系和相互依存关系也日益突出，各种国际经济组织与区域一体化机构应运而生，成为国家间经济交往与合作的一种重要法律形式。自20世纪50年代欧共体成立后，特别是60年代以来，发展中国家也相继成立了各种经济一体化组织和原料国组织。例如，东非共同体、安第斯共同市场、阿拉伯共同市场、拉丁美洲自由贸易协会、铁矿砂出口国组织、非洲木材组织、胡椒共同体、非洲国家咖啡组织、可可生产者联盟等，它们对促进合作、协调成员国间的经济利益、解决经济贸易争端、维护成员国经济安全、稳定世界市场价格和供需平衡，都起了重要作用。

联合国及其众多的专门机构，在第二次世界大战后的半个多世纪中，为国际经济、社会、科学、文化等领域的发展和行政管理工作，做出了巨大贡献。它们在关税贸易、货币金融、开发援助、资源与资金分配、工农业发展、环境保护、科学技术、文教卫生、气象水利、知识产权、海陆空通信运输、建立新国际经济秩序、人权、人口、劳工、妇女、儿童、老年、国际难民问题以及禁止烟毒、预防犯罪、反对恐怖主义等许多方面，都在不同程度上积极发挥了作用。联合国的很多机关和大部分人力都在为发展问题而工作，其开支的大部分也是为发展事业而消耗的。联合国开发计划署、贸易和发展会议、人口活动基金、世界粮食计划署等所开展的许多活动，都获得了显著成果。

三、国际法律秩序方面的作用

如前所述,国际组织是现代国际生活中促成国际合作的一种法律形态;从深海地区到宇宙高空,莫不有相关国际组织的存在。国际组织是现代国际社会的有机组成部分,对现代国际关系与法律秩序产生至关重要的作用。

(一)国际组织章程的法律效力

政府间国际组织的建立,是以作为组织章程的正式条约为根基的。组织章程相应规定了有关组织的宗旨原则、法律人格、权力结构、活动规则、成员国之间的权利与义务。随着国际组织的大量出现,各类国际组织的组织章程(条约)和有关法规已逐渐发展为现代国际法中一个自成一体的特别部门——国际组织法。

那些建立普遍性国际组织的组织章程,往往规定有国际社会需共同遵守的某些一般性规范。加入这种组织的国家越多,接受这种规范的国家就越多,从而使某些重要规范有可能产生一般国际法的效力和作用。这方面最显得突出的例子是《联合国宪章》。《联合国宪章》虽然形式上是基于一般国际法而制定的一个国际组织的组织章程,只对成员国有拘束力,但联合国迄今已有会员国 192 个,因此就其的实际作用来看,它已经是一项对全球法律秩序产生普遍作用的最大公约。它是当今国际法律秩序的一块最重要的基石,是现代国际法最重要的渊源。《联合国宪章》所载各项宗旨和原则及其相关规定,是世界各国公认的国际法基本原则。其中一些带根本性的条款(如主权平等、和平解决国际争端、禁止使用武力、不干涉内政及民族自决等),被认为具有“国际社会全体接受并公认为不许损抑”的强行法(jus cogens)的性质。

这里,还需提及的是,各类国际组织章程,尤其是行政性国际组织的章程,有关行政事务的各种规定及实践,促进了国际行政法的形成与发展。这一新的发展,使传统国际法所强调的国家间相互“不作为”的义务,进一步向积极“作为”的方向扩大。

(二)国际组织的司法作用

由于国际社会尚不可能有一个最高的立法机关与统一的立法程序,因此,经由某种国际司法组织的判例来解释、澄清有关法律规则以适应国际社会需要的途径,对现代国际法律秩序的发展具有重要作用。国际判例虽然不能成为独立的国际法渊源,但可用来作为确定有疑义的法律规范的证明方法。

国际法院及其前身国际常设法院,虽然有若干先天的局限性及后天的缺陷,但它是国际社会能对诉讼和咨询案件作出法律认定的主要司法机关。国际法院的管辖,虽然从根本上讲是自愿的,同国内司法机关的强制管辖不可同日而语,但是,它在适用法律方法解决各当事国提交的国际争端中,对国际法律秩序的维持做出了重要贡献。

国际法院成立60多年来,虽然所接收的诉讼案只有100余件,咨询案只有20余件,但案件所涉范围甚广,包括领土主权、边界、海洋、管辖权、外交关系、外国人法律地位、国家继承、条约、国家责任、国际组织等各种法律问题。这些案件往往与政治问题交织在一起,国际法院从法律角度参与裁判,有助于减轻法律矛盾,避免冲突升级,促进国际法律秩序的稳定。在国际法院受理的案件中,有些作用很大,如英法间的曼基埃群岛及埃克瑞荷斯岛案(1953年)、比荷间的边界领土主权案(1959年)、泰柬间的柏威夏庙案(1961年)、尼加拉瓜与哥斯达黎加间的边界及跨界争端案(1986年)、美国在尼加拉瓜进行反尼军事活动案(1987年)、萨尔瓦多与洪都拉斯间的土地岛屿海洋划界案(1987年)、卡塔尔与巴林间的海湾领土争端案(2001年3月16日判决)等,在对国际法规范的有效适用与解释方面以及为国际社会和平解决争端提供法律基础方面,均发挥了积极作用。关于许多案件的判决和咨询意见,各国评论虽不尽一致,但它们对于划定领海及其他海域的原则、专属经济区的发展、国际组织的法律人格、国籍、外交保护、条约保留、国际公务员制度、禁止使用武力及不干涉内政原则等重大国际法问题,具有重要的理论和现实意义。有的已逐渐获得各国的普遍承认而成为国际法的组成部分。国际法院半个多世纪以来的审判活动,对海洋法、条约法、国际经济法、外交法、环境法等领域的发展起了很大作用。[1]

(三)国际组织全会决议的作用

政府间国际组织,特别是其中的一些全球性组织,多设有一个所有成员国代表均参加的全体大会为其最高权力机关。其中,联合国大会的管辖范围特别广泛,它可讨论审议宪章范围内的任何问题及事项,并可就此以决议形式向各成员国及安理会提出建议。因此,有人竟把它比作“世界议会”。虽然实际上,联合国大会只是一个国际组织的代表机构,并不享有像国内议会那样的立法权,但其决议对维护现

[1] 参见陈治世:《国际法院》,台北,“商务印书馆”1983年版,第417~427页。

代国际法律秩序的作用却是世界各国所普遍公认的。

联合国大会,几乎是由全世界各个国家的代表组成的。它的呼吁,反映各国政府的意愿,是世界舆论的积累和集中表达,具有很大的政治作用。特别是大会一致通过的或绝大多数通过的那些直接有关法律问题的决议,必然影响产生国际习惯的传统方式。它们代表一种普遍的信念,可以作为国际习惯形成的有力证据。它们在不同程度上具有某种阐明、确认或宣示国际法原则及规则的作用。如联合国大会 1962 年有关自然资源永久主权的第 1803［XVII］号决议和 1965 年有关不干涉原则的第 213［XX］号决议等,在建立新国际经济秩序与法律秩序方面都具有重要意义。而且事实上,联大的决议,有些已由各国进一步缔结为国际公约(如外层空间条约等)。从这个角度来看,大会决议起了促进公约签订的作用,国际公约是大会决议的一种发展。[1]

（四）国际组织的编纂职能

国际组织的编纂工作,对现代国际法律秩序的维持与发展,具有重要作用。在国际社会不可能存在一个超国家的立法机关的情况下,它的作用是无法代替的。某些国际组织,为了执行其职能以实现其基本文件所规定的宗旨,常召开国际会议来签署有关的公约,甚至设立专门机构以系统地编纂国际法。过去的国际联盟,现在的联合国,特别是联合国国际法委员会的工作,在重新厘定现行规则与制定新规则的过程中,对加强国际法律秩序和增加国际法的明确性与权威性来说,产生了很大作用。[2] 此外,国际贸易法委员会、外层空间委员会、人权委员会(现为人权理事会所取代)、海底委员会、国际劳工组织、世界卫生组织、国际民航组织、国际电信联盟和国际海事组织等,也具有编纂方面的某些作用。当然,上述各机构所起草的一切法律文件,都有待于各主权国家来最后决定其效力。

（五）国际组织的特定地位与国际法律秩序

在 19 世纪以前,只承认国家是国际法上的法律人格者(legal person)。传统国际法是通过国家交往而产生的习惯(custom)、条约(treaty)和仲裁裁决(arbitral decision)等逐渐发展而成的。但是在国际组织林立的今天,情况发生了变化,很多国际组织已经取得某种程度的国际人格(international personality),在一定条件下

---

〔1〕 See H. W. A. Thirlway, *International Customary Law and Codification*, 1972, pp. 61 – 79.

〔2〕 参见梁西:《联合国国际法委员会与国际法的发展》,载北京市法学会首届年会论文集编辑组:《国际法论集》,法学杂志社 1981 年版,第 112 页。

也可成为部分国际法律关系的主体。与国家相比,这是一种特殊类型的国际法主体。所以,在现代国际社会中,国家与国际组织之间以及国际组织彼此之间的交往,也能形成新的国际法规范。这对国际法律秩序的发展产生了重要作用。

国际组织的急剧增长,在国际法律秩序方面还引出了许多其他的新问题,如国际组织成员的资格,国际组织基本文件的签订程序及其效力与解释,表决程序的变化,国际组织的特权与豁免制度,以及国际组织的继承问题等。这些问题必然影响到整个国际法的体系和内容,都需要从国际法的角度进一步加以深入研究。

第三讲

联合国体制概论

第一节　联合国的宗旨与原则

一、概述

联合国组织的宗旨与原则,规定在《联合国宪章》的序文和第 1 条及第 2 条之中。这 3 部分作为一个整体而构成宪章的纲领和核心。

欧美有些学者认为,属于《联合国宪章》第 1 章的这两个条文是表明联合国基本目的的条款,而其余章节的规定则是具体的施行规则。因此得出结论,联合国组织可以负担各项施行规则虽没有委任给它但为了达成其宗旨所必需的那些任务。[1] 这种解释虽然由于扩大了联合国职权范围而难以为多数学者所接受,但至少可以说序文和第 1 章,在其严格意义上应与其他章节具有同样法律效力,而并非简单的意图声明。《联合国宪章》序文和第 1 章,同《联合国宪章》其他各个条款不可分割,它们对各个条款的解释与适用都具有重要意义。[2] 它们是《联合国宪章》精神的高度概括,它们给联合国本身及其会员国规定了各项带原则性的法律义务和应该遵循的行动方针。特别是其中的某些重要原则,如民族自决、主权平等、善意履行国际义务、和平解决国际争端、禁止以武力相威胁或使用武力、不干涉内政等,均系国际社会已公认的国际法基本原则,应视为《维也纳条约法公约》所规定的一般国际法"强制规律"(强行法,jus cogens)。它们对整个国际社会发生效力而具有"不许损抑"的性质。[3] 中国人民和中国政府,一贯支持和尊重联合国宪章的宗旨与原则,并在国际事务中努力促其实现。国际社会的很多重要文件,均载有各国关于尊重《联合国宪章》宗旨与原则的条款,并一再重申对联合国宗旨原则所具有

---

〔1〕 参见[奥]阿尔弗雷德·菲德罗斯:《国际法》,李浩培译,商务印书馆 1981 年版,第 603 页。

〔2〕 例如,《联合国宪章》第 24 条第 2 项规定:安理会在履行其职务时,应遵照联合国的宗旨与原则。

〔3〕 参见《维也纳条约法公约》第 53 条。

的信念。[1]

二、联合国的宗旨

联合国宗旨载于《联合国宪章》第1条，分为4项。

（一）维持国际和平与安全

"维持国际和平与安全"是联合国的基本目的。为了达到这一目的，《联合国宪章》规定了两个步骤：(1)采取有效的集体措施，以防止和消除对和平的威胁，制止侵略行为或其他破坏和平的行为；(2)用和平的方法与依正义及国际法的原则，调整或解决足以破坏和平的国际争端或情势。[2]《联合国宪章》序文也提到"欲免后世再遭今代人类两度身历惨不堪言之战祸"。把这一宗旨放在第1项的突出地位，说明维持国际和平与安全具有特别重要的意义。它所指出的预防与制止破坏和平行为的集体措施以及解决争端的和平方法，在《联合国宪章》第7章以及第6章和第14章中进一步分别作了具体的规定，待后详述。

本项规定特别提到在解决国际争端中应"依正义及国际法之原则"，这反映了应在战后国际关系中尊重正义和加强国际法作用的普遍要求。《联合国宪章》序文第三段也强调这一精神。《联合国宪章》序文第二段，第1条第2项、第3项，以及《联合国宪章》的其他有关条款，都规定了"各国平等权利""人民平等权利及自决""全体人类之人权及基本自由"等国际法原则。在历史上，国联行政院曾通过决议承认意大利并吞埃塞俄比亚，这是牺牲正义以求苟安一时；同样，将苏台德区送给希特勒，也未能获得欧洲的和平与安全。可见，舍弃正义，牺牲弱小国家来求和平，不仅是违反国际法的，而且根本不可能实现和平。

（二）发展各国间的友好关系

《联合国宪章》规定，发展各国间以尊重人民平等权利和自决原则为基础的友好关系，并且采取其他适当措施，以增强普遍和平。各国人民平等及民族自决的原则，是发展各国友好关系与促进世界和平的基础和条件。没有这个基础，就谈不上维持国际和平与安全。民族自决原则的含义与内容可以概括为：一切被外国奴役

---

〔1〕 参见1963年的《非洲统一组织宪章》、1948年的《美洲国家组织宪章》、1955年的《亚非会议最后公报》等。

〔2〕 所指"国际争端或情势（situations）"，并非国家间的一般争端或情势（更非一国内部问题），而是那些能够导致破坏国际和平的国际争端或情势。

在殖民统治下的被压迫民族，都有自主决定其政治命运、脱离殖民统治、建立民族独立国家的权利；各国人民都有权自由选择己国的政治、经济和社会制度，不受外来干涉。只有如此，各国间的友好关系才能真正得到发展，全世界的和平才能确实有所保证。所有镇压民族解放运动、实行种族歧视的行为都是违反国际法的。[1]

（三）促进国际合作

《联合国宪章》规定：促成国际合作，以解决国际属于经济、社会、文化及人道主义性质的问题，并且不分种族、性别、语言或宗教，促进（promote）和鼓励对于一切人的人权和基本自由的尊重。《联合国宪章》序文也宣告了这一宗旨的要义。要维持国际和平与安全，除前述和平解决争端、制止侵略行为、发展友好关系外，还有另一个重要方面，即必须在平等基础上广泛地促进经济、社会、文化等的合作，并尊重全人类的人权和基本自由，不进行任何歧视，以消除引起战争的经济及其他诸种原因。这是维持国际和平所不可缺少的条件。《联合国宪章》第9章至第13章的有关条款，为实现本项宗旨作了各种具体规定，待后详述。这里需要提及的是，第二次世界大战后的70多年来，国际人权法发展很快，联合国在这方面发挥了积极作用。但是，东西方国家在促进人权方面如何进行国际合作的问题上，分歧较大。欧美发达国家，意欲将其价值观念作为世界的唯一标准，受到了广大发展中国家的尖锐批评。[2]

（四）协调各国行动

《联合国宪章》规定：以联合国作为协调各国行动的中心，以达到上述共同目的。这里强调联合国应当成为协调一切国家的行动并使之进行协作的重要场所。其主要活动方式在于通过彼此协商，取得有关各国行动的协调，以实现上述有关宗旨的各项规定。[3]

《联合国宪章》序文和第1条小结：

第一，联合国的宗旨，可以用《联合国宪章》序文的精神归纳为“维持国际和平及安全”，“促成全球人民经济及社会之进展”。这是建立联合国的最高理念和纲领。第二，《联合国宪章》序文和第1条，关于促进基本人权与自由、男女与大小各国平等、民族自决、尊重正义与国际法等原则性的规定，具有一种崭新的时代精神，

[1] 参见梁西主编：《国际法》（修订第2版），武汉大学出版社2000年版，第71～72页。
[2] 参见许光建主编：《联合国宪章诠释》，山西教育出版社1999年版，第22～25页。
[3] 参见并比较《联合国宪章》第57条和第63条之有关规定。

同《国际联盟盟约》和此前其他一切普遍性公约相比，是一项划时代的伟大进步。这对战后国际关系和国际法律秩序产生了至关重要的影响，无疑还将继续影响到21世纪的进程。

三、联合国的原则

为了实现联合国的宗旨，《联合国宪章》第2条规定了联合国本身及其会员国在一切行动中应作为法律义务而遵守的若干原则。[1] 由于这些原则的重大意义，第2条可谓是宪章的核心条款。

（一）会员国主权平等

《联合国宪章》第2条第1项规定：联合国组织是基于所有会员国主权平等的原则。《联合国宪章》序文也申述了这一信念。主权平等是传统国际法的一个重要原则。《联合国宪章》在这里重申主权与平等，把它列于各项原则之首，作为联合国的一项基本组织原则。其他原则是以这一基本原则为出发点的。根据国际法，每个国家不论大小和政治经济制度如何，都有平等的主权。各国只有互相尊重主权，才有可能维持国际和平与安全。按照旧金山会议第一委员会第一专门委员会的起草报告，主权与平等的含义是：一切会员国，(1)在法律上一律平等；(2)享有完整主权所包含的一切权利；(3)其法律人格、领土完整与政治独立应受到尊重；(4)均应履行所承担的国际义务。据此，联合国的所有会员国都是平等的，对内完全自主，对外完全独立。国家主权平等原则，既有保障中小国家权利的意义，也起约束联合国行动的作用。[2]

（二）善意履行宪章义务

《联合国宪章》第2条第2项规定：各会员国为了保证全体会员国得享有由于加入本组织而产生的权利与利益，应善意(in good faith)履行依照本宪章所承担的义务。序文第3段从更广泛的意义上宣告了这一点。条约义务必须信守，作为传统国际法的一项重要原则无论在理论上还是在实践上都是早为国际社会所确认的。对履行条约义务缺乏诚意或有意回避，即违背了国际法中的“善意原则”。本项规定的前半段是申述善意履行宪章义务这一原则的理由，说明会员国的权益与

---

[1] 联合国及其会员国，均应遵行《联合国宪章》第2条所规定的各项原则，但从一定意义上说，其中第1项、第6项和第7项，主要是针对联合国本身而言的；其余各项则主要是针对各会员国而言的。

[2] See L. M. Goodrich, *Charter of the United Nations: Commentary and Documents*, 1969, Article 2.

义务是互相联系的。[1] 国家必须履行条约义务的国际法原则同国家主权原则并不冲突,因为任何条约义务都只有在依国家主权原则自愿承担的条件下才具有国际法上的约束力,而违背主权原则非"自由同意"的一切条约(如不平等条约)义务,都是没有法律效力的。

《联合国宪章》第103条规定,会员国在依本宪章所承担的义务同依其他国际协定所承担的义务发生冲突时,应以依宪章所承担的义务为优先义务。这个"宪章优先原则"的适用,既可能涉及会员国与会员国之间的义务冲突,也可能涉及会员国与非会员国之间的义务冲突;既可能涉及宪章生效前已有的协定,也可能涉及宪章生效后缔结的协定。但是根据《联合国宪章》本身的条约性质,原则上它是不可能对非会员国发生效力的。因此,会员国对非会员国所承担的协定义务也难于因为同《联合国宪章》义务相冲突而无条件地予以废除。

(三)和平解决国际争端

《联合国宪章》第2条第3项规定:所有会员国应该用和平的方法以不使国际和平与安全以及正义遭受危险的方式,解决它们的国际争端。这一原则,是《联合国宪章》解决国际争端各条款,特别是第6章和第14章等有关条款的基础。它同本条第4项及第7项关系密切,应从相互联系和比较的角度加以理解。国际争端,无论是政治上的、法律上的,还是事实上的,如果长期得不到解决,都有可能发展成为武装冲突,因此,和平解决争端,一向被认为是维持国际和平与安全的一个极其重要的方面。1928年的《巴黎非战公约》第2条也对此作有类似规定。联系《联合国宪章》第33条,这里所指的和平方法,包括谈判、调查、调停、和解、仲裁、司法解决、利用区域机构或区域协定等。本项原则还将在本书第三讲第四节三、"和平解决国际争端与强制行动"中作进一步阐述。

(四)禁止以武力相威胁或使用武力

《联合国宪章》第2条第4项规定:所有会员国在它们的国际关系中,不得以武力相威胁或使用武力来侵害任何国家的领土完整或政治独立,亦不得以任何其他同联合国宗旨不符的方式以武力相威胁或使用武力。序文亦强调指出,"非为公共利益,不得使用武力"。这一原则,是联合国的一块重要基石,也是适用《联合国宪章》第7章各条的基础。《国际联盟盟约》第10条规定,国联成员国保证尊重并维

---

[1] 参见并比较《联合国宪章》第5条、第6条、第19条。

持所有成员国的领土完整与政治独立,使之不受外国侵略。《联合国宪章》没有作出如此明确的直接保证,联合国会员国在安理会作出有关决定之前没有义务采取措施来维持任何国家的现状。但是《联合国宪章》关于禁止“武力威胁”和“武力”的规定,[1]则比《国际联盟盟约》关于禁止“战争”的规定[2]要广泛得多。《联合国宪章》所强调的是不得以武力相威胁或使用武力,这表明其不仅在原则上采取禁止侵略战争的立场,而且进一步确认一切武装干涉、进攻或占领以及以此相威胁的行为,都是违反国际法的。[3] 因此,《联合国宪章》进一步发展了《巴黎非战公约》关于“废弃战争作为实行国家政策之工具”的原则,扩大了禁止的范围,使国家的国际责任发生了重大变化。《联合国宪章》第33条无条件地要求任何争端当事国以和平方法来解决争端,这也从另一方面摈斥了任意使用武力的权利。但是,《联合国宪章》并不否定会员国在一定条件下有行使“单独或集体自卫”之权。[4]

本项的前半段着重指出这一原则在国家领土完整或政治独立方面的适用,禁止任何国家侵犯别国的领土完整和独立,是维持国际和平与安全的重要保证。而后半段则规定这一原则在其他方面的适用。

由于国际关系错综复杂,本项原则在适用和解释上争论甚多,因此应根据实际情况,联系其他有关原则及规定综合进行分析研究。本书第三讲第四节还将论及这一问题。

(五)集体协助

《联合国宪章》第2条第5项规定:所有会员国对联合国依照本宪章而采取的任何行动,应给予一切协助;联合国对任何国家正在采取防止或强制行动时,所有会员国对该国不得给予协助。这一原则是从积极与消极两个方面来加以措辞的,总的精神在于规定会员国对联合国组织所应采取的立场。很明显,这项规定中所说的防止行动或强制行动,应作严格解释,即只限于在《联合国宪章》第7章范围内

---

[1] 除此处所提及的第2条第4项之外,见《联合国宪章》第7章各条规定。

[2] 参见《国际联盟盟约》第10条、第12条、第16条等规定。

[3] 在国际法上,“战争”有其特定含义。有关国家往往一方面从事武力行动,另一方面又否认其处于特定意义上的战争状态。因为正式的战争状态,将产生若干重大的政治与经济后果,如影响与中立国的交往;自动终止交战国之间的外交关系和某些条约;使贸易与侨民利益失去保障,等等。

[4] 参见《联合国宪章》第51条。不过,该条还为“自卫权”规定了严格的条件:只能在遭受武力攻击之时进行自卫;自卫只能在安理会采取必要措施来维持国际和平与安全之前进行,而不能在其后;会员国应将所采取的自卫措施立即报告安理会;自卫措施不得影响安理会的职权。此外,按法理解释,自卫措施应大体与所遭受的攻击的严重程度相适应,不能以小冲突作为发动一场大规模战争的借口。

所采取的行动。因为这里所规定的采取行动的对象，是包括非会员国在内的“任何国家”，而联合国唯有“在维持国际和平及安全之必要范围内”才能对非会员国采取行动。[1]

此外，根据本项原则，并联系《联合国宪章》第7章关于强制措施的规定特别是第43条第1项的规定来分析，可以看出：在原则上，联合国任何会员国均无权自行决定维持其中立地位。在这方面，联合国与国联对待“中立”的态度是不一致的。国联允许会员国瑞士保持其中立地位，而中立国瑞士则在很长时间里都未成为联合国的会员国。[2]

（六）确使非会员国遵行宪章原则

《联合国宪章》第2条第6款规定：联合国组织在维持国际和平与安全的必要范围内，应确使非联合国会员国的国家遵行上述原则。这是宪章中一项重要而颇为特殊的规定。这意味着在一定范围内，联合国对非会员国有某种干预权。当波兰代表于1946年4月9日要求安理会把西班牙问题列入议事日程时，就是以本项规定为其依据的。[3]

这一原则，在国际法学中分歧不少。有的西方学者认为，如果联合国在创建的当时已经打算实现这项原则，那只有基于下列两个假设之一才有可能做到这一点。一个假设是，如置国际习惯法于不顾，那么作为战胜国的联合力量，联合国是足以使它的意志强加于任何非会员国的；另一个假设是，如要遵守国际习惯法，那么这一原则就只能在非会员国的同意下才能适用于同它们的关系。[4]

《国际联盟盟约》第17条也作了类似这一原则的规定，其立法要旨在于：确使未加入国联的任何国家，不会由于它未加入国联而比假若它加入了国联而保有更多的从事侵略的自由。这实际上是主张，在影响国际社会一般利益的情况下，对于非成员国也可以采取行动。不过，如前所述，创建国际组织的基本文件，包括《国际

---

〔1〕　参见《联合国宪章》第2条第5项、第6项。并参见第1条第1项。

〔2〕　1986年瑞士曾就加入联合国的问题举行过一次公民投票，当时因有2/3的公民反对加入联合国而被否决。2002年3月，瑞士在全民公决中以微弱多数通过了加入联合国的议案；同年9月10日，瑞士成为联合国的第190个会员国。

〔3〕　《联合国宪章》中还有些条文与联合国非会员国有关。其中，有的具体提到了“非会员国”，如第11条第2项、第32条、第35条第2项、第93条第2项等；有的虽未具体提到“非会员国”，但所提及的“国家”二字应解释为包括非会员国在内的“一切国家”，如第1条第2项、第2条第4项、第2条第7项、第14条、第50条、第55条、第81条等。

〔4〕　参见［英］施瓦曾伯格：《从国际司法角度看联合国的各项原则》，梁西译，载《国外法学》1979年第3期。

联盟盟约》与《联合国宪章》在内，均属条约性质，除其中已被整个国际社会普遍接受并公认为一般国际法原则的那些规定外，对于非缔约国尽管可能发生某种影响，但很难说有严格的法律约束力。但是，从最大限度地发挥联合国的功能以维持国际和平与安全的角度来看，本项原则仍然具有重要的理论与现实意义。

（七）不干涉内政

《联合国宪章》第 2 条第 7 项规定：宪章所载的任何规定均不得认为授权联合国干涉在本质上属于任何国家国内管辖的事项或者要求会员国将此等事项提请依照宪章解决。但有一重要例外，即此项原则不得妨碍第 7 章所规定的强制措施的应用。此项规定的立法意图，在于给联合国的管辖范围划出一个界限。它是联合国活动的 1 项重要指导原则，是从主权平等原则派生而来的。

不干涉任何国家的内政，是维持国际和平与安全的重要条件，是著名的和平共处五项原则之一，也是国际法向来所公认的。国联把纯属国内管辖的事件排除在行政院和解权力范围之外，《国际联盟盟约》第 15 条第 8 条规定："如争端各当事国之一方，对于争端自行声明并为行政院所承认，根据国际法纯属该方国内管辖之事件，则行政院应据情报告，而不应作解决该争端之建议"。同《国际联盟盟约》比较，《联合国宪章》所规定的不干涉内政原则已有若干发展。《联合国宪章》不仅将这一原则载入第 1 章作为约束联合国组织本身及所有会员国行动的一般原则，[1] 而且还将《国际联盟盟约》规定的"纯属"国内管辖（solely within the domestic jurisdiction）之事件改为"本质上属于"国内管辖（essentially within the domestic jurisdiction）的事项。"本质上属于"显然比"纯属"的含义要广泛得多，这就大大加强了这一原则的地位和扩大了它适用的范围。此外，《联合国宪章》也没有把类似"为行政院所承认"以及"根据国际法"这样一些条件写入条文，这都进一步放宽了是否为"国内管辖事项"的衡量标准。所有这些发展，均从不同角度反映了当时国际关系演变中的一种动向。[2]

《联合国宪章》的这一规定，在联合国实践中曾经引起不少争论。《国际联盟

[1] 《国际联盟盟约》将这一原则规定在第 15 条，因此其适用范围较小，仅在于限制行政院对这类事件的处理。

[2] 《奥本海国际法》认为，"这个被列为宪章原则之一的重要规定，常被一些人认为具有使宪章的目的大部作废并在很大程度上使宪章降为一种纯粹政治文件的效果。但是，如果记着下述各种考虑，任何这种想法就没有根据了。"该书接着阐述了 8 点考虑（参见王铁崖、陈体强中译本上卷第 1 分册，商务印书馆 1981 年版，第 305 ~309 页）。

盟约》关于“国内管辖事件”的规定比《联合国宪章》的限定条件多，它提及了“根据国际法”，但《联合国宪章》却未规定这一判断问题的标准，所以对《联合国宪章》的解释较《国际联盟盟约》更为困难。从国际法角度看，所谓国内管辖事项，一般是指国家可以不受依国际法而产生的那些义务的限制而能自由处理的那些事项，如一个国家的政体、内部组织、同其国民的关系等。但是，即使从严格的国际法角度来解释，某些问题的界限，仍然不无争议。在理论上或在实践中，不少人主张对“国内管辖”作狭义理解，但遭到了很多人特别是被干涉者的反对。〔1〕 关于《联合国宪章》第 2 条第 7 项的解释问题，奥地利学者菲德罗斯（Verdross），在其专著《国际法》中曾有比较详细的叙述，可供我们作进一步研究的参考。〔2〕

---

〔1〕 See Rosalyn Higgins, *The Development of International Law through the Political Organs of the United Nations*, 1963, pp. 58 -61.

〔2〕 参见[奥]阿菲德罗斯等:《国际法》，李浩培译，商务印书馆 1981 年版，第 603 ~609 页（“联合国组织的管辖范围”）。

第二节　联合国的组织结构

一、概述

联合国为了实现宪章所规定的宗旨,设有 6 个主要机关(principal organs):大会、安全理事会、经济及社会理事会、托管理事会、国际法院和秘书处。这 6 个主要机关,可以从不同角度加以分类。从其组成人员来看,这些机关可以分为:

1. 大会是由全体会员国派代表组成的机关。

2. 安理会、经社理事会和托管理事会,是由部分会员国派代表组成的机关。凡由会员国派遣参加上述各机关的代表,除国家元首、政府首脑与外交部部长外,均需有全权证书证明其身份。

3. 秘书处和国际法院,不是由会员国政府派遣代表组成的机关,而是由以个人身份从事工作的国际公务人员所组成的机关。

从管辖范围来看,这些机关可以分为:

1. 一级机构:联合国内并没有一个像国家政府那样统管其全部工作的权力中心。大会,虽然职能范围非常广泛,但主要是一个审议机构,权力有限。安理会,虽然可以作出对会员国有法律拘束力的决定,权力很大,但其主要责任只是维持国际和平与安全,职能范围有限。不过从总体上分析,大会与安理会分别掌管着联合国的主要职权。此外,秘书处虽不是一个权力机构,但负责联合国的全部行政及秘书事务。因此,这几个机关可以说是中央一级的,堪称联合国的第一级机构。

2. 二级机构:经社理事会与托管理事会,虽然都是联合国具有明确管辖范围的主要机关,但按《联合国宪章》规定,两者都是在大会的权力之下(Under the

Authority of the General Assembly)进行工作的。[1] 因此,它们可称为联合国的第二级机构。

3. 司法机构:《联合国宪章》明文规定,国际法院是联合国的主要司法机关。

除上述6个主要机关外,联合国还可以依《联合国宪章》设立认为执行其职能所必需的各种辅助机关(subsidiary organs)。[2] 各主要机关对其所设立的辅助机关的组织与职能,可以随时加以变更或终止。在6大机关中,以大会与经社理事会设立的辅助机关为最多。而且随着各主要机关的活动范围与日俱增,辅助机关的设立也有不断扩展之势。

各种辅助机关的作用、组织形式、职权范围与活动程序等,差别甚大。它们有常设的也有暂时的,但一般来说,都有其明确、具体的任务。从其任务的性质来看,有属于政治方面的,如安理会的存在于1948~1950年的印度及巴基斯坦委员会、大会的纳米比亚理事会等;有属于经济方面的,如经社理事会的自然资源委员会、亚洲及太平洋经社委员会等;有属于社会方面的,如经社理事会的人口委员会、社会发展委员会等;还有属于技术方面的,如经社理事会的科技发展委员会等。很多辅助机关的职权,只限于向设立它的主要机关作出建议或提出报告,但有些辅助机关则有较大的职权,如大会设立的裁军委员会可以召开国际会议,儿童基金会可以同各国政府缔结条约。

二、大会

根据《联合国宪章》第4章的规定,大会由联合国的全体会员国组成。[3] 大会每年举行常会时,会员国往往派国家领导人、外长或其他部长率领代表团出席。每个会员国出席常会的代表团,不得超过代表5人和副代表5人,其中1人为团长。如国家元首或政府首脑出席会议,他即为该代表团的当然团长。但代表团的顾问、专家和秘书人员的数目则没有限制。联合国大会的代表,是按其派出政府的指示行事的,因此,大会不是世界议会,而是联合国内部一个政府间的国际代表机关。但是,由于其具有最广泛的代表性,它是联合国一个最基本和最主要的机关。

---

〔1〕 参见《联合国宪章》第60条、第63条、第64条、第66条、第87条等。

〔2〕 参见《联合国宪章》第7条第2项、第22条、第29条、第68条;《国际法院规约》第26条、第27条、第29条等。关于什么是"辅助机关"的问题,联合国秘书处曾经在1954年的一份研究报告中加以解释:依《联合国宪章》第7条第2项之规定,用授权机关决议之形式,由主要机关建立或受其领导之机构,为辅助机关。

〔3〕 大会是联合国6个主要机关中唯一由全体会员国组成的机关。因此,联大会籍与联合国会籍是完全一致的。

根据《联合国宪章》的规定，大会应自行制定其议事规则。每届会议应选举主席1人，副主席21人。主席和副主席席位，按亚洲、非洲、拉美、东欧、西欧及其他国家等5个地区小组分配，由会员国轮流选任。[1] 安理会5个常任理事国的代表不担任主席，但在每届大会都可当选为副主席。[2] 大会在举行常会时，除全体会议外，设有7个主要委员会（main committees）以分别进行讨论和准备工作：

1. 政治与安全委员会（第一委员会），包括军备管制工作在内；

2. 经济与财政委员会（第二委员会）；

3. 社会、人道与文化委员会（第三委员会）；

4. 非殖民化委员会（第四委员会）；

5. 行政与预算委员会（第五委员会）；

6. 法律委员会（第六委员会）；

7. 特别政治委员会（从第11届大会开始设立，用以分担第一委员会的工作，讨论一些较为次要的政治性问题）。

每个会员国都有权派代表参加这7个委员会。大会把大部分议事日程上的有关项目分配给它们，由它们分别进行讨论并提出决议草案。委员会的决议草案须提交大会全体会议通过后，才能成为大会的正式决议。凡未提交给主要委员会的项目，由大会全体会议进行处理。

大会每届常会还设有两个程序委员会（procedural committees）：

1. 总务委员会。[3] 它由大会主席与21个副主席以及7个主要委员会的主席组成，由大会主席担任主席。总务委员会负责组织大会的工作，审查大会议程，决定各个项目的优先次序，并协调大会所有各委员会的会议进程。

2. 全权证书委员会。由大会根据大会主席提议而任命的9个会员国的各1名代表组成。它负责审查各国代表的全权证书，并向大会报告审查情况。

大会除了开会期间的工作之外，还有经常性的工作需要进行，因此大会又设有两个常设性的委员会（standing committees）作为辅助机关协助工作：

---

〔1〕 大会主席由各地区小组轮流选任；副主席按下列名额分配：亚洲国家5名，非洲国家6名，拉丁美洲国家3名，东欧国家1名，西欧及其他国家2名，安理会常任理事国5名。但在大会主席选出后，主席所属的地区须减少副主席名额1名。

〔2〕 大会主席因故不能出席会议时，可以委托副主席1人代行职责，但是安理会5个常任理事国的代表向来不被委托代行主席的职责。

〔3〕 也有人称之为"指导委员会"。

1. 行政与预算咨询委员会。它由 13 个委员组成,负责有关方面的咨询工作,各委员的任期为 3 年。

2. 会费委员会。它由 13 个委员组成,就各会员国交纳会费的百分比向大会提出建议。各委员的任期为 3 年。

这两个委员会的委员,是在广泛地域代表性和个人资历相结合的基础上选举出来的。

此外,大会还可以设立其认为在行使职务时所必需的其他辅助机关。如 1968 年设立的和平利用国家管辖范围以外海床洋底委员会,1965 年设立的联合国训练研究所,1961 年成立的《给予殖民地国家与人民独立宣言》执行情况特别委员会,1959 年成立的和平利用外层空间委员会等。大会设立的辅助机关很多,几乎涵盖了大会职能的各个方面。[1] 下面,专以成立不久的重要机关"人权理事会"为例,加以重点说明。

2006 年 3 月 15 日第 60 届联合国大会以 170 票赞成、4 票反对、3 票弃权的表决结果通过一项决议,决定设立共有 47 个席位的人权理事会,以取代总部设在瑞士日内瓦的人权委员会。该决议规定,人权理事会是联大的辅助机关(subsidiary organ),联大将在 5 年后对该理事会的地位进行审查。人权理事会的 47 个席位按公平地域原则分配。其中,非洲 13 席、亚洲 13 席、东欧 6 席、拉美和加勒比 8 席、西欧和其他国家 7 席(包括北美和大洋洲)。人权理事会的总部也设在瑞士日内瓦。该决议还规定,人权理事会成员由联大秘密投票产生,候选国必须获得联大全体成员国的过半数支持(至少 96 票)方能当选。在选举理事会成员时,联大应考虑候选国在促进和保护人权方面所做的贡献,及其在这些方面自愿做出的承诺。如同一地区获得联大过半数支持的候选国超过了该地区的席位总数,则按得票多寡分配席位。理事会成员每届任期 3 年,连续 2 任后须间隔 1 年方可寻求新任期。联大每年改选 1/3 左右的成员。经 2/3 成员国同意,联大可中止严重违反人权国家的人权理事会成员国资格。人权理事会每年举行会议不少于 3 次,总会期不少于 10 周,并可召开特别会议。迄今,人权理事会共召开 11 次正式会议,并就巴勒斯坦被

---

〔1〕 关于设立辅助机关的范围,不无争议。以联合国行政法庭为例:它是大会的一个辅助机关,具有独立于大会权力之外的审判能力,其判决对联合国系统内各机构均有约束力。但是,由于没有宪章的明文规定为依据,其成立曾经受到质疑。国际法院在 1954 年就这一问题发表的咨询意见中指出:大会设立行政法庭负责审理联合国及其职员的诉讼事项,目的在于保障秘书处的良好运作,与宪章的宗旨原则并不矛盾,因此大会有权(意指隐含权力)设立此法庭,且不得拒绝该法庭的裁决。

占领土、苏丹达尔富尔、斯里兰卡人权问题和金融危机等问题举行 11 次特别会议。人权理事会负责对联合国所有成员国作出阶段性人权状况回顾报告,理事会成员在任期内必须接受定期普遍审查机制的审查。2006 年 5 月 9 日第 60 届联大选举产生理事会首届成员,中国以 146 票成功当选,任期 3 年。2009 年 5 月第 63 届联大改选 18 名联合国人权理事会成员,中国以 167 票成功连任。

三、安全理事会

(一)安理会的组成

安全理事会在联合国的 6 个主要机关中,占有首要的政治地位。最初,安理会由中、法、苏、[1]英、美 5 个常任理事国(permanent members)和其他 6 个非常任理事国(non permanent members)组成。到 20 世纪 60 年代初,联合国会员国增加到 110 多个,亚非国家占一半以上。它们强烈要求扩大安理会以增加亚非国家的席位。经过长达 8 年的讨论,于 1963 年修改《联合国宪章》第 23 条,将非常任理事国名额扩大到 10 个。修正案于 1965 年生效。[2] 在安理会中,每个理事国应有代表

---

[1] 1991 年 12 月 21 日,苏联 11 个加盟共和国首脑签署《阿拉木图宣言》正式宣告苏联"停止存在"以后,俄罗斯自动继承了苏联在联合国会籍(包括安理会常任理事国席位在内)。

[2] 20 世纪 90 年代后,随着国际关系与世界政治、经济形势的发展,要求改组和扩大安理会的意向日趋明朗化。不少会员国担心安理会有可能成为大国干涉别国内政的工具,要求联合国适应形势的需要,扩大"民主",进一步提高维持国际和平与安全的效力。在 1992 年联合国大会上,印度、日本等国提出了一项有关改革安理会构成的议案,其中包括建议在 1993 年的第 48 届联合国大会上把"安理会席位的公平分配与扩大问题"作为一个议题。统一后的德国、特别是作为经济大国的日本,曾经把"争取在联合国成立 50 周年时成为安理会常任理事国"确定为(日本)政府的基本方针。此后,德日两国一直在继续不断地为此作出努力。此外,还有一些大的发展中国家,如印度、巴西、尼日利亚等,也在期待着能够进入联合国这个权力最大的机关。值得注意的是,在 2003 年第 58 届联大上,时任联合国秘书长的安南任命了以泰国前总理阿南·班雅拉春为主席的"威胁、挑战和改革问题高级别小组"(the High-level Panel on Treats, Challenges and Change,简称"名人小组"),负责为加强联合国提出建议。2004 年 12 月,"名人小组"提交《一个更安全的世界:我们的共同责任》(A More Secure World: Our Shared Responsibility)的报告。该报告提出了扩大安理会的 A、B 两套方案。其中,A 方案为"6 +3 模式",即增加 6 个没有否决权的常任理事国席位和 3 个任期两年的非常任理事国席位,具体分配是亚太和非洲地区各增加 2 个常任理事国席位,欧洲和美洲地区各增加 1 个常任理事国席位;B 方案为"8 +1 模式",即不增加常任理事国席位,但新增 8 个任期 4 年并可连任的非常任理事国席位,并新增 1 个任期 2 年(不可连任)的非常任理事国席位,具体分配是亚太、非洲、欧洲和美洲各增加 2 个任期 4 年并可连任的非常任理事国席位。2004 年第 59 届联大在扩大安理会的问题上,先后涌现了 4 种方案:以上述 A 方案为基础的"四国联盟"方案(该方案由日本、德国、印度和巴西等四国提出,要求联大在 2005 年 6 月通过安理会改革的框架文件,7 月中旬选出新增常任理事国,并在高峰会议前通过相关的修宪条款)、以上述 B 方案为基础的"团结谋共识"方案(该方案由意大利、韩国、巴基斯坦、阿尔及利亚等国发起的"咖啡俱乐部",后改为"团结谋共识"运动提出,它首先反对"四国联盟"方案,认为"设定时限不妥",并提出用 B 方案来反对"四国联盟"的 A 方案)、非洲联盟方案和不成文的美国方案。可见,安理会的改革问题极其复杂敏感,关系到在联合国内外今后将建立何种新的力量平衡的问题。国际舆论对此反映不一,现已成为联合国日程上的一个"热"点,无疑需要认真予以解决。

1 人。非常任理事国由联合国大会以出席并投票的会员国的 2/3 赞成票选出,任期 2 年;交替改选,每年改选 5 个。改选时不得连选连任。大会在选举非常任理事国时,首先应特别照顾到联合国各会员国对维持国际和平与安全以及联合国其他宗旨的贡献,也要照顾到地理上的公平分配(equitable geographical distribution)。

由于联合国会员国不断增加,非常任理事国的公平分配也显得更为复杂。1946 年,5 个常任理事国曾在伦敦达成一项君子协定(gentlemen's agreement),建议当时 6 个非常任理事国的分配应为:拉丁美洲国家 2 个;中近东地区 1 个;英联邦国家 1 个;西欧 1 个;东欧 1 个。后来,1963 年 12 月 17 日联合国大会关于修改《联合国宪章》第 23 条以扩大安理会理事国名额的决议又重新规定,10 个非常任理事国的选举应分配给:亚非国家 5 个;拉丁美洲国家 2 个;东欧国家 1 个;西欧及其他国家 2 个。[1] 当非常任理事国 2 年任期届满后,应选出同一地区的国家来接替。从以上非常任理事国地区分配的变化,可以看出发展中国家在联合国日益增长的作用。

安理会主席的职位,由各理事国按其国名英文字首的排列次序轮流担任,主席的任期为 1 个月。安理会主席除主持安理会各种正式会议及协商活动外,并在安理会的权力下代表作为联合国一个机关的安理会。如果担任主席的理事国代表缺席,应由该理事国代表团的其他代表来接替这一职务。

根据《联合国宪章》第 47 条,联合国设立了一个军事参谋团。它由安理会各常任理事国的参谋总长或其代表组成,其任务是就安理会维持国际和平与安全的军事需要、供安理会支配的军队的战略指导以及军备管制等问题,向安理会提供意见与协助。[2] 军事参谋团于 1946 年成立后,曾于翌年 4 月 30 日向安理会提出过一项关于《联合国宪章》第 46 条所规定之武力使用计划的报告。但在安理会各大国之间,未能就报告中的一般组织原则达成协议。在其后的"冷战"气氛中,参谋团日益难于发挥作用,名存实亡。宪章为它规定的各项职能,几乎全被其他机构如裁军委员会等所代替。

安理会自行议定其议事规则,并可设立它认为对执行其职能所必需的辅助机构。

---

〔1〕 参见 *Yearbook of the United Nations*,1963,p.87。分配中的所谓"其他国家"应解释为指澳大利亚、新西兰和加拿大等不包括在上述地区中的诸国家。

〔2〕 参见《联合国宪章》第 26 条、第 46 条、第 47 条。

安理会有两个常设委员会:一个是专家委员会,它就议事规则及其他技术问题进行研究并向安理会提出建议;另一个是接纳新会员国委员会。这两个委员会都是由安理会全部理事国的代表组成的。

此外,为了某种特定目的,安理会还设有若干其他辅助机构。如关于南非共和国政府种族隔离政策的特别委员会等。

(二)非常任理事国的竞选

安理会是联合国的重要机关,每年 5 个新的非常任理事国的选举,是联合国大会的重要事项。一般步骤是:首先,由打算竞选的国家宣布参加竞选;其次,由上述各地区国家分别组成的小组内部协商,产生本地区的候选国,然后向其他地区小组推荐;最后,由大会以无记名投票方式进行选举。如果有两个国家各不相让,坚持竞选同一个席位,而且有关地区小组又无法作出一致推荐时,也可采取妥协办法,由两个国家平分任期,每个国家担任 1 年,以抽签办法决定谁先谁后。在联合国实践中,1956 年和 1957 年的南斯拉夫与菲律宾、1960 年和 1961 年的波兰与土耳其、1962 年和 1963 年的罗马尼亚和菲律宾、1964 年和 1965 年的捷克斯洛伐克与马来西亚,都曾经分割任期,各任 1 年非常任理事国。如果两个以上国家竞选同一个席位,不能达成妥协办法,并且在大会投票中都不能获得 2/3 多数时,投票就必须继续进行,一直到以法定多数选出一个新的非常任理事国为止。

在 1979 年的第 34 届联合国大会上,选举安理会 5 个新的非常任理事国以接替 5 个任期即将届满的非常任理事国时,第一次无记名投票的结果,只有民主德国、尼日尔、菲律宾和突尼斯获得 2/3 的赞成票而当选。属拉丁美洲名额的那个非常任理事国,因赞成票未达 2/3 而未能选出。这个空额开始有哥伦比亚和古巴宣布参加竞选。在投票选举前,双方皆进行竞选活动。古巴外长曾率领外交要员到了纽约,古巴总理曾致函哥伦比亚总统要求给予支持,古巴作为不结盟国家主席,还在纽约召开的会议上,要求各与会国家协助,但均未成功。选举从 1979 年 10 月 26 日开始,接连经过 155 轮投票,古巴与哥伦比亚始终没有一方能获得 2/3 的多数票。大会因为这个席位的选举,曾几次宣布推迟闭幕时间。最后,由于已形成“竞选僵局”,古巴和哥伦比亚都宣布退出竞选。结果,墨西哥以法定多数当选为非常任理事国。这次选举成了大会议事日程上的中心问题,使第 34 届大会一再延长,直到 1980 年 1 月 7 日才闭幕。此为联合国历史上罕见的事例。

联合国第 64 届大会,于 2009 年 10 月,经过充分协商,正式选出了安理会 5 个新的非常任理事国，它们是波黑、巴西、加蓬、黎巴嫩和尼日利亚，以接替上届任期已满的各理事国。以同样程序，联合国第65届大会，于2010年10月又选出了印度、哥伦比亚、南非、德国和葡萄牙5国为安理会新的非常任理事国。

四、经济及社会理事会与托管理事会

（一）经社理事会

经济及社会理事会是联合国的6个主要机关之一。据《联合国宪章》第60条规定，它是在联合国大会的权力之下负责协调经济及社会工作的机关。

经社理事会最初由18个理事国组成。1963年修改《联合国宪章》第61条（1965年生效），将理事国的名额扩大到27国。后来又于1971年再次修改该条（1973年生效），将其扩大到54国。每个理事国在理事会应有代表1人，代表可随带副代表及顾问若干人。理事会于每届会议自行选举主席1人和副主席3人。理事国由联合国大会选举，任期3年。交替改选，每年改选1/3（18个），以保证理事会的组成既能经常更新而又具有连续性。理事国任期届满后，可以连选连任。自经社理事会存在以来，已经形成惯例，即安理会的5个常任理事国均当然能被选为经社理事会的理事国，并能不断获得连选连任的机会。1971年12月20日，联合国大会关于修改《联合国宪章》第61条以扩大经社理事会理事国名额的决议规定，54个理事国的选举应分配给：非洲国家14名；亚洲国家11名；拉美国家10名；东欧国家6名；西欧及其他国家〔1〕13名。〔2〕从1971年起，我国一直为经社理事会理事国。

根据《联合国宪章》的规定，经社理事会应该设立关于经济与社会问题及促进人权的委员会，以及为执行理事会职能所必需的其他委员会。〔3〕经社理事会的各种职能及其经常工作，很多都是由所设下列区域委员会（regional economic commissions）、职司委员会（functional commissions）等辅助机构来进行的。

区域委员会按地区设立，受经社理事会领导，旨在协助各该地区经济、社会的发展，加强各地区内国家间的经济关系及其同世界其他地区的关系。有亚太经济社会委员会、西亚经济委员会、非洲经济委员会、拉美经济委员会和欧洲经济委员会。

---

〔1〕所谓“其他国家”，应解释为指澳大利亚、新西兰、加拿大和美国等不包括在上述地区中的诸国家。

〔2〕See *Yearbook of the United Nations*，1971，p. 469.

〔3〕参见《联合国宪章》第68条。

职司委员会是按工作性质分专门问题设立的。有统计委员会、人口委员会、社会发展委员会、妇女地位委员会、预防犯罪与刑事司法委员会、麻醉品委员会、人权委员会(下辖防止歧视和保护少数民族小组委员会)、科学与技术委员会、可持续发展委员会。出席麻醉品委员会的代表由各国政府直接委派,其他几个委员会,为确保在各委员会所涉事务中有平等代表权,由各成员国在同秘书长协商后任命其代表;代表的任命须由经社理事会批准。

此外,还有若干其他常设辅助机构,如同政府间机构商谈委员会、非政府间组织委员会、住房造房与设计委员会、自然资源委员会、科技促进发展委员会、发展规划委员会、跨国公司委员会等。

所有以上各种委员会,分别研究与处理同它们有关的问题,并向经社理事会提出报告。

(二)托管理事会

托管理事会是联合国负责监督托管领土行政管理的机关。它同经社理事会相似,也是在联合国大会的权力下来进行活动的。[1]

在第二次世界大战中,各国人民的反法西斯斗争,进一步推动了殖民地人民的民族解放运动,从根本上动摇了殖民统治制度。在筹建联合国时,英美等国为了以国际管理的名义干预与延续殖民统治,在旧金山会议上提出"国际托管制度"(international trusteeship system),并列入了宪章。[2] 国际托管制度,实质上是国际联盟委任统治制度(mandate system)的变相存在。

宪章规定,联合国设立托管制度"以管理和监督依照此后的个别协定而置于该制度下的领土"。托管制度的基本目的之一是"增进托管领土居民向自治或独立的逐渐发展"。

宪章未给托管理事会规定固定的理事国名额,仅规定理事会由下列三类会员国组成:(1)管理托管领土的联合国会员国;[3](2)未管理托管领土的安理会常任

---

〔1〕 参见《联合国宪章》第87条。

〔2〕 敦巴顿橡树园会议建议案,并未提出《联合国宪章》第11～13章各章的草案,这几章的内容都是在旧金山会议上确定下来的。托管制度,是同宪章所规定的尊重人民平等权利与民族自决原则背道而驰的。

〔3〕 在联合国实践中,非联合国会员国的国家,也可成为托管领土的管理当局。意大利成为索马里的管理当局时,尚未被接纳入联合国。它当时只作为观察员列席托管理事会。在国联的委任统治制度中也有同样情况:日本退出国联之后,它仍然是太平洋岛屿委任统治地的受任国。

理事国;[1](3)由联合国大会选举必要数额的其他非管理国的会员国(任期3年),以使该理事会的理事国在管理国与非管理国的名额上保持平衡。因此,宪章给托管理事会理事名额的规定,同联合国其他5个主要机关相比,具有显著特色。[2] 随着管理国的逐渐减少和完全消失,托管理事会的规模越来越缩小,其职能亦已消失。[3] 因此,该理事会的存废已是修改宪章的一个现实问题。

依《联合国宪章》第90条的规定,托管理事会应选举其每届常会的主席和副主席,并应自行制定其议事规则。在实践活动中,托管理事会建立了若干辅助性机构,如常设请愿委员会(Standing Committee on Petitions)等。它们就特殊问题进行研究,并向理事会提出报告。有关辅助机构的组成与职权由理事会规定。

五、国际法院

古代即有近似仲裁的形式存在。至18世纪末,国家间以"仲裁"来解决国际争端的方式,已经成为一种应用较广的制度了。1899年有26国参加的第一次海牙和平会议通过了《海牙和平解决国际争端公约》,并根据此公约于次年在海牙成立了常设仲裁法院。[4]

国际联盟成立后,于1922年设立了国际常设法院,并制定了该法院的规约。联合国成立时,设立了国际法院,它是联合国的主要司法机关。[5] 国际法院依据《国际法院规约》进行工作。《国际法院规约》是联合国宪章的一个组成部分,它是以国联体系下的《国际常设法院规约》为依据的。[6]

---

〔1〕 中国作为安理会的常任理事国,自1971年恢复在联合国的合法席位以来,直至1989年5月15日,才第一次出席托管理事会会议。中国常驻联合国大使说,为了对加强联合国在国际舞台上富于建设性的作用做出贡献,中国决定从此参加托管理事会的工作。这次会议,主要是审议太平洋中密克罗尼西亚群岛的经济及自治等问题。

〔2〕 联合国的托管理事会同国联行政院所属的常设委任统治委员会(Permanent Mandates Commission)在组织上差别甚大。委任统治委员会是由不代表任何政府的个人专家组成的,他们的多数来自非受任国;而托管理事会则是由联合国会员国的代表组成的。

〔3〕 联合国的最后一个托管领土贝劳(Palau)于1994年12月15日独立后,国际托管制度即已完成历史使命。

〔4〕 联合国成立之后,虽然参加仲裁的有45个国家(中国是其中之一),但实际上很少有案件交由该院处理。

〔5〕 按宪章的立法精神,在维持国际和平与安全中,相对安理会与大会主要是处理政治性问题而言,国际法院主要是在各个争端当事国接受法院管辖的前提下处理法律问题。但国际法院只是联合国的主要司法机关,而非联合国的唯一司法机关。参见《联合国宪章》第95条。

〔6〕 国际常设法院的规约,未经重大修改而成为国际法院的规约。从这个角度看,国际法院未尝不可以说是国际常设法院的延续或继承者。

按《国际法院规约》和现行《国际法院规则》的规定，国际法院由15名“独立法官”（independent judges）组成。[1] 法官保留其原有国籍，但必须以国际法院法官的资格执行职务，不得代表任何国家，他既不得从其本国，也不得从联合国的某一机关接受指示。同时，在15名法官中不得有2人为同一国家的国民。

法官由大会与安理会，从各国政府指派的著名国际法学家组成的团体所提出的候选人名单中，选举产生。大会和安理会彼此独立分别进行选举，但常任理事国在选举时没有否决权。候选人只有同时在这两个机关中获得绝对多数票（an absolute majority of votes）时才能当选。[2] 非联合国会员国的国际法院规约参加国，[3]可以提名候选人参加法官的选举。选举时，不仅应注意被选举人必须各自具有必要的资格，[4]而且应注意使法官全体确能代表世界各大文化和各主要法系（principal legal systems）。[5]

法官任期9年。每3年改选5名，但可连选连任。这样可以保持法院传统的连续性。国际法院设正院长1人、副院长1人，由法院法官自行秘密投票选举，任期均为3年，可连选连任。[6]

法官的地位应是独立的。按照规约规定，法官一旦当选，除由其他法官“一致认为不复适合必要条件外，不得免职”。

---

〔1〕 按惯例，安理会各常任理事国都应有人被选为国际法院的法官。

〔2〕 参见《国际法院规约》第10条。据目前习惯，在会员国总数为192个的情况下，在大会获97票者为绝对多数；在安理会获8票者为绝对多数。1960年安理会第1轮投票选出了苏、美、意、日和巴拉圭籍的5名法官，而大会经5轮投票后才选出美、苏、意、日和秘鲁籍的5名法官。由于两机关对拉美一席的结果不一致，于是继续举行第2次甚至第3次选举，最后才一致选出了秘鲁籍法官。据《国际法院规约》规定，第3次选举后，如仍有缺额尚待选举时，大会或安理会得随时组织6人联席会议（大会与安理会各派3人），就每一缺额以绝对多数票选出1人，分别提交大会与安理会，请其接受。如联席会议确认其选举已不能产生结果时，应由已选出的法官就曾在大会或安理会得票的候选人中选出所缺的名额。如法官投票相等时，由最年长的法官投决定票。这种方式，是国际组织中颇具特色的一种选举程序。

〔3〕 如瑞士、瑙鲁等国。

〔4〕 参见《国际法院规约》第2条。

〔5〕 按一般习惯，与在联合国其他主要机关一样，安理会各常任理事国，经常会有一名本国籍法官被选入国际法院任职。我国1971年在联合国的合法席位恢复以后，从20世纪80年代中期开始参加法院竞选，现在已有3位本国国籍的法官在法院任职。前两任的中国籍法官分别为倪征日奥（任期为1985～1994年）、史久镛（任期为1994～2010年；他还在2003～2006年担任国际法院院长），现任的中国籍法官为薛捍勤（2010年9月任期开始）。1949年新中国成立以前曾任国际法院法官的有徐模（1946～1949年、1949～1956年），其后，又有顾维钧（1957～1958年、1958～1967年）。如按地区来分析，从20世纪70年代以来，15名法官的席位分配，一般为美、英、法、苏联各1席，亚洲国家3席，非洲国家3席，拉丁美洲国家2席，东欧国家1席，西欧及其他地区2席。

〔6〕 进入20世纪80年代以后，法官的基本年俸为7万多美元，此外，还有1万美元以上的津贴。

为了保证法官的独立性,使其能依法执行法院的职务,《国际法院规约》根据《联合国宪章》的精神,在第19条规定:"法官于执行法院职务时,应享受外交特权及豁免。"按照此项规定,似乎法官不仅在联合国会员国领土内,而且在任何国家领土内,只要是执行法院职务,均享有外交特权与豁免。[1] 国际法院为了解决其在当地国荷兰的地位问题,经院长同荷兰外交部部长商谈后,于1946年6月26日,与荷兰以换文方式达成了特权与豁免协议。协议的主要内容为:荷兰政府视国际法院所有的法官为驻荷兰外交团的团员,法官在执行职务时,均享有外交特权与豁免。在批准该项协议时,联合国大会曾建议,国际法院法官在其他国家执行职务时,当地国亦给予特权与豁免,并准其自由入境、出境和过境。联合国大会还授权国际法院颁发形式类似于联合国发给秘书处职员的通行证,并建议各国承认该项通行证为有效旅行证件。1948年瑞士加入《国际法院规约》为当事国时,同意接受上述协议的规定,因此,法官在瑞士也享有同在荷兰一样的外交特权与豁免。[2]

法官不得担任任何政治或行政职务,也不得从事任何职业性的活动。法官在任何案件中,不得充任代理人、顾问或律师;并且对于其以前曾经无论以任何方式参加过的案件,均不得参加裁判。法官对属于本国的案件,保有参加审理的权利,不适用回避制度。但在法院受理的案件中,如有属于一方当事国国籍的法官,则他方当事国也有权选派一人为法官参与案件;如果双方当事国都没有本国国籍的法官,则双方都可选派法官一人参与案件。这种临时选派的法官,通称"专案法官"或"特设法官",在参与裁判中同其他法官具有完全平等的地位。[3]

国际法院需法官9人才构成开庭的法定多数。法院的司法判决及咨询意见,都以出席法官的多数通过。如果判决的全部或一部分不能代表法官的一致意见,任何持不同意见的法官都有权另行宣布其个别意见。法院可随时设立一个或数个临时分庭,由法官3人或3人以上组成之,以处理某一类特定案件,如劳工案件及过境和交通案件等。法院为迅速处理事务,每年以法官5人组成一分庭,可用简易

〔1〕《国际法院规约》的这项规定,显然比《联合国宪章》第105条的范围为广。

〔2〕 上述协议中所提"外交"特权与豁免,并不意味着法官具有外交代表的身份,法官并不代表任何国家。法官享有特权与豁免,是基于执行法院职务的需要,而不是为了其他。因此这里的"外交特权与豁免"与宪章中的"特权与豁免",应视为同义术语。

〔3〕 国际法院在审理某一特别案件时,如有需要,可邀请有关方面专家作为陪审官参加审判。陪审官可向法院提出意见,也可以向证人或律师提出专业性质疑,还可参加法官的非公开会议,但无表决权。

程序审理与裁判案件。上述各种分庭所作的裁判,应视为法院的裁判。[1]

国际法院的行政工作,在院长指导下,由法官选举任期7年的书记官长和副书记官长执行,由法院根据书记官长提议任命并对书记官长负责的书记处的其他工作人员进行协助。书记官长在执行职务时代表法院,并对法院负责。书记官长是各国政府与国际法院进行联系的渠道。书记处每年编辑出版法院的《判词、咨询意见和命令汇辑》、有关著作与文件的目录以及年鉴等刊物。

国际法院在根据其规约执行职务方面,有其自行制定的《国际法院规则》,其中特别规定了有关诉讼程序方面的规则。

国际法院设在海牙,但不妨碍它在任何其他地方执行职务。[2]

六、秘书处

(一)秘书处的组成及其纯国际性质

国际组织中常设秘书处的正式建立,最早开始于19世纪中期出现的"国际行政联盟"。1865年建立的国际电报联盟和1874年建立的邮政总联盟都设有"国际事务局",虽然从其人员构成来看,尚未具备真正国际性质,但仍不失为国际秘书处的雏形。第一次世界大战后,国际联盟的"秘书处"和国际劳工组织的"国际劳工局"则比历来的国际事务局要充实得多。国联秘书处的工作人员来自世界各国,具有国际文官(international civil service)的地位,他们被要求在执行职务时不得接受国联以外的任何影响。联合国宪章有关秘书处的某些规定,是国际组织历史经验的总结。

---

〔1〕 国际法院1978年对《国际法院规则》的再次修正,进一步改进了有关分庭的设立及办案程序,以期提高审理案件的效果。进入20世纪80年代以来,提交国际法院分庭的诉讼案件有:1982年加拿大诉美国的"缅因湾海洋划界案",1985年布基纳法索/马里共和国的"边界争端案",1987年萨尔瓦多/洪都拉斯的"陆地、岛屿及海上边界争端案",1989年美国诉意大利的"西西里电子公司案"等。

〔2〕 在联合国组织系统中,还有一个内部行政司法机关"联合国行政法庭"(United Nations International Administrative Tribunal),系根据联合国大会决议,成立于1949年11月。它作为大会的一个辅助机关,以司法手段处理联合国职员所提起的行政诉讼案件。美洲国家组织、世界银行、国际劳工组织等都设有行政法庭。从广义上解释,它们是国际司法机构,但在性质上与一般国际法院有重大区别:其职能限于处理组织系统内机构与职员之间的内部纠纷,如有关任命及雇佣合同以及退职、退休和其他福利等方面的问题。联合国行政法庭虽系根据联大决议设立,但其裁决对联合国大会及联合国其他各机关均有约束力。可见,行政法庭对其相应国际组织来说似有相对的独立性。国际行政法庭一般都设有上诉程序或近似于上诉的措施。联合国行政法庭,按其规约规定,设立了一个由联合国会员国代表组成的"行政法庭判决复核请求委员会",如果委员会确定请求复核者有正当复核理由,即可向国际法院请求发表咨询意见。[参见本书第三讲第三节一、(四)3.咨询管辖部分。]

联合国秘书处是联合国的第6个主要机关，它的任务是为联合国其他机关服务，并执行这些机关制定的计划与政策。秘书处由秘书长1人，以及联合国组织所需要的其他行政工作人员所组成。

联合国秘书处的所有职员，均由秘书长依照大会所定的规章委派。宪章规定，职员的雇佣首先应考虑到工作效率、才干和品德，同时还应注意在尽可能广泛的地理基础上录用职员。除勤杂文书人员之外，职员的补充应按比例分配给各会员国。[1] 秘书处的各副秘书长（under secretary general）、助理秘书长（assistant secretary general）和高级官员等政治职位的候选人，一般均由各国政府根据惯例分配办法向秘书长推荐后正式由秘书长按一定程序委派。

秘书处设有若干工作部门。随着工作的开展，秘书处根据需要设立的部门越来越多：已由成立之初的8个部门增加到了现在的约30个部门。各部门主持人直接对秘书长负责。除秘书长办公厅、财务厅、人事厅、总务厅、新闻处、会议服务局、法律事务厅等之外，秘书处还有政治事务部、经济与社会事务部、裁军事务部、维和行动部、技术合作促进发展部、难民高级专员公署、人权高级专员公署、环境署、维也纳办事处、日内瓦办事处等。各部门工作分别由各副秘书长、助理秘书长主持。秘书处在各地的工作人员，也相应地大大增加：已由1946年的1546人增加到了2010年的4万多人。其中，副秘书长及助理秘书长即有几十人（其中包括一名中国籍副秘书长）。

为了保证秘书处的独立性与工作效率，宪章规定，秘书长和秘书处职员仅对联合国负责，必须以“国际官员”（international officials）的地位为联合国整体执行职务。每个工作人员都不得寻求或接受任何政府或联合国以外的任何其他当局的指示。秘书长和职员应避免采取任何可能影响他们作为仅对联合国负责的国际官员地位的行动。而联合国会员国亦应尊重秘书长和职员所负责任的纯粹国际性质，

---

〔1〕 在联合国成立初期，秘书处职员中美国籍人员占极大优势。但进入20世纪60年代后，情况已有很大改变，亚、非、拉国家特别是非洲国家国民在秘书处任职的人员，有了迅速增加。例如，到1986年11月，秘书处的职员总数为12,400多名，其中：来自美国的有1740名，名列前茅；法国959名，居第二位；而后是泰国624名，英国618名，菲律宾605名，埃塞俄比亚535名，智利458名，苏联411名，黎巴嫩383名，肯尼亚364名，中国288名。到2010年6月30日，联合国会员国在秘书处任职的情况如下：无人任职的有12个国家：科摩罗、科威特、瑙鲁、圣多美和普林西比、阿拉伯联合酋长国、朝鲜、列支敦士登、帕劳、东帝汶、瓦努阿图、基里巴斯和马绍尔群岛；任职人数偏低的有31个国家，如阿富汗、安哥拉、韩国和美国等；在幅度内的有132国家，如阿尔巴尼亚、古巴、中国、刚果、德国等；任职人数偏高的有17个国家：阿根廷、喀麦隆、肯尼亚、俄罗斯、乌干达、澳大利亚、埃及、黎巴嫩、南非、乌克兰、奥地利、埃塞俄比亚、菲律宾、特立尼达和多巴哥、津巴布韦、保加利亚和意大利。参见2010年联大第65届会议秘书长的报告：《秘书处的组成》A/65/350。

不对他们施加影响。为了确保有效地排除这种压力与影响，《联合国宪章》第105条进一步作了有关特权及豁免的规定。[1]

（二）秘书长的推荐与委派

《联合国宪章》规定，联合国秘书长应由大会经安理会的推荐来委派。[2] 根据大会1946年1月24日第11（Ⅰ）号决议，秘书长的委派须先经安理会7(9)个理事国的可决票包括全体常任理事国的同意票提名，[3]然后由大会以到会及投票的会员国的简单多数赞成票任命。安理会与大会均采取秘密投票方式。根据上述宪章规定来解释，大会有权拒绝安理会所推荐的候选人，但是大会无权任命安理会所未推荐的人选为秘书长。宪章未规定秘书长的任期，上述大会决议确定首任秘书长的任期为5年，期满时可连选连任一次。以后即按此延续下来，而且每次连任的任期也为5年。[4]

宪章没有关于秘书长候选人具体条件的规定。一般认为他应该是在外交和国际政治方面有公认的威望及能力的人；应凭其品质而当选，按惯例是来自五大国之外的中小国家的国民。

自联合国成立以来，第一任秘书长为赖伊（挪威人，1946～1953年）；第二任秘书长为哈马舍尔德（瑞典人，1953～1961年）；第三任秘书长为吴丹（缅甸人，1961～1971年）；第四任秘书长为瓦尔德海姆（奥地利人，1972～1981年）；第五任秘书长为德奎利亚尔（秘鲁人，1982～1991年）；第六任秘书长为加利（埃及人，1992～

---

[1] 国际法院关于损害赔偿案的咨询意见认为，为了保证联合国官员的独立性，联合国有就其官员由于为联合国服务所遭受的并应由一个国家负责的损害提起国际求偿的权利。法院认为，这种保护联合国官员的权利并不完全属于该官员所属的国家，不然即违背《联合国宪章》第100条的规定。

[2] 参见《联合国宪章》第97条。

[3] 1950年10月安理会讨论赖伊是否连任秘书长时，美国及其他国家极力推荐赖伊连任，但当时苏联坚决反对，虽经6次秘密会议进行协商，安理会未能达成一致意见。

[4] 国联大会于1931年曾经确定国联秘书长的任期为10年。1950年联合国首任秘书长赖伊的5年任期将近届满时，由于各常任理事国的意见没有取得一致，因此安理会对下任秘书长的委派未能作出正式推荐。当时联合国大会通过一项决议，使秘书长延长任期3年。理由是，联合国宪章并未规定秘书长的具体任期，其具体期限是由大会于1946年单独以决议来规定的。当时苏联认为，过期秘书长未经安理会推荐而再次任职是无效的，因此它拒绝予以承认。

1996年);第七任秘书长为安南(加纳人,1997～2006年);[1]第八任秘书长,即现任秘书长为潘基文(韩国人,2007年1月1日起任职)。

联合国秘书长是联合国的行政首脑,秘书长的选举向来为各会员国和世界所注意。特别是在1981年第36届联大期间所进行的秘书长选举,在联合国历史上具有特殊意义。最初参加这次竞选的有两位候选人:一个是任期将届满的秘书长瓦尔德海姆,另一个是非洲统一组织提名并得到不结盟国家支持的坦桑尼亚外长萨利姆。安理会于1981年10月27日起,先后多次进行不记名投票,以推荐下任秘书长。在前8轮投票中,美国一直支持瓦尔德海姆,否决萨利姆;苏联也支持瓦尔德海姆,但对萨利姆投弃权票;我国代表则连续投票赞成萨利姆,否决瓦尔德海姆。在此过程中,两人所得票数虽然都曾几度超过9票,但因常任理事国未能取得一致,推荐没有结果。至11月17日,安理会在这一天的会议上连续进行了8轮投票。两人票数虽略有升降,但由于否决权的连续行使,僵局仍然未能解决。经过多方努力,至12月3日瓦尔德海姆在给安理会主席的信件中表示,为了今后便于安理会行使职能,要求在表决秘书长人选时不要再列入他的名字。12月8日萨利姆也通知主席,为使第三世界的其他候选人有可能当选并使安理会的努力取得进展,也要求不列入他的名字。之后,又有9个国家的新候选人参加竞选,这9个国家是菲律宾、伊朗、阿根廷、秘鲁、巴拿马、厄瓜多尔、哥伦比亚、毛里求斯、圭亚那。12月11日安理会决定再次进行选举,并在正式选举前先进行秘密预测性的投票,以帮助这些候选人自行决定是否参加正式选举。15个理事国代表先在列有9名候选人名单的第一份选票上标明赞成哪些候选人,然后5个常任理事国代表在列有同样名单的第二份选票上标明不赞成哪些候选人。预测后,巴拿马和毛里求斯的候选

---

[1] 早在距联大决定下任秘书长人选还有半年之久的1996年6月20日,美国即已宣布:希望现任秘书长加利在本年底任满时不要争取连任,否则将不惜对此行使否决权。而安理会的其他成员国,特别是法国,均表示大力支持加利连任。经过长期酝酿,在11月19日安理会15个成员国就加利连任的首轮(摸底)投票中,加利获得14票赞成,但美国投了反对票。12月4日,加利为了避免第二轮投票中再出现否决票,表示"暂时中止争取"连任活动。再经过一段时间的广泛角逐,安理会各国在美国的强烈影响下,终于只得放弃加利,而于12月13日同意提名(推荐)安南为秘书长。最后,第51届联大于12月17日正式批准(任命)安南为联合国第七任秘书长。安南是来自撒哈拉以南的非洲国家的首位秘书长,是唯一来自联合国领导机构的人选,也是出任这个最大国际组织秘书长的第一位黑人。他于1959年用福特基金会的奖学金在美国明尼苏达州圣保罗的麦卡莱斯特学院学习,并获经济学学士学位。后在瑞士日内瓦的国际问题高级研究所及世界卫生组织工作,1965～1971年在总部设在亚的斯亚贝巴的非洲经济委员会工作。70年代后,他进入美国麻省理工学院学习,获得管理学硕士学位。1974年回到加纳担任国家旅游局局长。1976年到联合国总部,后又在日内瓦难民事务高级专员公署工作,之后再次回到纽约的联合国总部。从1993年3月起曾担任负责维和行动的副秘书长。

人决定退出竞选。接着安理会举行秘密会议，就其余7名候选人进行了第17轮无记名投票。结果，秘鲁的德奎利亚尔以10票赞成、1票反对、4票弃权、无否决票而获得了安理会的正式推荐。12月15日联合国大会举行会议，通过了安理会的推荐。于是，德奎利亚尔正式当选为联合国的第五任秘书长。

上述秘书长的选举，延续时间之长，投票次数之多，以及否决权之连续行使，在国际组织史上均是空前的。在德奎利亚尔当选以前，联合国的4任秘书长，有3任是欧洲人，只有1任是亚洲人。而在德奎利亚尔当选以后，埃及的加利于1991年当选为第六任秘书长，加纳的安南于1996年当选为第七任秘书长，韩国的潘基文又于2006年当选为第八任秘书长。这表明最近10多年来，亚非拉国家的影响在增长，国际局势已经有了明显的变化。[1]

七、联合国的法律地位

（一）联合国的法律人格问题

联合国的法律人格（legal personality）问题，主要是联合国组织在法律关系中（包括在国内法上和在国际法上）处于什么地位的问题。一个国际组织在法律关系中的法律地位问题，应以该组织的基本文件或其他有关条约来规定。设立国际组织的成员国，为了实现其愿望而授予国际组织以有限的权力。不同的国际组织，可能有不同的权利能力和行为能力。因此，法律人格在这里并非只是一个抽象的概念，而是有其具体内容的。

第一，从法律规定来看，《联合国宪章》明确规定联合国组织在各会员国境内享有为执行其职务和达成其宗旨所必需的法律行为能力（legal capacity）；并且规定它还享有达成其宗旨所必需的特权与豁免（第104～105条）。可见，联合国在其会员国国内法上具有法律人格（国内法律人格，municipal legal personality）。联合国大会第一届会议批准的《联合国特权及豁免公约》，根据宪章的上述精神，就联合国组织的法律行为能力和特权作了进一步明确的规定。《联合国特权及豁免公约》第1条规定“联合国具有法律人格”，并列举它具有如下行为能力：缔结契约，取得和处理动产和不动产，进行法律诉讼等。[2]

---

〔1〕 关于联合国秘书长选举的详情，参见秦华孙：《出使联合国》，新华出版社2010年版，第245～264页。

〔2〕 在这方面，联合国在其会员国内所享有的法律地位与一般国家相近似。宪章及公约给予联合国组织特权与豁免的目的，在于使其能独立、公正和有效地行使职能以达成其宗旨，而非使其享有治外特权。

除了有关联合国整体的上述规定之外,《联合国宪章》还为联合国的有关人员规定:联合国会员国的代表和联合国组织的职员,同样享有为独立执行他们关于联合国组织职务所必需的特权与豁免(第 105 条)。《联合国特权及豁免公约》对此作了更具体的规定:驻联合国各机关和出席联合国各种会议的会员国代表,联合国官员和执行任务的专家,均享有相应特权与豁免;而秘书长和各副秘书长及助理秘书长还应依国际法享有外交使节所享有的特权、豁免以及便利。

《联合国特权及豁免公约》的各项具体规定,是对《联合国宪章》第 104 条和第 105 条所作原则性规定的一种详细补充。同时,有很多国家也通过国内立法,明确承认联合国的法律人格。例如,我国的《外交特权与豁免条例》、美国的《国际组织豁免法》等,都在原则上体现了这一点。

在《联合国宪章》中,没有关于联合国在国际法上具有法律人格的一般性规定。但是这个问题需要从联合国的宗旨及宪章整体来考察,[1]人们普遍认为,按宪章隐含的意义,可以认定联合国具有相应的国际法律人格(international legal personality):它在国际法上能享受权利并承担义务,有独立的外交权,包括缔约、派遣与接纳使节、召开国际会议、承认与被承认、外交保护和国际求偿权等。[2] 上述"认定",可以从《联合国宪章》若干条款的具体内容中找到确切证据,证明宪章的制定者在制定这些条款时,为了实现联合国的宗旨与原则,在其"法定职能"范围内,有意授予联合国以有别于其会员国的独立国际人格。兹就这些条款的内容举例如下:(1)在争端解决与建议权方面:第 35 条规定,会员国与一定条件下的非会员国得将任何争端提请安理会或大会注意;第 38 条和第 11 条分别规定安理会及

---

〔1〕 有关联合国法律人格的理论,还可参见本书第二讲第一节二、"职能性原则"的论述。

〔2〕 国际法院在 1949 年 4 月 11 日发表的《关于为联合国服务而受损害的赔偿案的咨询意见》(Advisory Opinion on Reparation for Injuries Suffered in the Service of the United Nations)指出:联合国组织具有一定的国际人格。其主要论点为:为了实现会员国在宪章中所明确规定的宗旨原则及有关的权利义务,联合国必须具有一定的国际法律人格和相应的行为能力。如果缺乏这种法律人格,联合国就不可能进行有效的国际活动,也不可能履行其重要职能。(当然,联合国并非国家,它的法律人格及权利义务同国家是不一样的,更不用提"它不是一个超国家"这一点了。)法院认为,联合国的国际人格应包括能够为该组织本身就由于违反对该组织所负义务的结果而使之受到的损失提出国际求偿,也应包括能够为该组织的代表所受损失提出这种要求赔偿的"隐含权力"(implied powers)。关于后一种情况,国际法院在咨询意见中认为,虽然按传统国际法,"外交保护"应由国籍所属国行使,从而联合国同受害者的所属国之间可能发生相竞争的危险,但是这可以通过签订一般性公约或通过在任何个别案件中的个别协定来予以消除。法院进一步提到,代表的国籍并不影响联合国向代表(受害者)所属国提出赔偿请求,因为这种求偿的根据不是国籍而是受害者作为联合国公务人员的资格。可见,上述咨询意见,在一定程度上似已综合地吸收了国际组织法律人格学说中的"约章授权论"与"隐含权力论"两种主张的某些合理因素。关于"隐含权力论",可参见本书本讲第三节一、"联合国的职权"中"概述"第一段的注释。

大会在一定条件下可就此作出相应的建议。(2)在谈判协商方面:第50条规定在采取防止或强制措施时,安理会得同因此而引起特殊经济问题的任何国家进行协商;第87条赋予大会和托管理事会同管理当局进行协商的权利。(3)在缔结条约方面:第105条规定,联合国为在各会员国领土内享受于达成其宗旨时所必需的特权及豁免,得同各会员国缔结协定;第43条授权安理会得同个别会员国或会员国集团缔结军事援助协定,并规定这种协定应由各签字国按其宪法程序予以批准;第63条授权经社理事会得同各国政府间的专门机构签订建立合作关系的协定;第83条和第85条规定联合国有核准、更改或修正托管协定的职能;第44条规定安理会得要求会员国履行依协定所承担的义务。(4)联合国本身还可以行使某种直接的管辖权和立法权:如对于根据《联合国宪章》第81条置于联合国行政权力下的托管领土,对于联合国的总部地址,联合国本身都具有这种权力。特别值得注意的是,作为国际法的主体,联合国还拥有组织和使用武装力量的权力。

第二,从国际实践来看,联合国组织根据上述法律规定,不仅在一定范围的国内关系中,具有法律行为能力,作为法律人格者参与活动;而且在一定范围的国际关系中,作为国际法的主体,同各主权国家或国际组织独立地进行着有效的国际交往。例如,1947年6月26日联合国秘书长和美国国务卿经过协商和谈判,签订了有关处理纽约联合国总部的特权及豁免的协定,该协定于1947年11月21日生效,通称为“总部协定”(Headquarters Agreement)。根据该协定,联合国有权就总部辖区制定必要的管理规则;总部地址享有一定的特权与豁免;总部地址归联合国所有,是国际领土;由会员国任命为驻联合国或专门机构的首席代表以及该协定第15节所列人员,无论住在会址内或会址外,均应在美国境内享有驻美外交使节同等的特权及豁免,美国所未承认的政府的代表,亦应给予类似的但范围较小的特权及豁免。联合国同各政府间的专门机构也签订了一系列的协定,1947年7月4日联合国同万国邮政联盟在巴黎签订的协定就是其中之一。联合国通过这一协定承认万国邮政联盟是负责国际邮政业务的专门机构并与之建立正式关系。随着国际政治、经济、文化关系的不断发展,联合国作为一个实体参与国际活动和签订协定的情况,有增无已。

综上所述,可见联合国在国际法上和国内法上都具有一定的权利能力和行为能力,在实践上能够在其“职能和权限”内独立进行有效的活动,参与国际和国内的法律关系。它是国际社会的组成部分,是一个有别于其成员国的相对独立的国际法主体，能够直接地享受国际权利和承担国际义务。但是，必须明确的是，联合国的权利来源于会员国，它的存在及一切活动是以各会员国所缔结的宪章为根据的。宪章所赋予联合国组织的法律行为能力，只是“为执行其职务和达成其宗旨所必需的”那种法律行为能力；宪章所规定的关于联合国组织的特权与豁免，也只是“为达成其宗旨所必需的”特权与豁免。换言之，联合国在法律关系中所具有的行为能力是受宪章的限制的，它只能享有作为主权国家的各会员国在宪章上所赋予它的那一部分权利；它所能进行的国际交往和所能参与的法律关系，也是有限的，不能超越宪章的规定范围。如果联合国在其活动中超越了上述法定的界限与范围，就构成非法活动。可见，联合国的法律人格不同于其会员国的法律人格，不能把它同主权国家等同起来。国家享有主权，应具有国际法所承认的一切国际权利和义务，因此具有完全的权利能力和行为能力；而联合国则是主权国家为特定目的而建立的国家间组织，它参与国际关系和承受权利义务的能力，不像国家那样是其自身所固有的，而是由会员国通过签订宪章授予的，它只应具有宪章所承认的那一部分权利和义务，因此其权利能力和行为能力是有限的和派生的。联合国宪章对联合国组织在法律关系中的权利能力和行为能力所作的这种限制，是研究联合国法律人格时不可忽略的。

关于联合国的法律人格问题，可进一步结合本书第二讲第一节有关“职能性原则”的论述进行研究。

（二）联合国的特权与豁免制度

上面论述联合国的法律人格问题时，曾提及《联合国宪章》和《联合国特权与豁免公约》均规定联合国享有特权与豁免，[1]但究竟范围如何、具体享有哪些特权与豁免呢？现根据特权与豁免公约内容，将其进一步缕述如下：

1. 联合国的房舍、档案以及属于联合国或联合国所持有的一切文件，均不可侵犯。

2. 联合国在每个会员国领土内的公务通信（包括邮件、各类电报和其他通信）的优先权、收费率和税捐方面，及供给报界和无线电广播业消息的新闻电报收费率

---

〔1〕　国际组织可能享有一定特权与豁免的历史，可以追溯到 19 世纪初期。联合国成立后，其宪章和 1946 年的《特权与豁免公约》，规定给予该组织及有关人员以类似于但却低于“外交特权与豁免”的待遇。因此，公约名称及其条款均未使用“外交”二字。这与《联合国宪章》第 105 条所采之“宗旨及职务必需说”是完全一致的。（可参见并比较本书有关国际组织法律人格的“职能性原则”的分析。）

方面所享有的待遇，应不次于该会员国政府给予任何他国政府包括其使馆的待遇。对于联合国的公务信件或其他公务通信，不得施加检查。联合国应有使用电码及经由信使或用邮袋收发其信件的权利，这种信使和邮袋应与外交信使和外交邮袋享有同样的豁免与特权。

3. 联合国的财产和资产，对于各种方式的法律程序享有豁免，不受搜查、征用、没收、征收和其他方式的干扰。

4. 联合国得持有款项、黄金或任何货币，并得自由移转之。

5. 联合国的资产，应免除一切直接税，但对于事实上纯为公用事业服务费用的税捐不得要求免除。为公务用途而运入和运出的物品，应免除关税和进出口的禁止或限制，但此等物品非依照与进口国政府商定的条件不得在该国出售。

6. 会员国出席联合国各种会议的代表（包括代表团全体代表、副代表、顾问、技术专家及秘书），在执行职务期间和往返开会处所的旅途中，不受逮捕或拘禁；其行李不受扣押；其以代表资格发表的口头或书面言论及所实施的行为，豁免各种法律程序；其文书和文件不可侵犯；有使用电码和信使或密封邮袋的权利；其本人及配偶，免除移民限制、外侨登记，或国民服役的义务。

7. 联合国职员的公务言论和行为，豁免法律程序；其薪金免纳税捐；本人及其配偶、受抚养的亲属，豁免移民限制和外侨登记，在发生国际危机时，给予与外交使节同样的遣送、返国之便利。此外，秘书长和各助理秘书长及其配偶、未成年子女，还应享有依照国际法给予外交使节及其配偶、未成年子女的特权、豁免及便利。

8. 虽非联合国正式职员但为联合国执行使命的专家，在执行使命期间，享有与会员国出席联合国会议代表大体相同的特权与豁免。

9. 联合国发给职员的通行证，各会员国应承认并接受为有效的旅行证件。

从总体上看，联合国的特权与豁免制度，具有如下几个特征：

第一，联合国的特权与豁免制度，是联合国具有法律人格在一个方面的具体表现。[1]

第二，宪章为联合国作了享有特权与豁免的原则性规定，而特权与豁免公约则进一步在这方面规定了广泛而详细的内容。

---

〔1〕 根据《联合国宪章》第105条和《联合国特权与豁免公约》的规定，联合国在各会员国领土内自然享有特权与豁免；在非会员国境内，若同其有此类协定（如以前的瑞士），也当然不成问题；但在其他无协定关系的非会员国境内，能否享受特权与豁免，则是一个值得研究的问题。

第三，特权与豁免公约不仅从总体上为联合国在会所、档案、文件、通信、财产和资产方面规定了特权与豁免，而且为会员国出席会议的代表、顾问、技术专家和秘书，为联合国的各类职员、专家等，规定了特权与豁免。

第四，给予各有关人员的特权与豁免，并非为个人本身的私人利益而给予，而是为保障他们能独立执行其有关联合国的职务而给予。因此，遇有会员国（或联合国秘书长）认为其代表（或联合国职员）的豁免有碍司法的进行，而放弃该项豁免并不妨碍给予豁免的本旨时，该会员国（或联合国秘书长）不但有权利而且有责任放弃该项豁免。（而安理会则有权为联合国秘书长放弃豁免）

第五，凡由于联合国为当事人的契约之争端或联合国为当事人的其他私法性质之争端，凡涉及有关联合国职员的公务地位和豁免之争端，联合国应提供适当的解决方式。除当事各方商定援用另一解决方式外，对《联合国特权与豁免公约》的解释或适用上所发生的一切争议，应提交国际法院。如果联合国与其会员国之间发生争议，应请国际法院就所涉及的法律问题发表咨询意见。各当事方应接受法院所发表的咨询意见。

第六，联合国的特权与豁免制度，涉及整个的联合国组织体系，包括联合国的6个主要机关及其众多的辅助机关和现已同联合国建立关系的18个专门机构在内，其法律基础是《联合国宪章》和一系列以宪章为根据的专项公约及协定。《联合国特权与豁免公约》是这一系列中最重要的1个，其他公约和协定的内容，基本上都没有超出它的框架。[1]

---

〔1〕《联合国特权与豁免公约》（General Convention on the Privileges and Immunities of the United Nations）共包括36个条款，是1946年2月13日在第1届联大通过的，同年9月17日生效。该公约主要内容可概括为三部分：第一部分是有关联合国本身的条款。第二部分是有关各国向联合国各机关及各种会议所派代表（包括顾问、专家、秘书）的条款。第三部分是有关联合国官员的条款。1947年11月21日联合国大会还通过了一个《联合国各专门机构特权与豁免公约》，以便统一联合国及其各专门机构应享有的特权与豁免。此公约所包含的内容，大体与《联合国特权与豁免公约》相似。不过，每一专门机构得分别订立附加规则，以便就各该专门机构按其性质所需之特权与豁免，加以补充规定。但是，总的来说，联合国各专门机构及其他国际组织，因其国际地位不同，它们实际上不能享有与联合国同一等级的特权与豁免。此外，关于国际组织的特权与豁免问题，还有一些需要通过双边协定的方式来解决。例如，1946年6月国际法院与荷兰签订了特权与豁免协定，此协定于同年12月11日经联合国大会批准，并于1947年4月5日，由荷兰国王公布施行。同年，联合国秘书长分别与美国及瑞士签订了特权与豁免协定。这些协定，都是以《联合国特权与豁免公约》为基准的。

第三节　联合国的职权和活动程序

一、联合国的职权

(一)概述

国际组织各有其活动范围,范围的大小是受其法定职能的制约的。国际组织活动的范围同其成员国的权利义务密切相关。国家具有国际法所公认的全部国际权利与义务;而国际组织的权利与义务,则必须依赖其基本组织文件所具体规定的宗旨和职能。国际组织与国家虽同为现代国际法的主体,但两者的职权范围有其基本不同之处。凡国际法所未加规范的事项,几乎全在国家管辖之内;国际组织则不然,凡国际组织基本文件所未加规定的事项,均不在其管辖之内。国际组织只能行使其基本文件所规定的权力,国际组织的活动不能在范围上逾越其基本文件的规定,不然就可能侵犯成员国的主权。[1]

国联盟约虽未明确授予国联以法人资格,但实际上,各成员国公认国联在国际及其国内履行职能时作为法人而行动。联合国宪章虽然规定了联合国所必需的法律行为能力,但这一规定,仅限于为执行联合国职能所必需的范围。《联合国宪章》第2条第7项关于不干涉各国内政的规定,是从另一角度对联合国的权力加以限制;它在联合国组织的权力范围与各国的国内管辖之间,划出了一条最后界线。

---

〔1〕 国际组织法中的所谓隐含(默示)权力说,认为联合国除有宪章所明确规定的权力外,按宪章含义得行使为执行其职能所必需的隐含权力。例如,联合国对其工作人员得行使外交保护权;联合国大会有权设立行政法院(其裁判对联合国本身有拘束力)等。

联合国的分权性质(decentralised character),同国联有所区别。联合国的各种职能,按其不同性质被分别分配给6个主要机关。宪章对每个机关的职能都有明确的规定,这一点比国联盟约对国联大会与行政院职能的规定要严格详尽得多。虽然在一定意义上,联合国剩下来未具体规定专属管辖的某些权力,得由大会行使以实现联合国的各项宗旨,但是大会主要是一个监督与建议性质的机关,并非执行机构。[1] 以下就联合国各主要机关的职权分别加以论述。

(二)大会与安理会的职权划分

大会与安理会是联合国负责维持国际和平与安全的两个政治机关。虽然安理会在这方面负有"主要责任"(primary responsiblity),但是除某些专属事项外,并非完全的"排他责任"(exclusive responsiblity)。为了实现联合国的各项宗旨,宪章为这两个机关规定了多方面的职权(functions and powers),有的是各自专属的管辖,有的则是彼此平行的管辖。

1.权上的专属与平行关系

大会具有比安理会广泛得多的职权,政治、经济、社会、非自治领土、托管、法律与行政、财务等,无所不包。总的来说,它可以讨论宪章范围之内的任何问题或事项;除安理会正在处理者外,并可向会员国或安理会提出关于此等问题或事项的建议。[2] 宪章对大会的职权就下列几个方面特别作了规定:

(1)国际事务方面的职权:①大会可以审议为维持国际和平与安全而进行合作的一般原则,包括有关裁军和军备管制方面的原则;并可向会员国或安理会或兼向两者提出这方面的建议。[3] ②可以讨论会员国、安理会或一定条件下的非会员国向其提出的有关国际和平与安全的任何问题;除安理会正在处理者外,并可提出建议。[4] ③可以提起安理会注意足以危及国际和平与安全的情势。[5] ④除安理会正在处理者外,可以就和平解决任何它认为足以妨害国际公共福利或友好关系的情

---

〔1〕 现代国际组织的分权趋势,在日益加强。各种国际组织,除在组织内部各主要机关间进行权力分工外,还在世界各地设有若干区域分支机构及附属机构,分别执行职务以达成其宗旨。

〔2〕 参见《联合国宪章》第10条。

〔3〕 参见《联合国宪章》第11条第1项。

〔4〕 参见《联合国宪章》第11条第2项。

〔5〕 参见《联合国宪章》第11条第3项。

势（无论其起源如何）建议应采取的调整措施。[1] ⑤发动研究并提出建议，以促进政治方面的国际合作，提倡国际法的逐渐发展与编纂；促进经济、社会、文化、教育和卫生方面的国际合作，协助实现全人类的人权和基本自由。[2] ⑥在那些属于非战略性的地区行使联合国的托管职能，包括对托管协定的核准、更改或修正。[3]

（2）组织监督方面的职权：①大会接受并审议安理会和其他机构的报告。[4] ②选举安理会的非常任理事国、经社理事会的所有理事国、托管理事会的那些须经选举的理事国；同安理会平行彼此独立投票选举国际法院的法官。[5] ③根据安理会的推荐委派联合国秘书长。[6] ④根据安理会的推荐通过决议接纳新会员国。[7] ⑤根据安理会的建议中止会员国的权利或开除会员国。[8]

（3）内部行政方面的职权：①大会审议和批准联合国的预算。②分配会员国的经费负担。③审查各专门机构的行政预算。[9]

安理会是1个维持国际和平的主要机关，由5个常任理事国组成权力核心。安理会有权采取强制行动（enforcement action）。《联合国宪章》明文规定：联合国各会员国，把遵照联合国宗旨及原则来维持国际和平与安全的主要责任授予安理

---

〔1〕 参见《联合国宪章》第14条。

〔2〕 参见《联合国宪章》第13条及第9～10章。联合国在人权领域的重要活动之一，是以宣言、公约、纲领、决议等方式确立人权标准。大会于1948年通过了《世界人权宣言》；于1966年通过了《经济、社会和文化权利国际公约》与《公民权利和政治权利国际公约》（此两个公约使上述宣言的内容具有约束力）；又于1993年通过了《维也纳宣言和行动纲领》。此外，在大会或其主持召开的国际会议上，还通过了几十项其他宣言、公约、决议等有关文件，广泛涉及奴隶制、少数民族、发展权、妇女、儿童、难民、新闻自由、酷刑、战争罪、灭绝种族罪等各种人权问题。另外，联合国秘书处人权中心还出版了一系列人权文献及资料，如《人权年鉴》《人权研究丛书》《联合国在人权领域的行动》《国际人权汇编》等。进入21世纪后，还于2006年成立了一个新的"人权理事会"，以进一步开展促进与保护人权方面的工作。

〔3〕 参见《联合国宪章》第16条及第12～13章。

〔4〕 参见《联合国宪章》第15条。

〔5〕 分别参见《联合国宪章》第23条、第61条、第86条等，及《国际法院规约》第4条。

〔6〕 参见《联合国宪章》第97条。

〔7〕 参见《联合国宪章》第4条。

〔8〕 分别参见《联合国宪章》第5～6条。大会中止会员国的权利或开除会员国，其权力虽然受到安理会权力的限制，但大会在对南非种族主义的实践中形成了一个先例，即以拒绝承认南非代表的代表证书的方式，将南非排斥于联合国之外。大会开除南非的努力，虽因美国等在安理会行使否决权而未果，但实际上已在一定程度上达到了目的。

〔9〕 有关这方面的职权，均参见《联合国宪章》第17条。

会,[1]并同意依照宪章的规定接受并执行安理会的决议。[2] 因此,安理会在联合国体系中享有特别重要的职权,它的决议对所有会员国具有约束力。同大会的主要职权是属于审议性的职权相比,安理会的职权则主要是属于执行性的,它是联合国组织体系中唯一有权采取行动来维持国际和平与安全的机关。联合国其他机关只能向各国政府提出建议,唯有安理会才有权根据宪章作出各会员国必须执行的决定。下面从几个方面来分析安理会的职权。

安理会在和平解决联合国会员国之间(及非会员国)的争端方面,行使重要职能:(1)安理会可以促请(call upon)各争端当事国用谈判、调查、调停、和解、仲裁、司法解决、利用区域机构或区域协定,或各当事国自行选择的其他和平方法,解决它们的争端。[3] (2)可以调查任何争端或可能引起国际摩擦的任何情势,以断定其继续存在是否足以危及国际和平与安全。[4] (3)对于上述性质的争端或类似的情势,可以在任何阶段建议适当的调整程序或方法。[5] (4)任何会员国、在一定条件下的非会员国、大会或秘书长,均得就可能危及国际和平与安全的争端提请安理会注意。[6]

安理会在维持和平与制止侵略方面,行使某些排他性的重要职能:(1)它应断定任何对和平的威胁、破坏和平的行为或侵略行为是否存在。[7] (2)为了防止情势恶化,可以促请有关当事国遵行安理会认为必要或适当的临时措施。[8] (3)可以建议或决定采取不牵涉使用武力的措施(可包括经济制裁、停止交通电信和断绝外交关系等),并促请会员国执行此等措施。[9] (4)如认为上述措施不够用,可以采取必要的武力行动(可包括会员国的空、海、陆军示威,封锁或其他军事举动),以

---

〔1〕《联合国宪章》虽然把维持国际和平与安全的主要责任授予安理会,但如前所述,大会在这方面仍有若干讨论与建议之权。此外,区域协定(regional arrangements)或区域机构(regional agencies)在维持和平与安全方面也可采取某些有限的行动;参见《联合国宪章》第8章。

〔2〕参见《联合国宪章》第24~25条。

〔3〕参见《联合国宪章》第33条。

〔4〕参见《联合国宪章》第34条。

〔5〕参见《联合国宪章》第36条。

〔6〕分别参见《联合国宪章》第35条、第11条、第99条。安理会促请各争端当事国用和平方法解决其争端、建议适当调整程序或方法等职能,均系建议性质,且仅适用于可能危及国际和平与安全之争端。安理会虽然可以调查任何争端以断定其是否足以危及国际和平与安全,但是应以宪章规定的范围为限,并非对一切争端均有调查之权。

〔7〕参见《联合国宪章》第39条。但该条并未规定何为对和平的威胁、破坏和平的行为或侵略行为,也未规定作出断定的标准。可见安理会对此有广泛的自由裁量权。

〔8〕参见《联合国宪章》第40条。

〔9〕参见《联合国宪章》第41条。

维持或恢复国际和平与安全。[1] 为此，安理会可组织并使用联合国部队来维持国际和平与安全。根据宪章，安理会得要求各会员国依照所商订的特别协定，向其提供为维持国际和平与安全所必需的军队、协助和便利。[2] 然而，《联合国宪章》在这方面特别规定，任何会员国在遭受武力攻击时，在安理会采取必要措施来维持国际和平与安全以前，有权进行单独或集体的自卫；不过会员国因行使这种自卫权而采取的措施，不应影响安理会根据宪章所具有的维持国际和平与安全的权力及责任。[3]

除上述两方面的重要职能外，安理会还应：(1)负责拟定军备管制的方案；(2)在那些属于战略性的地区行使联合国的托管职能；(3)提出建议或决定应采取的措施，以执行国际法院的判决；(4)同大会平行彼此独立投票选举国际法院的法官；(5)向大会推荐新会员国和联合国秘书长；(6)向大会建议终止会员国的权利或开除会员国。

总的来说，第一，在联合国的 6 个主要机关中，大会与安理会占有中心的地位，同是联合国的枢纽机关(pivotal organs)。不过，从《联合国宪章》有关条款来看，特别是从第 10 条、第 11 条、第 12 条、第 13 条、第 24 条、第 25 条等规定来分析，大会和安理会在组织上的地位是有所不同的，在职权上的分工是有明确规定的。大会规模庞大，主要是一个有广泛讨论和建议权的机关；安理会的规模远不及大会，主要是就维持国际和平与安全问题进行审议并采取相应的措施。大会虽可以讨论关于维持国际和平与安全的问题，但是原则上只有安理会才能在这方面采取宪章所规定的具体行动。大会所作的许多国际政治性的决议，作为各国意愿与世界舆论的表达，具有巨大的道义影响，能够形成强大的社会压力。但根据宪章规定，它们属于建议性质，很难说具有法律上的

---

〔1〕 参见《联合国宪章》第 42 条。

〔2〕 参见《联合国宪章》第 43 条。安理会曾多次作出决定，运用了一种与第 43 条性质不同的联合国维持和平部队。例如，鉴于以色列侵略所引起的紧张形势，安理会于 1973 年 10 月以第 340 号、第 341 号决议建立了一支联合国紧急部队，由安理会领导，使用于以色列军队与埃及军队之间的停火地区。后来又以第 350 号决议，建立了监督以色列军队与叙利亚军队脱离接触的联合国部队。1978 年 3 月根据安理会决议，建立了维持黎巴嫩和平的联合国临时部队。这些部队，按其性质来说，均非执行《联合国宪章》第 42 条所规定的那种强制行动。有关维持和平部队的问题，待后详述。

〔3〕 参见《联合国宪章》第 51 条。

直接效力。[1] 大会不能强使会员国政府采取行动,所以有人称为“世界论坛”。安理会则不然,各会员国承诺依宪章规定接受并执行其决议。大会在经济社会等方面的讨论建议权非常广泛,但在政治方面的讨论建议权则受到安理会职权的一定制约,对于已经列入安理会议程的问题,非经安理会请求,大会不能提出建议。总之,大会与安理会各有其专属职权范围,彼此不发生隶属关系。大会基本上是一个广泛涉及联合国范围内一切事项的审议机关(deliberative body),它审议的问题包罗万象,什么都管;而安理会则基本上是一个涉及有关国际和平与安全的行动机关(an organ of action),它的决议具有法律约束力,是联合国的权力重心。

第二,大会与安理会的主要职权及活动领域虽然有所不同,并在某些事项上是彼此排斥的,但是,这两个机关在各自行使职权时,也有许多事项需要平行合作和相互协调。联合国工作的效率,在很大程度上取决于大会与安理会这种彼此协调的努力。[2]

2. 大会职权的演变

《橡树园建议案》对联合国大会与安理会的设计,是使这两个大小悬殊的机关进行高度分工,而把重要的政治与安全问题主要授权给安理会。但是,到旧金山会议时,中小国家不满大国把权力过分集中于安理会,力求扩充大会的职权。这表明安理会这个以大国为中心的机关,从一开始就同中小国家在数量上占优势的大会存在权力竞争。

旧金山会议对宪章草案在这方面进行了严格审议,修改并补充了若干条款,特别是其第 10 条的规定,大大加强了大会的地位。但是会议最后通过的宪章,仍不失为一个以安理会为重心的、大会与安理会分权的宪章。大会和安理会在职权上的特点是:前者的管辖范围大,但其决定权较小,而后者的管辖范围小,但其决定权较大。

几乎是从联合国诞生的初期起,大会与安理会的职权关系就已开始演变。战后,东西方的冷战气氛,使安理会对于若干重大问题,除进行一般审议之外往往难于作出大国一致的有效决议。因此,安理会不易发挥其权力优势,甚至出现一种安

---

〔1〕 这里特别应该提到的是,联合国大会在组织监督和内部行政方面(如在预算、会费、接纳新会员国、各种选举、中止会员国权利或开除会员国等各种特定事项上),是有最后决定权的,其决议具有相应的法律约束力。

〔2〕 参见《联合国宪章》第 4 ~6 条、第 11 条、第 23 条、第 24 条、第 26 条、第 86 条、第 93 条和《国际法院规约》第 4 条等。

理会与大会交替审议与讨论国际重大问题的局面。1946年与1947年，大会先后从安理会接办了西班牙问题和希腊问题。当希腊问题在安理会无法形成决议并从议程上撤销后，即被转到大会审议，而且由大会通过决议，派遣了一个所谓“联合国巴尔干问题特别委员会”到希腊边境进行实际活动。可见，安理会与大会事实上已在交错发挥作用。[1]

1947年第2届联大时，大会在西方大国的主张与支持下，根据《联合国宪章》第22条，以46票∶6票通过了一项关于成立大会临时委员会（Interim Committee）的决议。委员会由全体会员国各派代表一人组成，作为协助大会实现其有关维持国际和平与安全职能的辅助机关，在两届大会之间起承上启下的作用。委员会的任务是就和平与安全问题进行调查与研究，并向大会提出报告，人们称为“小型联大”（the little Assembly）。小型联大的设立，扩大了大会在维持国际和平与安全方面的职能，使大会的一个辅助机关获得了大会尚且未能具备的调查研究之权，从而遭到了以当时苏联为代表的若干会员国的反对。反对者认为，小型联大侵犯了安理会及其常任理事国的职权。由于大国意见不一致，小型联大一直未能发挥其预期的作用。[2]

1950年第5届联大通过了一项《联合维持和平决议》（Uniting for Peace Resolution），[3]对大会职权有甚大影响。

在1950年9月21日的联大一般性辩论中，美国代表提出了4点关于维持和平的建议。之后，由英国、美国、法国、加拿大、土耳其、菲律宾、乌拉圭7国代表正式向大会提出了“联合维持和平”的提案。这一提案在政治与安全委员会讨论的过程中，接受了12个国家代表的修正案。最后，大会于同年11月3日，以52票赞成、5票反对、2票弃权，通过了《联合维持和平决议》。其主要内容为：在和平遇到威胁、破坏或出现侵略的情况下，如安理会常任理事国不能形成一致意见而无法行使其

---

[1] 据统计，1946年1月至1947年1月，安理会共召集会议158次，处理国际政治问题13起；在此期间，大会处理（审议）国际政治问题6起。发展到1954年1月至1955年1月，安理会共召集会议22次，处理国际政治问题3起；在此期间，大会处理（审议）国际政治问题15起。（参见饶戈平1996年主编的《国际组织法》第172页所列的“时间及会议表”）可见，当时大会的影响在增长，而安理会的作用则有所下降。

[2] 1948年李承晚政府的“选举”，临时委员会曾参与其事。此外，临时委员会曾就采用各种实例及程序措施以减少安理会因常任理事国行使否决权而出现的诸种困难进行调查研究，并提出过报告。大会根据此项报告，于1949年建议安理会常任理事国对否决权的使用问题进行磋商，以便将某些问题作为程序性问题而不行使否决权。

[3] 参见GA. Res. 377（V）。

职能时,大会应立刻对此问题进行审议,并就维持与恢复和平向会员国提出采取集体措施的建议。特别是在破坏和平与发生侵略的情况下,可向会员国提出使用武力的建议。如正遇大会闭会时,则经安理会任何7(9)个理事国或联合国多数会员国的要求,大会应于24小时以内召开紧急特别会议。决议还建议设立两个委员会:一个是"和平观察委员会"(Peace Observation Commission),以便在任何地区发生紧张情势而威胁到国际和平时,派员前往实地观察情况并向大会作出报告。另一个是"集体措施委员会"(Collective Measure Commission),以便考虑集体维持并保障国际和平与安全的方法。此外,还建议各会员国为联合国保持一支备用部队(United Nations Standby Forces)以供联合国需要时使用。

此项决议的内容,不仅从程序上逾越了《联合国宪章》第11条和第12条所作的限制,而且从实质上扩大了宪章为大会所规定的职权。通过该项决议,使大会有可能代替安理会,径自取得了作出安理会由于否决权而无法作出的建议的权利。这使安理会的实体权力在向大会移转。各国对大会是否能就维持与恢复和平问题提出这种采取包括使用武力在内的集体措施的建议这一问题,并不是没有争议的。虽然多数西方国家主张,作为第二位因素大会也应有权提出这种建议,但当时苏联等国则持反对立场,认为根据宪章规定,只有安理会才具有此项职权,大会不能提出这种建议,从而在通过上述决议时投了反对票。

1956年发生苏伊士运河事件,第一次出现了上述决议所涉及的典型情势。1956年10月29日,以色列军队向埃及进攻,并占领了西奈半岛和加沙地带。11月2日,英、法军队在苏伊士运河区登陆。安理会于10月30日审议了这一问题,但由于英、法行使否决权而未能作出任何决议。于是,10月31日根据《联合维持和平决议》将这一问题转移到大会。大会从11月1日起至11月10日,按照该决议召开了联合国第一次紧急特别会议。会议呼吁立即停火和撤兵,并且为监督停火与维持和平而建立了第一支联合国维持和平部队,称为"联合国紧急部队"(United Nations Emergency Force)。这场包括安理会两个常任理事国在内的危机的解决,使联合国大会的地位大大提高。

此后,在1958年、1960年,大会又接连召开过几次紧急特别会议,处理中东和非洲问题,但由于东西方大国对处理上述问题存在种种分歧以及其他原因,所以实际效果不大。

进入20世纪60年代后,国际气氛呈现出某些转变,而且随着联合国会员国的迅速增加,西方大国对大会的控制亦日感困难。此后国际上的重大危机,如加勒比海问题、塞浦路斯问题、第三次和第四次中东战争、海湾危机等,都主要是由安理会处理的;此后的几支维持和平部队也是根据安理会决定建立的。可见,这辆开向大会的列车似乎又回到了安理会的轨道。特别值得注意的是,1970 年 12 月 16 日联合国大会通过了一项《加强国际安全宣言》(Declaration on the Strengthening of International Security),要求加强安理会的作用,以进一步促进国际和平与安全。大会认为,必须采取有效措施以防止及消除对和平的威胁,制止侵略或其他破坏和平的行为。大会还建议安理会充分发挥宪章所规定的强制行动的能力;建议会员国尽一切努力增强安理会的权威与效能。1988 年 12 月 5 日,联合国大会又以第 43/51 号决议通过了《关于预防和消除可能威胁国际和平与安全的争端和局势以及关于联合国在该领域的作用的宣言》,该宣言重申了 1970 年《关于各国按照联合国宪章建立友好关系和合作的国际法原则宣言》、1982 年《关于和平解决国际争端的马尼拉宣言》、1987 年《加强在国际关系上不进行武力威胁或使用武力原则的效力宣言》,这无疑有助于进一步增强安理会的权威与效能。

(三)经社理事会与托管理事会的职权

1. 经社理事会

经社理事会,是在联合国大会权力下负责协调联合国以及各专门机构的经济与社会工作的机关。它就经济发展、世界贸易、工业化、自然资源、人权、妇女地位、人口、社会福利、科学技术、防止犯罪以及其他经济社会问题提出建议并开展活动。为了促进国际经济与社会的进展及合作,以形成各国和平友好关系所必需的条件,《联合国宪章》规定经社理事会的主要职权应包括:(1)作成或发动关于国际经济、社会、文化、教育、卫生及其他有关事项的研究与报告,并得向联合国大会、各会员国和有关专门机构提出这方面的建议。(2)为促进尊重和遵守一切人的人权和基本自由起见,得提出有关这方面的建议。(3)得就其职权范围内的事项拟定公约草案,提交大会。(4)得按联合国所定之规则召开国际会议,讨论其职权范围内的事项。(5)同各国政府间的各种专门机构签订关系协定,使它们同联合国建立关系。但这种协定须经大会批准。(6)通过磋商与协议来协调各专门机构的活动。(7)同国际各非政府组织、甚至经有关国家同意后同该国国内的非政府组织咨询

（会商consultation）有关职权范围内之事项。[1]（8）经大会许可，得应会员国或专门机构的请求为它们服务。

综上可见，经社理事会在职权上有其显著特点：它所管辖的事项及职能非常广泛，但是其实际权力又是很有限的，因为它所提出的建议、研究报告、条约草案、关系协定等，都有待于联合国大会核准，其决策权是受制于大会的。更何况经社理事会的职权本来就多属建议性质，不能作出对会员国有约束力的决议。

同国际联盟相比，联合国设经社理事会专门负责经济及社会方面的协调工作，并使之成为 6 个主要机关之一，这是一个发展。《联合国宪章》序文与第 55 条强调指出，为了创造各国间以尊重人民平等权利和自决原则为基础的和平友好关系所必需的稳定和福利条件，联合国应该促成全世界人民经济和社会的进步与协作。这表明联合国更为重视这方面的工作，并根据国联的经验扩大了它的活动范围。在国联体系中，没有这样一个具有相应地位且职权如此集中的机关，国联只在行政院之下设有 1 个经济财政委员会（Economic and Financial Commission）。此外，交通运输组织（Communications and Transit Organization）、知识合作委员会（Committee Intellectual Cooperation）、卫生组织（Health Organization）等有关机构，也是从事这方面的工作的。但是，它们在组织上比较分散，其职权范围也远不如联合国的经社理事会那么广泛。

2. 托管理事会

托管理事会的工作，应以宪章所规定的托管制度的基本目的为出发点，即促进

---

〔1〕 参见《联合国宪章》第 71 条（美洲国家组织、国际劳工组织、卫生组织、海事组织、邮政联盟、电信联盟、民航组织、气象组织、知识产权组织、教科文组织等的组织章程亦有类似此种咨询制度的条款）。此条，是宪章中唯一涉及非政府组织的条款，且规定其活动范围仅限于就经社理事会职权内之事项同该理事会进行咨询。依据此条，经社理事会承认具备一定条件的国际或国内的非政府组织有机会表达其意见，承认他们拥有对经社理事会工作十分有价值的特殊经验与技术知识。为实行此项咨询制度，经社理事会成立了一个"非政府组织委员会"（Committee on NGO），制定了一项《理事会同非政府组织咨询办法》，并规定了非政府组织取得咨询地位的具体程序与条件。取得咨询地位的组织可以分为三类：第一类为对经社理事会的大部分活动有重大利害关系的组织（具有一般咨询资格）；第二类为只对经社理事会的少数活动领域有特殊能力并享有国际声誉的组织（具有特殊咨询资格）；第三类为可供临时咨询并对经社理事会工作作出重大贡献的组织，可以载入登记册（具有临时咨询资格）。据 2005 ~2006 年《国际组织年鉴》（*Yearbook of International Organization*）的统计，现今世界上的非政府间组织总数已达到 51, 509 个。其中，有国际妇女理事会等约 60 个以上组织被列入第一类；有绿色和平国际等约 440 个以上组织被列入第二类；有警官国际协会等约 550 个以上组织被列入第三类。经社理事会咨询组织制度的目的在于：从一些在有关领域内具有特别能力的组织那里获得专门情报和意见。并使一些代表重要舆论的组织得以发表他们的意见。但是，值得注意的是，联合国能邀请上述已获某种咨询地位的组织咨询意见，而不能随意邀请其他非政府组织参与咨询或会议活动。（经社理事会议事规则和该理事会各职司委员会的议事规则，对上述咨询关系制度都作了详细具体的规定。）

国际和平与安全；增进托管领土居民在政治、经济、社会和教育方面的进展，增进托管领土居民向自治或独立的逐渐发展；不分种族、性别、语言或宗教，鼓励对一切人的人权和基本自由的尊重。

宪章把托管领土分为战略地区与非战略地区两种。

托管理事会协助大会行使联合国关于除战略性地区以外的各托管领土的职能：(1)负责就托管领土居民的政治、经济、社会和教育的进展拟定调查表，管理当局(administering authority)应依据此调查表提出年度报告；(2)审查并讨论管理当局提出的报告；(3)收受托管领土居民或其他方面提出的请愿书，并咨商管理当局审查此种请愿书；(4)按同管理当局商定的时间，对托管领土进行定期视察；(5)依托管协定而采取其他的行动。

由于托管理事会是大会权力下的机关，因此其活动应接受大会的监督，大会有权取代托管理事会直接行使上述有关托管领土的职能。

托管协定中指定的战略性地区，由安理会管辖，它在这方面可以利用托管理事会的协助，以履行联合国依托管制度所负担的关于战略性地区内的政治、经济、社会和教育事项的职能。从托管理事会同大会及安理会的关系来分析，托管理事会似乎带有某种辅助机构的性质，但是它在其职权活动范围内又是相对独立的，是联合国的主要机关之一。

(四)国际法院的职权

1. 一般原则

《联合国宪章》第1条规定，为了维持国际和平与安全，应“依正义及国际法之原则调整或解决足以破坏和平之国际争端或情势”。国际法院在这方面负有重要责任。国际法院受理《国际法院规约》各当事国的诉讼，也可以受理非规约当事国的诉讼，但受理非规约当事国诉讼的条件，应由联合国安理会决定。

国联成员国并不当然成为《常设国际法院规约》的当事国。宪章则规定，联合国全体会员国均为国际法院规约的当然当事国。非联合国会员国的国家，可以依照大会根据安理会建议所决定的具体条件，加入《国际法院规约》。[1] 只有国家才

---

〔1〕 参见《联合国宪章》第93(2)条。瑞士曾根据此项规定，于1947年成为国际法院规约的当事国。当时为瑞士所规定的条件包括：(1)接受规约的各种规定；(2)承认《联合国宪章》第94条关于执行国际法院判决的义务；(3)依照大会与瑞士政府磋商后所核定的公平数额承担法院经费。后来，瑞士已于2002年正式加入联合国。

能在国际法院成为诉讼当事者。[1] 联合国作为一个具有提出国际求偿的行为能力的国际组织，虽然是国际法的主体，但它却不能在它自己设立的这个法院成为诉讼当事者。根据《联合国特权及豁免公约》的规定，联合国与其会员国之间的分歧，可以通过国际法院的咨询意见来进行解决。

《联合国宪章》没有为国际法院规定审理诉讼案件的一般管辖权。任何国家都不得被迫违反其意志而进行诉讼。各诉讼当事国的自愿是国际法院受理案件的基础。国际法院没有自动的管辖权，非经当事国要求，法院不得干预。这与国内法院具有绝对的强制管辖权相比，有重大区别。为了使国际法院对案件具有管辖权，需要争端各当事国依《国际法院规约》第 36 条的规定将案件提交法院。

2. 诉讼管辖

国际法院的管辖问题，曾经在起草《国际法院规约》的法学家委员会和旧金山制宪会议上引起过争论。法学家委员会曾主张法院应有强制管辖权，但遭到不少国家的反对。现行《国际法院规约》有关管辖方面的规定，是以自愿原则为基础的。

根据《国际法院规约》第 2 章的各项规定，国际法院审理诉讼案件的管辖权具有一定的范围。

在对人管辖方面，法院可以：

(1) 受理联合国会员国即《国际法院规约》当然当事国的诉讼。

(2) 受理虽非联合国会员国但经安理会建议由大会作出决定而为规约当事国的诉讼。[2]

(3) 对于既非联合国会员国，也非规约当事国的诉讼，除现行条约另有规定外，须按安理会所规定的条件来受理，但不得使当事国在法院处于不平等的地位。

由于国际法院的管辖权只适用于国家之间的事端，所以法院不受理任何组织、团体或个人的诉讼。个人或团体的诉讼，除非通过本国政府提出申诉，否则国际法院不予受理。

在对事管辖方面，包括：

(1) 当事国彼此协议而提交法院的一切案件。这种案件是各当事国协商同意提交的，故通称“自愿管辖”（voluntary jurisdiction）。

(2) 与当事国有关的现行条约或公约中规定提交国际法院解决的特定争端或

---

〔1〕 参见《国际法院规约》第 34 条第 1 项。

〔2〕 这类当事国有瑞士、瑙鲁等。

问题。这种案件的根据是条约，故称为“协定管辖”（conventional jurisdiction）。有的条约特别规定，凡因该条约的解释或适用而发生争端时，应提交国际法院解决。对此类案件，国际法院均有权受理。

（3）由当事国随时声明，即以签署所谓“任择条款”（optional clause）的形式，承认无须另订协定而适用法院强制管辖的各种法律争端。这种管辖虽有强制性质，但又是任意承担的，故通称为“任意强制管辖”（optional compulsory jurisdiction）。[1] 规约将这种强制管辖的法律争端列为四种，即条约的解释、国际法的任何问题、关系到违反国际义务的任何事实以及因违反国际义务而应赔偿的性质和范围。各国接受这种强制管辖的声明，常常附有一定年限或将某些争端除外的保留（reservation）。[2]

《国际法院规约》当事国向法院提出诉讼案件都是以自愿原则为基础的。对那些曾经声明接受法院强制管辖的国家来说，如果它们之间发生上述的那种法律争端，只要一方把该争端提交国际法院，另一方就应根据声明接受法院对此案的管辖。这实质上是一种建立在事先同意基础上的有限度的强制管辖权。它既是强制的，但又不违背自愿原则。

此外，1969 年的《维也纳条约法公约》第 66 条（甲）有一特殊规定：关于“一般国际法强制规律（强行法或强制规范，即 jus cogens）”之适用或解释的争端，自其发生后 12 个月内未能解决者，任一当事国可将争端提请国际法院裁决之，即由国际法院行使强制管辖权。

国际法院的诉讼管辖权，其效力只及于对当事国的权利义务加以裁决，即判定何方应享有何种权利，何方应履行何种义务。国际法院不同于国内法院，它没有（也不可能有）刑事管辖权，因此不可能判定刑事责任。

管辖权问题，既涉及国际法院的职权，也涉及各当事国的国家主权，法院受理案件时，首先应确定对该案件的管辖权。如果遇到关于法院本身是否有权管辖该案件的争端时，这种争端应由法院自行裁决。在管辖权未确定之前，应诉国、起诉

---

〔1〕 参见《国际法院规约》第 36 条。

〔2〕 迄至 2010 年 7 月 31 日，声明接受这种强制管辖的国家只有 66 个，仅略多于《国际法院规约》当事国的 1/3。值得注意的是，这些声明的大多数，在不同程度上附有各种保留，有的保留所涉及的范围非常大，特别是美国式的所谓“自定式保留”（self judging form of reservation），将保留范围留给保留国自己决定，这几乎等于取消了对强制管辖的接受。美国在 1946 年的声明中提出的一条保留为“凡美国所规定的本质上属于美国国内管辖的事项除外”。后来英法等国也作了类似保留。我国在恢复联合国合法席位后，曾于 1972 年 9 月致函联合国秘书长表示，对旧政府于 1946 年 10 月 26 日关于接受国际法院强制管辖的声明不予承认。

国甚至法院本身，均可提出先决性抗辩(preliminary objection)，如抗辩理由与根据充足，法院即不能进行案件实体(merits)的审理，应裁决无管辖权，或不受理案件。

宪章的任何规定，均不排除联合国会员国将其争端托付给其他法院解决。

国际法院因受国际关系中各种复杂因素的影响，受理的案件非常有限。自1946年4月1日开始工作以来，国际法院只审理了100多个案件。其中，约80%是国家之间的诉讼案件，约20%是联合国机关或专门机构要求发表咨询意见的案件。以20世纪80年代初期以前所受理的46个案件为例，其中有15件因种种原因撤回或从案件单上撤销；另有9件，法院裁决自己不具有管辖权，未就案件实体作出裁决；其余法院作出最后判决的只有22件。国际法院的裁判实践，对国际争端的解决与国际法的发展有颇大影响。在其审理的案件中，有些不仅在实践上而且在理论上都具有重要的意义。但是，有些案件也遭到了不少非议。法院于1966年，对于西南非洲一案的审理，不顾正义与国际法原则，竟拒绝了关于南非应从纳米比亚撤走的要求，袒护殖民主义者，即其一例。从法院办理的诉讼案件来看，在数量上曾有减少的明显趋势。20世纪40年代后期为3件，50年代为19件，60年代为9件，70年代为8件。70年代下半期很少受理案件。直至80年代上半叶亦无显著起色。人们认为，许多年来国际法院已陷入"信任危机"。因此，进入70年代之后，联合国大会曾多次将"检讨国际法院作用"的项目列入大会议程进行审议。

目前的国际法院，已有了不少变化。例如，在法官组成上，发展中国家法学家的成分有所增加，[1]他们在审判过程中，为使法院活动遵循《联合国宪章》的宗旨及原则，起了促进作用。这些年来，提交国际法院的案件，稍有增长趋势(1991年甚至激增到23件之多)。[2] 1986年法院对"在尼加拉瓜的军事行动及准军事活动"案的判决，获得国际社会好评，产生了积极影响。判决认定：美国在尼加拉瓜境内的军事行动及非正规军事活动，违背了国际法关于不使用武力、不侵犯别国主权、不干涉别国内政之规定，应立即停止，并应负损害赔偿之责任。

3. 咨询管辖

国际法院的管辖权主要是诉讼管辖。除此之外，还有所谓"咨询管辖"

---

〔1〕 截至2010年7月31日，在国际法院15名法官中，来自中国、墨西哥、索马里、塞拉利昂、约旦、摩洛哥和巴西等发展中国家的法官有7名。

〔2〕 截至2010年7月31日，国际法院正在审理的诉讼案件数为15件，2009年为13件。诉讼案件来自世界各地：目前，有6件是欧洲国家间的案件，3件是拉美国家间的案件，3件是非洲国家间的案件，另有3件是洲际性质的案件。这种区域多样性再次反映了国际法院的普遍性质。

(advisory jurisdiction)。咨询管辖，可用以补救国际组织不能作为国际法院诉讼当事国的缺陷。如果国际组织之间或国际组织与任何国家之间发生法律争端，国际组织可按宪章规定请求国际法院发表咨询意见。法院在执行咨询管辖时，应参照《国际法院规约》与现行《国际法院规则》有关诉讼案件的规定，但这两种管辖权是有性质上的区别的。法院咨询管辖的作用，主要在于作为联合国的司法机关为有关法律问题提供权威性的参考意见，以协助联合国组织遵行联合国宪章。

国际法院的咨询管辖权，其效力只及于对法律问题作出权威性的解答，澄清和消除疑义，而不能对争端直接进行实际的解决。但争端当事方若意愿变相以咨询程序来替代诉讼程序，则可能产生解决争端的实质效果。

在咨询管辖程序中，由于没有被告存在，所以不会遭到先决性抗辩。但在管辖之前，法院仍需辨明问题是否属于法律性质，咨询管辖的行使是否符合法律规定。

联合国大会和安理会都可以请国际法院就任何法律问题提出咨询意见(advisory opinions)。联合国其他机关或专门机构，经大会授权，也可以请国际法院就它们工作范围内的任何法律问题提出咨询意见。各会员国无权请求也无权反对法院发表咨询意见。咨询意见是向联合国机关发表的，所以不需要取得会员国的同意。任何个人，包括联合国秘书长也无权请求发表咨询意见。虽然法院的这种意见是咨询性的，一般没有法律上的约束力，但在国际事务中具有重要影响。它能从法律上为国际争端的和平解决提供法律依据和意见，协助大会及安理会履行《联合国宪章》第6章所赋予的各项职能。〔1〕

现在，按照《联合国宪章》第96条的规定，在联合国组织系统中，至少有大会、安理会、经社理事会、行政法庭判决复核请求委员会，以及国际劳工组织等各专门机构，共24个国际机关或组织，可以就任何法律问题，请求国际法院发表咨询意见。〔2〕

迄今，国际法院已收到咨询案20余件，其中绝大部分是联合国大会提出的，安理会提出的曾有1971年的“南非不顾安理会第276(1970)号决议继续留驻纳米比亚(西南非洲)对各国的法律后果”一件。此外，世界卫生组织、联合国教科文组织、国际海事组织等，也都提出过咨询意见请求案。〔3〕

---

〔1〕 请求发表咨询意见的机关，如在请求时附有一项承认约束力的规定，则国际法院的咨询意见对该机关具有约束力。

〔2〕 See Dharma Pratap, *The Advisory Jurisdiction of the International Court*, 1972, pp. 55 -60.

〔3〕 截至2010年，国际法院已收到的案件总数：诉讼案(Contentious cases)为108件，咨询案(Advisory cases)为26件。

4. 法律适用

关于国际法院适用法律的问题,《国际法院规约》第 38 条规定,法院应根据国际法进行裁判,并且具体规定裁判时应适用:(1)国际公约(international conventions);(2)国际习惯(international custom);(3)为各国所公认的一般法律原则(general principles);(4)司法判例(judicial decisions)和各国权威最高的公法学家学说(teachings of the publicists),以作为确定法律原则的补助资料。此外,法院经有关当事国同意,可以根据"公允及善良"原则来裁判案件。

《国际法院规约》第 38 条,对国际法院应适用的法律,作了大范围的列举。它既包括了国际法严格法律意义上的渊源,也包括了国际法广泛历史意义上的渊源。其立法意旨,可能在于用以避免法院"无可适用之法律"(non liquet)的困境。同时,条文还特别列示了"公允及善良"原则,则更带有自然法学派的色彩,在一定程度上缓和了实在法学派在适用法律上所主张的严格限制。[1]

法院对所受理的案件作出判决后,争端各国均应遵守。[2] 如一方不履行法院判决,另一方得向安理会申诉。安理会如认为必要时,得提出建议或决定应采取的措施,以执行判决。[3]

国际法院不是国际立法机关,它的判决,除对当事国及本案外,无其他约束力。[4] 因此,法院本身也不受其先例的限制。但是实际上,法院的判例既可作为确定法律原则的辅助资料,法官也常常注意保持法院司法过程先后的一致性。所以国际法院的判例,在国际关系中仍有其重要影响。60 多年来,法院适用法律审判案件和发表咨询意见的职能,对现代国际法的发展起了重要作用。[5]

(五)秘书处的职权

秘书处的职权,主要集中于秘书长。秘书长是整个联合国组织的行政首长(the chief administrative officer)。[6] 秘书长的职权非常广泛,他在大会、安理会、经社理事会和托管理事会的各种会议中,均以秘书长的资格行使职权,并执行这些机

---

〔1〕 参见梁西主编:《国际法》(修订第 2 版),武汉大学出版社 2000 年版,第 41 ~48 页。

〔2〕 参见《联合国宪章》第 93 条、第 94 条及《国际法院规约》第 35 条。

〔3〕 参见《联合国宪章》第 94 条。

〔4〕 参见《国际法院规约》第 59 条。

〔5〕 参见本书第二讲第四节"国际组织的功能与作用"中的有关部分。

〔6〕 秘书长到一些国家和地区进行访问时,享受国宾待遇。在一切公共场合,秘书长俨然以联合国代表或联合国发言人的资格出现。

关所托付的其他职务，实质上是联合国几乎一切会议的秘书长。[1] 他在上述机关中虽然没有投票权，但无论何时他都有发表声明的权利。他向大会提交关于联合国工作的年度报告和各种必要的补充报告。联合国文书、档案、财政、总务和大约4.4万名工作人员的任免和调配，都由他负责。[2] 秘书长的职能，虽然偏重于行政方面，但是根据《联合国宪章》第99条的规定，他还有直接参与联合国政治活动的权力。他有权把他所认为可能威胁国际和平与安全的任何事件提请安理会注意或讨论，并能在安理会上发表自己的意见。该条授予秘书长以一种过去国际组织行政首长所从未享有过的权力，这是一项具有重大政治意义的职能。因此，第99条向来被认为是，《联合国宪章》对秘书长在处理国际事务方面发挥主观能动性和积极作用的一种授权，是秘书长政治职能的法律源泉。例如，1979年11月伊朗扣押52名美国人质后，美伊关系一度十分紧张。安理会应第四任秘书长的要求召开了紧急会议并通过了有关决议。根据决议，瓦尔德海姆还亲自到伊朗进行调解、斡旋。进入20世纪90年代后，国际争端有增无已。前些年，联合国第六任秘书长加利和第七任秘书长安南，在调解地区性国际纷争与冲突方面，活动频繁，作用甚为显著。可见，秘书长在国际事务中充当了重要外交使节的角色，被视为一位非常重要的高级国际政务官员。

秘书长及其工作人员的具体职责非常繁杂，涉及联合国工作的各个方面。其中包括：统一调整联合国的日常活动；协调各专门机构和其他政府间机构的关系；为组织各种国际会议作准备工作；调查并研究世界经济趋势、发展、自然资源和人权等专门问题；起草有关研究报告；实施技术援助计划；派专家和顾问协助发展中国家发展经济；负责登记并公布国际条约；[3] 编制统计；就安理会及其他机关所作决定的执行情况收集情报；口译、笔译各种发言及文件；向世界提供联合国的情报；草拟预算；就财政问题向联合国各机构提出建议；收集会费；保管联合国基金、控制

---

〔1〕 根据《大会议事规则》，秘书长在大会各委员会及小组委员会的一切会议中均以秘书长的资格行使职权，或委派代表行使其职权。在联合国各机关开会时，秘书长或其代表常坐在会议主席的旁边，对会议审议的事项，可以随时向主席提供意见及有关的法律依据。

〔2〕 截至2010年6月30日，联合国秘书处工作人员总数为44,134人，它由国际和当地征聘的持有长期/试用、定期和临时合同的各类工作人员组成。其中，在纽约联合国总部的工作人员有6587人。参见2010年联大第65届会议秘书长的报告：《秘书处的组成》A/65/350。

〔3〕 此项职能在国际法上具有重大意义，其目的在于加强防止秘密条约的滋长。条约登记制度，始于国联盟约，《联合国宪章》（第102条）作了基本相似的规定：联合国任何会员国在宪章生效后所缔结的每一条约和国际协定，应该尽速在秘书处登记，并由秘书处公布。未曾按规定登记的任何条约或国际协定，不得在联合国任何机构援引。

经费开支；对国际争端进行斡旋与调解；管辖维持和平行动；代表联合国作为发言人；与个别代表或政府进行磋商；代表联合国与会员国政府、非会员国政府，或国际专门机构等进行各种接洽与谈判或签订有关的协定；等等。

根据旧金山会议所设筹备委员会（the Preparatory Commission）的报告，上述各种职能，按其性质可以划分为6个方面：（1）行政和执行性的职能；（2）技术性的职能；（3）财政性的职能；（4）组织和管理国际秘书处（international secretariat）的职能；（5）政治性的职能；（6）代表性的职能。[1]

（六）联合国的经费问题

国际组织，为了根据其宗旨和被赋予的职权来开展活动，均必须有其独立的经费。联合国的开支极其高昂，每年所需日常经费的实际总数，现已大大超过30亿美元。联合国经费可以分为正常预算费用和维持和平行动费用两部分，分述如下。

随着会员国的增加和所属各机关活动范围的扩大，联合国的正常预算费用也在大量增长。联合国刚成立时，每年正常预算拨款总额不到2000万美元。至20世纪70年代初，上升到近2亿美元。而至90年代头几年，这一数字已高达12亿美元。大会批准2010年的预算为21.665亿美元。[2]

正常预算的资金来源主要是会员国的摊款。摊派数额以大会根据其会费委员会的建议批准的比额表为标准。每个会员国应缴纳的数额是按其国民生产总值与其他国家相比来计算的，但其他因素（如人口平均收入及获得外汇的能力等）[3]也予以考虑。低收入国家的摊款数额则另行调低。分摊比例每3年调整1次。多年来，分摊的最高额为预算的25%，由美国缴纳；分摊的最低额现为0.01%，由约80个会员国缴纳。苏联的分摊额为13%。

日本的分摊额逐年增加，至21世纪初已超过15%。德国为9.63%。其他国家的分摊顺序为法6.42%、英5.32%、俄4.27%等。[4] 以上国家均在4%以上。

---

〔1〕 参见《联合国宪章》第12条、第20条、第73条、第97~102条、第110条等。

〔2〕 在联合国各机构每年全部活动经费的总和中，仅联合国总部的日常工作开支，早已大大超过6亿美元。联合国及其各下属机构工作人员的薪金，占了联合国经费的巨大部分。

〔3〕 近年来，联合国会费分摊比额计算办法还考虑了市场汇率、债务调整以及一国会费上限维持在22%等因素。

〔4〕 至21世纪初，联合国预算15大分摊国的排名顺序为：美、日、德、俄、法、英、意、加拿大、西班牙、乌克兰、巴西、澳大利亚、荷兰、瑞典、比利时。根据2009年12月24日联合国大会通过的会员国会费分摊方案：美国的分担比例仍为22%；日本的分担比例从原来的约16.6%降至约12.5%；德国的分担比例从约8.6%降到约8%；法国从约6.3%降到约6.1%；中国的负担比例则从约2.7%增至约3.2%。

我国1971年在联合国恢复合法席位后，摊款比例有过几次调整。起初为4%；后来为5.5%；从1980年起按国民收入总额并参考其他标准计算，为1.62%；从1985年起为0.88%；从1992年起为0.77%。1998年增为0.9%。从20世纪70年代初至80年代末的20年中，中国平均每年支付会费2万多美元。从2001年开始的10年里，中国的会费已经增长了4次。其中，2010年到2012年3年，中国的会费比额有较大增长，正常预算分摊比额由2009年的2.667%增长到3.189%，增加0.522个百分点；从2010年起，中国分摊比额的排名由2009的第九位上升到第八位，紧随美、日、德、英、法、意、加7个工业化国家之后。另外，中国维和费用的摊款从2009年的3.1474%增长到3.9390%，增加0.7916百分点，有关排名超过加拿大，名列第七位。从2010年起，按照增长以后的会费分摊比额，中国一年分摊的联合国正常预算的摊款超过8000万美元，分摊的联合国维和费用的摊款达到3亿美元左右，总共缴纳的各项费用达到4亿美元左右。

由上述摊款提供款项的联合国正常预算，主要是用来支付秘书处和其他几个主要机关在联合国总部和世界各地的行政及其他开支。联合国的其他若干机构，如儿童基金会、开发计划署、人口活动基金、训练研究所等，其活动费用则是由正常预算以外的自愿捐款提供的。

联合国经费的另一部分是维持和平行动费用。维持和平行动的款项，主要是供维持和平部队使用。此项费用，也是由各会员国按一种特定比例分摊的。但由于每支和平部队的情况各不相同，所以分摊比例也不一样。一般说，安理会常任理事国常负担较多的费用。[1] 联合国在安哥拉、萨尔瓦多和中东地区的多支和平部队，曾需要由维持和平行动费用与会员国的资助提供款项。特别是前些年成立的几支和平部队，规模甚大，耗资甚多，已成为联合国一个严重的财政负担。关于维持和平部队的经费和联合国的财政危机问题，待后详述。

2000年12月23日第55届联合国大会全体会议，曾以协商一致的方式，通过一项关于经常性预算与维和费用分摊比额的新方案。新方案将联合国日常运作的预算与用于其分布很广的维和行动的经费加以区分。根据这一方案，美国在联合国行政预算中所占的份额，从原来的25%下降到22%，它在联合国维和预算中所

---

〔1〕 联合国维和行动费用的分摊比例，不同于正常预算。发达国家，一般负担与正常预算相同的份额；发展中国家，一般负担正常预算的1/4以下；在安理会常任理事国中，决定这种维和行动的常任理事国的负担份额，一般要高出其正常预算份额的1/5左右。

占的份额,从原来的31%减少到27%。决议说,如果到2003年,美国还未能全部缴纳所欠的联合国会费(实际上到2010年12月美国仍拖欠联合国会费近10亿美元),其会费分摊比额要恢复到该决议通过前的水平;日本支付的正常预算的份额,有所下降,居第二位;由15个成员国组成的欧洲联盟所承担的份额,只有极小幅度的增加;盛产石油的国家和新兴工业化国家所支付的份额,有所增加;中国承担的正常预算和维和预算,增加50%左右;俄罗斯在正常预算中的摊款,有所减少。

二、联合国的活动程序

(一)大会的活动程序

1.会议制度与表决程序

联合国大会每年举行常会(regular session)一次,由全体会员国派代表团参加。大会通常为期3个月,在"9月的第三个星期二"开幕。[1] 一般在12月25日以前闭幕,如果议程未完,可以在次年春继续举行会议。联合国自成立以来到2010年年末,大会总共举行了65届常会。

大会除常会之外,如有必要,经大会本身决议,或者经安理会请求、过半数会员国请求,或任何一会员国请求而为会员国多数所赞同时,均可召开大会特别会议(special session)。如经安理会依据任何9个理事国的赞成票提出请求、会员国的多数提出请求或任何一会员国提出请求而为会员国多数所赞同时,均可在24小时内召开大会紧急特别会议(emergency special session)。[2] 截至2009年12月31日,联合国曾举行过28次特别会议和10次紧急特别会议。

2000年9月6~8日,联合国隆重举行了有来自189个会员国的150多位国家元首及政府首脑出席的"千年首脑会议"。这是一次举世瞩目的有史以来最大规模的首脑会议。会议闭幕时,通过了《联合国千年宣言》,重申了各国对《联合国宪章》宗旨与原则的承诺,决心根据宪章宗旨原则在全世界建立公正持久的和平。该宣言共9页,分为8部分,广泛涉及应如何处理国家、和平与国际安全之间的关系,消除贫困、人权问题,保护弱者,关注不发达地区,加强联合国的作用等重大问题。

---

〔1〕 1981年12月第36届联大通过决议,规定此后每年"9月的第三个星期二"为"国际和平日",用以纪念和促进各国人民的和平愿望。对此规定,有一种尚属模糊的想法颇有意思:"9月的第三个星期二"(the third Tuesday in September),似乎也可理解为"9月的第三个星期的星期二"。例如,2004年的第59届联合国大会,是在这年的9月14日开幕,而不是在9月21日开幕。

〔2〕 参见大会于1950年11月3日通过的第337(V)号决议和《大会议事规则》第8~9条。

为了克服负面影响，[1]该宣言指出："我们认为，今天面临的任务是让全球化变为对全世界人民都有益的积极力量。因为尽管全球化提供了各种巨大的机会，但目前并非所有人都平等地享受到了它所带来的各种好处。"各国领导人强调各国都承担着"尊重和保护人类尊严、平等与公正原则的共同责任"，并指出应把不干涉别国内政及和平解决各种冲突作为各国发展关系时应遵守的原则。此外，各国领导人还"采纳"了专家组为改善联合国维和行动所撰写的报告。该宣言同时提出，各国领导人将为"销毁大规模杀伤性武器以及制止小型和轻型武器的非法买卖"而努力。

千年会议结束了，对各国领导人和联合国来说，如今最大的挑战是如何把宣言付诸实际行动。

大会实行一国一票制（the rule of one vote for each member state），各会员国不论大小，在大会享有一个投票权。[2]

大会开会时，对于所谓"重要问题"（important questions）的决议，须由会员国以2/3 的多数来决定。此种问题包括关于维持国际和平与安全的建议、安理会非常任理事国的选举、经社理事会理事国的选举、托管理事会须经选举的理事国的选举、接纳新会员国加入联合国、中止会员国权利、开除会员国、有关托管制度的执行问题以及预算问题。此外，《联合国宪章》第 18 章关于宪章的修正事项，也属于重要问题，其决定需经大会 2/3 的多数表决才能通过。大会对于"其他问题"（包括确定另外还有何种问题——additional categories of questions——应以 2/3 的多数才能决定的问题），均只要求会员国以简单多数作出决定。大会关于所有问题的表决，无论重要问题或其他问题，其"多数"均以"出席并投票"的会员国计算，因此不包括

---

〔1〕 1999 年的联大主席（纳米比亚外长），在肯定全球化的积极意义后，也提示了发展中国家的一些疑虑：全球化在被当年的殖民者所利用，意图控制发展中国家的人民和资源。有人则担心：发达国家正在借助全球化来推广对其有利的政治、经济、社会、文化等方面的"价值观念"和"国际标准"。2000 年 10 月 21 日，法国《费加罗报》在报道有 25 位国家元首和政府首脑出席的"欧亚会议"时提道："看来，要全球化但又要对其有所控制的观念，在那些亚洲伙伴国的头脑中有了很大的加强。在他们的词汇表中，'有控制的全球化'或者'有组织的国际社会'等字眼的出现，已是很自然的事情。"

〔2〕 苏联在大会有 3 个投票权，这是唯一的例外情况。在筹建联合国期间，苏联提出乌克兰与白俄罗斯在第二次世界大战中曾做出重大贡献，应赋予独立的会员资格。起初未能取得英美同意，直到雅尔塔会议苏联在安理会表决程序问题上作出某些妥协后，英美方同意苏联上述两个加盟共和国为联合国创始会员国。

“缺席”和“不参加投票”者在内，投弃权票的会员国应被认为没有参加投票。[1] 大会主席不能参加投票，不能对大会决议施加个人影响，以维持主席的中立地位及其程序性的职能。

进入20世纪60年代之后，由于大量新国家相继独立并加入了联合国，已使大会的力量结构发生巨大变化。这对大会的投票及其效果产生了前所未有的深远影响。

联合国大会的表决程序，同国联大会的表决程序有很大差别。在国联，除另有规定外，大会任何会议关于实质问题的决议均需出席会议的全体国联成员国同意才能通过，但关于一切程序问题的决议，则由出席会议的多数成员国同意即可。关于重要问题或实质性问题的表决方式，由国联大会的全体一致规则改为联合国大会的2/3多数规则，是国际组织表决制度上的一个非常有意义的变化，标志着国际社会组织化程度的发展。

大会的表决，可以用以下多种方式进行：(1)按《大会议事规则》第87条和第127条，进行举手表决(show of hands)或无记录表决(non recorded vote)。这是一种最简单的方式。在有电子计算机装置的情况下，则用无记录表决代替举手。此时，仅仅表决的总票数出现在主席台后面的表决机器显示牌上，但看不出各会员国分别投的是什么票。(2)按上述议事规则同条，进行唱名表决(roll call)或记录表决(record vote)。唱名表决是由秘书长从抽签办法找出来的某国名字开始，按国名字母顺序，点出各会员国的名字分别投票。在有电子表决机的情况下，则用电子表决机记录表决代替点名。此时，只要投票者按一个装置在自己座位上的赞成、反对或弃权的电钮，绿色、红色或黄色灯光就会把表决器显示牌上的投票者的国名照亮。表决结果随即被转载到一张表上，且全部并入会议正式记录。(3)按上述议事规则第93条和第103条，进行不记名投票(secret ballot)。这种方式主要是在选举个人或会员国任职时采用。但是，当选举不会发生困难时，也可以不采用这种方式；[2] 对显然没有异议的候选人，在主席事先征得同意之后，也可不经表决而以敲

〔1〕《大会议事规则》(Rules of Procedure of the General Assembly)第86条及第126条均规定：“本规则各条内‘出席并投票的会员国’(members present and voting)一词的意义，是指投赞成票或反对票的会员国。弃权的会员国应被认为没有参加投票。”

〔2〕 See J. Kaufmann, *United Nations Decision Making*, 1980, pp. 124–125.

槌通过。[1]

此外,大会还有一种20世纪60年代中期以后逐渐发展起来的新的表决方式,即前已述及的"协商一致"(consensus)程序。在1964年第19届联大开始以前,国际社会曾因当时苏联拒付联合国刚果部队的费用而形成严重僵局。一直到此届大会经两度推迟而于1964年12月1日开幕数小时之前,美、英、法、苏4国代表及亚非、拉美、东欧、西方等各国家集团的代表和联大主席,在秘书长办公室共同作出决定:为了不使僵局恶化到产生威胁联合国存在的对抗,本届大会不讨论有争议之问题,所有经协商而无分歧之"议案,可在无反对意见之情况下不经投票通过"。在这一妥协性办法的操作中,此届联大才以协商一致程序通过了14项正式决议(第1994[XIX]号至第2007[XIX]号)。此后,各届联大广泛沿用了这一程序。例如,1970年的《国际法原则宣言》和1974年的《关于建立新国际经济秩序的行动纲领》等重要文件,都是以协商一致程序通过的。据统计,1976~1984年,联大采用这种程序通过的决议,已占这一时期决议总数的3/5。[2]

2. 议事过程

联合国大会一般在联合国总部举行,但在1952年总部大厦建成以前,曾经在伦敦、纽约成功湖和巴黎等地举行过几次会议。

大会有其自行制定的议事规则,一切议事活动均按规则进行。大会的议事程序,相当复杂,《联合国大会议事规则》多达163条。从会议怎样召开、议程怎么确定、主席如何行事、讨论如何进行、决议怎样作出等,均有具体规定。有关程序问题的分歧,最后由大会自行裁决。有时也可以请联合国法律顾问解释或请国际法院提出意见,但这种解释或意见不具有法律上的约束力。在实践中,大会的活动,已形成一定的过程,大体可概括如下:

(1)在大会开幕前60日,由秘书长拟就一个临时议程问题单(questionaire),分别送给各个会员国。此问题单一般包括:秘书长关于联合国工作的报告;联合国各机构的报告;上届大会规定列入本届会议的项目;以及秘书长认为有必要列入的项目等。

---

〔1〕 1981年12月15日上午,大会主席在接到安理会主席提交给大会的关于安理会推荐德奎利亚尔为联合国新任秘书长的信件和决议草案后,主席建议鼓掌通过该项决议草案;在无异议的情况下,主席即敲槌通过。

〔2〕 参见本书第二讲第三节二、(四)2."表决程序"中关于"协商一致"的注释及所引用的有关文件、文章及著作。此外,关于第19届联大,还可参见本书第三讲第四节五、(三)"维持和平部队的经费问题"部分。

(2)大会开幕时根据这一问题单确定正式议程。在会议过程中,会员国还可以随时提议将其认为重要的问题列入议程。

(3)议程通过后,立即将其中需要准备的项目按性质分给各个主要委员会进行讨论,并按需要拟出决议草案。

(4)至此,一切就绪,大会进入"一般性辩论"(general debate)阶段。

(5)一般性辩论结束后,大会开始讨论未分给各主要委员会的议题,并讨论各主要委员会就分配给它们的项目所准备的决议草案。

(6)在会议议程上的各个项目讨论完毕并通过相关决议后,[1]大会即宣告闭幕。

一般性辩论是每届联合国大会议程上的一项重要议程。在会上发言的多为国家元首、政府首脑或外交部部长。他们就国际形势与联合国所面临的问题发表演说并提出建议。一般性辩论大概占大会时间的1/5,一般为两个多星期。近年来,已成为一种惯例,巴西代表总是在一般性辩论中首先讲话,然后由其他代表接着发言。发言的顺序是各会员国在联大开幕前6个月向秘书处报名发言后由秘书处安排的。根据《大会议事规则》,主席及各委员会主席得限制每人发言的次数与时间,[2]但为了尊重国家代表的庄严地位,实际上很少引用这一规则。因此,代表讲话的时间往往较长,有一位总理曾在联合国大会作过一次超过250分钟的发言。除一般性辩论外,在联大还有很多发言的机会。各项议案,一般除在有关主要委员会讨论外,还要提交大会讨论;除对事项本身进行讨论外,还要最后讨论决议草案;在议案付诸表决的前后,均可对投票作解释性的发言。此外,在任何阶段都可以临时作质询性的插话或者按规定进行答辩。但是由于会议时间过分拖延,因此近年来普遍要求发言简短,主张讲求实效。[3]

联合国是当今世界上影响最大的国际组织,现在几乎所有国家都已成为它的会员国。它是一个国际论坛,是一条沟通各国关系的世界渠道。联大的一般性辩

---

〔1〕 例如,1982年的第37届联大,截至12月21日休会,经过3个月时间,大会全体会议共对141项议程进行了审议,并作出了相应的决议。但是,由于种种原因,本届联大未能就下列4项议程作出决议:全球谈判;关于联合国决议的执行;和平利用原子能;以及塞浦路斯问题。其后的历届联合国大会,其决议总数,有增无减,均在100项以上。

〔2〕 参见《大会议事规则》第35条、第106条。

〔3〕 以1980年的第35届联大为例,在整个会期中,共开过354次会议,印刷了2.36亿页纸的文件。如果把这些文件一页页地连接起来,可达33,000多公里,差不多接近于地球赤道的长度。整理这些会议的综合记录需要4600多个工作日。每份会议记录的平均费用相当于3600多美元(参见第35届联大主席在第36届联大开幕式上的讲话)。

论、各种讨论和决议，是国际社会表达世界舆论的重要方式。多年来，每届联合国大会都要通过100多项决议及决定。但是其中的许多重要决议，常遭到某些大国的抵制。联合国在一些重大问题上还未能充分发挥其应有的作用。过去，在较长时间内，联合国的表决机器曾被大国控制。但是由于会员国中的中小国家迅速增加，情况已有变化。在联合国，通过各种会议特别是大会，进行广泛接触与国际性的辩论，可以使爱好和平的国家有机会伸张正义，可以使帝国主义、殖民势力、霸权政治在世界人民面前遭到揭露。同时，这对加强各国间的了解、确定国际责任，并使联合国真正成为一个协调各国行动的中心以实现宪章的各项宗旨与原则等方面，均有一定的作用与影响。[1] 在联合国讨论和处理具体问题的实践中已出现了若干积极的发展。进入20世纪60年代之后，联合国先后通过了《关于各国依联合国宪章建立友好关系及合作之国际法原则之宣言》《建立新国际经济秩序宣言》《行动纲领》《各国经济权利与义务宪章》，确立了国际海底区域及其资源是"人类共同继承财产""探索利用外层空间必须为全人类谋福利""保障人民自决权是个人享受人权的先决条件"等一系列新的原则。这些宣言和原则，对国际和平与安全，对新的国际经济秩序和法律秩序的建立及发展，均具有重要意义。

联合国大会所使用的语文，分为两种：一种为正式语文（official language），是大会重要文件必须使用并且有法律效力的语文；另一种为工作语文（working language），是大会代表们通用的语文。现在中、英、法、俄、西班牙与阿拉伯6种文字，都是联合国大会的正式语文和工作语文。[2] 每个代表座位上，都有这6种语言的同声传译装置；用一种语言讲话，同时被译为其他5种语言。大会及各主要委员会的文件、报告与记录，实际上，一般以英文为主，只有重要的才被译成其他语文。会外交换意见和一般交往，使用最普遍的也是英语。

（二）安理会的活动程序

1. 会议制度与表决程序

《联合国宪章》第28条为安理会规定了一项组织原则，即应使它能够持续地行

---

〔1〕 在某种意义上，联合国是供各国政府交换意见的场所。哈马舍尔德任秘书长时，曾特别强调在联合国休息室、走廊上和餐厅里的交谈、来往与其他社交活动。因为这些场合为政府首脑或代表提供了方便和不拘形式的个人接触。通过这种接触所建立起来的个人关系，往往对事态的发展产生微妙而重要的影响。值得注意的是，有些新独立或较小的国家，在其首都的外国使馆较少、驻外使节不多的情况下，联合国往往成为它们与其他国家建立直接交往的有用场所。

〔2〕 现在，大会的正式语文及工作语文的种类，同安理会一样。

使其职能。为此目的,要求各理事国应有常驻联合国总部的代表。这种通过理事国常驻代表继续不断地行使安理会职能的组织方式,即《安全理事会暂行议事规则》[1]第1章所规定的两种会议中的第一种会议——常会。按规定,常会应由主席在他认为必要时随时召集各常驻代表举行,但两次会议的相隔时间不得超过14日。此外,如经安理会任何理事国请求时,或者根据《联合国宪章》第35条或第11(3)条某一争端或情势被提请安理会注意时,或者大会根据第11(2)条向安理会提出建议或将某一问题提交安理会时,或者秘书长根据第99条提请安理会注意某一事项时,主席都应召开安理会会议。

安理会的第二种会议是定期会议。按上述议事规则第4条规定,这种会议每年应举行两次,时间由安理会自行决定。各理事国可以派政府成员或其他特别指定的代表出席定期会议。定期会议是一种较高一级的会议,原先一般是由政府首脑或外交部部长参加的。

安理会会议通常都在联合国总部举行,但联合国秘书长或任何理事国也可以提议在总部以外的其他地方举行,最后由安理会决定。安理会曾于1972年在埃塞俄比亚的亚的斯亚贝巴以及1973年在巴拿马举行过会议。非安理会理事国的联合国会员国,当安理会认为其利益受到特别影响时,可以参加安理会的讨论。当非安理会理事国的联合国会员国或者非会员国是安理会所审议的争端的当事国时,应被邀参加讨论。但在上述两种情况下,参加国都只有发言权而无表决权。在非会员国参加讨论的情况下,安理会应为其规定可据以参加讨论的条件。[2]

安理会会议十分频繁,平均每星期要开会1~2次。60多年来,安理会举行过的重要会议在4000次以上。多年来,安理会已形成一种惯例,即在举行正式会议之前,常采取全体理事国"非正式会议"的形式,进行一系列"非正式协商",以使各种议题易于取得一致意见,尽量避免否决权的行使。这一程序,很类似前述联大会议的"consensus"程序。两者的区别主要在于:联大会议在"consensus"中的要点是,当协商取得基本一致后,决议草案即可不经过正式投票而宣布通过,但安理会在"非正式协商"取得一致意见后,一般还需要举行一次正式会议对决议草案进行

---

〔1〕《联合国宪章》规定,安理会应自行制定其规则。联合国有一句俗话:安理会的程序由安理会自己做主。因为安理会的程序问题本身有时就是复杂的政治问题,难于规定得太死,所以安理会的议事规则至今还是"暂行"的性质。

〔2〕参见并比较《联合国宪章》第31~32条与《国际联盟盟约》第4条第5项。

投票，即使这种表决只是形式上的。这种惯例，大大促进了安理会 15 个理事国特别是 5 个享有否决权的常任理事国的合作与妥协的精神。这是外交谈判技巧上的一项成功经验。在安理会举行公开会议的时候，各会员国驻联合国代表团的成员，都可以在观察员席上听会，参观游览者也可以在靠后的座位上旁听。新闻和电视记者可以报道公开会议，世界各地都能够在电视中看到安理会的讨论情况。[1]

安理会每个理事国享有一个投票权。但由于各常任理事国可行使否决权，所以每个非常任理事国与每个常任理事国的表决效力并不相等。联合国有些程序问题是按一般惯例来解决的，如投票一般分为赞成、反对、弃权 3 种，但现在也有自愿不参加投票的做法。不参加投票似乎与缺席一样，然而就安理会来说，无所谓缺席，因为安理会必须全体理事国到齐后才能开会。[2] “不参加投票”这种做法，现在已被认为是安理会的第四种对决定的表态方式了。

根据《联合国宪章》第 27 条的规定，安理会的表决程序如下：(1)关于程序事项以外的一切事项(nonprocedural matters)的决议，应以 9 个理事国的可决票(affirmative vote)决定之，其中应包括全体常任理事国[3]的同意票(concurring vote)在内。即常任理事国对一切非程序性事项享有否决权。但是对于和平解决争端方面的决议，任何常任理事国或非常任理事国为争端当事国(a party to a dispute)时，均不得参加投票。(2)关于程序事项(procedural matters)的决议，则以任何 9 个理事国的可决票决定之。

2. 否决权的概念

一般所说的“否决权”(veto)，是一种少数可以抵制或阻止多数的权力(the

---

[1] 尽管联合国的活动具有极大的公开性，但是联合国组织各机关的会议，尚有公开会议与秘密会议之分。秘密会议即通称的非公开会议(closed meeting)，拒绝公众、新闻界人士及非该机关的成员参加。实际上，举行非公开会议的多是一些较小的或技术性较强的委员会。但比较起来，以安理会的非公开会议为最多。安理会在推荐秘书长时，即举行正式的秘密会议；在举行某些正式会议之前所进行的非正式协商，一般也采用非公开会议的形式。

[2] 关于安理会在有理事国(特别是常任理事国)缺席的情况下所通过之决议的合法性问题，一直存在异议。缺席的首例发生在 1946 年苏联代表退出安理会以抗议安理会决定在其议事日程中保留伊朗的指控；后来，于 1950 年苏联又缺席 7 个月，以抵制国民党政府代表继续在安理会占有席位并出席会议。对上述会议的各项决议，苏联都未予承认。

[3] 有的学者(如凯尔森在其《联合国法》一书中)怀疑：《联合国宪章》第 27 条第 3 项中，在“the permanent members”之前，没有“all”一字，而相比之下，其第 108 条则在“the permanent members”之前加上了一个“all”，所以，是否有可能《联合国宪章》第 27 条第 3 项的规定意味着，非程序性事项并不必有“全体”常任理事国之同意票即可作出决定？其实，这种怀疑是多余的，因《联合国宪章》第 111 条第一段规定：宪章的“中、法、俄、英及西文各本同一作准”。而英文本之外的其他 4 种文本，都在“常任理事国”之前有“全体”这一词语。

power or right to forbid or prevent)。[1] 它的实际价值就在于能够“以少胜多”。因为安理会对一切实质事项的决定,既要求9票多数,又要求这个多数中必须包括5个常任理事国一致的同意票在内才能通过,所以旧金山会议的4国声明把联合国安理会的这种表决程序称为“受限制的多数表决制”(a system of qualified majority voting)。这种表决制意味着,只要有一个常任理事国对某一决定投反对票,即使安理会其他所有14个理事国都投赞成票,该项决定也不能通过。当然,在另一种情况下,某项得到5个常任理事国一致同意的决定,如果有7个非常任理事国的反对或弃权,因而不能获得9票的多数时,该项决定同样不能通过。按照4国声明的表述,这种情况可以称为非常任理事国的“集体否决权”(a group veto)。[2]

联合国安理会关于实质性事项的“大国一致”的表决原则,比国联行政院“全体一致”的表决原则有了很大发展。[3] 从理论上讲,安理会的表决程序我们可称为一种“复轨表决制”。对程序性事项的决议来说,只要求9票多数,而不要求大国一致;但对实质性事项的决议来说,则不仅要求理事国的9票多数,而且要求常任理事国的一致。它的多数既不是简单的过半数,它的一致也不是理事国清一色的同意。它是国际组织中突出大国的一种特殊的表决制度。它所赋予大国的特权远远超过了《国际联盟盟约》的规定。安理会表决制度的核心是否决权。[4]

安理会常任理事国的否决权,虽然具体规定于《联合国宪章》第27条,但第27条并非否决权的全部内容。对联合国否决权的研究,应包括三组条文:

(1)第23条规定,5个大国为常任理事国,享有特殊地位,它们是否决权的主体。这个条文是否决权制度的主体条款。

(2)第27条授予常任理事国在表决中以超越一般计量的权力,使其一票有压倒多数票的表决效果。这个条文是否决权制度的基干条款。

(3)第108~110条规定,常任理事国对于宪章的生效以及对于宪章生效后之修正案的生效,均享有否决权。这意味着,如果某常任理事国有意坚持和维护否决权制度,则在宪章草案未规定否决权时(指宪章生效前),或者当否决权条款遭到该国不愿接受的修正案时(指宪章生效后),该国都可以用否决权来抵制或阻止这种可能得到多数赞

---

〔1〕 从理论上分析,常任理事国的否决权,只能起到“盾牌”的抵制作用(消极地使决议案不能通过),而不能起到“长矛”的进攻作用(积极地使决议案能够通过)。说得诙谐一点,是“成事不足、败事有余”。

〔2〕 安理会各常任理事国在联合国大会投票时,不能享有否决权。

〔3〕 参见《国际联盟盟约》第5条。

〔4〕 See J. Kaufmann, *United Nations Decision Making*, 1980, pp. 43–45.

成的方案成为现实。从这个角度来分析，这组条文是上述两组条文的永恒性保障条款。

这三组条文相互为用，像一台钢筋三脚架支撑着整个的联合国体制，也使否决权制度本身在联合国体制中根深蒂固，不易动摇。

3. 关于否决权的争论

关于安理会的表决程序问题，如前所述，在敦巴顿橡树园草拟《关于建立普遍性国际组织的建议案》时，当时苏联同英美的分歧颇大，苏联主张一个范围广泛的否决权，英美则主张一个范围较小的否决权。[1] 直到克里米亚会议，才达成体现"常任理事国一致规则"（the rule of unanimity of the permanent members）的所谓"雅尔塔方案"的协议。后来在旧金山会议时，安理会表决程序仍然是会议争论最激烈的问题。除苏联代表与英美代表仍有部分分歧外，中小国家对"雅尔塔方案"甚为不满，认为安理会常任理事国权力过大，有损中小国家的权益。在讨论过程中，与会各国对否决权本身的理解也很不一致。4 个发起国的代表团，对会议有关这一问题的各种分歧与意见进行了反复协商，并就所取得的一致意见于 1945 年 6 月 7 日在会议上正式发表了《四发起国政府代表团关于安全理事会投票程序的声明》（Statement by the Delegations of the Four Sponsoring Governments on Voting Procedure in the Security Council，常被简称为"四国声明"）。法国随后也加入了这项声明，因此它实际上表达了后来安理会全体常任理事国的共同立场。声明强调了规定否决权的基本理由，认为 5 个常任理事国既然负有维持国际和平与安全的主要责任，那么就不可能期望一个常任理事国有可能轻易同意按照一项它所不同意的决定在维持和平与安全这种严重问题上担负起行动的义务。但是声明也表示，大国不会任意使用否决权来阻挠安理会的活动。声明还着重澄清了"雅尔塔方案"中的若干问题，这在一定程度上有助于这一方案的最后通过。[2]

4.《四发起国政府代表团关于安全理事会投票程序的声明》关于否决权的解释

《四发起国政府代表团关于安全理事会投票程序的声明》分为两部分，作了 12 点说明和解释。旧金山会议对这个声明虽未采取任何正式行动（从而不能认为它

---

〔1〕 当时苏联主张否决权应适用于有关下列全部事项的决定：《联合国宪章》第 7 章的一切事项；第 6 章包括第 35 条在内的一切事项（争端当事国亦不例外）；第 52 条的有关事项；某一事项是否属于程序性事项的问题。英美则力主缩小上述范围。

〔2〕 在旧金山制宪会议一个专门委员会（technical committee）上审议上述四国声明时，争论很多，分歧很大，该声明一直未能获得旧金山会议的正式肯定，但容许载入专门委员会的记录并作为报告员报告的附件保存。

对一般会员国具有法律约束力），但是，它在联合国实践中起到了重要的指导性作用，一般是按其精神来执行的。

该声明的第一点解释说，根据“雅尔塔方案”，安理会在履行其维持和平与安全的责任时，可能作出两类不同的决定：第一类，安理会按第 8 章[1]必将作出牵涉由它采取直接措施（direct measures）的决定；第二类，安理会也必将作出其他不需采取直接措施的决定。对第一类需要采取直接措施的决定，常任理事国可以行使否决权；对第二类不需采取直接措施的决定，常任理事国不得行使否决权。

第一类可行使否决权的决定所涉及的事项包括：（1）解决争端（disputes）；（2）调整足以引起争端的情势（situations）；（3）断定对和平之威胁；（4）消除对和平之威胁；（5）制止对和平之破坏。[2]

第二类不能行使否决权的决定所涉及的事项包括：（1）通过或改变安理会的议事规则；（2）确定推选安理会主席的方法；（3）组织安理会本身使其能继续不断行使职能；（4）选定安理会常会及特别会议的时间和地点；（5）设立安理会认为对执行其职能所必需的机构；（6）邀请在安理会中没有代表的会员国在对该国利益有特别关系时参加安理会的讨论；（7）邀请在安理会正在审议的争端中为当事国的任何国家参加关于该争端的讨论。

此外，该声明第三点还指出：任何安理会的“个别理事国都不能单独阻止”理事会审议和讨论根据第 8 章甲节第二段[3]提请安理会注意的争端或情势；也“不能用这种方法阻止”理事会听取该争端当事国的意见。这意味着，常任理事国对涉及此等事项的决定均不得行使否决权，因之安理会可以自由讨论理事国中任何 9 个理事国同意列入议程的任何争端或情势。[4]

该声明的第四点进一步指出：超出上述审议和讨论的范围，安理会的决定和行动就很可能有“重大的政治后果”（major political consequences），甚至可能发动“一

---

〔1〕　此系指敦巴顿橡树园建议案第 8 章，即现在《联合国宪章》第 6 ~8 章。

〔2〕　参见《联合国宪章》第 6 ~8 章。还有些问题的性质曾发生过争议，但最后经安理会确定为实质性事项：（1）将一问题保留于安理会的问题处理单上；（2）建议大会接纳联合国会员国；（3）请求大会根据《联合国宪章》第 12 条就某项争端或情势进行审议并提出建议。

〔3〕　此系指敦巴顿橡树园建议案，即现在《联合国宪章》第 35 条。

〔4〕　参见《联合国宪章》第 5 章第 28 ~32 条。但除这些条文的规定外，下述事项也属于程序性事项：（1）安理会规定其认为公平的条件，以便非联合国会员的国家参加其会议的讨论；（2）确定《联合国宪章》第 109 条所规定的会议的时间与地点；（3）将议事项目列入会议议程，确定议事项目的先后次序，会议延期，事务管理，从问题处理单上撤销项目；（4）选举国际法院的法官和《国际法院规约》第 12 条所规定的指派出席联席会议的成员。

连串的事件”(a chain of events)，这些事件最后可能需要安理会依其职责按第 8 章乙节[1]而采取“强制措施”(measures of enforcement)。当安理会决定进行调查，或断定促请各国解决它们的争议的时机已经到来，或向当事国提出建议时，这一连串的事件便开始了。对此等决议和行动，即应适用常任理事国全体一致的原则，但争端当事国不得参加投票。根据该声明第四点，说明所有常任理事国对有关《联合国宪章》第 7 章一切事项的决定均有否决权；作为非争端当事国的常任理事国，除《联合国宪章》第 35 条外，对有关《联合国宪章》第 6 章和平解决争端的其他事项的决定也均有否决权。也就是说，在《联合国宪章》第 6 ~ 7 章范围内，除第 35 条之事项外，其他就国际争端所作的调查、调停、制裁以及防止冲突继续和扩大的各种事项，均属非程序性事项。

5. 双重否决权问题

关于实质性事项与程序性事项的划分，在实践中是很容易引起争论的。声明最后一点解释说：如果除上述业已指明的事项以外，将来还有必要决定某一“事项是否属于程序性这一先决问题(preliminary question)”时，也“必须由安理会 7(9)个理事国的表决包括各常任理事国的同意票在内”才能作出决定。这意味着常任理事国在安理会享有所谓“双重否决权”(double veto)：既对程序以外的一切事项有否决权，也对决定某一事项是否为程序性事项这一先决问题有否决权。行使双重否决权的效果为：常任理事国有可能先用否决权使某一问题成为非程序性事项，然后再用否决权使有关该事项的决定不能通过。

宪章没有关于“双重否决权”的规定，双重否决权是经各大国多次磋商才得出的如上的一种解释。按照这一解释，除《四发起国政府代表团关于安全理事会投票程序的声明》第二点所具体列举的前述 7 种事项(前述第二类不能行使否决权的决定所涉及的事项)外，常任理事国可利用双重否决权使其他任何事项成为实质性事项，从而加以否决。可见，双重否决权大大放宽了否决权的范围。但是，从 20 世纪 50 年代起，如遇某事项是否为程序事项产生疑问时，安理会主席常按《安理会暂行议事规则》第 30 条规定，依多数理事国之立场裁定其为程序事项；该条规定，非经 9 个以上理事国推翻，主席的裁定有效。这种程序大大限制了双重否决权的适用。

6. 对否决权的限制

否决权赋予常任理事国以超过非常任理事国的特权。但是这种特权的行使须

---

[1] 此系指敦巴顿橡树园建议案，即现在《联合国宪章》第 7 章。

受下列限制:

(1)否决权只适用于实质性事项,程序性事项应予排除。

(2)对有关第6章和平解决争端的决定,常任理事国如为争端当事国,不得参加投票。

(3)有关通过区域协定或区域机构来促进地区性争端和平解决的决定,常任理事国如为争端当事国,不得参加投票。

(4)对有关《联合国宪章》第35条所载事项的决议,任何常任理事国不得行使否决权。

(5)宪章规定,关于实质性事项的决定,应以9个理事国之可决票包括全体常任理事国之同意票表决之。从理论上讲,"同意票"应该是指积极的赞成票。但是多年来,在安理会的实践过程中,已形成一项习惯性规则:常任理事国的弃权票(abstention)不产生否决效果。[1] 如果某常任理事国不想支持某项决议,但又无意直接阻止该决议的通过,在此情况下就可以投弃权票。《联合国宪章》和《四发起国政府代表团关于安全理事会投票程序的声明》均未提及弃权问题。从实际来看,这一惯例似应无可非议,因为弃权不发生否决作用,正是弃权者所预期的效果。在实践中,这样做,对安理会极其尖锐的表决程序有一种缓冲的作用。同时,它也给了常任理事国在国际关系方面很大的灵活空间,更便于贯彻己国政府的外交政策与策略。安理会于1973年12月15日表决第344号关于中东问题的决定时,结果以10票赞成、0票反对获得通过。其中,有4个常任理事国弃权,中国则未参加投票,但是这并未影响该项决定产生效力。

7. 否决权的基础与行使情况

安理会的表决程序,虽然借鉴于国联行政院的经验与教训,但在政治上却是以第二次世界大战所形成的那种特殊协作关系为基础的。当时英美特别是美国,力图凭借其已有的政治经济优势建立一个由其控制的国际组织,所以一个能够由其驾驭的有限度的大国否决权,是符合其愿望的。对当时的苏联来说,鉴于西方国家将在联合国处于多数地位,因此希望有一个广泛的否决权,作为对抗英美的有效工具。而广大中小国家则发现,一个没有否决权的联合国,在现代国际社会的条件下

---

[1] 弃权不构成否决,在国联的实践中早有先例。国际法院于1971年6月21日亦曾发表咨询意见,认为常任理事国的自愿弃权已一贯被解释为并不妨碍安理会决议的通过。(安理会于1946年4月29日就西班牙问题进行表决时,苏联代表投了弃权票,但该项决议仍获通过,从而成了弃权并不构成否决的先例。)

是不可能为各大国所接受的。因此,几经周折最后稍加折中的否决权条款的确立,是战争结束前夕东西方既矛盾又合作的产物。

联合国成立不久,"冷战"开始,以美国为代表的西方掌握着联合国的表决机器,当时行使否决权的主要是苏联。从联合国成立到1955年的头10年中,安理会常任理事国行使否决权共82次,苏联占79次。[1] 在这种情况下,美国感到难于驾驭,因而把矛头指向否决权,成为主张限制否决权的国家的后盾。

从20世纪50年代后期特别是进入60年代之后,新会员国激增,至1965年年底,联合国的会员国已由创建时的51个增加到118个。发展中国家已占多数,这使联合国的结构发生了重大变化,美国在联合国的地位深受影响。此时苏联的对外政策也有了很大变化。从1956年到1965年的第二个10年中,否决权行使的次数显著下降。这一时期,共使用否决权31次,其中苏联26次、英国3次、法国2次。

从1966年到1975年的第三个10年中,情况发生了戏剧性的变化。这一时期,共使用否决权的次数也是31次,但美国一反常态,占其中的12次,成为常任理事国中行使否决权最多的国家。这标志着美国在联合国的多数地位已有变化,已不得不求助于否决权了。[2] 其他为英国8次,苏联7次,法国2次,中国2次。

从1976年截至20世纪70年代末的4年之中,否决权共行使了20次。其中美国9次,仍居第一位;法国5次;英国4次;苏联2次。80年代以来,美国行使否决权的次数继续上升。据1980年至1988年5月10日的统计,在这段时间里,行使否决权的次数共为47次。其中美国多达30次,接近总数的2/3。其次是英国9次,法国和苏联各为4次。

进入20世纪90年代之后,随着苏联的解体和世界局势的巨大变化,否决权的行使也出现了新情况。[3] 从1945年至1990年,各常任理事国行使否决权共两百多次。但此后,否决权很少使用。从1990年至1997年6月,只行使否决权6次,其

---

〔1〕 1955年12月13日这一天,苏联就接连投了15次否决票。有人讥称当时苏联驻联合国的代表葛罗米柯为"Mr. No"。

〔2〕 美国于1970年第一次使用否决权,否决了不结盟国家关于同南罗得西亚种族主义政权断绝一切关系的提案。截至2008年1月,安理会五大常任理事国共行使否决权261次,其中俄罗斯(苏)123次、美国82次、英国32次、法国18次、中国6次(其中一次为威胁使用)。上述系根据联合国正式记录统计,不包括安理会秘密投票选举联合国秘书长时的反对票。参见秦华孙:《出使联合国》,新华出版社2010年版,第93页。

〔3〕 据有学者统计,1946~2002年,安理会常任理事国共行使了294次否决权,而其中只有7次是在1991~2000年行使的,这10年是联合国近60年历史上行使否决权次数最少的10年。See Peter Wallensteen and Patrik Johansson, Security Council Decisions in Perspective, in David M. Malone ed., *The UN Security Council*, Lynne Rienner Publishers 2004, p. 20.

中,美国3次、俄罗斯2次、中国1次。特别值得注意的是:20世纪90年代初,在安理会就海湾危机所作的连续十几次重大决议过程中,没有一个常任理事国行使过一次否决权,这在联合国历史上是空前的。这点将在后面有关章节中进行具体分析。

安理会最近一次否决权的行使,是2011年2月18日美国对联合国“关于谴责以色列继续修建犹太人定居点的决议”投的反对票。(据新闻报道,安理会其他14个理事国均投了赞成票。)这也是奥巴马政府在安理会首次行使此项权力。该决议谴责以色列在巴勒斯坦领土上修建定居点,是“非法的行为”。

从联合国成立以来,否决权一直成为修改宪章的一个重大问题。但是随着国际形势的发展和各国地位的不同,联合国各会员国在对待否决权的态度上也是各不相同而且不是一成不变的。大体来说,要求实现大小国家一律平等,修改或限制否决权,是发展中国家在修宪问题上的一项重要主张。综观现实,为了贯彻宪章“所有会员国主权平等”这一根本原则,更充分地发挥全体会员国的积极性,同时也照顾到国际社会各种复杂的实际情况,要求修改或限制否决权的主张是合理的。我国政府代表团从联合国宪章的宗旨和原则出发,在联合国活动中一贯尊重这方面的主张,以期加强联合国的作用。[1]

(三)其他机关的活动程序

在联合国的6个主要机关中,除大会与安理会的议事程序比较复杂外,其他几个机关的议事程序则较为简单。这主要是因为其他机关的职能不如大会与安理会

---

〔1〕 国际社会要求改革联合国的呼声,从各种不同角度和利害关系出发,涉及了否决权。1992年第47届联合国大会,在其头3天的一般性辩论中,有不少代表团提到了联合国的改革问题,而其中有关扩大安理会理事国(特别是常任理事国)的意见,即与否决权密切相连。第47届联大前不久,在雅加达召开的不结盟运动国家首脑会议,主张调整联合国机构(其中包括改革安理会的否决权制度)以克服西方大国主宰联合国的倾向。1993年1月27日英国《卫报》载文报道,欧共体的一些成员国(比利时、荷兰、卢森堡、意大利、西班牙等)曾经提出,英法两国在安理会的常任理事国席位应由担任欧共体主席的国家来担任,并主张改革安理会的表决程序。欧共体委员会外交事务部门有人主张,“应规定任何一个常任理事国均不能以一票否决一项决议,至少需获得另一个常任理事国的支持才行”。过去,为了缓和扩大常任理事国席位的矛盾,还有一些学者提出过“半常任理事国”的概念,即让某些有代表性的国家担任常任理事国而不享有否决权。此外,也有不少意见认为,增加安理会常任理事国与扩大否决权,有可能带来祸患。美国前助理国务卿约翰·博尔顿曾撰文反对扩大安理会,认为这将意味着“使安全理事会变成另一个经社理事会”,由于机构过于庞大不灵便而难于发挥《联合国宪章》第24条所期待的“行动迅速有效”的作用。进入21世纪以来,要求改革安理会和扩大理事国的主张非常突出,这必然首先关系到否决权的存在与分配问题。不过,我们在考察否决权制度的利弊时,应从多个角度出发。一方面,调整安理会是联合国改革的“脑部手术”,而常任理事国及其否决权问题则更是安理会改革的核心。另一方面,在确切保证以否决权制度为支撑的联合国体制“能在继续维护国际合作关系的同时并能保持国家平等独立”的前提下,国际社会应密切关注新时期如何使国际利益与国家利益以及各国彼此间的利益“保持平衡”,如何使否决权制度本身“利大于弊”。

那么复杂而富有争论性。现在分别简述如下：

1. 经社理事会和托管理事会

经社理事会每年举行两届会议，每届为期1个月。春季会议在纽约举行，一般偏重于社会问题。夏季会议在日内瓦举行，一般偏重于经济问题。经理事会本身决定或经理事会理事国多数要求，或者经大会或安理会的要求，经社理事会应举行特别会议。此外，如经托管理事会、任何联合国会员国或某专门机构的请求，经社理事会亦应举行特别会议，但须得经社理事会主席和3个副主席的同意。经社理事会每个理事国享有1个投票权。经社理事会的决定，以出席并投票的理事国的过半数赞成票获得通过。任何联合国会员国或专门机构的代表均得参加经社理事会的讨论，但无表决权。

托管理事会每年举行一届会议。经理事会本身决定或经理事会理事国多数要求，或者经大会或安理会的要求，托管理事会应举行特别会议。此外，如经经社理事会或任何托管理事会理事国的请求，托管理事会亦应举行特别会议，但须得托管理事会理事国多数的赞同。托管理事会每个理事国享有1个投票权。托管理事会的决定，以出席并投票的理事国的过半数赞成票获得通过。

2. 国际法院

国际法院的活动程序，主要是办理诉讼案件和咨询案件的程序。《国际法院规约》以第3章和第4章，共30个条文，全面规定了这两种办案程序。而国际法院根据《国际法院规约》第30条所订立的《国际法院规则》中的程序规则，则更是规定得详细具体。这些复杂的程序规则，大体可以分为两个主要阶段。前一阶段为确定有无管辖权或是否受理的程序，后一阶段为审理案件实体或解答法律问题的程序。如果经过前一阶段，确定法院无管辖权，则全部程序终止，案件即行注销；只有在确定法院有管辖权的情况下，才能开始对案件实体的审理。因此，前一阶段可以称为办案的先决程序，没有这一先决程序，既不可能开始审理诉讼案件，也不可能发表咨询意见。

全部的办案程序，可以简单地概括为下列几个要点：

（1）法院使用的正式语文为英文和法文。经任何争端当事国请求，法院应准该当事国用英法文以外的文字。

（2）在诉讼程序开始之前，原告（起诉）国与被告（应诉）国之间应确有争端存在，并经误判或已用尽地方救济而未能予以解决。

(3)争端当事国,可以一方或双方分别用起诉状或者双方用特别协定提起诉讼。在起诉文书中应说明争端事由,并尽可能说明法院管辖权的根据。同时应说明权益主张所依据之事实及理由。

(4)有关起诉状或特别协定的通告或请求书送法院后,书记官应立即通知其他有关当事国,并经由联合国秘书长通知联合国会员国及其他有权在法院出庭的国家。

(5)法院的诉讼,以书面形式或口头形式两种程序进行。前者包括当事国的诉状、辩诉状及必要时之答辩状,连同可资佐证的各种文件及公文书。后者包括法院审讯证人、鉴定人、代理人、律师及辅佐人。

(6)法院遇有需对代理人、律师及辅佐人以外之人送达通知书而须在某国领土内进行者,或者须就地搜集证据而需采取步骤者,均应直接向该国政府接洽。

(7)代理人、律师及辅佐人,在法院指挥下陈述其主张完毕后,院长即宣告辩论终结。法官应退席讨论判决。法官的评议应秘密进行,并永守秘密。

(8)法院的裁判,除对当事国及本案外,无拘束力。经法院判决的案件,不得上诉。但当事国在法定条件下,可申请复核判决。

(9)除法院另有裁定外,诉讼费用应由各当事国自行负担。

(10)法院在执行关于咨询意见的职责时,在可行范围内,应参照诉讼案件的程序进行。

(11)国际法院所作出的司法判决及所发表的咨询意见,以及对一切问题的决定,均以出席法官的过半数通过。如遇票数相等时,则由法院院长或代理院长职务的法官投决定票。

第四节　联合国与国际社会

一、非殖民化

民族自决(national self determination),是在反抗殖民统治过程中形成起来的一个国际法概念。它作为一项政治原则,由来已久,但是使其成为一项公认的国际法原则,则是两次世界大战以来的事情。第一次世界大战和"十月革命"后,民族自决原则传播日广,影响日深。第二次世界大战后,随着民族独立运动的兴起,这个原则得到了国际社会的逐步确认。民族自决,意味着各国人民有完全自主地决定自己政治命运的权利。这不仅是自由选择其政治社会制度的权利,而且是排除其他一切外来统治和干涉的权利。《联合国宪章》第1条、第55条、第73条和第76条,均就"人民平等权利和自决原则"作了规定。《联合国宪章》的这些条款,包括后来宣布与体现此项原则的一系列联合国非殖民化的决议和宣言,[1]构成了联合国非殖民化活动的法律基础。殖民地的解放斗争与联合国的实践结合在一起,进一步促进了民族自决权的发展。[2]

(一)委任统治与国际托管制度

《国际联盟盟约》第22条设立了所谓"委任统治制度"(the mandate system),由国际联盟将原属于第一次世界大战战败国的附属领土或殖民地分别委任给战胜国实行监督统治。这是历史上以国际组织名义干预与维持殖民统治的开端。所谓"委任统治"一开始即被视为一种"伪装的割让"。该盟约将这些委任统治地分为

---

〔1〕 如1952年《关于人民与民族的自决权的决议》、1960年《关于给予殖民地国家和人民的独立的宣言》、1965年《关于不许干涉各国内政及保护国家独立与主权的宣言》、1970年《关于各国间友好关系及合作的国际法原则的宣言》、1974年《各国经济权利与义务宪章》等。

〔2〕 参见梁西主编:《国际法》(修订第2版),武汉大学出版社2000年版,第71~72页。

三类,这是根据当时的政治形势,以各殖民地的发展程度、经济情况、地理位置为准来划分的。第一类为“前属土耳其帝国之各民族,其发展已达可暂认为独立国之程度,惟仍须由受委任国予以行政之指导及援助,至其能自立之时为止”。这里指的是原属中东部分地区,如伊拉克、巴勒斯坦(以上委任给英国)、叙利亚、黎巴嫩(以上委任给法国)。第二类为“中部非洲之民族,依其发展程度,须由受委任国负地方行政之责”。这里是指原德属非洲部分地区,如喀麦隆(由英法分治)、多哥(由英法分治)、坦噶尼克(委任给英国)、卢旺达—乌隆迪(委任给比利时)。第三类为“非洲之西南部及南太平洋之数岛……最宜受治于受委任国法律之下,作为其领土之一部分”。这里是指原德属西南非洲(委任给南非)、西萨摩亚(委任给新西兰)、瑙鲁(由英、澳、新共治)、新几内亚(委任给澳大利亚)、赤道以北太平洋诸岛(委任给日本)。受委任国的任务:对第一类委任统治地是给予行政指导及援助;对第二类是根据所规定的条件将其作为单独领土担负其地方行政责任;对第三类是按照各种保证将其作为自己领土的组成部分加以治理。受委任国与委任统治地在形式上是一种“保护”关系,受委任国对国联负责,须就委任统治地之情况向行政院提出年度报告。国联行政院为此设立了一个常设委任统治委员会(Permanent Mandates Commission)负责这方面的工作。联合国成立时,第一类委任统治地均已先后取得独立;第二类和第三类委任统治地,除西南非洲外,其余均被转为联合国托管制度下的托管领土。

联合国成立时,世界上还有7.5亿人生活在非独立领土之内,占世界总人口的1/3以上。在联合国的工作范围内,有两种非独立领土:一种是《联合国宪章》第12章所涉及的托管领土;另一种是第11章所涉及的非自治领土。

《联合国宪章》专门以第12章规定了所谓“国际托管制度”(international trusteeship system),用来管理根据特别协定而置于此制度下的领土。国际托管制度,虽系对国联委任统治制度的承续,但是托管制度还有其自身的特点。宪章所宣称的国际托管制度的基本目的为:增进托管领土居民的进步,使其逐渐向自治或独立的方向发展。按规定,适用托管制度的领土包括:(1)大战结束时尚未独立的前国际联盟委任统治制度下的领土;(2)从第二次世界大战战败国割离的领土;(3)负管理责任的国家自愿置于该制度下的领土。在实际执行中,并无任何殖民国家自愿将其负责管理的领土置于托管制度之下。第二类领土则只有意大利关于索马里的托管一项。当时虽对冲绳、朝鲜也有使其成为托管领土的意图,但最后没有实现。因此,实行国际托管的领土主要是第一类。

托管领土是通过联合国同“直接有关各国”订立托管协定而被置于托管制度之下的。[1] 每个托管协定,应规定有关托管领土的管理办法,并应指定管理当局。被委托管理领土的当局,可以是一个国家或几个国家,也可以是联合国本身。但在实践中从来不存在最后这种情况,由几个国家联合管理的情况也只有瑙鲁是唯一的例子。当某一托管协定所规定的目标实现之后,该托管协定即应终止。

联合国关于战略托管领土(strategic area)的职能,包括对托管协定的核准、更改或修正,属于安理会。关于非战略托管领土的职能,则属于大会,而由托管理事会协助大会履行职务。联合国成立后,曾置于国际托管制度下的领土有 11 处。这些领土共包括约 2000 万人口。它们是坦噶尼克(委托英国管理——1961 年独立);多哥(由英法分别管理——英国管理部分于 1957 年与黄金海岸合并即现在的加纳,法国管理部分于 1960 年独立);喀麦隆(由英法分别管理——英国管理部分于 1961 年终止托管,北部与尼日利亚合并,南部与喀麦隆合并;法国管理部分于 1960 年独立);卢旺达—乌隆迪(比利时管理——分别于 1962 年独立成为两个国家);西萨摩亚(新西兰管理——1962 年独立);索马里(意大利管理——1960 年独立);瑙鲁(澳新英共管,由澳大利亚代行职权——1968 年独立);新几内亚(澳大利亚管理——1975 年独立与巴布亚组成巴布亚新几内亚);赤道以北太平洋诸岛(美国管理——终止托管最晚,待后详述)。

曾置于联合国托管制度下的各托管领土,只有索马里不是原来国际联盟时期的委任统治地。索马里是根据 1947 年对意和约脱离意大利的殖民地,于 1950 年经联大核准交由意大利托管(以 10 年为期)。托管领土中唯一被指定为战略地区的是赤道以北太平洋诸岛,它是联合国托管制度下结束最晚的一块托管领土。密克罗尼西亚人世代居住在这三群岛屿上。在 17 世纪和 18 世纪,西班牙先后占领了马里亚纳群岛和马绍尔群岛;在 19 世纪,德国占领了加罗林群岛。1898 年美西战争后,西班牙把马里亚纳群岛和马绍尔群岛卖给德国。第一次世界大战后,这 3 个群岛(统称为密克罗尼西亚)由国联委任给日本统治。在第二次世界大战中,该地区被美国占领。这三群岛屿包括几百个小岛,居住有 5 万多本土人,在被美国占领前,日本人用以作为军事基地。联合国于 1947 年将其委托给美国作为战略地区

---

〔1〕 何为“直接有关各国”,曾有各种不同的解释,是实践中一个有争论的问题。

加以管理,其行政权、立法权、司法权,交由美国内政部负责。1970年以来,美国一直在设法兼并这些岛屿,但未完全实现。后来,这三群岛屿组成了密克罗尼西亚联邦、马绍尔群岛、帕劳共和国、北马里亚纳四个政治实体,实行地方自治。1986年11月北马里亚纳与美国合并,成为美国的一个自由联邦。1990年12月安理会通过决议,同意北太平洋诸岛托管领土的四个部分中的3个(密克罗尼西亚联邦、马绍尔群岛、北马里亚纳)终止托管。之后,密克罗尼西亚联邦和马绍尔群岛于1991年加入联合国。帕劳共和国于1993年11月举行公民投票通过了1982年与美国签订的《自由联系条约》,根据此条约于1994年10月正式终止托管,成为独立主权国家帕劳(Palau)共和国,并于1994年12月15日加入联合国。

以上11处托管领土,除索马里外,其他10处托管领土都是第一次世界大战前德国的附属领土,在国联时,曾分别委任给英、法、比、澳、日等国统治。联合国成立后,这些领土,除将原委任日本统治的赤道以北太平洋诸岛转由美国托管外,其他均继续分别委托给除日本以外的原受委任国按《联合国宪章》规定的国际托管制度管理。

长期以来,由于殖民地人民坚持反抗殖民统治,争取解放,各托管领土有的已经独立,有的已加入邻国而成为新国家。现在11个托管协定均已宣告终止。除美国托管的太平洋岛屿托管协定宣告终止较晚外,其他10个托管协定都是在1975年以前而大部分是在20世纪60年代以前宣告终止实行的。

联合国成立时,尚未取得独立的国联委任统治地而未置于联合国托管制度下的,只有西南非洲一例。[1] 国际联盟于1920年将西南非洲委任给南非进行统治。联合国成立之后,南非当局拒不按《联合国宪章》第12章规定在该地区适用托管制度,而实际上吞并了西南非洲,对西南非洲人民实行种族隔离和种族歧视政策。关于西南非洲的法律问题,曾多次被提到国际法院,从20世纪50年代至70年代,国际法院曾就此发表4次咨询意见和2次裁决。法院的咨询意见认为,“南非继续留驻在纳米比亚是非法的”。联合国大会曾多次作出决议:敦促南非当局把西南非洲置于联合国的托管之下;指出纳米比亚人民完全享有独立和行使国家主权的权利;并要求南非当局迅速结束其非法占领。1966年大会以压倒多数通过决议,宣布结

---

〔1〕 大会于1968年6月12日,根据西南非洲人民的愿望,重新为其命名,称为“纳米比亚”。纳米比亚的面积为82万多平方公里;现有人口约90万人,其中白人占10%,非白人占90%。

束对该领土的委任统治，要求南非立即撤走，将该领土交由联合国直接负责；[1]并于1967年决定设立了一个联合国西南非洲理事会，以管理该领土。[2] 以后历届联合国大会不断审议了这一问题，多次对南非的非法行径进行谴责。1977年，安理会决定对南非实行强制性武器禁运，要求各国不与南非在制造与发展核武器方面进行合作。1978年大会在第九届特别会议通过了一项《纳米比亚宣言》和一项《支持纳米比亚自决和民族独立行动纲领》。1981年9月大会为讨论纳米比亚问题举行了第8次紧急特别会议，最后通过决议，要求立即执行安理会关于纳米比亚独立的第435号决议。[3] 但是，南非当局在某些大国的支持下，长期坚持它对联合国就有关这一问题所作决议的对抗态度。经过几年的认真谈判，安哥拉、古巴和南非才于1988年12月22日签署了一项三方协议，确定了纳米比亚实施独立的时间表。该协议确定1989年4月1日为实施安理会第435号决议的日期。从1989年3月9日开始，芬兰、马来西亚、肯尼亚等国派出了参加"联合国纳米比亚过渡时期援助团"的兵力（约一个营）。此外，还有英国、加拿大、澳大利亚、西班牙、意大利等国参加了供给、通信、工兵、运输等工作。参加该援助团的各国人员约为4700人。1989年11月7～11日，纳米比亚在援助团的监督下，"自由、公正"地选出了以由努乔马领导的西南非洲人民组织为主的制宪会议，从而为纳米比亚早日摆脱南非殖民统治铺平了道路。1990年3月21日，纳米比亚这块非洲大陆的最后殖民地正式宣告独立。3月19日，联合国秘书长德奎利亚尔到达温德和克国际机场发表简短讲话说："纳米比亚的独立使联合国感到无比骄傲。"纳米比亚人民，为争取国家独立和民族解放，进行了长期不懈的奋斗，付出了巨大代价，从此，进入了一个历史的新阶段。

（二）联合国关于非殖民化的宣言

联合国的国际托管制度同国联的委任统治制度比较起来，不仅在实质上并无

---

[1] 大会于1966年10月27日，以南非未能履行根据委任统治书应履行的义务为理由，以114票对2票，3票弃权通过此项决议。苏、美投赞成票，葡萄牙和南非投反对票，英、法弃权。

[2] 这一措施虽然有大多数亚非拉国家的拥护，但并未获得各大国的相应支持。当时苏联希望看到西南非的完全独立，而不愿使其置于联合国的临时管理之下；英美则宁愿大会能采取更一致和更实际的步骤。通过该项决议的票数为85票对2票，30票弃权。西南非洲理事会后来改称为纳米比亚理事会。中国是纳米比亚理事会的成员。后来，在1990年纳米比亚获得独立后，正式宣布解散。

[3] 第435号决议，是1978年9月29日由安理会通过的，其主要内容如下：南非军队从纳米比亚撤出，终止其非法统治；由秘书长任命一名特别代表，保证在联合国的监督控制下，在纳米比亚举行自由公正的选举；在安理会授权下，设立一个为期12个月的联合国过渡时期援助团，协助秘书长特别代表工作；欢迎西南非洲人民组织同南非签订停火协议；反对南非就选举程序或移交权力所采取的一切单方面措施。

重大区别,而且在所规定的适用范围、监督职能与管理原则等方面,也颇为相似。[1] 联合国干预殖民主义的方式与国联委任统治的不同之处,主要在于《联合国宪章》专以第11章载入了《关于非自治领土之宣言》(Declaration Regarding Non-self Governing Territories),使对于尚未完全自治的领土负有管理责任的联合国会员国,承认"以领土居民之利益为至上"的原则,这对促进自治的发展具有重要意义。《联合国宪章》第11章适用于一切殖民地,无论它们是否已置于国际托管制度之下。

联合国大会对非自治领土具有监督的职能。宪章规定,各会员国应定期将有关其管理下的非自治领土的经济、社会和教育情报递送给秘书长。但适用国际托管制度的领土不在此内,应另依宪章第12~13章的规定。在1960年通过《关于给予殖民地国家和人民独立的宣言》之前,大会确定它有审查这些情报并对之作出建议的权限。同时,大会还有权决定哪些领土属于非自治领土。联合国成立初期,大会曾先后认定84处领土和领土群为非自治领土,它们的10个管理国,即澳、比、丹、法、荷、新(西兰)、葡、西(班牙)、英、美,需按规定递送有关情报。由于殖民地人民争取解放的斗争不断发展,经过30年之后,不少领土相继获得了自治或独立,在1977年大会所开列的一张正式名单上,非自治领土的数目减少为30处,所包括的人口约为1000万人。这些领土主要分布在非洲、亚洲、拉丁美洲和大西洋、太平洋、印度洋。[2]

第二次世界大战结束后,民族独立运动不断发展,在此形势下,联合国通过了一系列决议和宣言,谴责殖民主义以及与之并行的一切种族隔离与种族歧视政策,[3] 使民族自决原则获得了进一步的确认与新的发展。大会于1952年通过《关于人民与民族的自决权》的决议,要求负责管理包括托管领土在内的非自治领土的各会员国保证这些领土的人民享有直接参加管理的若干权利。1955年万隆会议召开,以此为契机,亚非国家的独立运动更为高涨。1960年是联合国历史上非常重要的一年,这一年有17个新独立的亚非国家加入联合国,对联合国的组织结构影响

---

[1] 《国际联盟盟约》第22条载有关于禁止在委任统治地进行军械贸易、建立要塞或海陆军基地的规定,并要求除警察和国防需要外,不得以军事教育施诸当地人民。但是联合国的托管制度,并无此种限制。

[2] 参见王铁崖、田如萱、夏德富编:《联合国基本文件集》,中国政法大学出版社1991年版,第863~868页。

[3] 在人权与种族歧视方面,联合国大会除在1948年通过《人权宣言》外,还有1963年通过的《联合国消除一切形式种族歧视宣言》,1965年通过的《消除一切形式种族歧视国际公约》,1973年通过的《禁止并惩治种族隔离罪行国际公约》等。

颇大。在此热潮中，大会于这一年的12月14日通过了43个亚非国家的共同提案《关于给予殖民地国家和人民独立的宣言》，[1]宣言郑重宣布各民族都有自决权；必须制止对殖民地人民的一切镇压措施；[2]强调应“在托管领土和非自治领土以及尚未取得独立的一切其他领土内立即采取步骤，依照这些领土的人民自由地表示的意志和愿望，不分种族、信仰或肤色，无条件与无保留地将所有权力移交给他们，使他们能享受完全的独立和自由”。宣言还指出：不得借口因条件不足而拖延这种独立。此项非殖民化宣言的发表，标志着联合国的非殖民化活动已进入一个新的阶段，它推动着世界民族独立运动的深入发展。大会关于这方面的决议与宣言虽无当然的法律约束力，但在联合国通过决议与宣言过程中所形成的这种原则，可以把它看作自决权习惯法的一种标志，表明民族自决原则作为习惯国际法已逐渐确立起来。

继通过非殖民化宣言之后，大会于1961年建立了1个由17个会员国组成的“给予殖民地国家和人民独立宣言执行情况特别委员会”，通称“非殖民化委员会”。次年，该委员会成员扩大为24国，所以又称“24国委员会”。委员会的任务是审查宣言的执行情况，对实施宣言的进展与范围提出建议。它是联合国内处理关于一切附属领土人民走向自治与独立事务的中心机构。为了解殖民领土的形势与居民对其前途的意愿，该委员会在有关管理国的合作下，向许多地区派出过视察团。大会曾多次敦促各管理国执行宣言并采取一切必要措施，以便各有关领土的人民能迅速行使自治与独立的权利。大会指出，一切形式殖民主义的继续存在，包括种族主义统治、外国势力对经济与人力资源的剥削、以武力镇压殖民地人民，都是违背宪章原则和1960年非殖民化宣言的，是对国际和平与安全的一种严重威胁。大会一再要求殖民国家须无条件撤除其在殖民地的军事基地与军事设施；[3]指出使用雇佣兵反对民族解放运动的做法是一种国际罪行；敦促各国禁止一切在其领土内组织雇佣军的活动；并且号召全体会员国和联合国系统内的各专门机构与组织，不给予殖民统治和种族主义者以任何协助，而对殖民地人民在道义与物质

---

〔1〕 43国提案（Declaration on the Granting of Independence to Colonial Countries and Peoples）是以89票对0票通过的，9票弃权[见GA Res 1514（XV）]。

〔2〕《关于给予殖民地国家和人民独立的宣言》第4项要求“制止各种对付殖民地人民的一切武装行动和镇压措施”的规定，在实践中具有重要意义。为民族解放而实行武装斗争，是一种行使自卫权的行动，应该给予一切必要的道义与物质援助。

〔3〕 非殖民化委员会，于1975年向大会报告，它认为军事战略上的考虑是许多殖民地除经济原因外被延长殖民统治的一个重要因素。

上进行积极声援;特别是呼吁联合国开发计划署、世界银行和国际货币基金组织,扩大其对各殖民地人民的援助范围。[1]

1970 年大会就非殖民化宣言 10 周年通过了非殖民化委员会提议的一个特别行动方案,谓之“为彻底实现给予殖民地国家和人民独立宣言的行动方案”。它重新确认殖民地人民有权自己选择一切必要手段进行斗争,以反对殖民国家压迫自由与独立的措施,并提出了彻底实现宣言的详细计划。大会提请安理会特别注意南部非洲问题,确保非殖民化宣言的充分实施,尤应使《联合国宪章》第 41 条所载之强制措施付诸实行,其中包括经济关系、陆海空运、邮政无线电和其他交通工具的停止,以及外交关系的断绝。大会还请安理会紧急考虑对南非当局施行一切种类武器的禁运问题,以资制裁。[2]

1971 年大会批准了非殖民化委员会的一项建议:使南部非洲殖民领土上的民族解放运动的代表能以适当的资格参加该委员会有关这些领土的讨论。1974 年大会决定邀请非洲殖民地民族解放运动的代表以观察员身份参加大会主要委员会及其有关附属机构的工作,并参加由联合国主持的与它们国家有关的会议。1977 年的第 32 届联大重申,决心采取一切必要步骤,以迅速完全地根除一切形式的殖民主义。1983 年 8 月 1 ~ 12 日,联合国在日内瓦万国宫召开第二次世界反种族主义与种族歧视会议。100 多个国家与国际组织的代表参加了会议,一些民族解放运动的代表也以观察员身份出席,通过了一项宣言和一个行动纲领。会议总结了自 1973 年开始的联合国反对种族主义与种族歧视“行动 10 年”,宣布了第二个“行动 10 年”的开始。会议强烈要求制裁并孤立南非种族主义政权,强烈谴责以色列及某些大国同南非当局的勾结。

经过 20 年的斗争,葡属殖民地大多数已在 20 世纪 70 年代取得独立;原英属南罗得西亚在 1980 年建立了自主的津巴布韦共和国;纳米比亚于 1990 年正式宣告独立;阿扎尼亚(南非)人民也已经取得胜利,于 1993 年 12 月制定了南非历史上第一部非种族主义的宪法,于 1994 年通过具有重大历史意义的不分种族进行选举,从而结束了长期以来白人少数的种族主义统治。非洲统一组织已于 1994 年接纳南非参加其组织活动。世界在前进,人民力量在发展,在全世界根除殖民主义与

---

〔1〕 1967 年大会设置了一个统一的“联合国南部非洲教育与训练方案”,在 1968 ~ 1977 年的 10 年间,有来自 43 个国家对该方案的现金捐款共 1200 万美元,提供奖学金名额 8000 多个。

〔2〕 关于对南非当局的制裁问题,参见本节中的三、(三)“联合国的强制行动”。

种族主义的日子终将到来。

在中东问题上，联合国大会也曾通过一系列决议，谴责受大国支持的以色列侵略及其对阿拉伯民族解放运动的镇压。大会一再确认巴勒斯坦人民民族自决与独立的权利，并邀请巴勒斯坦解放组织以观察员身份参加大会工作。第 37 届联大于 1982 年 12 月 2 日结束为期 3 天的对巴勒斯坦问题的辩论后，于 10 日以压倒多数通过了 4 项决议。大会宣布，以色列的一切旨在吞并其所侵占的巴勒斯坦和其他阿拉伯领土（包括耶路撒冷）的政策和行为，都是违反国际法与联合国决议的；要求以色列完全与无条件地从其自 1967 年 6 月以来所侵占的上述一切领土撤出，促请安理会提供临时维持和平部队以利于这一撤退；在以色列从所占领的巴勒斯坦领土撤走后，由联合国短期接管已撤出的地区，在此期间，巴勒斯坦将行使民族自决的权利。第 37 届联大关于巴勒斯坦问题的 4 项决议虽已通过了几十年，但中东和平仍未最终实现。[1] 此外，第 37 届联大还通过了另一项决议，再次重申形形色色的殖民统治，都是同联合国宪章不相容的，决议要求各管理国采取一切必要行动迅速彻底地取消殖民统治，使殖民地人民能充分行使其自决与独立的权利。此后历届联大也多次作出了类似决议，以促进非殖民化目标的最终实现。

综上所述，第二次世界大战以后，各殖民地人民反殖民主义的斗争蓬勃发展，在波澜壮阔的解放运动的影响下，非殖民化问题曾是历届联合国大会的重要议程；殖民地人民坚决要求采取一切措施，以加速非殖民化的进程。特别是从 20 世纪 60 年代起的半个世纪以来，殖民体系迅速瓦解，各非自治领土相继独立，新独立的亚非拉国家已经大大超过 100 个。新独立国家作为现代国际法的主体积极参与了国际社会的活动，并正在发挥日益显著的作用。历史已经进入了非殖民化运动取得最后胜利的时代。

---

〔1〕 1995 年 5 月 17 日，联合国安理会一项批评以色列在东耶路撒冷征收巴勒斯坦人土地的决议案，被美国否决（这是冷战后美国在安理会第一次行使否决权）。1997 年 3 月 7 日，安理会又一项谴责以色列在东耶路撒冷扩建住宅计划为“非法”的决议案，在其他 14 个理事国一致支持的情况下，又被美国否决。两个星期后的 3 月 22 日，安理会另一项反对以色列在东耶路撒冷建立新犹太人定居点的行动的决议，也被美国否决。1997 年 11 月 29 日巴勒斯坦民族权力机构，为纪念联合国 1947 年通过的把巴勒斯坦分为阿拉伯国与犹太国的决议以及国际声援巴勒斯坦人民 50 周年，发出电文要求联合国给其自治权力机构以联合国正式成员的资格。1998 年 7 月 7 日联大通过了第 52/250 号决议，邀请巴勒斯坦作为观察员参加联大会议和工作。1998 年 10 月 28 日巴勒斯坦解放组织和民族权力机构主席阿拉法特出席了第 53 届联大一般性辩论。这是联合国历史上第一次非会员国实体参加联大的活动。

二、新国际经济秩序

《联合国宪章》关于经济与社会问题的规定，较《国际联盟盟约》有所发展。联合国的宗旨之一为：促成国际合作，以解决国际属于经济、社会、文化或人道主义性质的问题，并且不分种族、性别、语言或宗教，促进和鼓励对于一切人的人权与基本自由的尊重。[1] 从经费开支和人力配备来看，联合国的大部分工作是从事与经济、社会问题有关的各种活动。这些工作是以《联合国宪章》第55条所阐明的下述观念为出发点的：国际社会的安定与福利是实现各国间和平友好关系的必要条件。《联合国宪章》第9章首条规定，联合国有责任促进：较高的生活水平、充分的就业、经济社会的进步；国际经济、社会、卫生等问题的解决；国际文化与教育的合作；以及对一切人的人权和基本自由的普遍尊重。与其成立的初期相比，联合国已从各方面加强了它的经济及社会职能。

（一）联合国的经济及社会活动

联合国处理经济、社会工作的主要机关有大会、经社理事会以及秘书处，此外，还有若干附属机关以及业已同联合国建立关系的各种专门机构。同国联比较起来，联合国在这方面的机关较为完备，它以经社理事会为中心并使之在大会权力下专门负责调整各附属机关及专门机构的有关活动。在国联处理经济及社会问题的机关中，则没有这样一个中心。[2] 值得注意的是，国联有关经济及社会的机关中，虽然缺乏一个组织中心，但是它在权力分配上却要求集中管理。《国际联盟盟约》第24条规定，各种国际事务机关及有关国际福利的委员会，均应置于国联的统一管理之下，它们的经费，可由行政院决定列入秘书处经费之内。这与联合国对各专门机构所采取的分权原则对照，有明显区别。国联的实践表明，使经济、社会、文化等活动过多地卷入作为主要政治机关的行政院，并不适宜于国际组织开展这方面的活动。

经社理事会作为负责联合国经济、社会、文化、教育、卫生等工作的主要机关，

---

[1] 参见《联合国宪章》第1条。

[2] 国联有关经济及社会工作的机关，较重要的有：经济财政组织、交通运输组织、卫生组织、知识合作组织、贩卖妇孺咨询委员会、贩卖鸦片及其他有害药品咨询委员会和国际劳工组织等。为了促进各国间合作以解决第一次世界大战后所面临的各种问题，国联曾召开过多次国际性会议，如1927年的世界经济会议，1933年的国际货币会议和其他专门性会议；并且通过磋商与讨论，还订立了若干有关的公约。但是国联在经济社会方面的活动，远远不及联合国今天所涉及的范围。

其活动是在许多附属机构的辅助下进行的。该理事会在非洲、亚洲与太平洋、西亚、拉丁美洲，以及欧洲等地均设有区域经济委员会，以协助这些地区的经济及社会发展，提高其区域经济活动水平。各区域委员会每年向经社理事会提交报告。各委员会的秘书处是联合国秘书处的组成部分，它们的预算属于联合国的正常预算。各区域委员会的活动，着重于研究本区域的各种经济及社会问题。它们受权直接向成员国政府和专门机构提出建议，但未经有关政府同意，不得采取任何有关行动。近年来，各区域委员会的活动范围已逐渐扩大，而且越来越频繁地参加各种发展项目的执行工作。经社理事会还设有若干常设委员会和职司委员会，从各个方面辅助工作，以执行宪章所规定的有关任务。与联合国的经济、社会活动相关联的另一个系统，是各个专门机构。虽然它们都是存在于联合国之外的独立组织，并非联合国的附属机关，但是它们通过经社理事会与联合国发生工作关系，分别负责有关经济、社会、文教等方面的工作。此等专门机构已有 16 个，它们的活动分别涉及陆海空通信运输、文化科教卫生、金融贸易、工农业等各个领域的问题。此外，还有两个与专门机构处于相同地位的组织：一个是关税及贸易总协定（现为世界贸易组织所替代，世界贸易组织与联合国的关系待后阐述）；另一个是国际原子能机构。联合国很多计划中的经济、社会工作，是通过这些专门机构来进行的，它们每年向经社理事会提交报告。由于专门机构的工作与各种非政府性国际组织时常发生联系，从而使联合国的经济、社会活动获得了更广泛的范围。

发展中国家与发达国家间的差距甚大，为了改变现状，大会于 1961 年号召全体会员国冲破使世界上许多地区受害的贫困、疾病和知识缺乏的循环，并决定以 20 世纪 60 年代为第一个“联合国发展 10 年”（The United Nations Development Decade）。在第一个发展 10 年中，发展中国家虽然取得了某些进展，但由于不利的贸易格局、沉重的债务负担以及人口增长等原因而被抵销了。接着，大会又于《联合国宪章》生效 25 周年之际，宣布从 1971 年 1 月 1 日起，开始第二个“联合国发展 10 年”，同时通过了有关这个 10 年的国际发展战略，以期建立起公正的世界经济及社会秩序。第二个发展 10 年的战略目标包括：在此 10 年中，发展中国家国民总产值的年平均增长率至少须达到 6%，进出口应增长 7%；在政策性措施上，须审查有关商品的国际协定或安排，确保稳定、有利和公平的初级产品价格，取消或减少关税、限制性商业措施及其他对发展中国家进出口所设置的障碍；各发达国家需逐渐增加官方的发展援助，使之至少达到其国民生产总值的 0.7%。1980 年 9 月的联大第11届特别会议,宣布从1981年1月起,在上述基础上开始实行第三个“联合国发展10年”的国际发展战略,以配合发展中国家长期的发展计划。第三个发展10年的重要目标之一,是使发展中国家国内生产总值的年增长率达到7%。但是到20世纪90年代开始第四个“联合国发展10年”时,第三个10年的关键指标和前一个10年一样,未能完成。大多数发展中国家的增长率,大大低于7%,许多国家出现了负增长。后来第四个10年结束了,显然还存在许多不易克服的困难。1997年1月13日,联合国开发计划署负责人施佩特在哥斯达黎加举行的南南会议上报告说:此前15年来,至少有100多个发展程度较差的国家,由于没有能力参与经济全球化,直接投资太少(只得到世界总投资的5%),未能享受到经济全球化的利益,处境“凄惨”,是冷战后的一种“悲剧”。这位负责人认为:这意味着发展中国家与工业发达国家的差距进一步扩大了,“世界已变得更加不平等和不合理了”。

2000年4月12日,国际货币基金组织发表的《世界经济展望》报告中指出:目前,世界上有1/5的人口(12亿~13亿人)每天的生活费用仅为或者不足1美元。许多国家的人均收入还在不断减少。因此,“其结果是,整个世界带着有史以来最悬殊的贫富差距进入了21世纪”。该报告在肯定经济全球化的同时,也承认:这一差距的继续加大,“可能已经造成了对全球化以及常被视为全球化思想基础的西方价值观的强烈抵制”。“背向外部世界的一些国家,也认为他们是全球化的牺牲者”。

《联合国宪章》第55条规定,联合国为了形成国际的和平友好关系,应促进经济与社会的发展条件。联合国及其各附属机关与专门机构,在经济和社会领域中的活动有日益扩大的趋势。联合国就开发援助、国际贸易和工业发展等方面,通过其辅助机构广泛开展工作;并且越来越多地利用大会或经社理事会召开的各种世界性或区域性会议来讨论与处理商业、金融、资源、粮食、人口、妇女、人权、卫生、海洋、外空、环境等各种问题。

联合国为开展技术援助活动,制定了各种方案。在其成立之初,曾设置过一个技术援助扩大方案,1958年又设置过一个向较大规模的发展项目提供投资前援助的特别基金。1965年将这两部分合并,成立了现在的联合国开发计划署。开发计划署是当前国际上提供多边技术援助的最大渠道,它被指定为联合国促进发展活动的中心协调组织。它在工农业生产、矿业、制造业、动力、交通运输、国际贸易、技术转让、教育、社区发展、健康与环境卫生等经济及社会领域中开展工作。得到它支持的投资前援助和技术援助项目,有近万个。开发计划署的经费来自联合国会员国和其他有关机构成员国的捐献,进入 20 世纪 80 年代以来,每年所获捐款在 5 亿美元以上。该署每年开支近 5 亿美元,主要用于支付在国际范围征聘专家、进口技术设备、考察各种发展资源、训练专门技术、专门合同服务和研究费用等。受援国本国工作人员的工资、用房供给、本地设施和一般服务,均由受援国政府负责支付。该署仅在各国政府的要求下并按其优先需要提供援助,这种援助是同国家或区域的全面发展结合成一体的。绝大多数项目,都由联合国本身或由已与之建立关系的专门机构或其他组织来加以实施。该署本身也直接执行某些项目。还有极少数项目则是由各有关政府实施的。联合国开发计划署同世界银行不一样,受援国不负偿还的义务。世界银行是直接向开发事业单位提供贷款,而联合国开发计划署则是对发展中国家提供技术援助的机构。

联合国开发计划署,在我国北京三里屯东四街设有代表处。该驻华代表处于 1979 年 9 月 4 日在北京举行开办仪式。该署署长在致辞中说:在中国开设代表处,完全是为了帮助这个伟大的国家从事发展事业。我国外经部副部长在致辞中说:这将有助于加强中国同联合国技术合作系统的联系与合作。1991 年 4 月 23 日联合国开发计划署与中国政府签署了一项它有史以来金额最多的技术援助项目——机床工业技术改造方案项目。该项目金额为 1200 多万美元。它包括 6 个子项目,10 个直接受益单位。签字仪式在其中的一个受益单位——北京第二机床厂举行。迄今为止,联合国开发计划署已经在华完成了 900 多个项目,涉及的领域十分广泛,包括农业、工业、能源、公共卫生、减贫、经济重建,以及许多交叉领域。

为了促进国际贸易,特别是加速发展中国家的经济发展,在发展中国家的倡导下,联合国大会于 1964 年 12 月决定成立联合国贸易及发展会议(以下简称贸发会议)。贸发会议作为联合国的常设辅助机构,是协调各国政府和区域经济集团的贸易与发展政策的中心。其主要职能是促进与发展国际贸易,制定有关国际贸易和经济发展的原则与政策,就实施这些原则与政策提供建议,并采取行动促进各种多边贸易协定的签订。所有联合国会员国或与联合国建立关系的机构的成员均可加入贸发会议,它现有的成员比联合国的会员还多。贸发会议每 4 年召开一次大会。迄今为止,贸发会议已先后举办过了 12 届大会。

为了在贸发会议闭会期间履行其职责,大会早已成立了一个贸易与发展理事会,它也是贸发会议历届会议的筹备机构。贸发理事会有 68 个理事国,中国为理事国之一。贸发理事会每年通过经社理事会向联合国大会提交报告。处理初级商品问题的《商品综合方案》(The Integrated Programme for Commodities),是贸发会议的重要方案之一。该方案提出各种建议,以使发展中国家的初级产品可能取得有利、公平和稳定的价格,并使这类产品进入各工业化国家市场的机会可能得到改善。方案要求就某些对发展中国家有出口利益的特定初级商品和原料订立一系列商品协定。已付诸实施的咖啡、小麦、锡、糖和橄榄油等国际商品协定即其中的一部分。贸发会议为了扩大发展中国家制成品与半成品的出口并使之多样化,经过长期谈判,于 20 世纪 70 年代初达成了采用普遍优惠制(generalized system of preferences)的协议。有些发达国家已经开始实行普遍关税优惠方案。1964 年 4 月在日内瓦举行的联合国贸发会议期间,发达国家和发展中国家产生尖锐分歧,会议结束时,与会的 77 个发展中国家和地区发表了一个“联合宣言”,反对不合理的旧的国际经济关系,自此它们即被称为“77 国集团”,现已拥有 131 个成员,但仍沿用原来名称。在每届贸发会议前,77 国集团都要举行部长级会议,讨论并协调共同立场为贸发会议作准备。例如,1972 年 12 月召开的贸发会议第 3 届会议,就通过了 77 国集团提出的“关于国际贸易关系和政策原则”等重要提案。又如,1996 年 4 月 28 日在贸发会议举行第九届会议时,77 国集团发表了一项声明,该声明指出:世界贸易组织成立后,经济强国仍在“继续对发展中国家使用强制经济措施,特别是使用单方面的经济与贸易制裁,对此表示深切关注,这种制裁显然是违反国际法的”。77 国集团,于 2000 年 4 月 10 日至 14 日在哈瓦那首次召开国家首脑会议,有约 50 位国家领导人和 80 个国家的代表参加了会议,对建立公正合理的国际经济关系提出了强烈要求。2005 年 6 月,“77 国集团 + 中国”第二届南方首脑会议在卡塔尔首都多哈举行。

贸发会议还通过各种措施,促进改善援助的条件,减少发展中国家日益加重的债务负担,和制定一项更适合于世界经济发展需要的国际金融货币制度。联合国贸发会议第六届大会,于 1983 年 6 月在贝尔格莱德举行时,我国副总理在会上阐述了中国对解决世界经济一系列重大问题的立场,表示坚决支持发展中国家要求建立新国际经济秩序的强烈愿望。这次会议最后通过了 1 项关于世界经济形势的《贝尔格莱德宣言》和若干关于国际经济问题的决议。但由于少数主要发达国家的强硬态度,未能就商品、贸易、货币和金融以及发展等重大问题达成实质性的协议。1991 年 11 月 19 日 77 国集团在伊朗首都德黑兰,为筹备贸发会议第 8 届大会而召开的第7次部长级会议，于11月23日结束时，发表了《德黑兰宣言》。该宣言指出，“和平与安全的基础，不仅是要消除世界大战及核战争的威胁，而且要使所有的国家发展经济，摆脱贫困、饥饿、疾病、文盲和失业的痛苦”。当时与会的128个国家和地区的代表一致认为，日益扩大的南北差距，已成为国际社会所面临的主要难题。据统计，进入20世纪90年代之后，发展中国家所欠外债，已超过13,000亿美元。

（二）走向新的国际经济秩序

为了打破国际经济秩序的老格局、改革世界旧的生产与贸易结构以及货币金融体系，77国集团在1964年联合国第一届贸发会议上第一次提出了建立平等互利的“国际经济新秩序”的要求。随着运动的发展与深入，发展中国家的上述要求逐步得到了世界的重视。40多年来，联合国在这方面取得了一定的进展。

第二次世界大战之后，国际社会最显著的进步是有一大批民族和国家摆脱殖民统治而成为政治上独立的新兴主权国家。但是这些新兴国家的经济基础是极其脆弱的，其政治独立并未改变过去殖民主义的经济结构。殖民主义仍然在不同程度上控制着这些国家作为经济命脉的重要工业部门，旧的经济格局并未发生根本变化。国际上不等价交换的剥削现象继续存在，发达国家继续垄断着许多发展中国家的自然资源、国际贸易和财政金融等。据统计，战后发达国家对发展中国家的资本输出，由20世纪50年代平均每年50亿美元，增加到70年代每年200多亿美元。此后又有大幅增加。工业发达国家力图保持发展中国家的单一经济结构。在国际贸易中，它们以垄断高价向发展中国家出售工业制成品，并以低价从它们那里购进农矿产品。发展中国家的经济深受发达国家经济的制约，在经济危机中，他们往往成为工业化国家转嫁经济危机的对象。旧的国际经济秩序是几十年前在许多发展中国家还不可能参与的情况下形成起来的，显然有利于工业大国而不利于发展中国家。经济独立与政治独立是相辅相成的，新独立国家必须取得经济上的独立，才能在政治独立上得到可靠保障。从20世纪60年代开始，即从大批新国家加入联合国之后，联合国通过了一系列旨在改革国际经济秩序的重要文件。这些文件包括1960年的《关于给予殖民地国家和人民独立的宣言》、1962年《关于天然资源之永久主权宣言》、1964年关于成立贸发会议的决议、1966年关于成立工发组织的决议等。它们对新国际经济秩序的建立具有重要意义。

进入20世纪70年代之后，世界面临一系列危机，进一步冲击着旧的国际经济秩序。从1971年起，美元危机深化，各国货币纷纷浮动，终于出现了美元停止兑换黄金的局面，于是以美元为中心的货币体系走向瓦解。后来国际货币基金组织努力恢复固定行情制，但1973年第四次中东战争爆发，阿拉伯国家运用石油武器，沉重冲击并进一步影响了西方货币制度。世界通货膨胀日益严重，发展中国家债务负担不断增加，[1]国际贸易越来越不平衡。1974年4月联合国大会首次召开了讨论国际经济的第六届特别会议，会议把注意力特别集中于原料与发展问题。会议认为，旧的世界经济秩序同国际关系的新发展是直接相冲突的；世界经济秩序必须改变，否则发达国家和发展中国家间的差距必将继续扩大。会议最后通过了77国集团起草的"关于建立新国际经济秩序的宣言"和"行动纲领"（Declaration and Programme of Action on the Establishment of a New International Economic Order）两个重要文件。《建立新的国际经济秩序宣言》宣布：各会员国决心立即建立一种新的国际经济秩序，这种秩序将建立在公正、主权平等、互相依靠、共同合作的基础上，这种秩序将纠正一切不平等和非正义，并使发达国家与发展中国家间日益扩大的鸿沟有可能消除。《行动纲领》，包括对原料与初级产品、国际货币制度与发展资金、工业化、技术转让、自然资源永久主权等各方面的建议、要求与措施。该纲领特别要求，在发展中国家出口的原料与初级产品的价格同其来自发达国家的制成品和资本设备的进口价格之间，建立一种公平合理的关系。为了改善发展中国家的进出口比价和消除发展中国家长期的贸易逆差，行动纲领提出了若干措施，如逐步取消关税和非关税壁垒以及限制性的商业措施；适时地制定各种商品协定；在发展中国家的产品与发达国家的国内生产出现竞争的情况下，各发达国家应扩大来自发展中国家的进口，并公平合理地使发展中国家分享市场增长的份额。

1974年12月第29届联合国大会又通过了由墨西哥倡议，以77国集团名义提出的《各国经济权利与义务宪章》（Charter of Economic Rights and Duties of States）。该宪章规定，各国有权对其自然资源充分行使永久的主权，有权对其管辖范围以内的外国投资加以管理，有权对外国财产实行国有化，并且，各国均有结成初级商品生产者组织以发展民族经济的权利。1975年9月又召开联大第七届特

---

〔1〕 据联合国大会经济和财政问题委员会的材料统计，到1990年，发展中国家所欠外债的总额已达1.3万亿美元。

别会议，专门讨论了发展和国际经济合作的问题。会议通过了1项决议，规定采取多种措施，以加速发展中国家的发展，并缩小发展中国家与发达国家间的差距。

上述1974年通过的宣言、纲领和宪章，集中了20世纪60年代以来联合国在这方面所取得的成果，为走向新的国际经济秩序奠定了政治与法律基础，是国际经济关系中的基本文件。但是，这些文件只是原则性的规定，如何使原则付诸实施则尚有待于全体会员国的进一步努力，特别是各发展中国家的努力争取和各发达国家的真正协作。

援助最不发达国家的问题，是建立国际经济新秩序和南北对话中的一个重要问题。有人把最不发达国家描述为“第三世界中的第三世界”或“第四世界”，以揭示其经济落后及生活贫困的极端程度。

最不发达国家的概念，是在20世纪60年代初提出来的。1964年贸发会议提出过援助最不发达国家的特别措施，但当时并无标准的尺度。直到1971年，联合国开发计划署才确定了最不发达国家的标准和名单，并获得了第26届联大的批准。大会第一次将25个发展中国家确定为最不发达国家。当时规定的标准是：(1)按人口平均的国民生产总值在100美元以下；(2)制造业在国民总产值中的比重低于10%；(3)文盲占全国人口总数的80%以上。进入20世纪80年代后，对这些标准作了修改，人均国民生产总值提高到250美元，制造业占国民生产总值的20%以下。当时列入最不发达国家名单的增加到31个。它们分别为非洲21个：贝宁、博茨瓦纳、布隆迪、佛得角、中非共和国、乍得、科摩罗、埃塞俄比亚、冈比亚、几内亚、几内亚比绍、莱索托、马拉维、马里、尼日尔、卢旺达、索马里、苏丹、乌干达、坦桑尼亚和上沃尔特；亚洲与太平洋地区9个：阿富汗、孟加拉国、不丹、南也门、老挝、马尔代夫、尼泊尔、北也门和西萨摩亚；拉丁美洲1个：海地。这31个国家的总人口约2.7亿人，占世界总人口的7.5%。[1] 它们无一例外，过去都曾遭受殖民主义的剥削与压迫，是旧国际经济秩序的受害者。经过10年，即进入90年代

---

〔1〕 到1982年，列入最不发达国家名单的已有36个国家。它们主要在非洲，人口合计在3亿人以上，人均国民生产总值只有西方国家的1/50，其中绝大多数生活在赤贫之中。

时,[1]最不发达国家已由31个增至41个。[2] 平均每年有一个发展中国家沦为最不发达国家。其中有28个在非洲:贝宁、博茨瓦纳、布基纳法索、布隆迪、佛得角、科摩罗、吉布提、埃塞俄比亚、冈比亚、几内亚、几内亚比绍、赤道几内亚、莱索托、马拉维、马里、毛里塔尼亚、莫桑比克、尼日尔、乌干达、卢旺达、中非、圣多美和普林西比、塞拉利昂、索马里、苏丹、坦桑尼亚、乍得、多哥;有8个在亚洲:阿富汗、孟加拉国、不丹、老挝、马尔代夫、缅甸、尼泊尔、也门;有4个在太平洋地区:基里巴斯、西萨摩亚、图瓦卢、瓦努阿图;有1个在拉美加勒比海地区:海地。这41个国家的人口达4.2亿人,占世界总人口的8%左右,其面积为1600万平方公里,占世界陆地总面积的11%左右。它们,虽然80%以上的人口从事农业,但粮食不能自给;制造业的发展极其缓慢,出口贸易数额很小,逆差很大;债务已高达700亿美元,仅每年付息就需近40亿美元,几乎占这些国家收入的30%;由于国际贸易条件恶化,出口外汇收入降低,世界市场上的通货膨胀给它们带来非常不利的影响;严重缺少资金和技术,管理体制和物质基础设施也非常薄弱。随着国际经济的发展,最不发达国家与富国之间的差距不是缩小了,而是扩大了。

联合国于1981年9月在巴黎联合国教科文总部举行了2个星期的"最不发达国家问题会议",有150多个联合国会员国的首脑或代表以及许多国际组织与非政府组织的代表参加。会议的主要任务是,制定和讨论通过20世纪80年代援助最不发达国家的实质性行动纲领。这是联合国成立以来首次召开这样的大会专门讨论国际社会援助最不发达国家的问题。会议最后通过了1项《20世纪80年代支援最不发达国家的新的实质性行动纲领》,以帮助它们迅速发展其经济。该行动纲领中规定的支援目标为:要改变这些国家的经济面貌,使其走向自力持续的发展,能够向本国全体人民,特别是城乡贫民提供至少达到国际上可接受的最低标准的营养、卫生、住房和教育,并提供就业机会。该纲领强调:国际社会所有成员,必须立即结束构成发展中国家经济解放和发展的主要障碍的殖民主义、帝国主义和一切

〔1〕 1991年3月联合国发展计划委员会制定的最不发达国家的标准为:人均国内生产总值在600美元以下(后来这一标准又提升至750美元);人口不超过7500万人;扩大的实际生活质量指数(包括预期寿命、人均摄取热量、入学率、识字率等)不超过47点;经济多种经营指数(包括制造业、工业就业比重等)不超过22点。

〔2〕 此后,联合国贸发会议于1993年3月9日发表的年度报告说,世界上最贫困的国家已增加到47个。2000年2月12日联合国秘书长在联合国贸发会议的开幕式上说:全球最不发达国家已达到48个之多。贸发会议的副秘书长总结说:最不发达国家的数量,由1971年的25个增加到了48个,而在过去整整30年中,只有博茨瓦纳逐渐得到发展,摘掉了最不发达国家的帽子。

形式的外来侵略与占领。该行动纲领还规定了各种条件和到1990年应该达到的各项指标。并且特别提到，对最不发达国家提供的援助一般应该采取赠与方式，贷款应按双方商定的高度减让条件提供。出席会议的中国代表团团长在大会上发言指出："切实帮助最不发达国家尽快发展民族经济，改变贫困状况，不仅是建立国际经济新秩序的组成部分，而且有利于繁荣世界经济，稳定国际局势，维护世界和平。"在讲到发展中国家中发展水平较高的国家同最不发达国家互相支援的重要性时，特别提到：发展中国家之间平等互助，和衷共济，必将为建立国际经济新秩序做出有益的贡献。

1990年9月第二次联合国关于最不发达国家问题的会议在巴黎召开，有140多个国家和20多个国际组织的代表参加。会议于9月15日闭幕时，发表了《巴黎宣言》和《90年代援助最不发达国家的行动纲领》，旨在制止最不发达国家社会和经济局势的进一步恶化，振兴和加速这些国家发展，该行动纲领就发达国家的援助计划、债务、产品进入国际市场等作了原则性规定，对不发达国家的经济结构改革、人力资源开发、经济基础的发展及环境等问题提出了具体要求。[1]

还需要提到的是，联合国于1973年12月3日，在纽约开始举行"第三次海洋法会议"。经过9年，共召开了11期16次会议，参加的国家达167个。经过长期的艰苦谈判，《海洋法公约》终于在1982年12月在蒙特哥湾举行的第三次海洋法会议的最后会议上开始签署。尽管公约还存在某些有待完善之处，但是它基本上反映了世界大多数国家在开发海洋资源和人类共同利用海洋财富方面的愿望，它的

---

〔1〕 截至2000年2月，联合国贸易和发展会议在曼谷举行第10届会议时，最不发达国家的总数仍为48个。贸发会议副秘书长说，这些国家的人口占全世界总人口数的13%以上，而其进出口额都分别只占全世界的0.5%左右。这些数字表明，进出口所占的份额比1980年下降了40%。2001年5月14日，联合国第三次最不发达国家问题会议在布鲁塞尔召开。此时，最不发达国家的总数已增加到49个。目前，当21世纪进入第二个10年之际，全世界经联合国批准的最不发达国家总共有50个。据资料分析，其中竟有36个国家位于非洲大陆。又据《参考消息》2004年2月20日资料记载：世界银行对国家经济发展情况分类的主要标准是人均国内生产总值（GDP）。在1998/1999年《世界发展报告》中，该行按1997年人均GDP把国家和地区划分如下：(1)低收入国家：785美元及以下，共61个；(2)下中等收入国家和地区：786～3125美元，共60个；(3)上中等收入国家和地区：3126～9655美元，共36个；(4)高收入国家和地区：9656美元及以上，其中经和组织成员有30个。该报告在其解释性说明中指出，低收入和中等收入国家有时也称为"发展中国家"。使用这一术语仅在于方便，并不意味着该组别所有国家正在经历相同的发展阶段，也不意味着其他国家已达到发展的更高阶段或最终阶段。根据收入进行的划分未必完全反映发展的状况。

签署是发展中国家长期努力的结果。[1]

1981 年 10 月在墨西哥坎昆举行的南北最高级会议，是一次重要的南北对话。我国总理在坎昆会议上，明确阐述了根据公平合理与平等互利原则改革旧国际经济秩序的立场，并向各国领导人呼吁，竭尽全力以促进全球谈判的举行。早日举行全球谈判，以改善不合理的南北经济关系，实现公正的国际经济秩序，使南北国家之间实行有效的经济交流，这是时代的要求。有些发达国家，自恃其优势的经济力量，对全球谈判持消极态度；为了克服阻力，推动南北对话，促进全球谈判，很有必要加强"南南合作"。从 20 世纪 60 年代以来，在发展中国家间已形成一系列区域性、次区域性的经济合作组织、原料输出国组织、金融贸易组织以及其他方面的合作组织，这些都是南南合作的具体形式。继 1982 年的新德里"南南磋商"之后，1983 年 4 月在北京又举行了有亚非拉 26 个国家的近 70 名学者与政治家出席的"南南会议"，会议讨论了发展中国家发展战略、南北谈判及南南合作等问题。这虽然是一次非官方会议，但对南南合作的发展与国际经济新秩序的建立还是产生了一定影响。然而，从总形势来分析，20 世纪 80 年代以后，发展中国家对于全球谈判的愿望，因发达国家抵制而未能实现；不仅南北对话陷入僵局，南南合作也遭受了考验与危机；建立新国际经济秩序的运动，"暂时转入低潮"。国际舆论特别是发展中国家，普遍期望在冷战结束与两极对抗格局巨变以后，能为这一历史性的伟大运动提供新的转机。1997 年 1 月 13 日至 15 日，在哥斯达黎加召开的有 100 多个国家代表参加的南南会议，通过了《圣何塞声明》和《行动计划》。该声明指出："我们决定在平等、相互支持、互惠和互补的基础上，为了共同发展的目标，加强发展中国家的合作。"行动计划强调：南南合作应该是南北合作的补充；呼吁国际社会关心第

---

〔1〕 1982 年 12 月 10 日，在牙买加蒙特哥湾会议的签字仪式中签署《海洋法公约》者，有包括中国在内的 117 个国家和 2 个实体。到公约签字日期截止时，即 1984 年 12 月 9 日，签字者达到 155 个国家和 4 个实体。9 年以后，即 1993 年 11 月 16 日，公约获得了第 60 个国家的批准，按规定应于 12 个月后生效。为了满足美国等主要发达强国关于海底资源开发方面的强硬要求，联合国秘书长于 1990 年 7 月开始召集关于公约第 11 部分的非正式磋商。经过两轮 15 次会议，于 1994 年 7 月 28 日达成了《关于执行 1982 年 12 月 10 日〈联合国海洋法公约〉第 11 部分的协定》（该协定实际上是对原公约进行实质性的修改）。此协定于 1994 年 7 月 28 日在关于海洋法问题的第 48 届联合国大会（续会）上获得通过。第二天，包括我国在内的美国、德国、日本、英国、加拿大等 41 个国家及当时的欧洲共同体，签署了这个关于执行第 11 部分的正式协定。最后，海洋法公约于 1994 年 11 月 16 日正式生效。该协定之详情，请参见梁西主编：《国际法》（修订第 2 版），武汉大学出版社 2000 年版，第 212 ~218 页。

三世界国家的外债(当时已经上升到1.7万亿美元)和援助最不发达国家的问题。[1]

值得注意的是,进入21世纪以来,很多发展中国家事实上已经看到了南南合作的价值和前景,正试图通过扩大发展中国家之间的经贸交流实现贸易和投资多元化,推动共同发展。例如,早在2003年印度、巴西和南非3个发展中大国就组建了对话论坛,目前该论坛已经成为3国加强相互贸易与投资的重要机制。南非外长曾经指出,3国对话论坛"实际上是我们经常讨论的南南合作具体化,3个国家可以共同做很多事情来改善各自人民的生活"。

另外,2003年12月23日联大通过了第58/220决议,决定每年12月19日为"南南合作日",以增强人们对南南合作重要性的认识。联大敦促联合国所有相关组织和多边机构加紧努力,利用南南合作有效地纳入其经常方案的设计、制定和执行的主流,考虑增拨人力、技术和财政资源,支持南南合作倡议。2004年国际社会第一次如期纪念南南合作日,其活动的主题为:通过南南合作达到千年发展目标。

三、和平解决国际争端与强制行动

(一)概述

自从国际社会逐步形成、国家交往日益频繁之后,国际争端即不断发生。在主权国家并存的国际社会中,争端的解决,主要是依靠当事各方的同意;一个具有解决国际争端最高权威的统一的超国家机构,是不可能存在的。但是,国家间的争端,无论是政治还是法律的,如果长期得不到解决,势必加剧冲突,危及国际和平。因此,作为一项现代国际法基本原则的"和平解决国际争端",被国际社会十分重视,并成为现代各种国际组织的重要任务与活动之一。

传统国际法,把国际争端的解决方法分为强制的与非强制的。但是,非法使用武力包括军事示威与平时封锁(pacific blockade)等,作为解决国际争端的方法,已为现代国际法所否认。1928年的《非战公约》(The Kellogg Briand Pact),斥责用战争来解决国际纠纷,并在国家关系上废除以战争作为施行政策的工具,规定一切争端和冲突只能用和平方法加以解决。《联合国宪章》则以和平解决国际争端作为处

---

[1] 发展中国家大多位于南半球,故被称为"南方",它们之间的经济合作被称为"南南合作"。至21世纪初,发展中国家已建立区域性、半区域性经济组织30多个,原料生产和输出国组织30多个,货币金融组织约20个。这些组织为加强南南合作取得了显著成绩。

理国家关系的1项重要原则，它进一步规定：在国家关系中不得“使用武力”或“以武力相威胁”。

国际联盟在解决国际争端方面，并未完全禁止以战争作为解决争端的手段。《国际联盟盟约》所禁止的战争，仅仅为：(1)不首先将争端提交仲裁或依司法解决或交行政院审查而进行的战争；(2)非依上述程序作出有关决定并于3个月届满之后而进行的战争；(3)对服从判决的会员国，或对接受除争端当事国外行政院一致通过的报告的会员国所进行的战争。1931年日本帝国主义入侵我国东北时，国联的报告书竟认为，日本的入侵并非一国未事先用尽国联所规定的和解程序而对另一国家宣战，从而国联未对日本进行任何制裁。国联在解决争端方面的无能及其对侵略者的绥靖政策，是加速国联瓦解的因素之一。

《联合国宪章》以第6章、第8章及第14章等有关条款，分别规定了国际争端的政治解决与法律解决的各种方法。上述各条款，构成联合国在解决国际争端中据以进行活动的法律基础。[1] 值得注意的是，这些条款的适用范围都只限于国际性问题，凡在本质上属于国内管辖的事项，当应排除于联合国职权之外。

《联合国宪章》一方面禁止各会员国在其国家关系中使用武力或以武力相威胁；另一方面还规定，在一定情况下，安理会将建议或决定采取强制措施，以防止和消除对和平的威胁，制止侵略行为或其他破坏和平的行为。[2] 此等强制措施，既包括经济关系、交通运输、邮电通信等的停止，也包括外交关系的断绝，陆海空军示威，封锁以及其他军事行动。但是，这并不属于“和平解决争端”的范围。

《联合国宪章》把用和平方法调整或解决国际争端规定为实现维持国际和平与安全这一宗旨的重要原则与步骤之一。[3] 《联合国宪章》要求争端的各当事国，应首先通过谈判、调查、调停、和解、仲裁、司法解决、利用区域机构或区域协定，或各该国自行选择的其他和平方法，求得争端的解决。[4] 并且，为了促进争端的和平解决，宪章还为大会、安理会及各会员国规定了一系列可以或应该采取的步骤。

（二）大会与安理会在和平解决争端中的作用

联合国是“协调各国行动之中心”，也是协调多极化世界利害关系与各种矛盾

---

〔1〕 1970年《关于各国依联合国宪章建立友好关系及合作之国际法原则之宣言》(The Declaration on Principles of International Law concerning Friendly Relations and Cooperation among States)也规定了“各国应以和平方法解决其国际争端，俾免危及国际和平、安全及正义的原则”。

〔2〕 参见《联合国宪章》第7章各条。

〔3〕 参见《联合国宪章》第1条第1项和第2条第3项。

〔4〕 参见《联合国宪章》第33条第1项。

的最大的政府间组织。

《联合国宪章》规定，安理会对维持国际和平与安全负有主要责任。安理会是联合国唯一有权采取强制行动的维持和平机关，其决定对会员国具有约束力，因此，它对于国际和平的维持起着甚为重要的作用。大会在这方面虽然不能作出具有拘束力的决定，但其处理事项的范围比安理会更为广泛。大会得审议在维持国际和平与安全方面进行合作的一般原则，得审议有关这方面的任何问题并提出有关建议。自联合国成立以来，大会曾就此作出一系列决议，谴责各种战争宣传，号召各国不得违背宪章使用武力，一再重申侵略为危害和平的严重罪行，谴责干涉别国内政，呼吁各国用和平方法解决争端。第 37 届联大于 1982 年 11 月 15 日一致通过了 1 项关于和平解决国际争端的宣言，此项宣言是 1980 年由菲律宾、罗马尼亚、墨西哥和埃及在马尼拉起草的，故称《马尼拉宣言》。该宣言指出，各国只能使用和平手段，在国际和平、安全和正义不受威胁的情况下，解决其争端。该宣言认为，国际争端应在各国主权平等的基础上，遵照《联合国宪章》、正义原则和国际法来解决。该宣言强调，在争端未能和平解决的情况下，任何一方均不得诉诸武力或以武力相威胁。在此之前，大会于 1965 年 12 月 21 日通过的《关于不许干涉各国内政及保护国家独立与主权之宣言》，1970 年 10 月 24 日通过的《关于各国依联合国宪章建立友好关系及合作之国际法原则之宣言》，1974 年 12 月 14 日通过的《关于侵略定义的决议》等，皆载有各国在其国际行为中所应遵循的基本原则，均为当代国际关系与国际法的重要文献。

大会对于国际争端的和平解决负有一般职责，它可以讨论由联合国任一会员国或非联合国会员国的国家向其提出的有关国际和平的一切问题，并可就此等问题向有关国家或安理会提出建议。[1]

大会对于它认为足以妨害公共福利或国际友好关系的任何"情势"，无论其起源如何，可以进行审议并建议应采取的和平调整措施。[2] 必要时，大会得提请安理会注意那些足以危及国际和平与安全的情势。

但是，大会在履行其有关职能时，不得妨碍安理会的行动。《联合国宪章》规

---

〔1〕《联合国宪章》第 11 条第 2 项和第 35 条第 2 项为非会员国规定了向大会或安理会提出问题或争端所应具备的条件。

〔2〕 参见《联合国宪章》第 14 条。情势（situation）系一种潜在的争端，其继续存在，有可能发展成为争端（dispute）。《联合国宪章》第 34 条"可能导致国际摩擦或引起争端的任何情势"一语，足以证实这种理解。

定，正当安理会据宪章对任何争端或情势行使其职能时，大会非经安理会请求，不得就此提出任何建议。此项规定在于保证对维持国际和平与安全负有主要责任的安理会可能迅速有效地采取行动。此外，在大会审议的事项中，凡须采取行动的，均应由大会在讨论前或讨论后提交安理会。[1] 这一规定，有可能使安理会将某些事项转移给大会进行处理。

安理会对于国际争端的和平解决，比大会负有更重大的职责。为了断定某项争端或情势的继续存在是否足以危及国际和平与安全的维持，安理会可以就该项争端或情势进行调查。这一步骤一般是通过调查小组进行的，据宪章规定，安理会有权设立它认为在执行其职能时所必需的辅助机构。

如断定某争端具有足以危及国际和平与安全的性质，安理会应促请（call upon）各当事国用《联合国宪章》第33条所规定的和平方法解决其争端。此后，如争端未能在当事国间得到和平解决，当事国应将该争端提交安理会。

属于上述性质的争端或相似的情势，安理会可以在其发展的任何阶段建议适当的调整程序或方法。安理会在作出此种建议时，应考虑到法律性质的争端一般应由各当事国按照《国际法院规约》的规定提交国际法院。如当事国一方不履行依法院判决所应承担的义务时，当事国另一方得向安理会申诉。安理会如认为必要时，得提出建议或决定应采取的措施，以执行判决。

安理会有权审议与讨论由联合国任何会员国、秘书长或在一定条件下由非联合国会员国的国家向其提出的国际争端与情势。[2] 而且，安理会的任何个别理事国都不能单独阻止安理会对有关《联合国宪章》第35条事项的这种审议与讨论，即常任理事国不能就此行使否决权。[3]

对于危及国际和平的争端，安理会可以主动提出它所认为适当的解决条件。如经争端各当事国的请求，安理会也可以向各当事国提出建议，以求得争端的和平解决。这里，安理会实际上起着一种斡旋与调解的作用。

在上述和平解决争端或情势的过程中，安理会所作的一切建议，虽然发挥重要影响与政治作用，但就当事国而言，并不像它所作的有关强制措施的决定那样具有

---

〔1〕 分别参见《联合国宪章》第11条第2项和第12条第1项。

〔2〕 参见《联合国宪章》第35条及第99条。安理会当然也可以主动审议与讨论这种国际争端与情势。

〔3〕 参见旧金山联合国家会议中《四国声明》的第1部分第3项。但安理会的此种审议与讨论，常引起有关国家以《联合国宪章》第2条第7项所载不干涉内政原则或以并不危及国际和平为理由而加以抵制。

法律上的约束力。[1]

(三)联合国的强制行动

按照《联合国宪章》的规定,各国除了依法进行自卫外,均不得以武力或以武力相威胁作为解决其争端的最后手段。如果国际争端在当事国间得不到和平解决,而且已经发展到威胁和平、破坏和平甚至出现侵略行为时,安理会为了维持国际和平与安全,可以依据《联合国宪章》第 7 章作出建议或决定应该采取的强制行动(enforcement action)。不过,安理会首先应断定是否有任何对国际和平的威胁、破坏和平的行为或侵略行为存在。但是,在实践中,某一争端或情势是否属于国际问题或是否已经发展到如此严重程度,或者事态虽然严重但是否须由安理会采取强制行动,这是一个颇为复杂的问题,有时甚至可能不适当地被用以干涉别国内政。当问题涉及作为安理会常任理事国的大国的利益时,安理会还有可能由于否决权的行使而无法作出决定。

如果安理会断定某一国际争端或情势已发展到上述严重程度,安理会应对有关各方提出维持与恢复和平的建议。如果建议失败,安理会应决定所应采取的强制措施。为了防止情势恶化,安理会在建议或决定采取强制措施以前,得“促请”有关当事国遵行安理会认为必要或适宜的“临时措施”(provisional measures),如停止敌对行动、结束报复措施、接受某种形式的国际政治安排或从一定地区撤退武装力量等。但临时措施不应有碍有关当事国的权利、要求或立场。[2] 此种临时措施,可能由于所涉事件的情况不同而在具体安排上有很大差别,但其意旨均应在于控制局势,使事态不至于继续扩大。“促请”二字暗示,如临时措施未予遵行,安理会将有可能进一步作出决定,采取强制措施。可见,临时措施是《联合国宪章》第 6 章(和平解决争端)与第 7 章(强制维持和平)之间的一种过渡性步骤。

综上可见,联合国的强制措施,是在国际争端得不到和平解决,以致发展到威胁或破坏国际和平与安全的严重情势下所采取的一种很强烈的行动。这将在以下“集体安全制度”中作较详细的阐述。

---

[1] 参见《联合国宪章》第 25 条及第 6 章各条。此外,据《联合国宪章》第 8 章的规定,凡参加区域协定或区域机构的联合国会员国,在把地区性争端提交安理会之前,应首先通过有关区域协定或区域机构力求此种争端的和平解决。

[2] 分别参见《联合国宪章》第 39 条及第 40 条。

四、集体安全制度

(一)概述

集体安全制度,是传统国际法向现代国际法发展的标志之一,也是当前国际组织和国际政治生活中的一个重大问题。无论在人类的远古时代,还是在近代及现代社会,安全对人类都至关重要。这个问题将随着人类的生存与发展而永恒存在。人类对生存竞争所产生的矛盾与冲突,需谋求解决以确保安全,但是解决矛盾的方式因各种社会形态与结构的演变而在不断发展。从远古部落间的冲突到国家间的各种战争,从大大小小的军事同盟到宇宙核军备的竞赛,都说明人类社会一直充满着对安全的威胁。但人类将继续生存下去,并将竭力挖掘智慧去解除自己所制作的羁绊。

国际社会,特别是在近代国际法和国际组织逐渐形成并得到发展之后,对国家安全的保障问题日益予以注意。国际法作为一种调整国际竞争的规则,它和其他种类的法律一样,其终极目的亦在维护其主体的权益与安全。不过,国际法对其主体安全的维护,无论在执行方式还有强制程度上,均有其自身的特点,这是由于受国际法调整的国际社会的特殊性所决定的。

国际社会的安全保障,直至第一次世界大战结束之前,主要是以"个体"或"个体联盟"的方式进行的。许多世纪以来,国家,特别是强国,惯于以武力及战争作为实行国家政策的工具。每当国家间的矛盾激化到一定尖锐程度时,往往由武力解决问题。通过直接冲突的方式来衡量与改变力量对比,然后在某种新的水平上恢复"平衡"。在以势力为杠杆的国际社会里,以强凌弱的现象时有发生。然而,在国际法上,国家是主权的,主权国家有独立自主地处理本国对内对外事务的最高权力。在由主权国家组成的国际社会里,国家之上不可能有一个强制各国行动的中央权力机关。因此,传统国际法一方面规定国家主权不容侵犯,另一方面又将战争看作实现"基于国际法"之权利主张的一种合法的自助手段,确认国家有诉诸战争的权利(jus ad bellum)。战争发生在个体国家之间,也发生在个体联合之间。后者往往是以军事同盟作为战争之一方来进行的,对人类的威胁尤为严重。历史证明,个体自卫、军事同盟均不能确保国家安全,国际均势政策(a balance of power system)[1]也不足以维

〔1〕 See W. C. Olson, *International Relations*, 1983, p. 173.

持世界和平,终至爆发了第一次世界大战。

不少欧美学者认为,国际社会之所以不能确保和平与安全,根源在于有各自为政的主权国家存在,唯有创建世界政府方能消除主权间的矛盾。显而易见,这种观点不无偏颇,基于现今国际社会结构的特点,在可以预见的将来,各国尚无实际可能牺牲其主权而促成一个统一的"天下"。这是国际政治中的一个难题(paradox)。于是,作为向理想世界过渡的"桥梁"(bridge),集体安全(collective security)的设想便在人类社会中逐渐孕育和发展起来。

进入20世纪之后,国际组织有了较大发展,国际社会的集体安全保障开始受到重视。但是集体安全保障作为一项国际制度,还需要有各方面条件的补充与配合,才能在十分复杂的国际关系中得到实现。特别是从国际法的角度来考察,集体安全保障的有关规范尚未成型,效力有限,它还是一项有待发展和需要完善的制度。集体安全是相对个体安全而言的。所谓个体安全保障,是指国家凭本国力量或联合友邦来防御其他国家进攻,以维护本身安全的一种方法。集体安全保障,则意味着其基点不在个别国家或某些国家的联合,而是一种"从整体角度防止或控制战争的国际制度";或者更确切些说,是一种"在主权国家组成之国际社会中,用以控制使用武力、保障和平的组织化措施"。就这一制度的法律性质而言,主要表现在"各国共同约定,以暴力改变现状为非法并将受到外交、经济甚至军事等方面的集体制裁"。但若进一步分析国际关系的各个方面,集体安全问题必然还要涉及和平解决争端、和平变更(peaceful change)、军备削减、建立国际强制机构与国际部队等一系列极其复杂的国际问题。[1]

(二)两次世界大战之间的发展

有些学者认为,古希腊及欧洲中世纪曾有过近似"集体安全"制度的思想萌芽。[2] 但是,真正第一次将这个不甚明确的概念具体适用于整个国际社会的,是国际联盟。《国际联盟盟约》在其约文中,虽未明显使用"集体安全"这一术语,但却隐含着这个概念。其第11条明确宣告:"凡任何战争或战争之威胁,无论其直接影响联盟任何一会员国与否,皆为有关联盟全体之事。"条文中两处使用了"任何"一词,这说明所指战争的范围极其广泛,发动及遭受战争的国家均包括所有成员国在内。其第16条的规定更为具体:"联盟会员国如有不顾本盟约……之规定而从

---

〔1〕 参见孔慈(Kunz,J. L.):《变动中之国际法》,王学理译,台北,"商务印书馆"1971年版,第572页。

〔2〕 See A. De Conde, *Isolation and Security*, pp. 2,55.

事战争者，则据此事实即应视为对所有联盟其他会员国有战争行为。”其他会员国应立即与违约国断绝商业或财政上的关系，禁止其人民与违约国人民的各种来往；并阻止其他任何一国（无论为联盟会员国还是非会员国）的人民与违约国人民进行来往。为了维护盟约的实行，行政院应向有关各政府提出建议，以便联盟会员国各出陆、海、空力量组成军队。本条及其后之第 17 条，同前面所援引的第 11 条相呼应，都提及了非联盟会员国有关事项，从而将世界一切国家都包括在集体安全制度之内。

国联盟约规定的集体安全措施是以各国义务为基础的，因此具有分权的性质。盟约规定在一定条件下禁止战争行为，并规定对违反盟约而从事战争者其他各会员国有义务实行经济制裁。但关于军事制裁，则为非义务性的，行政院对各国政府只有建议派员组成军队之权。

总的来说，盟约关于集体安全的规定，大大超过了许多世纪以来的旧“军事同盟”。它否定“集团对立”，排除“以一个同盟反对另一个同盟”。其立法意旨主要在于，对组织内部所有成员国予以法律约束；规定任何侵略者均将视为公敌，任何受害者均将获得援助；相互保证，共同维护世界安全。它已经不是那种“抵御外侮”的性质了。军事同盟是外向性的，一开始即有具体的敌我存在；而集体安全制度则是内向性的，事先并无具体的敌我之分。这一新的设计，是一种概念性的转折，对第一次世界大战后的国际政治具有深远影响，从而促进了现代国际法的发展，一种新的国际制度正在形成中。

但是，国联的集体安全保障，毕竟还是很脆弱的。首先，盟约在制止战争问题上，存在很大的漏洞。其第 12 条只规定在争端提交某种程序解决之前不得诉诸战争，但经过上述程序作出某种裁决后，再推迟 3 个月，战争即可不受限制。人们称这“裁决后之 3 个月”为“冷却期”，认为缓冲 3 个月后，争端双方可能衡量得失并以比较明智的方式解决矛盾。归根结底，盟约并未完全禁止战争，仍然是以战争作为解决争端的最后方法。其次，行政院在军事措施方面，仅有“建议”权，只起调节作用，不能“强制”各国行事。因此，就像一道堤防，这里出现了一个“缺口”，使国联的制裁行动软弱无力。最后，应该指出的是国联自身并无其可以直接指挥的武装力量。所以无法采取迅速有效和统一的制裁措施。无怪西方学者在评价国联的集体安全保障时，认为它的重大缺陷之一是没有保证执行制度的“牙齿”（teeth）。

尽管国联的建基者，为推行其战后政策的大国意图，创设了集体安全体制，可是，由于其本身所固有的矛盾及国际形势的局限性，这一体制并未收到预期的效果。盟约有关集体安全的条款，虽曾多次成为行政院采取行动的根据，并于意大利入侵埃塞俄比亚后，在1935～1936年被用来制裁过意大利，但在那法西斯横行的整个30年代，面对墨索里尼兼并埃塞俄比亚，希特勒德国吞没奥地利、占领捷克斯洛伐克，国联竟无所作为。特别是对日本帝国主义的侵华暴行，国联虽曾援引盟约在形式上予以谴责，但并未采取任何公正及有效的措施。集体安全体制名存实亡，以致坐视第二次世界大战爆发，完全无能为力。

（三）《联合国宪章》中的集体安全制度及其实践

在战争废墟上建立起来的联合国，根据人类两次最大战争的不幸经验，在其宪章中宣称：决心使后世免于再次遭受今代人类曾两度经历的“惨不堪言之战祸”，重申“采取有效集体措施（collective measures），以防止且消除对于和平之威胁，制止侵略行为或其他和平之破坏”。《联合国宪章》有关集体保障的基本条款，主要集中在第7章。其第39条规定：“安理会应断定任何和平之威胁、和平之破坏或侵略行为之是否存在”。本条意味着赋予安理会这个以大国为重心的机关以“国际裁判官”的地位。从传统国际法的角度来衡量，这是一个重大的突破。第41～42条规定强制制裁措施。这种措施分为两类：一类为“武力以外之措施”，包括经济关系、海陆空邮电及其他交通工具之停止，以及外交关系之断绝；另一类为武力措施，包括海陆空军示威、封锁及其他军事行动。安理会关于这两类措施的决定，均对会员国具有法律约束力。为保证上述武力制裁的执行，第43条进一步规定各会员国依特别协定供给联合国所需之部队以建立联合国军；与此相联系的第47条还创设了一个军事参谋团，使之对联合国军担负战略上的指挥责任。

《联合国宪章》第41～42条（强制制裁措施）的立法意旨，不是“以牙还牙”的一般“报复”，而是安理会以合法使用的集体武力来对付个别国家非法使用武力的行为，以消除对和平之威胁和制止侵略。

与国联盟约相比，联合国宪章中的集体安全制度有了明显的进展。宪章的制定者，不仅在法律体系中给集体安全以更重要的地位，将其作为联合国组织的宗旨及原则予以规定，而且在组织及权力形态上使之具有集权的性质。宪章把维持国际和平及安全之主要责任授予安理会，且确认安理会在履行此项任务时，系代表成员国行事。在国际联盟的情况下，如有破坏盟约而从事战争者，其他各成员国虽有义务立即与之断绝各种商业或财政上的关系，进行经济制裁；但只有在行政院作出有关建议时,各有关成员国才斟酌是否提供陆海空军,组成军队,以实施军事制裁。[1] 联合国的情况则有所不同,各会员国在安理会作出决定之前,无须采取任何行动,但在安理会作出采取强制措施的决定后,则无论属于经济制裁还是政治制裁,均对各会员国具有约束力。联合国要求各会员国通力合作并互相协助,以执行安理会所决定的集体措施。[2]

特别值得注意的是,《联合国宪章》不仅当然禁止战争,而且以普遍禁止使用武力为原则。此项原则的确立,是现代国际法形成与发展中的一个重要里程碑。

对从事战争与使用武力的权利加以限制或禁止,是集体安全制度发展的必然结果。如前所述,传统国际法承认诉诸战争是一种合法程序。第一次世界大战后的《国际联盟盟约》对此有所发展,倾向于制止战争。但是盟约的规定,事实上仅能使战争延期发生。1928 年的《巴黎非战公约》,在战争问题上,有了进一步的发展。公约各缔约国保证"在其相互关系上废弃战争作为实行国家政策之工具"。但是这里所废弃的显然只限于正式"战争"。人类有史以来影响最深的国际组织联合国的出现,使战争法的这一关键问题发生了重大变化。《联合国宪章》进一步规定"不得以武力相威胁或使用武力",从而大大扩大了禁止的范围,使一切武装干涉、进攻、占领或武力封锁以及以此相威胁的行为都成为违反国际法的行为。这一规定,对国家的国际责任产生了深刻影响。

从多年来的国际实践来考察,特别是在地域或集团政治的影响下,《联合国宪章》所规定的集体安全制度,曾经或仍然受若干难于逾越的障碍的制约。首先,在以大国为核心的安理会中,5 个常任理事国享有否决权,安理会在断定和平之破坏或侵略行为是否存在、确定具体制裁对象及制裁措施时,均需五大国的一致通过。在以分权为基础并形成多极的国际社会里,由于大国及各国家集团之间错综复杂的矛盾,安理会很难就某些重大问题通过决议。其次,关于成立"联合国军"的问题,经多次磋商,各国对于军队的规模、类型及各国分配的定额等具体安排,均未能达成协议。因此,对有关制裁措施至关重要的国际军队,迄今尚未建立起来。虽然从 1958 年起,加拿大、丹麦、芬兰、挪威、瑞典、荷兰、奥地利等国,相继成立了一批供联合国使用但在各该会员国内待命的所谓"联合国备用部队"(UN Standby

---

〔1〕 参见《国际联盟盟约》第 16 条。参见[法]夏尔·卢梭(Rousseau. C.):《武装冲突法》,张凝等译,中国对外翻译出版公司 1987 年版,第 446 ~448 页。

〔2〕 参见《联合国宪章》第 25 条及第 7 章各条。

Forces),但这种军队并非《联合国宪章》第43条所规定的联合国军,它是为"联合国维持和平部队"服务的,不能执行制裁的任务。

此外,还有一点特别值得提出的是如何认定"侵略"的问题。侵略之"存在",是执行强制措施的前提,但安理会在对某一"情势"(situation)作出断定时,往往由于有关事件是否属于国际问题或是否已经发展到侵略的程度而引起各种尖锐和激烈的争论。因此,侵略定义的制定,是安全制度中一个重要的法律难题。从1951年起,在长达24年的讨论与研究过程中,相继成立了4个特别委员会。最后通过了一个有关"侵略定义"的综合方案,并于1974年12月14日以联合国大会一致同意的决议使之生效。《侵略定义》的制定,无疑是国际法发展史上的一次重大突破。《侵略定义》共包括8个条文,在条款形式上,采取了规定侵略概念、列举侵略行为与阐明相关问题三结合的方法。[1] 其第1条规定,"侵略是指一个国家使用武力侵犯另一个国家的主权、领土完整或政治独立,或以本定义所宣示的与联合国宪章不符的任何其他方式使用武力"。第3条列举了构成侵略行为的7种具体情况。其余条款,主要是用来阐明若干必要而又能为各国所接受的其他问题。显然,《侵略定义》仍是在特定历史条件下不同政治力量之间的妥协的产物。虽然该定义的制定,使安理会有了作"断定"的法律根据,但是,这里所提出的"公式"在实际运用及解释中,仍难适应各种复杂的矛盾。[2] 何况当问题牵涉大国或其有关利益时,安理会更不可能作出有效的"断定"。可见,强制制裁几乎是无法适用于任何常任理事国的。

联合国成立后,大会和安理会曾不断对若干重大国际争端、严重情势包括殖民压迫、种族迫害和外来侵略等议题,进行过审议。在安理会,虽然由于否决权的阻挠,往往难于作出决定,但在大国未直接卷入的若干情况下,安理会仍有可能据《联合国宪章》第7章采取强制行动。安理会于1966年曾决定对南罗得西亚实行经济制裁,并提醒各会员国按《联合国宪章》第25条接受并履行此项决定。这是联合国历史上第一次根据宪章所实行的强制制裁。这一决定,是以11票赞成、0票反对和4票弃权获得通过的,适用于南罗得西亚的下列进口与出口:出口品包括石棉、铁矿、铬、生铁、糖、烟草、铜、肉类及其产品、生皮、毛皮及皮革;进口品包括武器、弹药、军用飞机与车辆,以及生产及维修武器弹药的设备与材料。当制裁没有达到预

---

〔1〕 参见王铁崖等编:《国际法资料选编》,法律出版社1982年版,第16~19页。

〔2〕 See R. Deming, *Man and the World: International Law at Work*, 1974, p. 137.

期目的时，安理会又于1968年5月一致决定把制裁范围扩大到包括除医药、教育用品及粮食以外的一切进出口商品。此后，安理会又分别于1976年和1977年通过决定，进一步扩大对南罗得西亚的强制性制裁。

安理会对南非的武器禁运，是联合国采取强制行动的另一个例子。由于南非当局坚持实行种族迫害，1963年安理会决定对南非采取自愿性的武器禁运，要求各国停止向南非出售和运送武器。后来，因南非继续非法占领纳米比亚，安理会曾于1975年审议使上述武器禁运成为强制性措施的问题，但由于英、美、法3个常任理事国的"否决"，这一尝试未能实现。3国的理由是，南非在纳米比亚的作用应加指责，但尚未构成对和平的威胁。到1977年11月，安理会终于作出了对南非开始实行强制性武器禁运的决定，规定所有国家立即停止向南非提供任何武器和一切有关物资，并且在制造与发展核武器方面不同南非进行任何合作。为了支援纳米比亚人民反对南非的统治，安理会制定了联合国实现纳米比亚独立的计划，其中包括派出联合国特别代表和联合国部队，以监督南非占领军的撤出。安理会早在1974年，应大会请求召开会议，曾就"南非不断破坏宪章和世界人权宣言"的情况进行过审议，并讨论了1项关于把南非立即开除出联合国的提案，但由于英、美、法3个常任理事国的反对，提案未获通过。从1970年起，南非代表在大会接连5届常会上所提出的全权证书，均被大会拒绝。自1975年后，南非种族主义当局，未派代表出席大会的历届会议。[1]

还有若干案例是，安理会或大会决定进行制裁，但未指明属于《联合国宪章》第7章的行动。如1946年，大会要求各会员国与西班牙的佛朗哥政府断绝外交关系；1948年安理会作出决议，要求在巴勒斯坦停火，并要求所有会员国不向巴勒斯坦、埃及、伊拉克、黎巴嫩等中东国家进出口战争物质。进入20世纪90年代后，国际社会发生了结构性的变化，这对联合国有关强制行动的机制产生了深刻影响。安理会从1990年起，先后决定：对伊拉克实行经济制裁与武器禁运（1990年8月6日），对利比亚的空中交通与武器贸易进行制裁（1992年3月31日），对南斯拉夫政府进行经济制裁（1992年5月30日），对利比亚进行武器禁运（1992年11月19

〔1〕 1993年7月2日，南非各党作出决定：于1994年4月27日举行首次多种族大选。1993年9月23日，在各党推动下，南非议会批准了由多党组成的过渡行政委员会，以监督大选筹备工作。1993年11月18日，南非多党会议讨论通过临时宪法。接着12月22日，南非白人议会特别会议以237票赞成、45票反对，通过了南非历史上第一部非种族主义的临时宪法。从而，在南非结束了长期以来白人少数的种族主义统治。

日）。可见，在此阶段，联合国采取强制措施的频率已有所上升。这与当时国际社会的形势是息息相关的。[1]

安理会在海湾危机中采取的经济制裁和武器禁运，是迄今联合国历程中根据《联合国宪章》第7章所采取的一种最广泛的强制措施。1990年8月2日伊拉克入侵和并吞科威特之后，安理会应科威特的请求，于当天举行紧急会议，通过第660号决议，确认伊拉克的入侵“构成对国际和平与安全的破坏”。并且依《联合国宪章》第39条及第40条之规定，对伊拉克予以“谴责”。“要求伊拉克立即无条件地将其所有部队撤至其于1990年8月1日所在的据点”。同时还按照安理会暂行议事规则第28条成立了一个由安理会全体成员组成的（制裁）委员会，负责向安理会报告工作，提出意见和建议。8月6日安理会通过第661号决议，决定根据《联合国宪章》第7章对伊拉克进行经济制裁和武器禁运。“要求所有国家，包括非联合国会员国，不论在本决议通过之日以前已签订任何合同或发给任何许可证，皆须严格按照本决议的规定行事”，立即停止从伊拉克或被其占领的科威特进口或向它们出口一切商品和产品，包括武器和其他军用设备。并且宣布“不承认占领国（在科威特）建立的任何政权”。8月9日安理会通过第662号决议，宣布“伊拉克不论以任何形式和任何借口兼并科威特，均无法律效力，视为完全无效”。8月25日安理会通过第665号决议，呼吁“同科威特政府合作的、正在该地区部署海军部队的会员国，必要时在安理会权力下采取符合具体情况的措施，拦截一切进出海运（船只），以便检查与核实其货物和目的地，并确保严格执行第661（1990）号决议所规定的与此种海运有关的规定”。9月25日安理会通过第670号决议，决定对伊拉克和被其占领的科威特实施空中封锁。决议要求“所有国家……均不得准许任何来往伊拉克或科威特的飞机载运货物自其领土起飞”。并要求“所有国家均不得准许要在伊拉克或科威特着陆的不论在何国注册的任何飞机，飞越其领土”。11月29日安理会以12票赞成、2票反对、1票弃权的多数票通过第678号决议，“授权同科威特政府合作的会员国”在伊拉克于1991年1月15日前仍拒不执行安理会有关决议的情况下，“可以使用一切必要手段，维护并执行安理会第660（1990）号决议及随后的所有有关决议，并恢复该地区的国际和平与安全”。联合国安理会，截至1990

---

〔1〕 法新社1993年1月12日发自联合国的报道评论说，进入20世纪90年代以后的几年，“安理会的决议基本上反映的是国家政治”，而且往往是由工业大国掌握的。美国及其盟国实际上可以主宰国际政治，并“把联合国作为谴责、制裁和其他行动的合法图章”。

年 11 月 29 日，在不到 4 个月的时间里，针对海湾危机陆续通过了 12 项决议。理事会的 5 个常任理事国，在此过程中，没有直接行使过一次否决权，这种情况，在安理会的表决史上是罕见的。这无疑也反映了进入 20 世纪 90 年代后国际格局与形势变化的若干显著的特点。[1]

冷战结束以来，联合国安理会采取的制裁行动日渐增多，在过去近 20 年的时间里，安理会对伊拉克、前南斯拉夫、海地、利比里亚、卢旺达、索马里、安哥拉的安盟部队、苏丹、塞拉利昂、南斯拉夫联盟（包括科索沃）、阿富汗、厄立特里亚、埃塞俄比亚、伊朗、朝鲜、利比亚等都采取了制裁行动。

在联合国所有制裁行动中，对伊拉克的制裁最为引人注目。自 1990 年海湾危机爆发至 2003 年伊拉克战争爆发前，联合国安理会先后通过了 63 项有关伊拉克问题的决议，对伊实行经济制裁和武器禁运，并在联合国的监督下对伊进行武器核查、销毁。这次制裁的持续时间之长、分歧之大、影响之深远、后果之严重，为联合国制裁史上所罕见。

安理会最近的两次制裁决议为：2011 年 2 月 25 日，联合国安理会就利比亚问题一致通过决议，决定对利比亚实行武器禁运、禁止利比亚领导人卡扎菲和其家庭主要成员等人出国旅行，并冻结卡扎菲和相关人员的海外资产。3 个星期之后，安理会 15 个理事国于 3 月 17 日晚，以 10 票赞成、5 票（俄罗斯、中国、印度、德国、巴西）弃权，勉强通过了第 1973 号决议。决议允许联合国成员国（实际上即法英美及其阿拉伯盟国）在利比亚上空设立“禁飞区”，并可采取除地面入侵领土之外的所有必要手段以保护平民免受卡扎菲军队的伤害，且要求利比亚政府停止对反对派叛军的进攻。决议通过之后，据新加坡和美、德、英、法等国媒体在 3 月 19 日前后几天的报道：国际社会对欧美多国军事行动超越第 1973 号决议滥用武力并杀害利比亚平民纷纷表示质疑。西方联盟内部也因此引发争议。中国外交部发言人 3 月 22 日呼应阿盟秘书长对空袭的批评，明确指出：“安理会相关决议的初衷是为了保护利比亚平民的安全，我们反对滥用武力造成更多平民伤亡和更多的人道主义灾难。我们再次呼吁有关各方立即停火，通过和平方式解决问题。”

---

〔1〕 在苏联解体的 100 天之前，即 1991 年 9 月 11 日，英国《泰晤士报》发表的一篇文章曾经作过如下评论：安理会在伊拉克吞并科威特和海湾战争期间，所取得的持久的一致，现在看来，是苏联衰退（解体）时期出现的过渡阶段的结果。解体中的苏联，不但停止向美国挑战，而且一直在与美国协调政策。这就使安理会有可能制定一系列有关海湾问题的空前有力的决议。

值得注意的是，近年来在安理会的实践中，逐渐把有限的制裁范围和制裁重点放在特定主体上，如统治阶层、官方机构、经济实体或个人。其手段包括金融制裁、冻结财产、武器禁运、航空管制、旅行限制、外交制裁、特定领域的如石油或钻石贸易制裁等。

另外，有的欧美学者还以20世纪50年代初朝鲜战场上的“联合国军”作为说明《联合国宪章》第42条“武力措施”的例子。然而，第一，这次“行动”并不符合宪章关于集体安全制度的各项规定；第二，安理会有关这一问题的决定始终没有当时苏联和中华人民共和国两个常任理事国的代表参加；第三，虽然这支军队声称有16个国家参与，但主要是由美国侵略军组成并且是由一个在美国直接指挥下的司令部来统率的。可见，这支“联合国军”，并不具备必要的法律特征，而是一次违反联合国宪章的行动。

（四）安全与裁军

第二次世界大战以后，世界军备开支长期呈上升趋势。据斯德哥尔摩国际和平研究所的统计报告，20世纪80年代的前几年，世界军备开支数量每年增加3%以上。以1985年为例，世界国民生产总值为16万亿美元左右，而军费总开支已达到6630多亿美元，即接近生产总值的5%。其中，苏联和美国的军费占全世界军费的一半以上，发展中国家约占1/4。发展中国家沉重的债务，可能有25%是购买武器造成的。

自联合国于1945年成立以来，全世界发生了100多场严重的武装冲突，死亡人数总共竟高达2000万人。进入20世纪90年代以后，世界从美苏两极对抗逐渐转向多极纷争的格局。国家和地区性冲突迭起，民族、宗教和边界纠纷层出不穷，过去深藏在冷战后面的矛盾又重新暴露出来。有人惊呼世界将出现一个“低强度争端”的时代。美国的一个“国防信息中心”于1992年10月发表调研报告，把1992年24个规模较大的战争热点分为新的、日益恶化的、依然如故的和正在平息的等几大类型。据报告统计，1990年的战争死亡人数为25万人，但1991年又有所上升，仅在海湾战争中即在10万人以上。另据“国际绿色和平组织”1992年1月公布的一项调查报告，在43日的海湾战争及战后时期，伊拉克平民与士兵死亡人数约243万人，多国部队死亡人数约400人。在此期间，伊拉克约有800个目标被炸毁，其中约有1/3为民用设施，在空袭中丧生的约有8万人。1999年3月24日北约的导弹使南联盟变成一片火海，长达78天的狂轰滥炸，造成十分惨重的伤亡。据

2000 年 9 月 10 日日本《每日新闻》在一篇社论中提出的数据:仅在 20 世纪末的 10 年中,因地区冲突与战争而丧失生命的总人数就已超过 500 万人。而 2000 年 6 月 8 日国际救援委员会发表的一项研究报告说:在此前约两年时间里,刚果(金)的武装冲突已造成 100 多万人的死亡,平均每天有约 2000 人遭杀身之祸。

冷战已经结束近 20 年,但世界各地仍有几十场战争在继续。在武装冲突及战争频发的年代里,军备竞赛更加难于控制,有人担心世界将进入一个"核扩散时代"。现在,除了美、俄、中、英、法 5 个核大国外,以色列、巴基斯坦、印度等国家也在不同程度上已开始进入这一领域,至于对核研究比较先进以及确有一定技术能力的国家和地区,那就更多了。[1] 一般武器库的扩充也十分引人注目。[2] 据一位新加坡防务分析家研究,仅从新西兰到韩国的这一地区,每年防务开支即达 800 亿美元,而且每年以 3% ~5% 的速度增长。美国《商业日报》1992 年 10 月 21 日文章引用美国国会研究处报告说,美国对发展中国家的武器出口额已大幅增加,1991 年为 140 亿美元,占其武器出口总额的一半以上。自海湾战争结束后,美国对中东的武器出口额已达到这些国家订购额的半数,为 450 亿美元。据 1997 年 10 月 14 日伦敦国际战略研究所发表的年度报告《军事均势》说,世界武器交易 1996 年实际增长 8%。美国是迄今为止世界上最大的武器出口国,1996 年的武器出口价值占世界市场总份额的 42.6%。英国的武器出口居世界第二位,法国居第三位。俄罗斯 1996 年的武器出口额仅 34 亿美元,市场份额从 10 年前的 35% 下降到 8.6%。2000 年 10 月 19 日前述伦敦国际战略研究所发表的报告说:上一年度美国的武器销售额占全球 534 亿美元的武器贸易额的 50%,继续排名世界第一。世界武器销售主要是对中东和东南亚等地区进行的。据前述美国国防信息中心估计,近年来,全世界每分钟在战备和战争方面的花费约为 200 万美元。2000 年 6 月 14 日斯德哥尔摩国际和平研究所发表的报告说:1999 年全球武器的总开支约为 7800 亿美

---

〔1〕 法国《世界报》2000 年世纪特刊,在一个编者按语中预测:"历史(20 世纪)是个悲剧,而未来呢? 专家们认为,20 多个国家将拥有核武器,21 世纪从战略上说,将是爆炸性的!"

〔2〕 1991 年5 月29 日,美国总统提出了中东军备控制的倡议。尔后,经安理会5 常任理事国商定,举行过三轮会议:1991 年7 月在巴黎通过了题为《五国关于武器转让和防扩散问题的会议》的文件;同年 10 月在伦敦通过了《会议公报》及《常规武器转让准则》;1992 年 5 月在华盛顿通过了《防止大规模杀伤性武器扩散暂行准则》。会议的文件和议程,不仅包括中东的军备控制,而且涉及全球内的武器转让与不扩散大规模杀伤性武器问题。各文件还载入了一系列具有全球意义的原则,如军备控制应遵循公正、合理、全面、均衡原则;常规武器的国际转让,应有助于增强接受国的合法自卫能力,避免加剧紧张局势以及不利用武器转让干涉国家内政;等等。所有原则,若能信守,当具有重要意义。其效用如何,全赖各国特别是军事强国的切实履行。

元。军备竞赛与战争正在吞噬着人类大批的生命及财产。随着 21 世纪安全平衡的改变和改组，预料在一个短时期内将很难改观。

裁减军备与制止战争，是执行集体安全制度的两个相辅相成的问题。[1] 战争未能制止，国家安全没有保障，军备自然难以裁减；做不到裁减军备，人们在核武器威胁下生活，又何谈制止战争。裁减军备，可谓是为战争釜底抽薪，是集体安全问题的一个重要侧翼。根据传统国际法，军备是自由的。虽然限制军备的思想早已萌芽，但是依照国际协议来限制军备的行动，则几乎到 19 世纪初才开始出现，而且在相当一段时期内，多表现为双边条约的形式。在刚进入 20 世纪的前后几年里，各国在海牙召开过两次规模甚大的裁军会议，签订了几个公约。第一次世界大战结束后的巴黎和会，也在凡尔赛和约中规定了普遍裁军的义务。但这些约定，在此后的国际实践中，效果均不显著。在此期间，谈得上差强人意的，似乎要算 1922 年的《华盛顿条约》，它对当时列强在海军军备竞赛方面起了一定的限制作用。

与集体安全制度联系起来的普遍裁军，是从国际联盟开始的。《国际联盟盟约》规定，"为维持和平起见，必须减缩各本国军备至适足保卫国家安全及共同履行国际义务之最小限度"。国联在实践中相继创设了一系列有关裁军的机关，并于 20 世纪 30 年代初召开了有近 60 个国家参加的裁军会议。此后的联合国宪章，授权联大及安理会处理裁军问题。几十年来，联合国在解决诸如全面禁止核试验、不扩散核武器等问题方面，虽然发挥了重要作用，但是进展非常缓慢，步履颇为艰难。联合国为了积极开展活动，先后建立了众多的裁军机构。从 20 世纪 40 年代的"常规军备委员会"，50 年代的"裁军委员会"和东西方平分秋色的"10 国委员会"，一直到 60 年代的"30 国裁军委员会"，均未取得重大进展。30 国委员会在举行了 800 多次会议后，于 1978 年终止工作，其后随着我国与法国参加讨论，委员会又进一步扩大为"40 国裁军谈判会议"，但仍未能解决实质性的问题。机构不断增加与扩大，旷日持久无甚作为，均说明裁减军备是当代一个极其复杂的问题。其矛盾不仅表现在各军事大国之间，而且特别表现在当时东西方的两个国家集团之间。大体上说，东方国家强调全面彻底裁军，而西方国家则坚持国际监督与核查。由于各方互不信任，彼此存在深刻的分歧，以致北大西洋公约组

[1] See W. L. Tung, *International Organization under the United Nations System*, 1969, p. 115.

织与当时的华沙条约组织，就欧洲裁军问题所进行的一系列谈判也从未能达成任何有效的协议。

地球上第一颗美国原子弹的爆炸和第一颗苏联人造卫星的上天，把世界推进到了核武器时代。据法国《费加罗》杂志1987年5月号文章的统计，当时我们头上核武器的总爆炸力，即已相当于广岛原子弹爆炸力的350万倍。核时代的开始，预示着裁军重心将转向限制核军备竞赛和消除核武器。有关这方面的谈判，过去主要是在当时的两个超级大国间进行的。通过长期谈判，1963年8月美、英、苏3国在莫斯科签订了《部分禁止核试验条约》，禁止在大气层、外层空间和水下进行核试验。1968年1月7日分别在伦敦、华盛顿和莫斯科签署了《不扩散核武器条约》，1970年付诸实施。[1] 在不扩散核武器方面，还有两项区域性条约：一项是1968年的《拉美禁止核武器条约》，另一项是1986年的《南太平洋无核区条约》。1972年5月美苏两国在莫斯科签订了《限制反弹道导弹系统条约》[2]和第一阶段限制战略武器协议。1979年6月在维也纳签署了第二阶段协议，进一步确定了所有战略导弹的最高总限额。此外，1975年8月，35个欧洲国家及美国与加拿大还签署了赫尔辛基最后文件，提出了有关欧洲和平共处的原则。

进入20世纪80年代之后，东西方在核裁军方面的谈判，主要集中在中程导弹问题上。1979年北大西洋公约组织针对苏联在其西部地区部署SS-20导弹一事，决定一方面举行旨在消除上述导弹的谈判，另一方面从1983年开始部署地面

---

〔1〕 中国于1992年3月9日正式加入该项条约。1995年5月11日联合国大会经过24天的艰苦讨论，作出了关于无限期延长这项已经签署了25年的条约（Treaty on the Non-Proliferation of Nuclear Weapons）的决定。它是第一个同时也是迄今最重要的一个全球性防止核扩散的条约。其主要内容是要求无核国家放弃获得这种武器的努力并接受国际检查。另外，有核国家须承诺与无核国家分享核能和平利用的技术、承担对无核国家的核安全保证、并负有裁军的义务。从联合国关于延长此项条约的决定可以看出：条约各签字国仍然愿意在消除全球核武器的总目标下，为维护和发展这一体系而继续进行合作。进入21世纪时总共已有187个国家批准了该项条约。2000年5月20日，来自这187个国家的代表，在联合国历时一月之久的"不扩散核武器条约审议会议"结束时，通过了一项历史性决议，从而为当时已有30年历史的《不扩散核武器条约》注入了新的生命力，也为核裁军带来了希望。决议内容包括"有核国家明确承担实现全部销毁核武器的义务"。这是其过去15年内召开的连续三次审议大会以后，核国家第一次承诺要彻底消除核武器，只可惜没有明确给出时间表。2005年5月《不扩散核武器条约》审议大会在联合国总部举行，来自187个缔约国的代表参加会议。由于与会各方在核裁军、防扩散和中东无核武器区等问题上分歧严重，大会最终未能就《最后文件》草案达成一致。

〔2〕 其后多年来，美国不断要求修改该条约以准备部署其"国家导弹防御系统"。2000年11月2日联合国大会政治与安全委员会，对俄罗斯、中国、白俄罗斯提出的"关于遵守和维护《反弹道导弹条约》的决议案"予以通过。该决议案获得了79个国家的支持。2001年12月美国总统布什不顾国际社会的强烈反对单方面宣布退出《限制反弹道导弹系统条约》，为其部署导弹防御系统扫平道路。美国的这一决定给国际安全和战略稳定带来多方面的消极影响。

发射的巡航导弹和潘兴Ⅱ式导弹。自1980年10月起，美苏就此进行了长达7年的谈判。1987年12月8日苏美首脑在华盛顿正式签署了中程导弹条约。规定双方将在条约生效后3年内，各自销毁其射程为315～3125英里的所有导弹。还规定了现场检查：在前3年内，各方每年检查20次，搜查被禁止的武器；此后5年内，每年检查15次；再后5年内，每年检查10次。中导条约的签署，受到世界舆论的普遍欢迎。人们认为，它可能有助于减少世界特别是欧洲发生核冲突的危险。但值得注意的是，当时地球上已有核弹头5万多个，中导条约规定要销毁的只是其中的2000个左右。这个数量，在当时两个超级大国庞大的核武库中还未占到5%。因此，即使按条约全部销毁这些导弹，也只等于"抛弃了一把小刀"而已。但人们仍然期望以这次销毁中程核导弹为开端，可能就远程战略核武器和常规武器的削减取得进一步的成果。

从20世纪80年代早期开始的美苏削减战略武器的谈判，进入90年代后，于1991年7月31日签署《第一阶段削减战略武器条约》，双方将各自战略武器数量和运载工具共同限制在6000件和1600件。这项协议在2001年12月执行完毕，条约有效期则被延长到2009年12月5日。1993年1月3日美国与俄罗斯签订《第二阶段削减战略武器条约》，双方规定将各自的战略武器限制在3000～3500件，并禁止双方的陆基多弹头导弹。同过去的协议类似，这项条约只要求销毁被裁减的导弹而不是弹头。《第二阶段削减战略武器条约》原要求于2003年1月前执行，但被延期到2007年12月。鉴于过去的美苏（俄）核裁军只销毁核导弹但不销毁核弹头的情况，美俄曾提出在《第二阶段削减战略武器条约》生效后，开始谈判《第三阶段削减战略武器条约》，进一步将双方的战略武器裁减到2000～2500件，并销毁被裁减的核弹头，将核裁军真正建立在不可逆的基础上。然而由于两国在反导问题上的争议，《第二阶段削减战略武器条约》从来没有生效，《第三阶段削减战略武器条约》也就无从谈起。

2002年5月24日美俄达成《削减进攻性战略武器条约》（亦称《莫斯科条约》），双方承诺将各自核弹头削减到1700～2200件，该条约于2003年6月1日生效。《莫斯科条约》规定它将在2012年年底失效或被新的核裁军协议取代。《莫斯科条约》不要求销毁被裁减的核弹头以及运载工具，只限制现役部署的战略武器。同之前的双边核裁军协议不同，《莫斯科条约》也不要求严格的核查。

2010年4月美国与俄罗斯领导人在捷克首都布拉格签署了新的削减战略武器

条约。新裁军条约包括以下内容：美俄根据一定的计数规则，将在条约生效后7年内把各自战略武器总数削减到1550件，并将部署的和未部署的战略武器运载工具削减到800件，其中现役部署的削减到700件；条约有效期为10年，或被更新的核裁军协议取代。同2002年的《莫斯科条约》对比，美俄战略武器部署数量将下降30%；同1991年的《第一阶段削减战略武器条约》相比，美俄战略武器运载工具数将裁减50%以上。此外，这次新裁军条约还保留了《第一阶段削减战略武器条约》的诸多核查条款，但又增加了新的核查方式，这些包括现场核查和展示、协议相关的进攻性战略武器与设施的数据交换、相互协助使用国家技术手段实施核查等。新裁军条约还规定美俄在进行新的导弹飞行试验中，还向对方提供实时飞行数据，1年至多需要提供5次，以此向对方提高各自进攻性战略武器发展的透明度。这一新裁军条约被称为“近20年来最为全面的核军控协议”。[1] 据路透社报道，2011年2月5日美国国务卿与俄罗斯外长，在德国慕尼黑安全会议期间，交换了批准文件，美、俄新《削减和限制进攻性战略武器条约》正式生效（此前，美国参议院已于2010年12月，俄罗斯已于2011年1月，分别批准了该项条约）。条约规定双方各自拥有战略弹头的数量，从2200枚降至1550枚；并重新建立了2009年12月老条约期满后随之约束的监督系统。条约有效期为10年，并可再延期5年。当前，美俄核武器拥有量占世界总量的90%以上，两国签署新条约，将有利于推进世界核裁军进程。

这里，还特别值得提及的是，世界公认的5个核大国（美、俄、英、法、中），曾于1996年8月在日内瓦，经过反复磋商，就在全世界范围内禁止一切核试验爆炸的问题，达成了一致意见。接着，联合国第51届大会于9月10日以压倒多数票通过了联合国裁军会议一特别委员会从1994年1月开始经过2年多的时间所起草的一项《全面禁止核试验条约》。9月24日中国等16个国家成为首批签署全面禁试条约的成员国。截至2009年9月24日，共有包括中国在内的181个国家签署了这项条约，其中有150个国家批准了这一条约。但还有极少数核门槛国家，对此条约持保留态度。中国政府早在1996年7月29日宣布冻结核试验的同时，呼吁国际社会

[1] 沈丁立：《签署新条约，美俄核裁军获新进展》，载《新民晚报》2010年4月9日。

为缔结一项最终全面销毁核武器条约而举行谈判。[1]

在进入21世纪的前些时候,在禁止化学武器方面也取得了一些成就。这方面最重要的一个进展,是《禁止化学武器条约》的签署。为了永远禁止大规模杀伤性武器,有近120个国家于1993年1月13日至15日在巴黎举行国际会议,讨论签署全面禁止化学武器条约的问题。该条约共24个条文,目的在于消除全球化学武器。该条约规定:各缔约国将禁止使用、生产、购买、储存和转移各类化学武器。其中还规定了国际武器限制条约中最严格的检查制度。该条约的核实工作,由一个设在海牙的机构负责。这一机构包括一个由全体缔约国组成的会议、一个由41名成员组成的执行委员会和一个技术秘书处。如果违反条约造成巨大威胁,该机构可以与联合国大会及安理会联合采取行动。与会的多数国家,包括美国、俄罗斯、中国、以色列、南非、伊朗等,在会议结束时签署了条约。但是当时也有一部分国家(如大多数阿拉伯国家及印度、巴基斯坦、越南、朝鲜、伊拉克等)未在条约上签字。根据其总则规定,条约在65个缔约国批准后6个月生效,但批准时间不得晚于2年。《禁止化学武器公约》于1997年4月29日生效,同年禁止化学武器组织在荷兰海牙成立。为悼念化学战受害者并增强国际社会对化学武器危害的认识,禁止化学武器组织决定将每年的4月29日(禁止化学武器公约生效日)定为"化学战受害者纪念日"。截至2010年7月,《禁止化学武器公约》有188个缔约国。

(五)若干规律性的认识

综上所述,不难看出,集体安全制度是以"世界整体和平"这一新概念为其理论基础的。特别是在当今以经济、技术为联结纽带的全球化国际社会里,任何地区问题如不妥善解决,都有可能发展成为威胁国际和平与稳定的因素,因此国际和平不

---

[1] 《全面禁止核试验条约》(CTBT)的要点在于:(1)序言部分指出"遏制研制核武器和遏制提高核武器质量,结束研制新式先进核武器,从而停止一切核武器爆炸试验和其他一切核爆炸,是全面实现核裁军和核不扩散的一项有效措施"。(2)条约范围是"各缔约国保证不进行任何核武器爆炸试验或任何其他的核爆炸"。这一条款不包括非军事性质的用于科研目的的核爆炸。(3)条约由一个使用尖端监测系统的执行委员会来执行。该委员会由来自世界各地区的51名委员组成,它有权力对核设施进行现场检查。需要有26名委员的赞成票才能批准现场检查。(4)检查任务将以一个国际监测系统收集的多国数据为根据。该系统由4个网络组成,在世界各地有几十个监测站。(5)条约的生效需要经44个国家、包括5个公认的核国家(英、中、法、俄、美)和3个具有核能力的国家(印度、以色列、巴基斯坦)的批准才能生效。在联合国裁军委员会讨论制定本文件的共有61个国家,其中许多国家已有用于科研或用于发电的核反应堆。在1998年5月内,印度及巴基斯坦先后各自分别连续进行了5次及6次核试验,使局势更加复杂。到1999年10月8日,在为了使该条约得以生效实施的会议上,各国强烈呼吁印度与巴基斯坦及早签署和批准该条约,同时也呼吁俄罗斯、美国、中国、以色列批准该条约。2000年4月21日俄罗斯杜马以298票赞成、84票反对、2票弃权批准了该条约。

可分割。集体安全组织要求其全体成员国，应具备一种“天下一家”（a spaceship earth concept）的整体意识，视任何地区和平之破坏为整个国际社会的危机，并负有共同对侵略行为采取及时有效制裁的法律义务。[1]

集体安全作为一项国际法制度，首先要求有一个执行集体措施的强大机构为物质基础。集体安全制度发挥作用的前提，即在于它是否具有实际的威慑力而足以事先预防破坏者的轻举妄动。因此，这一执行机构必须是全球性的，涵盖尽可能多的成员国。只有成员国具有极大的普遍性，才能保证集体安全措施的有效性。国联对意大利经济制裁未能贯彻到底，就是一个例子。

势力均衡原则对集体安全制度产生重大影响。集体安全体系中某一大国或两三个大国的实力比其他所有国家的大集体实力，其差数越大越能使和平免于威胁。不然，就很可能出现超级大国及霸权主义操纵安全制度而使之为其“大国利己主义”效劳的危险。集体安全制度应在公平原则的基础上，确保成员国无论强弱大小都有权参与国际事务的解决；并应设有科学合理的决策程序，实现组织内部的权力均衡，确保各成员国之间的真正平等。

特别重要的是，集体安全制度的有效实施，离不开安全组织执行其集体强制措施的实际行动能力。因此，组建一支隶属于安全组织的国际军队应是集体安全制度的物质保障。唯有国际社会本身真正具有阻却战争及强权掠夺的实力，方能获得没有战争的和平。

总的来说，虽然国际整体安全意志比国家意志间的矛盾要少，集体安全力量对个别侵略者具有威慑性，但是，从当代国际社会基本结构来分析，集体安全制度自产生之日起，就面临各种不利于其发展的阻碍力量。

首先，国际社会的集体安全行动颇难适应当世民族主义潮流及强化国家主权的要求与倾向。各国外交政策，无不以“国家利益”为最高目标。举凡对贸易与投资关系的扩大，文化与传统关系的维持，意识形态上的影响，军事联系的纽带，甚至参加集体制裁对国家预算的消耗，均在国家决策过程中产生极为重要的作用。各种离心力，特别是大国的利己主义，可能使尚未遭到直接侵略的国家以及制止侵略对其无直接利益的国家，对集体制裁不感兴趣而采取某种消极的态度。这些国家往往不愿在眼下作出现实的牺牲来积极参加统一行动。

---

〔1〕 See E. Lauterpacht, *H. Lauterpacht's International Law*, Vol. 3, 1977, pp. 464, 480 – 483.

其次，至今尚存的对抗性国家同盟（特别是军事同盟）体制，对集体安全产生不利影响，妨碍世界各国对危害和平的行动作出一致反应。它们不仅不能促进世界整体和平与安全，还有可能使矛盾扩大，使冲突升级，使局势进一步恶化。

最后，军备竞赛的势头尚难控制，集体安全措施若不能压过战争准备，各国就不可能真正得到不受侵犯的确切保障。在世界人民不具备安全感的情况下，各国政府对集体安全的牢固信念是难于形成的。这对国家决策者，会产生不可低估的心理影响。另外，制度内部的强权政治、霸权主义也构成威胁集体安全发展的暗礁。

无论从理论还是实践剖析，如无异常条件出现，集体安全制度都与普遍性国际组织的发展密切相关。集体安全措施既不可能脱离国际组织而单独存在，也不可能比国际组织发展得更快。在国际组织与主权国家并存，国家仍然是国际关系主要行为体的背景下，国际组织相对于国家主权权利的职能范围与决策效力都不可能过快发展，集体安全制度的发展速度也必将受此影响。集体安全的最佳条件是出现一个超越一切国家的公正的世界权力中心，但是这个神话般的奇迹似乎还非常遥远。

集体安全制度虽然困难重重，但在现实需要的适当条件下，仍可得到进一步的发展与完善，对国际和平与安全的维持仍可继续发挥一定的作用。不过，也应认识到它不可能成为一个最后消除战争与国际冲突的一劳永逸的措施。

五、维持和平部队

（一）概述

联合国在解决严重国际争端或冲突的过程中，曾多次采取所谓“维持和平行动”（peace keeping operations）。维持和平行动同上述根据《联合国宪章》第41条或第42条所采取的实行高压政策的强制行动有原则性的区别。联合国的维持和平行动，在宪章中无明确规定，是在实践中根据宪章的宗旨原则逐步发展起来的。它一般是经安理会决定并经当事国同意的一种减轻及遏制冲突局势的“冷却”措施，是维持地区性和平与安全的一种缓冲手段。有人曾把维护和平行动视为联合国集体安全保障的一种辅助手段和特殊方式，因为只有当形势已发展到“足以危及国际和平与安全”时才能采取这种行动。联合国秘书长在1960年向大会提出的工作报告中，作为联合国的一项政策提出了所谓“预防性外交”（preventive diplomacy，载 UN Doc A/4390/Add1）。该报告认为，对于在东西方相接触并出现直接冲突的冷战中心地区发生的争端与危险局势，联合国不可能有效地发挥作用，但在那些尚未发生大国正面冲突的地区，联合国是有可能抢先对事态产生影响的，这些地区将成为联合国活动的主要场所。这里所提及的预防性外交，可以作为联合国维持和平行动的一种政策性的概括。

联合国从 1948 年开始采取“维持和平行动”这一措施以来直到 20 世纪末，其总数已达 50 余次，先后累计有 100 多个国家的 70 多万名维持和平人员参加了此等行动。值得注意的是，这 50 余次行动中有 1/3 左右是 1991 年之后开始进行的。截至 2010 年 9 月 30 日，自 1948 年以来联合国维和行动共计 64 次，参加维和的军事人员 83,459 人，联合国警察 13,693 人，军事观察员 2208 人，总数为 99,630 人；在维和行动中提供军事人员和联合国警察的国家数目为 116 个。1948～2010 年 6 月 30 日，维和行动总开支估计为 690 亿美元；维和行动应收欠款大约为 32.3 亿美元。2010 年 7 月 1 日至 2011 年 6 月 30 日的核定预算为 72.6 亿美元。目前正在进行的维和行动还有 15 起，由维和行动部指挥和支持的和平行动 16 起。[1]

联合国的各种维持和平行动，可归纳为两个类型：一类为军事观察团（military observer missions），另一类为维持和平部队（peace keeping forces）。

联合国军事观察团，是由被当事国认为公正的会员国应秘书长的要求向联合国提供的非武装军官组成的。其主要职能在于观察某一地区维持停火的状况，如有破坏停火的事件发生，应进行调查，并尽力加以改善。军事观察团应经由秘书长向安理会提出观察报告。联合国最早建立的一个观察团，是 1948 年为监督以色列与阿拉伯国家间停战协议的执行而成立的巴勒斯坦停战监督组织。以后，又有 1949 年的联合国驻印度与巴基斯坦军事观察小组，[2] 1958 年的联合国驻黎巴嫩观察小组，1963 年的联合国驻也门观察团，1965 年的秘书长驻多米尼加共和国代表团等。在快进入 20 世纪 90 年代的时候，1989 年 3 月到 1990 年 3 月，联合国还派去了一组包括军人、文职人员和警察在内的 7000 名观察员到纳米比亚，以监督在“过渡时期”实现其独立的进程。在海湾战争伊拉克明确宣布停火后，联合国在 1991 年上半年又派出了一个观察团到伊科边境负责监督两国间 240 公里长的共同

---

〔1〕 资料来源：DPI/1634/Rev. 113（2010 年 10 月），载 http://www.un.org/chinese/peace/peacekeeping/facts.htm，最后访问日期：2010 年 12 月 1 日。

〔2〕 该小组自 1972 年以后，长期待在印度和巴基斯坦双方都接受的“控制线”上。

边界。

联合国维持和平部队，在一般情况下，是由秘书长按照安理会的决定建立而由若干会员国提供的武装部队分遣队所组成。但最早的一支维持和平部队则是依大会的决议建立的。这种部队，须由联合国统一部署，受1位只从联合国总部接受指示的“部队指挥官”的指挥，其组成人员，在参与联合国活动期间，是同派出国的部队脱离的，直接处于联合国的管辖之下。[1] 它们的职权范围与功能，虽因形势需要可能有所不同，但其主要意旨应该是通过联合国的有形“存在”（presence）所产生的影响以及通过对停火、停战协定或撤军的监督，来防止局部性冲突及敌对行动的再度发生或扩大，从而进一步恢复正常秩序，以稳定国际局势。它应该成为联合国的一种“反逐步升级的手段”（an antiescalation device）。维持和平部队可以进入现场进行巡逻或实际插入对立各方之间执行任务，必要时还可以进行调查、谈判或劝解。但是，它不应凭武力来实现其目的，并应避免可能影响当事国权利、要求或地位的任何行动。

维持和平部队带有强烈的政治色彩，实质上它是一个政治工具。它对政治局势有一定的控制作用；这种作用在不同条件下，可能有利于争端优势一方，也可能有利于争端劣势一方，甚至还可能对第三者产生重大影响。因此，无论在当事国间还是在广泛的国际社会中，它都是颇为敏感并为各国所关注的问题。由于维持和平部队具有这种特殊而微妙的性质，所以它可以被用来实现各种不同的意图，尤其是易为利害相关的大国所利用，从而有可能蜕变为干涉别国内政的工具。

传统的维持和平部队在法律上的基本特征，一般应该是非强制的和中立的。对各当事国来说，它是一支配带武器而不具强制性的军队，这一特征主要表现在：它的驻扎与基本活动，必须以有关国家的事先同意为前提，其有效性完全基于自愿的合作（voluntary cooperation）；对武器（其最重型的武器是机关枪）的使用有严格限制，非在自卫必需的情况下不得动用武力；它是一群没有敌人的士兵（soldiers without enemies），他们面对的只是不同的派别；驻在国对士兵来源的国籍有否决权，原殖民国的公民不宜去其以前的殖民地；并且，一经驻在国政府要求，该部队即须立刻撤出驻在国。维持和平部队的中立性，主要表现在：它的组成须由与争端无利害关系的国家提供分遣队，为了避免国家利己主义的影响，大国一般不参加这一

[1] 联合国维持和平部队，虽然身着本国军服，但头戴印有联合国字样和徽章的蓝色贝雷帽或蓝色钢盔。因此，人们又称它为“蓝盔部队”。

任务;[1]它作为中间力量,不能伪装其武器、阵地及士兵自己,他们的车辆、直升机和掩体大多涂有白色,写上"UN"字样,阵地和巡逻队的蓝色联合国旗帜在夜间用灯光照明;特别重要的是,他们必须以公正姿态出现于各争端当事国之间;他们是"穿军装的外交家",即使是一个一等兵也必须具备调解当地各派之间争端的能力;在驻扎期间,不得利用其方便条件干涉驻在国的内政。[2]

维持和平部队,是联合国在协调或解决国际争端实践中形成的一种特殊措施,至今仍然是一个充满复杂因素的概念。就其建立、管理、职权范围、经费开支或活动程序来分析,尚不能认为已构成一种具有明确规范的国际制度。特别是关于维持和平部队的法律基础,一向众说纷纭,是一个争论颇多的问题。在宪章没有具体规定的情况下,欧美学者,有的援引《联合国宪章》第 6 章或第 7 章有关条款,用以说明这种部队的建立与管辖只能是安理会的职权;有的则引用与大会职权相关的条款或宪章以外的其他联合国文件如 1950 年的《联合维持和平决议》作为建立这种部队的法律基础;有的还以联合国为实现其宗旨所应具有的一种隐含权力(implied powers)来论证维持和平部队的法律根据。但是,从历次部队的建立程序、职责范围、活动实践来考察,笔者一贯认为:以《联合国宪章》第 40 条来解释维持和平部队,似乎比较符合宪章的精神。如前所述,安理会为了防止情势恶化,在依《联合国宪章》第 39 条规定提出建议或决定采取强制行动以前,可以促请有关当事国遵行一种"临时措施"以逐步减少或停止敌对宣传或武装冲突、部分或全部撤走军队、进行停战谈判等。维持和平部队的派遣,即构成这种临时措施的有机组成部分,它可谓是安理会为执行其职能所需要设立的一种特殊辅助机构。

---

〔1〕 进入 20 世纪 90 年代后,一些国家有一种把参加维和行动当作参与国际事务及保全自身利益的一种手段的倾向。随着国际格局的演变,过去长期所形成的"大国一般不参加维持和平部队"的惯例,很可能已经被突破,而且维持和平行动的职能和范围也在不断扩大。这一动向非常引人注目。例如,于 1991 年 4 月 22 日开始部署在伊拉克和科威特边境缓冲地带的由 1440 人组成的联合国海湾维持和平部队,即有 100 名军官分别来自美国、苏联、英国、法国和中国。该部队包括军事观察员 300 名(5 个安理会常任理事国各派 20 名,其他 200 名由阿根廷、奥地利、孟加拉、加拿大等国派出),5 个步兵连共 680 人(分别来自奥地利、丹麦、斐济、加纳和尼泊尔等国)。后勤部队由挪威及瑞典组成。此外还有一个参谋部、一支工程兵和几名飞行人员。联合国 5 大国都派军事人员参加维持和平行动,这在联合国历史上是第一次,可能给今后的维和行动带来更多的"大国干预"色彩。人们还注意到,德国和日本也修改其宪法,以便利用参加维持和平行动的机会向外正式派兵,并显示其大国作用。2000 年 11 月 1 日德国在其与联合国签署的谅解备忘录中表示:它愿为维和行动提供待命的军事人员以及军用飞机、直升机等各种装备。

〔2〕 以上这些长期形成的特征和基本界限,在近些年来所采取的维和行动中,有些已在不同程度上被突破。而其中,关于"自卫之外的使用武力"问题,则引起了人们的普遍关注,无论在实践中或理论上都是一个甚有争论的问题。

联合国维持和平部队的出现，对 60 多年前的宪章缔结者来说，是一个意外发展。这种曾经在世界多事地区频繁发生的激烈冲突中执行过几十次停战或缓冲任务[1]的和平部队，于 1988 年 9 月 29 日，获得了诺贝尔和平奖。

（二）联合国维持和平部队的建立

联合国成立后，曾多次向发生敌对行动或冲突的地区派出维持和平部队。有的是最近新派出的，有的虽然派出已久但至今还在执行任务。

国际组织历史上第一支维持和平部队，是 1956～1967 年在埃及与以色列之间执行任务的"联合国紧急部队"（United Nations Emergency Force）。1956 年 7 月埃及依法对苏伊士运河公司实行国有化；10 月以色列军队在中东形势紧迫时侵入西奈半岛，其后，英法军队侵入苏伊士运河区；10 月 30 日安理会召开会议讨论这一问题，但由于英法行使否决权而未采取任何措施。于是大会召开了紧急特别会议，会议于 11 月 2 日作出决议，要求各方停止战斗，撤走一切外国占领军；同时为了监督与确保停战，决定即刻成立并派出一支紧急部队。该部队经埃及政府同意后驻扎在埃及领土上，在埃以停战线和加沙地带以南的国际边界上进行巡逻。[2]

从法律角度来分析，这支紧急部队有下列问题值得注意。该部队同其他各支维持和平部队不一样，它不是根据安理会的决定而是由联合国大会直接建立的。大会一开始即提出了由 5 个大国以外的会员国参与组编这支部队的方针，后来据此申请提供分遣队的有 24 个国家。最后确定由巴西、加拿大、哥伦比亚、丹麦、芬兰、印度、印尼、挪威、瑞典、前南斯拉夫 10 国提供武装特遣队参加组成部队，人数为 6000 人，按提供国与联合国秘书长签署的协议使用。部队由秘书长和一咨询委员会在大会的权力下进行统辖，部队经费由联合国在特别预算中支付。据大会决议，紧急部队的职权，是在停战后负责监督和确保各当事国间的停战状态。它不是《联合国宪章》第 43 条所规定的那种军队，而是一种对紧张局势起威慑作用的缓冲力量。联合国与埃及缔结了关于紧急部队法律地位的协定，确认该部队作为大会

---

〔1〕 自 1948 年在巴勒斯坦执行和平任务以来，有 2843 名维持和平行动的军人在服役中牺牲（截至 2010 年 10 月 31 日）。死亡情况非常惊人的是在颇有争议的刚果行动，从 1960～1964 年，在那里驻有近 2 万名维持和平部队，共死亡 237 名。在此期间，秘书长哈马舍尔德于 1961 年 9 月 17 日在飞机坠毁事件中身亡，原因至今不明，这架飞机掉在今日赞比亚的恩多拉附近。在前南斯拉夫地区和索马里等多次维和行动中，伤亡也很惨重，因此 1993 年第 48 届联大通过决议，成立了一个特设委员会，专门从事制定关于保护联合国维和人员安全之国际公约。1994 年 12 月 9 日，第 49 届联合国大会通过了《联合国人员和有关人员安全公约》。

〔2〕 联合国秘书长于 1956 年 11 月 20 日同埃及政府交换《关于联合国紧急部队驻扎埃及及其基本职能的备忘录》，就联合国紧急部队驻扎埃及一事正式取得了埃及政府的同意。

的辅助机构在埃及境内享有其所需之特权及豁免。[1] 紧急部队的经费是从维持和平行动款项中开支的。这支部队直至 1967 年 5 月 18 日才在埃及政府的要求下撤离加沙地带和西奈半岛。

联合国的第一支维持和平部队,为此后的维持和平行动提供了经验。后来由安理会建立的各支维持和平部队,基本上都是照上述紧急部队的原则和体制来组成的。例如,1960 ~ 1964 年,派驻刚果共和国的由 2 万人组成的"联合国刚果部队"(United Nations Force in Congo);1961 ~ 1963 年,派驻西伊里安(西新几内亚)帮助印尼从荷兰手中接管当地行政权的"联合国西伊里安安全部队"(United Nations Security Force);从 1964 年起派驻塞浦路斯调解希土两族武装冲突的"联合国塞浦路斯维持和平部队"(United Nations Peace Keeping Force in Cyprus),原由 6500 人组成,直至前些年,仍有 2000 多人的"蓝盔"部队驻扎在希族人区与土族人区之间的停火分界线上;[2] 1973 ~ 1979 年,派驻加沙地带和戈兰高地的"第二支联合国紧急部队"(United Nations Emergency Force II);从 1974 年起派驻以色列和叙利亚的由 2000 人组成的"联合国脱离接触观察员部队"(United Nations Disengagement Observer Force);从 1978 年起,联合国派驻黎巴嫩为监督以色列撤军和协助黎巴嫩政府恢复权力的由 6000 人组成的临时部队[3]等。

过去很长一段时间,特别是在两极争霸的冷战年代里,联合国在大国否决权的制约下,不易采取重大的维持和平行动。进入 20 世纪 90 年代后,世界形势发生巨

---

〔1〕 1957 年 2 月 8 日,联合国秘书长与埃及外长以书信方式缔结了《关于联合国紧急部队地位的协定》。

〔2〕 截至 2010 年 8 月 30 日,联合国塞浦路斯维持和平部队的军警人员仍有 926 人,其中包括 857 名官兵和 69 名联合国警察,另由 40 名国际文职人员和 111 名当地文职工作人员。载 http://www. un. org/chinese/peace/peacekeeping/Cyprus/unficypF. htm,最后访问日期:2010 年 12 月 2 日。

〔3〕 以上各支部队,除西伊里安部队外,都是由安理会直接建立的。黎巴嫩临时部队,是由来自斐济、法国、爱尔兰、荷兰、尼日利亚和挪威的官兵组成的。安理会于 1982 年 2 月 25 日,以 13 票对 0 票、2 票弃权通过决议,决定向黎巴嫩南部增派 1000 名士兵以防以色列进一步入侵,从而使该部队增为 7000 人。秘书长于 1983 年 1 月 14 日向安理会建议再延长该部队的驻扎期限。他认为,在黎巴嫩政府尚未控制局势时撤出这支部队,无疑将产生严重后果,将对早日在黎巴嫩南部恢复黎巴嫩政府的权力造成重大打击,并将在该部队的驻扎地区引起各派间的暴力事件,从而再次危及黎巴嫩人民的安全。1983 年 7 月 18 日,在安理会举行的第 2456 次会议上,以 13 票对 0 票、2 票(苏联与波兰)弃权又一次通过了延长驻黎巴嫩临时部队的期限。这是安理会第 13 次讨论该部队的延期问题。直至 1992 年 11 月 12 日,这支部队仍有由 10 个国家派出的近 6000 名士兵在黎巴嫩南部执行任务。到 2000 年 7 月 27 日,安理会决议:将部署在黎巴嫩南部地区的 5000 名部队的维和使命再延长 6 个月。此项决议还要求黎巴嫩政府"尽快"在该地区部署它自己的武装部队。第 2 天(7 月 28 日)联合国发言人宣布,该部队已进驻以色列占领过而现已撤走的南黎巴嫩边境地区。截至 2010 年 8 月 30 日,联合国驻黎巴嫩临时部队的军事人员仍然有增无减,已达到 11,449 人,国际文职人员为 315 人,当地文职人员为 656 人。该部队,2010 年 7 月 1 日至 2011 年 6 月 30 日的核定预算为 5. 1871 亿美元。

变。两个超级大国之间的对抗虽已消失，但地区性的冲突却有增无已。在此战乱迭起的威胁下，一方面世界人民对联合国寄予希望，另一方面各国决策者也加强了对它的利用。联合国承受着巨大压力。此后，联合国对于来自各方要求干预的建议和呼吁，应接不暇，实际上已大大超出了它所具有的能力。至 1992 年，联合国当时分布在世界各地的重要现役维持和平部队（与军事观察团）已有十几支，[1] 总人数已经超过 5 万人，全年所花费用约 27 亿美元。而到 1993 年时，仅在索马里和前南斯拉夫的维和费用即达到了近 40 亿美元。这在联合国历史上是空前的。直至 20 世纪末期，联合国派驻在黎巴嫩、耶路撒冷、叙利亚的戈兰高地、伊拉克与科威特边界、塞浦路斯、查谟和克什米尔的印巴停火线、安哥拉、西撒哈拉、马其顿、东斯洛文尼亚、克罗地亚的巴拉尼亚和西西尔米乌姆、塞拉利昂等地区共 16 支维和人员的花费，仍很巨大，成为联合国的沉重负担。但是，如果只是联合国授权的“多国部队”（如 1999 年经安理会决议的以澳大利亚为首的驻东帝汶“多国部队”），其后勤给养等费用，则由各参与国承担，士兵们也不能戴贝雷帽或蓝盔。（中国在安理会投赞成票并参与了驻东帝汶“多国部队”这一行动。印度尼西亚对联合国授权的这次多国行动，正式表示默许）

进入 20 世纪 90 年代后，联合国维持和平行动与传统的维和行动相比，无论在规模、方式和性质上，都出现了一些新的特点，似乎更具“干预性”。在整个 90 年代，联合国的行动可谓成败参半。它在纳米比亚、莫桑比克、萨尔瓦多等地取得了成功，在柬埔寨也部分地完成了任务，但在波黑、卢旺达、索马里等处则发生了难言的巨大挫折和灾难。联合国于 1992 年派往南斯拉夫的维持和平部队，是它第一次对欧洲大陆采取这种行动。开始是由瑞典和挪威士兵组成先遣队，在这一年的 3 月中旬到四分五裂的南斯拉夫执行任务，此后不久，其他 28 个参与国的 12 个步兵

---

[1] 20 世纪 90 年代的头几年，联合国在世界各地，有下列维持和平部队与军事观察团在进行活动：(1)克罗地亚/波斯尼亚（军人 13,870 人，文职人员 500 人，其总人数很可能已增至 22,000 人）。(2)塞浦路斯（军人 2158 人，警察 37 人）。(3)黎巴嫩（军人 5758 人，军事顾问 65 人）。(4)萨尔瓦多（军人及警察 1003 人，文职人员 143 人）。(5)西撒哈拉（军人 375 人，计划增加到 2700 人）。(6)伊拉克/科威特（军人 500 人，内含军事顾问）。(7)安哥拉（军人及警察 440 人，选举监察员 400 人）。(8)索马里（军人 550 人，需增至 4000 人）。(9)柬埔寨（军人 1.5 万人，文职人员 5000 人，还需增加人员）。(10)以色列/近东（军事观察员 300 人）。(11)叙利亚/以色列（军人 1375 人，观察员 7 人）。(12)印度/巴基斯坦（军事观察员 39 人）。以上，是根据德国刊物《明星》1992 年 12 月的统计而综合的情况。海湾战争中的“多国部队”，不属联合国“蓝盔部队”。海湾战争在美国指挥下进行，多国部队是履行派出国的任务，联合国对此没有支配权。根据《联合国宪章》第 43 条及第 7 章的其他条款，真正在联合国支配和指挥下进行的战争在理论上是有可能的，但这种性质的战争在实践中还一直没有典型地发生过。

营共1万余人也相继到位服役。后来,其人员又得到多次增补。但由于民族纠纷愈演愈烈,甚至维和部队也直接参与了严重的流血斗争,这支原计划为期大约一年的部队,长期未能在南斯拉夫地区(大国利益的牺牲品)彻底完成其任务。联合国在柬埔寨“联合政府”成立之前的维持和平行动,也十分艰巨。它于1991年10月设立“联合国驻柬埔寨筹备工作组”,由235人组成,其中包括78名军事观察员。该工作组的使命是在“联合国驻柬临时权力机关”建立前负责监督停火和排雷计划的实施。1992年2月28日联合国安理会决定向柬埔寨派遣维持和平部队。该部队由1万名以上的军事和文职人员组成。使人惊讶的是,其职权范围比历次维持和平部队的职权都要广泛。1992年年末,联合国向莫桑比克派驻的维持和平部队,其人员竟多达8000名。联合国为安哥拉、萨尔瓦多、索马里等多事地区组织的其他维持和平行动,均具有很大的规模。[1] 这些部队的频繁建立,似已表明:冷战之后的新世界,一直缺乏一种稳定和有效的国际新秩序;在这个纷争四起的世界里,联合国及其维持和平部队,到底应该怎样应付局势?到底会如何演变和发展?已引起世界各国的严重关注。看来,在“维和行动”这个关键问题上,联合国还将经受它前所未有的最严峻的考验。

值得注意的是,进入21世纪以来,联合国与区域性国际组织在维和行动上合作的趋势颇为明显。例如,2007年7月31日联合国安理会通过了第1769号决议,决定在苏丹达尔富尔地区部署大约2.6万人的联合国—非盟混合维和部队。在联合国安理会的授权下,2008年欧盟正式向乍得和中非共和国派驻维和部队。此外,在联合国安理会的授权下,欧盟还分别于2003年、2004年和2006年在欧洲和非洲地区执行维和任务。

(三)维持和平部队的经费问题

联合国维持和平部队的费用,一般由常年(正常)预算之外的维持和平行动款项(特别)开支,它是按特别比例由各会员国来分摊的,常任理事国和工业发达国家分摊较多。但小规模的和平使命,如监督印巴边界(克什米尔及查谟地区)冲突的军事观察员小组,则仍在联合国的正常预算中开支。由于有关国家特别是大国,对

---

〔1〕 据伦敦国际战略研究所于2000年10月19日发表的报告,在此之前的一年中,全球有10万人在武装冲突中死亡,其中撒哈拉以南非洲占近2/3。在此期间,该地区有3/4的国家发生过武装冲突。包括联合国在内的有关组织出面采取维和措施来帮助解决,最多似乎也只带来了短暂的和平。该报告还指出:2000年这一年,全世界各种维和部队的规模约为上一年度的3倍。

于某些维持和平部队的性质、作用、提供经费的方式甚至应否派遣以及部队的合法性等问题，存在深刻分歧，因而大大影响了其经费来源，使之成为联合国的一个难题。当时苏联和阿拉伯国家不同意承担上述紧急部队的经费，认为应由侵略者承担侵略的后果。苏联、法国、比利时，各从不同角度，基于不同原因，均拒不支付驻刚果部队的费用。仅仅这两支部队的开支，即大大超过了联合国的正常年度预算，造成了联合国的严重财政危机。为此，联合国于 1961 年发行了 2 亿美元的公债。国际法院于 1962 年曾就上述经费开支发表过咨询意见，[1]但由于咨询意见并无法律拘束力，所以实际问题并未得到解决。[2] 美国为了摆脱其经费负担，曾威胁要适用宪章第 19 条停止拖欠经费摊款的会员国的投票权。1964 年的第 19 届联合国大会，曾因这个问题形成僵局。会议除完成了选举联合国大会新主席及几个主要机关的新理事国、接纳 3 个新会员国和通过一份预算等十几项矛盾较少的议程之外，未能开展更多及更重要的工作。会议一再延期，一直拖到第二年 9 月闭幕时，才在美苏之间达成妥协，通过了如下建议：《联合国宪章》第 19 条关于丧失投票权的规定，将不适用于联合国在中东和刚果的和平行动经费问题；联合国的财政危机，将由各会员国以“自愿捐献”来解决，一些高度工业化的国家（包括苏联在内）将做出大量捐献。

可见，维和行动的经费筹措，是一个极其复杂和艰难的问题，只是由于多方妥协，逐步采取了自愿捐款与硬性摊派相结合并由常任理事国更多地负担此项费用等办法，似乎才稍有缓解。

还应提及的是，维持和平部队，在过去大国的影响下，有个别实际上左袒侵略者一方，或者变相干涉内政，有损维持和平的作用。[3] 中国由于历史上及政治上的原因，在过去有一段时间，曾对联合国维持和平部队持否定态度。自 1971 年中国在联合国恢复合法权利后，对建立派往中东的几支维持和平部队，均未参加安理会决议的投票，并声明不承担财政义务。1981 年年末，由于形势的发展变化，中国

---

[1] 联合国紧急部队和驻刚果部队建立之后，维持和平经费问题曾多次成为联合国争辩的主题。大会于 1961 年 12 月 20 日通过一项决议，请求国际法院发表咨询意见，说明关于这两支部队的开支是否属于《联合国宪章》第 17 条所指的“本组织之经费”。法院于 1962 年 7 月 20 日以 9 票对 5 票通过的咨询意见作了肯定回答。苏联对上述部队未按照《联合国宪章》第 43 条规定建立而提出了它们的非法性。法院认为，这两支部队的任务并非采取强制行动，因此它们虽未遵照第 43 条所规定的程序，仍非无效。

[2] 根据秘书长的报告，至 1963 年 3 月底，联合国的赤字已达到 9390 万美元。

[3] 20 世纪 60 年代初，联合国驻刚果的部队，在美国支持下，违反刚果人民愿望，与老殖民主义者同时粗暴干涉刚果人民的内政，遭到世界舆论的谴责，即其一例。

政府表示：对此后的维持和平行动将采取区别对待的灵活立场；在一项14国提案在联合国获得通过的情况下，中国从1982年1月1日开始，对尚未结束任务的两支联合国维持中东和平的部队支付摊款。[1]

联合国的开支日益扩大，财政出现危机，由来已久，在进入20世纪90年代之后，已达到非常严重的程度。一方面，联合国的维持和平费用急剧增加，到1992年年初，仅在南斯拉夫及柬埔寨的新行动，即需有15,000名以上的军事人员参加，这使该组织当年的维持和平预算比前一年至少需要翻一番，远远超过10亿美元。[2]而且在此期间，各会员国拖欠的维持和平款项，也已达4亿多美元。其中，美国是当时拖欠此项费用最多的国家，为1.409亿美元；俄罗斯在接管了苏联的债务和安理会席位之后，其欠款为1.267亿美元；英法两国也有大量拖欠；中国虽是5个常任理事国中分担此项费用最少的，但已支付其全部应交费用。[3] 另一方面，联合国的正常预算同样在大幅增长，而且会员国拖欠的正常预算摊款，长期以来也只增无减。1992年9月5日正在莫斯科访问的联合国秘书长加利抱怨说：世人对联合国提出过高要求，但又不肯解囊，拖欠联合国的会费累计已达18.5亿美元，其中美国欠5.5亿美元，俄罗斯欠1.38亿美元。联合国的财政危机有增无已。联合国已接近于无偿付能力的破产边缘。此时，联合国的财政赤字已凸显出来，至1995年，其债务已达30多亿美元。据美国联合国协会的一份研究报告说：在20世纪80年代

---

〔1〕 巴基斯坦等14个会员国，在联大第五(行政和预算)委员会提出一项决议草案：对中国将从1982年起支付驻中东地区的联合国脱离接触观察员部队和驻黎巴嫩临时部队的摊款表示欢迎；要求秘书长将中国自1971年10月25日至1981年年底未付的维持和平行动款项转入特别账户，并不涉及沿用《联合国宪章》第19条关于丧失投票权的问题。这一提案，在第五委员会通过以后，于1981年12月10日在联合国大会以115票赞成、13票反对和0票弃权获得通过。此后，中国于1982年在中东维和中派出过军事观察员，于1988年参加了联合国维和行动特别委员会的工作，于1989年对纳米比亚过渡时期援助团派出过军事观察员，于1992年在柬埔寨维和行动中也派遣军事人员参加过监督停火、撤军、排雷等工作。直至现在，中国多次积极参与了联合国在科威特、巴勒斯坦、利比亚、西撒哈拉等地区的若干行动，并获得了国际社会的好评。中国将军还分别担任了联合国西撒哈拉全民投票特派团和联合国驻塞浦路斯维和部队的指挥官。中国向联合国缴纳的费用，以1999年为例：其会费摊款比例为0.973%，实际缴纳总数约为1300万美元。其中，维和费用为110万美元。其余，有1000多万美元为经常预算费，160万美元为国际法庭摊款。而根据2009年12月第64届联大达成的2010~2012年会费比额分摊办法，中国分摊的会费比例则已达3.189%。按照增长以后的会费分摊比额，中国一年分摊的联合国正常预算的摊款超过8000万美元，分摊的联合国维和费用的摊款达到3亿美元左右，总共缴纳的各项费用已达到4亿美元左右。

〔2〕 据法新社纽约1992年8月13日报道，当时，联合国一年的维持和平费用已猛增到27亿美元，而各成员国未缴纳的捐助款额则已经接近17亿美元。(5年前的维持和平费用约为2亿美元)

〔3〕 到目前，按照联合国预算委员会公布的2009~2012年联合国各会员国维和实际摊款比率，中国在2009年是3.1474%，2010年是3.9390%，2011~2012年是3.9343%，均位列第7，仅次于美国、日本、英国、德国、法国和意大利。

美国开始欠交联合国会费时，有6个会员国因拖欠会费达2年应交总数而被停止在大会的表决权；到1996年拖欠联合国摊款的会员国增加到27个；而到1997年，这个数字又增加到43个。其中，以美国欠款为最多，占拖欠维和费用的50%，占拖欠正常费用的75%，共达12亿多美元。至1999年3月，美国欠款的数字继续上升，高达16亿美元。到2000年7月12日，联合国发言人说："美国欠联合国的钱已减少了1.35亿美元，其欠款总数为15亿美元。"截至2009年10月，美国拖欠联合国正常预算的摊款为77,200万元，拖欠维和费用的摊款为8800多万元。美国长期拖欠联合国正常会费与维和费用的主要原因，是意欲借联合国的财政危机施加影响，为其政策服务。

六、国际法编纂

（一）概述

国际法的形成与发展，经历了一个漫长的历史过程。两次世界大战之后，新独立国家不断增加，科学技术飞速发展，国际经济关系越来越密切，国际组织大量出现，国际会议更为频繁，多边条约日益增多，国际法的发展也进入了一个新的阶段。

国际法的编纂，在严格意义上是指将国际关系中以习惯方式形成和发展起来的国际法规则，以正式条约加以规定，使之成为成文法。联合国的国际法编纂工作，对国际法的发展具有重要意义。《联合国宪章》本身以显著地位确认并在一定程度上发展了国际法的基本原则，如国家主权平等原则、人民平等及自决原则、和平解决国际争端原则、不干涉内政原则和禁止侵略战争原则等。《联合国宪章》还以第13(1)条特别规定：联合国大会应发动研究并作出建议，以提倡"国际法之逐渐发展与编纂"（the progressive development of international law and its codification）。

在制定宪章的旧金山会议上，第二委员会的第二专门委员会关于授权大会起草一般公约供各会员国与非会员国考虑的提案，虽然没有获得2/3多数票的支持，但是，关于联合国大会有权对国际法之编纂作出建议的提案，却以27票对8票得到了委员会的通过。把"提倡国际法之逐渐发展与编纂"写入《联合国宪章》第13条，同不少代表强调要加强国际法的作用是分不开的，这一精神也同时被反映在宪章的其他有关条文之中。[1]

---

〔1〕 如《联合国宪章》序文及第1条。

关于何种单位可以要求大会“发动研究”以及大会可以对何种单位提出“建议”的问题，宪章未作进一步规定。实际上，联合国的其他主要机关、各辅助机构、专门机构和会员国，都可以要求大会发动这种研究；大会对各会员国与非会员国、国家集团、联合国其他主要机关、辅助机构、专门机构和其他政府间组织以及非政府间组织，都可以提出这种建议。

提倡国际法之逐渐发展与编纂，方式甚多。可以委托秘书长组织各种法律原则的研究，其研究结果可能成为大会决议草案的内容。例如，8点关于各个民族和国家对其天然资源享有永久主权的宣言，就是以秘书处关于这一问题的研究为基础的。[1] 可以通过建立特别委员会进行某种研究，并进一步作成建议或起草法律文件。例如，第17届联大曾经列出主权平等等7项原则需要研究，在下一届会议上即成立了一个特别委员会专门从事这一工作。[2] 在个别情况下，也可以利用大会第六委员会起草公约，而后向各会员国推荐。例如，《防止及惩办灭种罪公约》即是如此。[3] 此外，联合国大会本身的重要决议，国际法院的判决和咨询意见，都在不同程度上，对国际法的发展发生一定的作用与影响。但是，比较有组织有计划地根据《联合国宪章》第13条逐渐发展与编纂国际法的各种步骤中，最重要的是国际法委员会的建立。[4]

(二)联合国国际法委员会的组成与职能

联合国大会在其首届会议上曾作出决议成立一个委员会，以研究“国际法之逐渐发展与编纂”的方法。在其第2届会议上，以这个“国际法逐渐发展与编纂委员会”的一项研究报告为基础，正式成立了“国际法委员会”，并且通过了《国际法委

---

〔1〕 参见 GA. Res. 1830(XVII)。此外，联大于1976年通过的《联合国国际贸易法委员会仲裁规则》也是由联合国秘书处起草的。

〔2〕 参见 GA. Res. 1815(XVII)，GA. Res. 1966(XVIII)。此外，还有一些常设委员会也可以进行编纂工作，例如，联合国国际贸易法委员会于1975年起草《联合国海上货物运输公约》(汉堡规则、1978年通过)，于1990年通过《联合国国际货物销售合同公约》；联合国人权委员会于1966年通过《经济、社会、文化权利国际公约》和《公民权利和政治权利国际公约》；外空委员会于1971年通过《空间物体所造成损害的国际责任公约》等。

〔3〕 参见 GA. Res. 266A(III)。另外，《反对劫持人质的国际公约》也是第六委员会特设委员会于1979年起草的。

〔4〕 此外，大会还于1966年12月17日设立了一个联合国国际贸易法委员会。委员会的宗旨为逐步协调和统一国际贸易法。其职能包括协调在国际贸易法领域开展活动的各国际组织的工作，促使更多的国家参加现存的国际公约，起草同国际贸易法有关的新国际公约及其他统一的法律。委员会已就国际货物销售、国际商业仲裁、关于航运的国际立法等方面草拟了一批公约与规则。1974年联合国大会召开联合国全权代表会议通过了由贸易法委员会起草的第一个公约《国际货物销售时效期限公约》。

员会规约》。

国际法委员会，最初以15名国际法专家为委员而组成。规约规定：委员会的委员，必须是“国际上公认合格的人士”，并能代表“世界各主要文明形式”及“各主要法系”；委员由联合国大会选举，以个人资格任期5年。[1] 这表明，规约是以国际法院法官的资格为标准来要求委员会的委员的。

从委员会的组成分析，委员们有的来自各国法律研究机构和学校，有的来自律师界，有的来自法官和政府官员。[2] 这种由担任各种社会职务与政府职务的专家和学者兼任委员会委员并共同进行工作的方式，被许多国际法学者称颂是一种极好的工作条件。这种方式，为委员会对各种具体问题的讨论，提供了充分的专门知识与实际材料。这对不务实际的纯法律哲学的推理，可以产生影响，对实际法律工作者和外交家厌烦学术理论的情绪，也可以起潜移默化的作用。但实际上，国际法委员会成立后，长期受到西方影响，西方国家往往通过由上述渠道选拔到委员会去的一些成员，将其传统的立场视为国际法的习惯规则而加以编纂，以维护传统的国际秩序。

随着新独立国家的大量出现，情况正在发生重大变化。众多新独立国家加入联合国后，联合国国际法委员会的委员也相应从原来的15名增加到1956年的21名。后来又增加到1960年的25名，到1981年已增加到34名。委员会委员的地域分布情况也在逐渐改变，总体趋势是亚非拉国家的成员有所增加。特别是进入70年代之后，这种趋势尤为显著。以1977年在日内瓦举行的第29届会议为例，在25名委员中，已有16名来自亚非拉和大洋洲。1981年以后，情况又有发展，在34名委员中，亚洲8名、非洲9名、拉丁美洲6名，加起来占委员总数的2/3以上。其余委员为当时苏联与东欧3名；北美、大洋洲、西欧及其他地区8名。国际法委员会前主席塔比比在1975年联大第六委员会的一次会议上说：“当国际法委员会第一次向联大第六委员会作报告的时候，在座的亚洲人寥寥无几，非洲人几乎看不到。而现在则高兴地看到，到会的亚洲人和非洲人比世界其他任何地方来的代表都要多。”目前，该委员会成员的地区分配比例是：非洲8名、亚洲7名、东欧3名、拉丁

---

〔1〕 自国际法委员会成立以来，中国学者徐叔希、薛毓麒、刘锴、倪征燠、黄嘉华、史久镛、贺其治、薛捍勤都曾先后当选为国际法委员会委员。中国现任委员是曾执教于武大国际法研究所的黄惠康博士。

〔2〕 国际法委员会通常每年举行会议一次，开会时间一般为十几个星期。由于委员会的工作进度非常缓慢，不少人曾经主张把委员会改为由专职委员组成的常年工作机构。

美洲 6 名、西欧及其他国家 8 名。此外，非洲和东欧轮流产生 1 名，亚洲和拉丁美洲轮流产生 1 名。

新独立国家曾经受过殖民主义、帝国主义的深重压迫，对西方某些传统的国际法习惯规范，往往持强烈的批评态度。他们认为，这种法律规范所反映的不是民族独立国家的利益，而是占统治地位的大国利益。新独立国家的代表，通过参加国际法委员会特别是扩大后的委员会的讨论，通过参加联合国大会及其第六委员会的讨论，通过参加 1961 年、1963 年和 1968 年至 1969 年分别在维也纳召开的外交关系、领事关系和条约法等外交会议以及 1973 年以后连续 9 年的第 3 次海洋法会议的讨论，已有机会表达其立场，维护其利益，并使其投票具有一定的分量。传统国际法的某些部分，现在已经处于一种“流体状态”，看来需通过国际社会的重新评价才能“固定”下来。肯尼亚代表在评论国际法委员会 1974 年的《条约的国家继承条款草案》时指出：新国家要求参与国际法规范的制定，而“不能仅让一小部分往往具有共同意识形态和经济利益的国家为整个国际社会来立法。”这已成为国际法逐渐发展与编纂中的一种重要思想。

《国际法委员会规约》第 15 条，依据《联合国宪章》第 13 条精神，把委员会的主要职能区分为两个方面。

第一，“国际法的逐渐发展”（the progressive development of international law）。这是指“对尚未为国际法所规定的或在各国实践中法律尚未得到充分发展的问题，制订公约草案”。这方面的职能可以理解为，是用规定新主题的方法或者用修改既存规则的方法，来创制新国际法规则。所以，这方面的工作任务应采取国际公约的形式来完成。即由委员会起草公约草案，然后由联合国大会决定是否进一步采取步骤以缔结一项国际公约。

第二，“国际法的编纂”（the codification of international law）。这是指“在已经有广泛的各国实践、先例和学说的领域内，对国际法规则进行更精确的制定和系统化”。这方面的职能可以理解为，是对既存的习惯国际法更精确地加以制定和更精确地加以系统化。所以，这方面的工作任务，可能以下述形式来完成：只发表委员会的报告（联合国大会不采取其他行动）；或者联合国大会以决议对委员会的报告加以注意或以决议通过委员会的报告。

同时，该规约还为“逐渐发展”和“编纂”分别规定了两种不同的程序。

首先，在“逐渐发展”方面，委员会无权选择研究题目，其“发动”需来自联合国大会及其他主要机关、各专门机构、政府间协议建立的官方团体或会员国。在处理大会关于逐渐发展国际法的建议时，委员会要“任命报告员”，制订工作计划，将征求意见的问题单发给各国政府，并应请各国政府在确定期限内提供有关工作计划内所包括的项目的资料和情报。委员会可同科研机构及专家个人进行磋商。委员会所拟定的草案，由秘书长作为委员会文件发布，并邀请各国政府提出评论。在拟定最后草案和说明报告时，要考虑到这些评论。最后草案连同委员会的建议，一并提交大会。在处理各会员国或大会以外各团体所提交的建议时，如果委员会认为适宜于进行这种研究，而且大会要求委员会进行此项工作，那么，其工作程序，与适用于上述来自大会的建议的程序大体相同。

其次，在“编纂”方面，规约规定委员会“应考察国际法的整个领域，以便选择编纂的专题”。这意味着委员会有权在这一领域内选择编纂的题目。然而，委员会必须“对大会所提出的处理任何问题的要求，给予优先考虑”。委员会应通过秘书长，向各国政府提出关于提供与正在研究的专题有关并为委员会所认为必要的法律、法令、司法判决、条约、外交通信和其他文件文本的要求。委员会“应以条款的形式拟定草案”，并要求秘书长将其作为委员会文件予以颁发。同时要求各政府提交对该文件的评论。委员会应考虑到这些评论，拟定最后草案和说明报告，连同委员会的建议，一并通知秘书长提交大会。

委员会规约为“逐渐发展”与“编纂”两种情况所规定的工作方式，有一个共同特点，都要求把委员会所拟定的条款草案直接提交各国政府和联合国大会。各国政府可以直接对草案作出评论，同时，由联合国所有会员国组成的大会第六委员会也常常就草案和一些根本法律概念进行评论。这虽然在一定程度上可能发生重叠，但是却通过国际法委员会把各国政府的反映、代表的意见和职业专家的研究结合起来了。这一过程，有助于联合国为通过此种条款草案而召开的外交会议取得成果。同时，虽然委员会要为每一个计划项目任命一名报告员负责研究和拟定初步草案，但在实践中，条款草案的实质性制定工作，基本上是委托给一个起草委员会来进行的。这样做有助于寻求协商一致，可以回避某些正式表决的程序。与过去形成国际习惯及缔结条约的传统程序相比，委员会的此种编纂程序具有划时代的意义：由非常分散到较为集中。但其缺陷是进度过于缓慢。

从立法背景来考察，委员会规约在国际法“逐渐发展”与“编纂”之间规定的这种区别，是两种不同意见的调和产物。“国际法的逐渐发展与编纂委员会”中的苏联委员，主张国际法委员会的一切工作应以国际公约的形式提交大会，而有些委员则认为，当国际法委员会的任务是确认和宣告业已存在的某种法律而不是发展新法律时，公约的形式甚为不便。结果，前一种观点在国际法委员会规约中以“逐渐发展”的形式得到实现；而后一种观点，则以“编纂”的形式来加以适应。[1] 然而，“国际法逐渐发展与编纂委员会”也曾经加以说明：“系统地陈述业已存在的法律和制定将来应有的法律之间，在实践中，不可能严格地维持一种绝对的区分”；“在任何编纂工作中，编纂者不可避免地必须按照新的发展来填补缺口和修正法律”。[2]

从委员会的实践来看，它已日益使其工作在“逐渐发展”和“编纂”的区分中结合起来，而对上述两种情况大体上都适用相似的程序。这种程序上的日益结合，是对上述烦琐工作方法的一种简化，在一定程度上，也是国际联盟编纂工作以来的某些历史经验的总结。委员会所拟定的各种草案，一般都同时包含着“编纂”与“逐渐发展”的内容。但实际上，除极少数提及这种区分外，[3] 多数并未提及这一点。[4]

（三）联合国国际法委员会的编纂工作

国际法委员会在具体选择编纂专题时，如上所述，应从国际法的整个领域出发。委员会在 1949 年的首届会议上，曾经确定如下方针：“虽然整个国际法的编纂是最终目标，但可取的方法是，目前先就少数题目的编纂开始工作，不去讨论总的系统计划，这种计划可留待以后去作。”这一方针，现在仍可采用，只是必须根据情势需要加快编纂步伐。

委员会在其第一届会议上，以联合国秘书处的一份备忘录[5]为基础，曾经审查过 25 个题目。经过讨论，初步拟定了一个 14 个问题的编纂表，并设想，随着委员会的进一步研究或联合国大会的要求，将对这些问题进行必要的调整。这个编纂表，后来构成委员会长期工作计划的基础。但其中有 5 个题目一直到 20 世纪 70

---

〔1〕 See Herbert W. Briggs, *The International Law Commission*, p. 139.

〔2〕 参见 UN Doc. A/AC 10/51。

〔3〕 如 1962 年 9 月 30 日生效的《公海公约》，在其序文中宣称：该公约各缔约国愿意“编纂有关公海的国际法规则”。

〔4〕 有些公约包含着一些可以解释为间接提及“编纂”的说法：如《维也纳外交关系公约》的序文肯定，“凡未经本公约明文规定的问题应继续适用国际习惯法的规则”。《维也纳领事关系公约》和《维也纳条约法公约》，也包含类似的提法。

〔5〕 称为《同国际法委员会编纂工作有关的国际法的调查》。

年代都完全没有接触过,它们是国家与政府的承认、国家及其财产的司法豁免、对于领土外犯罪的管辖、外侨待遇、庇护权。其他9个题目是条约法、仲裁程序、公海制度、国家和政府的继承、领海制度、国籍(包括无国籍问题)、外交来往与豁免、领事来往与豁免、国家责任。当时确定,前3个应给予优先处理。

在进入20世纪70年代以后的各届会议上,国际法委员会多次考虑到联合国大会的建议和国际社会的要求,强调要“进一步刷新委员会的长期工作计划”。

委员会自成立以来,除根据上述编纂表进行工作外,还研究、起草了或者正在研究、起草联合国大会以建议提交的其他项目,如关于国家的权利与义务问题、纽伦堡原则、国际刑事管辖、多边公约的保留、侵略定义、破坏人类和平与安全罪法典、在国联主持下缔结的多边条约问题、特别使团、国家与国际组织间的关系、最惠国条款、历史性海域(包括历史性海湾)的法律制度、国家与国际组织之间或各国际组织之间缔结条约的问题、国际水道的非航行用途。这些项目,连同前述编纂表一起,成为委员会工作的全部计划。[1]

如上所述,在联合国主持下的国际法的“逐渐发展与编纂”工作,要由国际法委员会研究起草,通过第六委员会在联合国大会详细审议,并最后召开国际会议,才能制定成为公约。这是一个复杂的过程。国际法委员会自成立以来,已经起草的主要法律草案有近30项,其中包括:《关于国家权利与义务的宣言草案》(1949年完成,共14条);《纽伦堡法庭宪章》和该法庭判决所承认的国际法原则(1950年完成,共7条);《破坏人类和平与安全罪法典草案》(1954年完成,共4条);《关于消除未来无国籍的公约草案》(1954年完成,共18条);《关于海洋法四公约的条款草案》;《关于仲裁程序的示范规则》(1958年完成,共38条);《关于减少无国籍状况公约的草案》;《关于外交往来与豁免的条款草案》;《关于特别外交的条款草案》;《关于领事关系的条款草案》;《关于条约法的条款草案》;《关于条约的国家继承条款草案》;《关于最惠国条款的草案》;《关于防止和惩处侵害应受国际保护人员包括外交代表的罪行的公约草案》;《关于国家在同国际组织关系中的代表权的条款草案》(1971年完成,共82条);《关于国家在财产、档案和债务方面的继承公约草案》;《关于国家和国际组织间或两个以上国际组织间条约法公约的草案》;《关于外交信使和无外交信使护送的外交邮袋的地位公约草案》;《关于国际水道非航行

---

[1] See UN Office of Public Information, *The Work of the International Law Commission*, revised edition, pp. 8 – 10.

使用法公约草案》;《关于国家及其财产的管辖豁免公约草案》;《国际刑事法院公约草案》;《关于国际法不加禁止的行为所产生的损害性后果的国际责任草案》;关于侵略定义问题;等等。[1] 现在,还有一些项目,如外交保护,国际法不加禁止的行为所产生的损害性后果的国际责任(危险活动引起跨界损害所造成的损失的国际责任),国际组织的责任,共有自然资源,国家的单方面行为,对条约的保留,驱逐外国人,武装冲突对条约的影响,引渡或审判的义务,国际法不成体系的问题——国际法多样化和扩展引起的困难等,正在国际法委员会进行审议。

以委员会完成的草案为基础,经过在联合国主持下召开的国际会议缔结的或经过大会本身通过的重要多边公约有:《维也纳条约法公约》(1969 年缔结,1980 年生效);《领海与毗连区公约》(1958 年缔结,1964 年生效);《公海公约》(1958 年缔结,1962 年生效);《公海捕鱼与养护生物资源公约》(1958 年缔结,1966 年生效);《大陆架公约》(1958 年缔结,1964 年生效);《减少无国籍状态公约》(1961 年缔结,1975 年生效);《维也纳外交关系公约》(1961 年缔结,1964 年生效),另外包括《关于取得国籍的任意议定书》(1961 年缔结,1964 年生效);《维也纳领事关系公约》(1963 年缔结,1967 年生效),另外包括《关于取得国籍的任意议定书》(1963 年缔结,1967 年生效);《联合国特别使团公约》(1969 年联大通过,1985 年生效);《防止和惩处侵害外交代表及其他应受国际保护人员罪行的公约》(1973 年缔结,1977 年生效);《关于国家在同国际组织关系中的代表权公约》(1975 年缔结);《关于国家在条约方面继承的公约》(1978 年缔结);[2]《关于国家与国际组织间或国际组织相互间条约法的维也纳公约》(1986 年缔结);《国际水道非航行使用法公约》(1997 年缔结);《国际刑事法院规约》(1998 年缔结,2002 年生效);等等。[3]

综上所述,国际法委员会的设立,是国际法编纂史上的一个重要进展。虽然在

---

[1] 联合国大会曾设立一个特别委员会讨论关于“侵略定义”的问题,并于 1974 年通过了这项侵略定义。除前述各项外,国际法委员会已经提出最后草案和报告的其他重要国际法问题还有:使习惯国际法的证据易于查考的方式方法问题;对多边公约的保留问题;在国联主持下缔结的一般多边条约的延续参加问题等。其中,使习惯国际法的证据易于考查的方式方法问题,是委员会工作中唯一未包括在 14 个问题编纂表内并且不是联合国大会建议所提交的一个项目。这个项目,是委员会根据《国际法委员会规约》第 24 条的规定安排的。

[2] 1983 年联合国大会又通过一项关于条约以外事项继承的公约。

[3] 1982 年 4 月通过的《联合国海洋法公约》,虽非联合国国际法委员会按常规起草,但系由联合国直接召开的第三次海洋法会议制定的。第 3 次海洋法会议,从 1973 年起召开,前后经历了 9 年谈判,一共开了 11 期 15 次会议,排除种种阻力,于 1982 年 12 月在牙买加蒙特哥湾举行最后会议。会议结束时,有 119 个国家和组织的代表在公约上签字。签署会议最后文件的国家与组织为 150 个。中国同时签署了这两个文件。绝大多数发展中国家均在公约上签了字。美国、德意志联邦共和国、英国、日本等 20 多个国家当时未签署公约。

国际联盟时期，国联行政院曾经指派过一个由国际法专家组成的"国际法逐渐编纂委员会"（Committee for the Progressive Codification of International Law），并于1930年春在海牙召开过一次有48个国家参加的国际法编纂会议，但是，联合国的国际法委员会才是国际法编纂史上第一个真正常设的国际法编纂机构。60余年来，国际法委员会按其特定的工作程序，完成了一系列条款的起草工作。在此基础上，通过联合国大会本身或者在其主持或赞助下召开的各种国际会议，缔结了一批国际公约。就国际法的"发展"与"编纂"而言，取得了不少成就。同历来的国际法编纂工作相比，进展是很大的。但是，国际法委员会的工作，由于进度极其缓慢，尚不能满足国际交往和新国际秩序的需要。某些陈旧观念，还在一定程度上产生影响，所以，联合国在这方面的工作，同广大国际社会的要求还存在一定距离。

进入20世纪60年代之后，许多新国家相继独立，使国际关系形成了历史上一种空前未有的发展局面。新独立国家要求改变某些传统的陈旧观念对国际法的有害影响，使国际法能够适应已经变化了的和还在继续变化中的国际关系。它们在维护国家主权和经济权益的运动中不断取得进展，这种愿望在"逐渐发展与编纂"国际法的工作中也已进一步表现出来。现在留在国际法委员会工作日程上的项目，有的旷日持久，难于取得进展；有的正在进行，短时间内尚不易完成工作。在其未来的工作日程上，还将遇到若干复杂而艰巨的项目，如关于国际经济新秩序、海底资源、新殖民主义、种族歧视、恐怖主义、核扩散、人类环境、空气空间与外层空间、和平解决争端等各方面的问题。其中，有不少项目与发展中国家的利益息息相关。国际法委员会过去已经完成的草案，是否能根据当前形势进一步完善而得以成为正式公约？目前正在起草的条款，是否能适应历史发展而圆满完成？未来日程上可能遇到的项目，究竟能进行到何种程度？这均将成为对联合国国际法委员会新的考验。

国际法委员会，成绩虽然显著，但在国际法律秩序还严重落后于时代发展的情况下，必须迅速克服其先天性缺陷，健全工作机制，改进编纂程序，以提高其促进国际法制的效能。国际法委员会应具有时代精神，从全人类的根本利益出发，加强调查研究工作，提出（建议性的）研究报告，以加快造法（起草）步伐，促进国际法律秩序的改善与发展。

第五节　人类的组织化趋势与联合国安理会的改革问题

一、组织化现象与“结构平衡论”

按社会学分析，人之所以比其他动物高级，在于人类不仅有“群居”的生活习性，而且能运用其高度智慧使这种群居生活逐渐发展成为一种有组织、有秩序的“社会”(society)。其他动物即使也有群居现象，却永远停留在一种非社会的“自然状态”。维也纳大学知名国际法教授菲德罗斯(Verdross)在论及法律的理念时，曾提出“和平秩序”是人类本质的完全发展。他认为这是同实定法的规范基础紧密相联的。

从自然状态的原始人群进化到氏族，从氏族进化到部落，直到形成国家，有一个漫长的过程，要以几十万年(甚至更长的时间)来计算。但是，从国家秩序出现以后，发展到今天的国际社会，相比而言，只经历了较短的时间。而在国际社会中国际组织的产生和形成，则更是晚近的事情。从正式成立组织的1804年莱茵河管理委员会前后算起，至今也不过200年的历史。可见，由于人类文化的不断积累，人类智慧本身也在不断提高，所以人类社会及其进一步组织化的发展，明显地已呈现一种物理学上的“加速度”现象。

一个巨大国际组织网的形成：国际社会经过20世纪两次世界大战的剧烈震荡后，人类渴望和平，提高了国际安全和国际协作的意识与愿望。随着殖民体系的瓦解及新兴独立国家的大量增加，以及社会经济、科学技术、交通工具和信息设备的巨大进步，国际社会的普遍性日益加强，国家间的交往日益频繁。以此为背景，20世纪以来，特别是近60多年来，各种全球性与区域性国际组织(尤其是其中的经济组织及各类专门机构)发展非常迅速：在数量上出现了爆炸性增长，在职权上也在不断延展和扩大。

上至外层空间,下达海床洋底,包括政治经济、文化科技、教育卫生等在内的各个领域(从石油、香蕉、咖啡生产一直到国际贸易、关税、金融,从邮政、电信、民用航空一直到公海航行、环境保护、全球气候,从体育、音乐、知识产权一直到难民、精神病、人权、战争,从河流、边界、麻醉品管理一直到核武器、核和平利用、深海资源开发),无处不是国际组织活动的场所。可以说,20 世纪是国际组织的世纪,甚至人类的生老病死和衣食住行,均同国际组织或多或少地联系起来了。有些事它能管,有些事它要管,有些事甚至只有它才管得了。例如,前些年有关英国爱丁堡罗斯林研究所用"克隆"(CLONE)技术(人工诱导无性繁殖方式)复制出绵羊"多莉"的消息发布[1]后,在世界各地引起轰动,被誉为世界最重大的科技成果之一。但是这一新技术,像核技术一样也具有两面性,如果有人用这一技术来复制人,那就会引出诸多严重的社会问题。因此,在惊喜中也同时使许多科学家和社会伦理学家感到非常不安。针对这一情况,当时笔者认为:有关国际组织(如世界卫生组织或联合国工业发展组织),除积极鼓励各国分别采取除弊兴利的国内措施对其进行技术监督外,应该(也很有必要)根据《联合国宪章》关于尊重人类之"人格尊严"的规定,发起并邀请各国共同磋商缔结一项条约。该条约可称为《关于禁止将克隆技术用于复制人的国际公约》。[2] 可见,国际组织职能的发展是(而且应该是)与国际生活紧密相联的。

国际组织数量的激增及其职权的相继扩大,使全世界彼此影响的各式各样的国际组织已经形成为一个巨大的"国际组织网",出现了国际社会进一步组织化的新趋势。这个组织网的协调中心是联合国。[3]

从国际关系分析,上述"国际组织的出现和一个巨大国际组织网的形成",是当代国际结构中两种社会力量的平衡与调和的结果,是世界两股潮流的汇合。一股

---

〔1〕 1997 年 2 月 23 日,罗斯林研究所的科学家,将其首例采用成年哺乳动物(绵羊)体细胞复制出来的"多莉"(已生存 7 个月)向世界亮相。过去,自然界包括人类在内的动物,都是通过生殖细胞即精细胞和卵细胞的结合来繁殖后代的,而这次复制"多莉"所利用的是体细胞,这是有史以来在科学技术上一次意义非常重大的突破。因此,这一信息发出后,立即在全世界引起了轩然大波,其轰动效应有甚于当年原子弹问世。

〔2〕 1997 年 11 月 11 日,联合国教科文组织第 29 届大会在巴黎通过一项《世界人类基因组与人权宣言》,指出:应利用在人类基因组方面的研究成果,但它应以维护和改善公众健康状况为目的,须禁止违背人类尊严而用克隆技术繁殖人。(包括中国在内的 80 多个国家及一些国际组织的专家参加了宣言的起草工作。)之后,1998 年 1 月 12 日,19 个欧洲国家,面对克隆人的恐惧,正式签署了一项具有约束力的"禁止克隆人"的条约,缔约国同意颁布法律禁止克隆人。(但英国和德国当时没有签署此项条约。)又据英国《独立报》2001 年 4 月 19 日文章:英国政府卫生国务大臣宣布,将于数月内制定法律,确定克隆人为非法行为。

〔3〕 参见《联合国宪章》第 1 条第 4 项、第 57 ~59 条。

潮流是,各主权国家基于各自的文化传统与民族利益,热衷于追求己国的独立。同时,在各种国际竞争因素的影响下,国家间的利益冲突、权力分配的矛盾和意识形态的分歧,时隐时现,没有最终消失的时候。所以,国际社会无法将众多分散的国家权力完全融合为一个统一体,这里存在的是一种“分力”(离心倾向)。另一股潮流是,由于各种国际关系和科学技术的发展,国家间的利益联系与行政交往日渐增多,从而使国内管辖事项往往溢出国界,需要国际互助;没有他国协助,一国就难于实现其相关的管理任务。所以,各国为了更好地生存与发展,都希望找到一种多边合作的方式。这里存在的是一种“合力”(向心倾向)。从国际社会历史发展的长河中来观察,这两种力量和潮流的交叉,越来越明显。国际组织及其组织网的蓬勃发展,正是由于上述两种力量和愿望得到了合理的平衡与调和从而使现代国家“既能各自独立又能相互依存”的结果。这是世界进入20世纪以后一种结构性的新现象。笔者关于国际组织发展规律的核心观点和论证,可以称为“结构平衡论”。这也是对国际组织存在与活动基础的一种高度的理论概括。

其实,社会现象也有类似自然现象之处,它们均受“平衡规律”的支配。我们的地球,日月星辰,包括整个宇宙,都只有在反复和不断保持平衡的条件下,才能正常运行。它们一旦失去平衡,就不可能再有现存的秩序;只有重新建立新的平衡,才可能有新的秩序。国际组织作为现代国际社会的一种结构形态,显然是国家间诸种力量和愿望得到平衡的必然结果。

以上观点和论证,在欧美著作中也可以找到某些相近的表述。有的学者曾利用康德(Kant)关于“非群性之群性”的理论来说明国家的“双重本性”。被人格化了的国家和个人一样,有渴望“自由”的一面,也有寻求“群体”的一面。因为乐于群体,各国有承认并遵守国际秩序的意愿,但是由于利己主义,它们又有抵制这种秩序(约束)的可能性。[1]

因此,一个现实的国际法律制度必须既顾及世界各政治实体的“社会性”,也考虑到这些实体的“非社会性”。用上述“结构平衡论”来解释,国际组织,作为主权国家高度合作的一种法律形态的发展,正好适应了现代国际法律制度的上述需要和要求。

上面是就国际社会组织化趋势所作的最基本的解释与分析。这一趋势,大大

---

〔1〕 参见[奥]菲德罗斯等:《国际法》,李浩培译,商务印书馆1981年版,第17~18页。

促进了两次世界大战后的国际秩序与国际合作,也进一步加强了国际社会的凝聚力。这是推动现代国际法发展的一个非常重要的背景。

二、现代国际法的新动向

(一)国际法的固有特性

国际法,尤其是传统国际法之所以常被视为一种"软法"(soft law),主要是由于它表现为一种缺乏主体机构及保障机构的"无组织之法",是一种颇不系统的"零散之法"。因此,国际法的法律性质与效力常遭到怀疑论者的怀疑与否定。究其根本,与国际法的自然属性不无关联。这就是美国学者孔慈(Josef L. Kunz,1890～1970年)在其著作《变动中之国际法》(*The Changing Law of Nations*:*Essays on International Law*,1968年)中所广为阐述的国际法的"原始性"。[1] 这种原始性的反映主要可概括为三点:第一,不集中,没有统一的制定、实施和执行的机关,各国常常"各行其是";第二,不充实,国际法上有关国家权利义务的规定,一般均需要由国内法加以补充才能得到实施;第三,自助原则(尤其是传统国际法中的武力自助、实效原则、自动裁决、自动解释等),国家自己不仅是制法者,而且可能成为其应遵守之法律规则的执行者和解释者,不如国内法之严格禁止受害者实行自助报复与制裁。古典国际法,不用说是一种高度分裂与游离的法律秩序,即使是近代国际法,甚至现代国际法,这种作为国际法本质特征的原始性,也仍然在一定程度上存在。在一个纯理论上的世界性超国家机构真正变为现实之前,国际法的形成、适用和执行,仍将是非常分散的。但是,现实情况是:随着国际社会凝聚力的增加,国际法的这种松散和软弱的现象必将朝着较为集中和增强效力的方向发展。

(二)国际法律秩序的多重化

就国际法律秩序而论,国际组织特别是政府间的重要国际组织本身也是一种秩序,如前文所述,是现代国际生活中国家间进行高度多边合作的一种有效的法律形态。因此,可以参加法律关系的国际组织,其数量的增加,必然引起国际法律秩序层次的多重化;其职能的扩大,必然推动国际法律秩序空间的延展。

在19世纪,国家是国际法上唯一的法律人格者。传统国际法的规则,主要是由作为国家间产物的国际习惯与条约形成的。但是现在,在已经存在的几千个政

---

[1] 参见孔慈(Josef L. Kunz):《变动中之国际法》,王学理译,台北,"商务印书馆"1971年版,第13～16页。

府间组织中,有很大一部分重要的组织,已经被承认在一定条件下具有与其成员国相区别的法律人格,并在实践中作为权利义务主体参与各种法律关系。所以当今的情况是,不仅国家间的关系,而且国家与国际组织之间以及国际组织彼此之间的关系,都可形成国际法的新规则。在现代外交法中,国际组织可以派遣和接受外交使团;在现代条约法中,国际组织有缔约权,可以承受权利和义务,并应负担违约责任。其他诸如国际组织的继承、国际组织官员的特权与豁免等,都已成为现代国际法中新的规则或制度。可见,由于国际组织的发展,国际法主体和国际法渊源的范围也都进一步扩大了。这些,都大大丰富了国际法的内涵,必然引起国际法律秩序体系的多重化。

(三)国家保留范围的相对缩小

笔者过去[1]曾经论及:当代国际法律秩序发展的另一个重要迹象,是国际法客体的日益扩大与国家保留范围的相对缩小。近20年来,由于国际社会组织化的加深,这一迹象尤其明显。国际组织和国际法的影响,越来越深地涉及国家主权的管辖范围,使国家军备、人权、贸易、关税、投资、环境保护、知识产权等诸多方面,受到种种影响,形成了不同程度的制约。

特别是冷战结束后,世界格局发生巨大变化,建立在雅尔塔体制基础上的两极体系迅速崩溃,世界正在向多极化方向演进,国际组织的潜力很快被释放出来。其影响所及十分深刻。仅就联合国多年来的维和行动而论,其对国家管辖权的渗透,可以说是前所未有的。传统维和部队的主要任务,是依据宪章的宗旨原则,监督停火与撤军,减轻并遏制冲突局势的升级,以维持特定地区的国际和平与安全。此种部队的驻扎,需取得东道国的同意,不得干涉内政。这是一支"中立"而没有敌人的士兵,一支只带自卫轻武器而"不具强制性"的军队。但是,到20世纪90年代初,上述原则遭到了重大冲击。以1992年联合国部署在柬埔寨的维和行动为例,它包括武装部队、警察、民政人员在内,总共2万余人,其职权范围比历次行动都要广泛,甚至在一段时间内掌握了作为一个政府的全部行政权力,其名称即为"联合国驻柬过渡权力机构"(UNTAC)。又如1993年为"执行多国救援任务"派驻索马里的1万名联合国"蓝盔部队",每年耗资达10亿美元,在2年中,即进行了多次动用重武器的流血战斗。其中,以美国"眼镜蛇"武装直升机执行的一次追捕当地军阀

---

[1] 指1990年5月21日,笔者应第四届"全国青年国际法学者研讨会"邀请在西安所作的学术报告。报告提纲载《武汉大学学报》(社会科学版)1990年第5期。

艾迪德的行动，竟造成了当地几百名平民的伤亡。此外，联合国在前南斯拉夫地区及科威特边境的维和行动，甚至配备了坦克、大炮和轰炸机，已发展到了“武装维和”的更大规模，[1]竟使维和本身也变成了战争。

再就区域组织而言，影响也很大，最突出的是欧洲联盟。撇开这个正在走向“国家实体联合”的高度一体化组织对其成员国的权力关系不谈，仅就其对第三国（非成员国）关系的个别事例来分析，即可看出当今国际组织的冲击力量已经非同小可。20 世纪 90 年代初，正当南斯拉夫内部冲突激化的时候，欧共体理事会宣布，凡欲获得欧共体承认的原南斯拉夫各共和国，均需事先向该共同体的一个仲裁机构提出申请书，并经其评估裁定符合要求后，方有可能获得承认。[2] 欧共体的上述做法，对其后有关前南斯拉夫地区的分裂形势及各国的国际承认，产生了无形的影响。一个区域性国际组织，竟为该地区非成员国抢先规定有关民族和国家生死存亡的重大问题，这可以说是与国际法已有原则分道而驰的。

此外，国际人权法、国际环境法、国际贸易法等，也在不同程度上对国家管辖权带来了很大冲击。

当然，在分析国家有关管辖范围的变化时，还必须看到，在各国科学技术与经济贸易相互依存关系日益加深的情况下，这种变化并非只是单向演进，也有双向发展的表现：既在许多方面“缩小”了，同时又在若干方面“扩大”了。所以我们称之为“相对缩小”。例如，在海洋权方面，由于专属经济区、大陆架和深海海底资源开发等项制度的出现，各沿岸国的海洋管辖范围就在原有领海之外大为扩展了。即使是远离海洋的内陆国，通过广泛的国际合作，在海洋方面的权利也有所增加。此外，在南极和北极地区、宇宙空间等方面，国家权利的内涵也在起变化。不过，从全面来考察，国际法调整范围的扩大似已成为一种必然的趋势。

（四）国际法“硬”因素的出现

国际法是适用于国际社会的法（或者简单说是国际社会的法）。因此，国际社会的组织化程度的提高，也使国际法的实质内容处于变动之中。

首先，从国际法的规范结构来看，在第一次世界大战以前，国际法几乎完全由任意法组成，国家间的协定可以任意不适用甚至可以变更任何一般国际法规则。但是，到第二次世界大战之后，国际社会出现了强行法（jus cogens）理论，并且到

---

〔1〕 See Boutros Boutros Ghali, *Confronting New Challenges*, 1995, pp. 215 –358.

〔2〕 参见曾令良：《论冷战后时代的国家主权》，载《中国法学》1998 年第 1 期。

1969 年,《维也纳条约法公约》还在第 53 条及第 64 条中明确作了关于条约与一般国际法强行规则相“抵触”者“无效”的规定。现在,虽然国际法的绝大部分规则仍为任意法,但国际社会已公认有若干强行规则的存在。这无疑是国际法史上一项具有里程碑意义的发展。

其次,从《国际联盟盟约》特别是《联合国宪章》关于“集体安全制度”的规定来看,国际组织执行行动(enforcement action)的约束力已有明显加强。《联合国宪章》第 7 章以 13 个条文的篇幅对此作了详细规定。第二次世界大战后,纽伦堡和远东两个军事法庭所进行的两次国际审判,以及 1949 年日内瓦四公约关于对严重违约者加以制裁的规定,都在一定程度和范围内,体现了国际法在执行方面的效力。

此外,国际社会还约定将“和平解决国际争端”作为一项基本原则加以规定,意义尤为重大。在实践中,GATT/WTO 体制规定的争端解决机制和一些区域组织中的争端解决安排,也发挥了显著作用。这些,不仅反映了现代国际法对传统“自助原则”的限制,而且在不同程度上体现了国际法执行能力的提高。

综上可见,无论从国际法的组织基础、规范效力、执行措施等哪一方面来剖析,这个所谓的“软法”的“硬性因素”,似乎正在逐渐增加。

三、国际组织的准造法功能

国际组织的准造法功能,是更直接推动现代国际法发展的重要因素之一。

如上所述,国际组织在广泛的国际关系中充满活力,它的发展即国际法本身的一种发展。国际组织,作为一种国际合作的机构,必须具有相应的法律基础和一定的法律行为能力,才有可能持续其对内对外的各种活动。而国际法的形成、适用和执行也只有依附于一定的常设机构,才有可能获得较多的确定性。所以,国际社会组织化趋势的出现,尤其是一些重要国际组织近似于国际立法的各种活动,为现代国际法的发展带来了广阔的前景。

从国际组织的编纂活动来看,与国内法的法典化(codification)相比,国际法的全面编纂虽然在今后相当一段时间内还很难实现,但是学者私人或民间研究团体的国际法个别编纂在过去早已存在。不过真正有效的编纂工作,则只能从联合国国际法委员会算起。其他若干政府间国际组织也有类似于编纂的功能。各种国际组织的编纂工作,有力地推动了现代国际法的发展,尤其是国际法委员会,在这方面取得了可观的成绩。该委员会根据联合国宪章关于“国际法之逐渐发展与编纂”的规定，将其工作区别为“编纂”现存的国际习惯和“发展”新的国际法规则两大部分，并为之规定了两套不同的程序。其工作富有开创意义。后来，在操作过程中，这两套程序逐步采取了很近似的步骤。首先，将其起草的初步条款，直接提交各国政府发表意见；其次，联大法律委员会（六委）各成员国代表也需就条款进行评论；最后，委员会在拟定最后条款时，还应考虑这些意见与评论。此种“三部曲”式的程序的优越性是，联合国通过委员会这一辅助性造法机构，把各个政府的意志、成员国代表机关的要求和国际法专家的研究工作联结起来了。其反复交叉的过程，有助于联合国大会或联合国为通过最后草案而召开的外交会议达成共识与协议。此种编纂程序，与过去形成国际习惯及缔结条约的传统程序比较起来，有一个划时代意义的发展，即由非常分散到较为集中。

前已述及，国际判例对发展有关法律的原则、规则和制度，具有很大价值。尤其是国际法院及它的前身国际常设法院所受理的诉讼及咨询案件，所涉范围广，影响大。此外，第二次世界大战后的两次军事审判和两个《国际军事法庭宪章》，以及为起诉前南斯拉夫和卢旺达境内战犯而经由安理会分别于1993年和1994年设立的两个国际刑事法庭，也均对国际社会产生相当影响。特别值得注意的是，国际法委员会于1994年起草了一项《国际刑事法院规约》，该项草案规定：国际刑事法院应“优于”国内法院，在有关诉讼程序的任何阶段，国际刑事法院均可依法正式要求国内法院尊重国际刑事法院的管辖。显而易见，在此范围内，该刑事法院的管辖权是第一位的，而国内法院的管辖权则成了第二位的。〔1〕

各种国际组织中由全体成员国代表组成的机构（大会），其中特别是联合国大会，其成百上千的决议，特别是那些有关国际社会法律秩序的所谓“规范性决议”（normative resolutions），对国际法的发展具有重要影响。就其国家意志基础的广

---

〔1〕 1998年6月15日，联合国就关于设立国际刑事法院的条约在罗马召开外交大会，参加会议的约有来自150个国家的代表、外交官及法学家。到7月中旬会议通过了该项条约。投反对票的国家有7个，其中包括美国、以色列和中国；英国、加拿大和德国表示积极支持；法国到最后一分钟才表示同意。上述《罗马条约》的内容主要是设立一个国际刑事法院负责审理战争罪行、种族绝灭罪行和危害人类罪行。2002年7月，国际刑事法院正式成立。截至2010年10月，已经有111个国家加入了《罗马条约》，成为国际刑事法院的成员国，另外有39个国家签署了该条约，但是并未得到各自国家立法机构的批准。值得注意的是，2000年12月31日，美国总统在《罗马条约》规定的最后期限（2000年12月31日）签署了该项条约，但迄今国会尚未批准该条约。（2001年1月1日美国参议院外交委员会主席评论说：他将反对批准这项条约，因为它可能会侵犯美国的“军事主权”，可能使美国在国外的士兵也受到审判。）

泛性来衡量,它在国际关系中比司法判例的作用更大。

从组织性条约这方面来分析,相对一般性条约而论,其中建立国际组织的约章,具有如下特点:它既为一个组织的章程,又具有条约的性质。越是全球性的、管辖事项广泛的、成员国众多的组织,其章程所规定的宗旨原则和行为规范的适用空间也就越大,受其调整的国家间关系也就越普遍。在这方面,《联合国宪章》非常引人注目。《联合国宪章》第2条在规定"本组织及其会员国"应遵行的各项原则的同时,还特别规定:联合国在维持国际和平与安全的必要范围内,[1]应保证"非会员国"也遵行上述原则。但是《维也纳条约法公约》根据条约只具有相对效力的原理,在其第34条规定,"条约非经第三国同意,不为该国创设义务和权利"。可见从一开始,创建国就意图使宪章成为一项对全球一切国家产生普遍作用的公约。实践已经证明,国际组织章程特别是《联合国宪章》,对现代国际法的形成与发展,其影响是根本性的。其他与国际组织直接相关的各种组织性条约,也在相当程度上丰富和发展了国际法。

四、理性的选择

前已论证,随着国际社会组织化的加深,国际法调整范围在逐渐扩大,国家管辖范围在相对缩小,国际法律秩序呈现一种由相当分散到较为集中的发展动向。从法哲学观之:国际社会的法律现象和国内法一样,虽然也具有一定的稳定性,但稳定是相对的,而其发展则是绝对的。因为稳定只是事物积累量变时的一种暂时状态,这种量变必然导致事物的质的继续发展。现在的问题是,上述发展趋势,更具体说,上述"扩大""缩小""由相当分散到较为集中"的这种发展趋势,有无极限?其极限是什么?

对于这个问题的解答,肯定是多种多样的,而且很有可能是纯理论性的。因为社会现象,特别是国际社会现象,广泛涉及各种民族因素、国家利益、文明及文化传统、经济水平、政治影响、意识形态等,百般复杂。所以,没有全面与深层的理解,很难避免出现臆说或过于理想化的结论。

在包括国际组织法在内的国际法的研究中,我们不难说明或者说已经说明:国家是国际法和国际组织产生的前提,而国际社会则是国际法和国际组织存在的社

---

〔1〕 参见并比较本书第二讲第一节二、"职能性原则"的论述。

会基础。没有国家，不可能有国际法和国际组织，只有单独一个国家或者只有多个各自孤立的国家，也不可能有国际法和国际组织。国际法和国际组织的产生、存在和发展，无不与国际关系及这个无比复杂的国际社会联系在一起并受其制约。

由众多主权国家（或者说主要由众多主权国家）组成的国际社会，与各国内社会相比，是一个高度分权的社会，是一个主权并立的"平行式"社会。国内社会则有所不同，是一个"宝塔式"社会，位于塔顶的是具有法定权威的中央机关，它们在国内统一（分别）行使包括行政、立法与司法在内的最高权力（Power）。在这两种结构不同的社会中，其法律现象也呈现出重大的差别。

国际社会，以独立国家为其主轴的这种基本结构显示：在人们可以预见的时期内，它很难在各国之上建立一个像国内社会一样以统治权为基础的全世界统一的超国家机构。同样，以当前这种国际社会基本结构为前提的现代国际法体系，也很难发展出一个具有最高管辖权的全世界统一的立法、司法或执行机关来。〔1〕

综上可见，虽然随着国际社会的逐渐组织化，世界增强了凝聚力，但在国际社会上述基本结构发生根本变化之前，国际组织仍将基本上是一种"国家间组织"，国际法仍将基本上是一种"国家间法"。质言之，这就是问题的限度。超出了这个限度，它就不是"国际组织"或者"国际法"了。这个限度是由现阶段国际社会的本质属性及其基本结构所决定的。

历史的惨痛教训启示我们：在国际关系中，不能恃强凌弱，"热战"或"冷战"的办法都不可取。人类需要和平，社会需要进步，国家需要合作。只有建立平等互利的国际关系，才有助于21世纪和平秩序与国际法的进一步发展；强权政治与大国利己主义的陷阱，则有可能扼杀国际法的生机。问题在于选择。

国际社会，说到底，是一个国家舞台，国家是这个舞台的主角，国家是这个舞台秩序的最重要的支柱。各国不仅通过协作形成国际法，而且通过协作实现国际法。地球上任何1个国家，无论它是多么富有和强大，都不可能单独在超越国境的全球

〔1〕 美国有几位研究国际组织的学者（菲尔德教授等），在一本专著中认为：在大多数人的概念中，民族国家依然是获得支持的焦点，它保留了最高水平的合法性（legitimacy）。民族意识的存在，不仅是道义上的，而且具有实际意义。虽然，"冷战"之后，许多可能暗中削弱国家领土和多民族完整性的狭隘情绪在重新抬头，但国家依然是引申出国际制度的基石。该书还认为：政府间组织，在可预见的将来，仍然只是"媒介物"；民族国家可通过它来管理自己的事务，但不可能变成可将其决定强加给成员国的实体。See Werner J. Feld and Robert S. Jordan with Leon Hurwitz, *International Organizations: A Comparative Approach*, Praeger Publishers, 1994, pp. 276 -279. 转引自高华：《评介美国等西方学者论国际组织》，载《世界经济与政治》1997年第7期。

性问题的困境中保全自己。各国主权平等,任何一个国家,都不能只顾己国权益而无视他国权益。唯有共同努力,人类才有机会获得21世纪的整体安全、精神道德和物质文明的成就。

小结语:国际社会要求一切国家,尤其是在经济上和军事上强大的国家,都能"一秉善意",依法履行国际义务,进行诚信与平等的国际合作,以期促进国际法律秩序的进一步完善与发展,维护全人类的共同和根本的利益。

五、联合国安理会的改革问题

大会(the General Assembly)是联合国的六大主要机关之一,其议事规则规定:每年从"9月份的第3个星期二"开始举行常会一次,[1]由全体会员国派代表团参加。2004年9月14日第59届联合国大会在联合国总部(纽约)开幕。在出席大会的191国的代表团中,国家元首有97位。

(一)第59届联合国大会的"改革风云"

当大会进入一般性辩论阶段后,"联合国改革问题"成了本届联大与会的国家元首(政府首脑)及代表们发言的三大主题之一。[2] 自20世纪60年代以来,特别是在80年代联合国的财政危机加剧之后,要求联合国进行改革的呼声日益高涨。20世纪诞生的联合国要适应21世纪的新局面,改革是必经之路。安理会的改组与扩大问题历来是国际社会关注的焦点,这个焦点在本届联大上显得更加突出。

据2004年9月25日日本《产经新闻》、10月2日我国《光明日报》、10月12日英国《经济学家》等媒体报道,到目前为止,德国、日本、印度、巴西、尼日利亚、埃及、印度尼西亚、意大利、墨西哥、澳大利亚、南非等国均直接或间接地表示了要争取成为安理会常任理事国的愿望。特别是日本、巴西、德国和印度4国,其领导人还于9月21日在纽约发表了联合声明,正式宣布"将携手竞争安理会常任理事国席位",并于9月23日各自在第59届联大一般性辩论会上发言,"希望成为安理会常任理事国"。但是,随后登台讲话的意大利代表明确表示反对"四国"主张,申言"用增加常任理事国席位的方式解决不了安理会面临的难题"。在9月22日大会上发言的巴基斯坦总统也直言不讳不同意增加常任理事国。他在会见记者时表示"不应

---

〔1〕 See UN, Rules of Procedure of the General Assembly, Rules 1 -2.

〔2〕 其他两大主题为加强联合国的地位与作用和国际反恐问题。

增加拥有特权的国家”，但可考虑增加非常任理事国。[1] 有人分析，他的发言在一定程度上可能有牵制印度的作用。西班牙也对“四国”主张持反对态度，与意、巴等国意见如出一辙。在反对增加安理会常任理事国的各种理由中，最突出的一条是一个过于庞大的安理会效率会更低，将变成一个永无休止的辩论馆，最终会一事无成。但是，有意扩大安理会的国家则认为，安理会应具有更广泛的国际代表性，应加强民主化，以便发挥更大的作用。

另据10月10日《韩国时报》报道，韩国总统在就安理会改革发表意见时特别强调：“任何一个希望成为安理会常任理事国的国家首先应赢得该地区各国的信任。”这显然是对梦寐以求成为“军事大国”的日本的一种顾虑。韩国各大报章也纷纷发表评论，有的甚至提出日本对常任理事国的谋求“存在道义上的障碍”。

在众多的国际报道中，比较引人注目的是意大利“多渠道”的反应。除上述意代表在大会上的发言外，意大利总理早在2004年8月初就分别致函美、中、俄、英四国领导人申明过同样的意见，并且特别提出反对“增加德国和日本而将意大利排除在外”的改革方案。最近，意大利又向大会提出一项新主张：让一体化已取得重大进展的欧洲联盟在安理会占有1个常任理事的席位。此外，9月24日意外长在联合国总部大厦举行了一次有西班牙、埃及、阿尔及利亚、摩洛哥、阿根廷、塞尔维亚等25国代表参加的盛大餐会。据说，这些国家均在不同程度上支持或理解意大利的主张。

据日本政府截至9月23日上午的统计，在已经在大会发言的71个国家中，有53个国家发表了关于安理会改革的意见，其中有28个国家主张同时增加常任与非常任理事国，赞成日本成为常任理事国的有11个国家。有些国家提出，如果欧洲、北美洲、拉丁美洲、亚洲在安理会各占有一个以上的常任理事国席位，那么按照“地域公匀”原则，非洲也理所当然地应该至少有一个常任理事国的席位。塞内加尔建议给非洲两个常任席位：一个给说法语的国家，一个给说英语的国家。这样一来，阿拉伯国家又怎么办？这也是一个必须解决的问题。

（二）安理会改革“谁主沉浮”

多年以前改革问题就已正式提上了联合国的议事日程，且包括经社系统及行

---

〔1〕 据巴基斯坦黎明报最近的报道，巴驻联合国官员表示，由巴基斯坦、意大利、加拿大、西班牙、阿尔及利亚、韩国、墨西哥、阿根廷、肯尼亚等12国组成的咖啡俱乐部反对增加安理会常任理事国席位，只希望增加非常任理事国的数量。

政部门在内的改革力度也在逐年加强。自 1993 年安理会改革工作组成立以来,至今已召开过数百次会议,众说纷纭。然而成效并不显著。第 5 任和第 6 任秘书长都在不同程度上就改组秘书处及加强维和行动等方面采取过部分措施。现任秘书长于 1997 年上任后不久公布过一份有关联合国改革的方案,[1] 在机构调整、管理办法、维持和平部队、财政措施等方面取得了若干阶段性成果。但长期以来关于安理会的改革总是“雷声大雨点小”,陷入一种“寸步难移”的困境。究其根源,难就难在安理会是联合国的首脑部位,“牵其一发足以动全局”。根据《联合国宪章》规定,安理会是联合国维持国际和平与安全的主要机关,[2] 是联合国可以采取“执行行动”的单位,是联合国的权力核心。[3] 对安理会的任何实质性的(甚至非实质性的)变动不仅需要启动修改《联合国宪章》的复杂程序,而且实际上还会涉及世界权力重新分配的问题。尤其是对于拥有否决权的常任理事国席位的调整在国际政治中更为敏感,将牵动会员国(特别是大国)的每一根神经。

2004 年 10 月 14 日法国《回声报》社论撰写人的一篇文章在论及联合国改革困境的原因时认为,这主要是“第二次世界大战中各获胜大国的巧妙平衡(或者不平衡)”所引起的。文章说中了要害,但只说对了一半。其实,这里所涉及的远远不只是少数几个获胜大国,而是当今整个国际社会的“权力布局”与“结构平衡”的问题。各国在大会的诸多发言中无不隐约反映出己国的“国家利益”及其种种复杂的国际关系。这就是整个国际社会所无法避免的客观事实。确实,当今世界尚无条件创造一个由国家组成而又能超越国家“矛盾”及其“利益”的国际组织。

2003 年 11 月联合国秘书长宣布成立一个由 16 名在国际事务中具有影响力的权威人士组成的“研究小组”。要求就“威胁、挑战与改革”问题于 2004 年 12 月 1 日前向秘书长提出一个改革方案。以便在本届或者 2005 年 9 月第 60 届联大展开讨论。如今,日、德、印、巴这辆四轮马车已“加足马力”,提前正式上路。看来,这辆马车还有很长一段路程需要奔走,路程前方还存在不少“盲点”。

第一,联合国大会将进行讨论的“研究小组”方案意向如何?能否助“四国”一

---

[1] 各国对该方案的反应是积极的。概言之,美国当时的要求主要是联合国必须大幅度削减预算和工作人员;发展中国家最担心的是改革可能成为削减诸如开发计划署等发展机构资金与活动的借口;而大多数国家则希望看到安理会实现民主化,使否决权受到应有的限制。为此,77 国集团发表了一项联合声明,称改革必须服从于改革进程的更大目标,而且不支持采取行动建立一种由任何国家或国家集团垄断联合国高级职务的制度。

[2] 参见《联合国宪章》第 24 条之规定。

[3] 参见《联合国宪章》第 7 章第 39 ~51 条之规定。

臂之力？

第二，据估计，本届联大似乎很难就如下问题获得讨论结果：(1)目前是否增加安理会理事国的席位？特别是是否增加常任理事国的席位？(2)如果增加，常任理事国增加几席？(3)新增常任理事国的标准和条件是什么？(4)考虑“地域平衡”原则，这几个席位应由哪几个国家占有？(5)授予新增常任理事国何种职权？特别是是否授予否决权？

第三，从程序上考虑，《联合国宪章》规定“大会对于重要问题之决议应以到会及投票之会员国2/3多数决定之”。上述有关问题之决议能否顺利获得2/3的多数通过？

第四，如果上列各项在大会上能够过五关斩六将，得到如愿解决，那剩下的就只有安理会(现任)五常任理事国这最后一关了。但是这是决定性的一关。为什么？因为按照《联合国宪章》规定，安理会理事国席位之变动须通过修正《联合国宪章》第23条始能完成。而《联合国宪章》修正案除须经大会2/3的表决外，还须由联合国会员国的2/3(包括安理会五常任理事国在内)正式批准后才能生效。举一个极端的例子，即使在联合国的191个会员国中有190个各依其宪法程序批准了增加常任理事国席位的《联合国宪章》修正案，如果那个未批准该修正案的国家是五常任理事国之一，那么这一修正案就不能生效。可见从纯理论上说，常任理事国对修正案的不批准权乃安理会改革中真正的最后的撒手锏。当然在实践中，如果国际协调工作做得好，就不会出现这种情况。但是，从今日国际社会的情势观之，要想增加带否决权的“常任理事国”席位，恐怕是难上加难。

至此，我们需要进一步分析一下五常任理事国目前对安理会扩大与改组问题的一些初步反应。

联合国经过半个多世纪的风风雨雨，已经“大腹便便”，运转不佳：预算急剧膨胀，财政紧缺；机构十分臃肿，亟待精简；安理会机制欠灵，需要改进。在国际社会迫切要求改革的呼声中，五常任理事国虽然反应不尽相同，但都很支持有关改革的各种活动，以期发挥和加强联合国的作用，提高其工作效率。不过，关于安理会到底应如何改组的问题，却很少看到关于他们的具体意见的报道。

据2004年9月29日共同社华盛顿电，在日、德、印、巴四国于9月23日在本届联大发言后，美国国务卿曾婉转表示，“并未打算作出哪个国家进入常任理事国，哪个国家不进入常任理事国的判断”。但此前，即9月21日在美日首脑的纽约会谈中，据说布什曾给了日本比较明确的支持。然而美方有人认为，日本需要修改目前的“和平宪法”，方有条件作为常任理事国担负国际安全的职责。但这必将引起亚洲国家的警惕。美国目前对安理会改组的态度，其所以不甚具体和肯定，甚至还给人一种“暧昧”的印象，有可能是由于伊拉克战争后的美欧关系使其左右为难。9月26日在联大发言的俄罗斯外长认为，“在安理会改革问题上达成最大限度的一致是非常重要的，俄罗斯准备参加审议任何能得到广泛支持的建议”。但是据说，俄罗斯似乎比较支持德国和印度成为常任理事国。这与俄罗斯传统的地缘战略思想不无关系。此前，俄罗斯副外长曾表示，安理会应更具有代表性，应增加一些亚非拉的大国为常任理事国。在2003年美英向伊拉克开战时，法国公然不赞成用战争解决问题，这一立场在第三世界国家（特别是中东阿拉伯国家）中赢得了一片赞扬。法国在非洲也有其传统影响，在欧盟内，德法关系亦在日趋接近。有些评论家认为，在此背景下、法国会积极支持扩大安理会，这有助于牵制美国的单边主义。有舆论曾经猜测法国可能不同意德国成为常任理事国，这似乎并非事实。[1] 尚不知英国在这方面有何具体主张。不过在国际事务中，该国跟随美国的时候多，这次会怎么样，还有待考察和分析。作为五常任理事国之一的中国，早在第四届联大上即表示积极支持改革，并提出联合国的改革应体现民主公正、客观合理、平衡有效的基本原则，应服从于促进建立和平、稳定、公正、合理的国际新秩序这个大目标。中国外交部发言人在2004年9月的一次例行记者会上就日本争取成为常任理事国问题回答记者时说，充分理解日本想在国际事务中发挥更大作用的心情，但此事攸关安理会改革的进程、必须经过充分的讨论。另据9月8日共同社东京电，日本政府和执政党内部抱怨“日本负担的联合国经费和日本的发言权不成比例”。但是分析家认为，联合国并不是根据会员国缴纳会费的多少来决定其内部组成的，安理会不是经社理事会，更不同于跨国公司的董事会。

综上所述，在安理会改组与扩大问题上，五常任理事国虽然从不同角度各抒己见，但都或多或少地体现出一种“积极而又谨慎”的态度。

（三）安理会否决权制度的“玄机”何在

有条件或条件接近的联合国会员国之所以不惮其“难”地争取进入安理会，整

---

〔1〕 据新闻报道，最近正在英国访问的法国总统在牛津大学演讲时说，目前的安理会需要进行现代化的改革。他建议安理会从现在的15个理事国增加到20～25个理事国。另有消息透露，16人研究小组已经草拟了一个增加6个无否决权的常任理事国的方案，法国总统的建议似乎与此有些类似。载 http://news.china.com/zhcn/international/1000/20041121/11973374.html。

个国际社会之所以如此关注安理会的改革，主要原因就在于，安理会是联合国这个“当今世界最大最权威的国际组织”的决策机构。这个机构的决策威力来自何方？它主要是经否决权制度从正反两个角度（行使或不行使）来实现的。以下，进一步就几个相关问题来具体解剖安理会及其否决权制度。

如前所述，联合国已经“大腹便便”，是一个国际巨人，是一台巨大的机器。这台巨大机器到底是如何操作的呢？从其内部机构设置来看，主要是采用“六大机关分权”的制度：联合国大会，是其最高议事机关，是全世界舆论的集中场所；秘书处，是其日常办事行政机关，秘书长是联合国的行政首长；经社理事会，是其管理经济及社会发展事务的机关，管辖范围非常广泛；国际法院，是其主要司法机关，按《国际法院规约》分别执行诉讼管辖与咨询管辖；托管理事会，是其负责监督托管领土行政管理的机关，旧殖民体系基本瓦解后，它已完成历史任务；此外，就是此处作为重点来讨论的安理会。[1]

在联合国这个庞大国际组织的操作过程中，影响最大的是安理会。如前所述，它是联合国的权力和决策核心，是联合国的心脏。《联合国宪章》第 24 条规定“各会员国将维持国际和平与安全之主要责任授予安全理事会”。安理会由 15 个理事国组成：中、法、俄、英、美 5 国为常任理事国；由联合国大会另选 10 国为非常任理事国，每届任期为 2 年。

安理会的巨大权力主要表现为如下三点：第一，安理会作出的决定对全体会员国具有法律约束力；第二，在联合国所有机关中，安理会是唯一有权采取强制措施的机关；第三，为了维持国际和平与安全，安理会可以采取包括武力在内的军事行动。这几点不仅在联合国的六大机关中，而且在全世界成千上万的国际组织中都是独一无二的。

由 15 个理事国组成的安理会有如此巨大的权力，这些权力到底是由什么来控制的呢？为了说形象一些，可以做一个比喻：这些巨大权力最终是由《西游记》中齐天大圣的那根“金箍棒”来控制的。不过，掌握这根金箍棒的不是一个孙悟空，而是 5 个孙悟空。这根看不见的金箍棒在法律上叫作“否决权”，叫作“veto power”或“veto right”。

从国际组织法角度来考虑，安理会的“veto”是一项有特色的制度。《联合国宪

[1] 参见梁西：《国际组织法》（总论）（修订第 5 版），武汉大学出版社 2001 年版，第 93 ~134 页。

章》第27条规定:“一、安理会每一理事国应有一个投票权。二、安理会关于程序事项之决议,应以九理事国之可决票表决之。三、安理会对于其他一切事项之决议,应以九理事国之可决票包括全体常任理事国之同意票表决之……”

《联合国宪章》第27条第1项是关于投票权的分配规则:安理会所有15个理事国,无论常任还是非常任,一律平等,都享有而且只享有一个投票权。第2项是关于“程序性事项”的表决规则:有关此类事项的决议,在15个理事国中,只要有任何9个以上的理事国投赞成票即可通过。第3项是关于“实质性事项”的表决规则。此项规则包括两个条件:第一,在15个理事国中要有9个以上的多数票赞成;第二,在5个常任理事国中,没有任何一个投反对票。只有当这两个条件同时具备时,有关实质性事项的决议才能通过。如果有一个常任理事国投反对票,怎么办?即使其他14票都是赞成票,该决议也无法通过。这里可以举出一个安理会投票史上有关“veto”的空前的案例。按规定,联合国秘书长须5年改选一次,首先经安理会提名推荐,然后由联合国大会任命。在1981年第36届联大期间,最初参加竞选第五任秘书长的有2位,一位是任期将近届满的秘书长瓦尔德海姆(奥地利人),另一位是非洲的坦桑尼亚外长萨利姆。安理会从1981年10月27日开始举行会议对两位候选人进行讨论并投票。但是,安理会经过一个多月的磋商,先后进行了16次投票,始终未能通过关于推荐秘书长的决议。原因何在?美国先后对萨利姆投了16次反对票,因为美国觉得萨利姆在非洲问题和巴以问题上同美国政策有距离;而中国则先后对瓦尔德海姆投了16次反对票,因为中国觉得过去4任秘书长有3位来自欧洲。但联合国会员国却有3/4是亚非拉国家,故主张第五任秘书长最好由发展中国家来接任。结果,2位候选人虽然都曾多次获得9个以上的多数赞成票,但最终均未能获得推荐。之后,另行报名竞选,又有9位候选人参加。再经过10多天的磋商投票,安理会才在没有出现常任理事国反对票的情况下对秘鲁的德奎利亚尔作出了正式推荐的决议。接着,第36届联大顺利通过了这一推荐。

在上述基本认识的基础上,我们还可以从理论与实践相结合的高度,再深入一步对否决权制度作出如下7点综合性的分析:

第一点,从性质分析,安理会的否决权制度是一种少数可以抵制或阻止多数的权力(the power or right to forbid or prevent)。它的实际价值就在于能够“以少胜多”。因为这一制度要求有5个常任理事国的一致赞成票才能通过有关实质性事项的决议,所以它又被称为“大国一致原则”。因为它对一切实质性事项的决议,既要求9票以上的多数,又要求这个多数中必须包括5个常任理事国的赞成票在内才能通过,所以,旧金山会议的《四国声明》又把这一制度称为“受限制的多数表决制”(a system of qualified majority voting)。从这个意义来说,实际上有两种情况可以使有关决议不能通过:一种是有一个常任理事国投反对票;另一种是某项得到5个常任理事国一致同意的决议,如果有7个非常任理事国的反对或弃权,因而使赞成票无法获得9票的多数时,该项决议同样不能通过。所以,从理论上分析,这一制度也可以称为“受限制的大国一致原则”。不过,《四国声明》为了减轻这一制度的大国色彩将后一种情况巧妙地称为非常任理事国的“集体否决权”(a group veto),认为这也是一种少数可以抵制多数的情况。此外,根据上述《四国声明》的解释,如果将来有必要决定“某一事项是否属于程序性这一先决问题(preliminary question)”时,也必须“由安理会9个理事国的表决包括各常任理事国的同意票在内”才能做出决定。这意味着,常任理事国在此情况下享有所谓“双重否决权”(double veto):既对实质性事项有否决权,也对是否为程序性事项有否决权。行使双重否决权的效果为:常任理事国有可能先用否决权使某一事项成为非程序性事项,然后再用否决权使有关该事项的决议不能通过。

第二点,联合国安理会“大国一致”的表决原则是吸取国联教训的结果,比国联行政院“全体一致”的表决原则有了很大发展。从理论上讲,安理会的表决制度是一种“复轨表决制”。对程序性事项来说,只要求多数,而不要求一致;但对实质性事项来说,则不仅要求理事国的多数,而且要求常任理事国的一致。它的多数不是简单的过半数。它的一致也不是全体理事国清一色的同意。它赋予大国的特权远远超过了《国际联盟盟约》的规定。

第三点,从否决权的特点来看,它只能起到消极抵制的作用,却没有积极进攻的能力。这可以用矛和盾来作比喻:常任理事国行使否决权,能产生“盾牌”的作用,因为它能阻止决议的通过;但是否决权不可能当作“长矛”来使用,因为它无法使一个自己满意的决议案获得通过。因此,这根所谓的如意“金箍棒”也并非真正是“万事如意”的。

第四点,在安理会的实践过程中,已形成一项习惯性规则,即常任理事国的弃权票不产生否决效果。如果某常任理事国不想支持某项决议,但又无意阻止该决议的通过,在此情况下就可以投弃权票。这给了常任理事国在国际关系方面很大的灵活空间,更便于贯彻己国政府的外交政策与策略。历史上有一个著名案例:安理会于1973年12月15日表决第344号关于中东问题的决议时,虽然有4个常任理事国弃权,我国也未参加投票,但因为其他10个理事国都投了赞成票,决议获得通过。又如,1990年11月29日安理会表决有关海湾危机的第678号决议时,我国基于反对伊拉克侵占科威特并主张和平解决海湾危机的一贯立场,投了弃权票。这一票也未影响该决议案的通过。

第五点,从国际实践来分析,否决权行使的频率与国际社会格局的发展变化是息息相关的。联合国成立后的第一个10年(1946~1955年),安理会一共行使过82次否决权,其中竟有79次是当时的苏联行使的。为什么?因为苏联在当时的联合国处于少数派地位,它即用否决权这块盾牌来抵制西方的多数。仅在1955年11月13日这一天,苏联就接连投过15次否决票。人们因此讥称当时苏联驻联合国的代表葛罗米柯为"Mr. No"。但是,到了第三个10年(1966~1975年),情况发生了戏剧性的变化。在此期间,安理会一共行使过31次否决权,而美国却占了其中的12次,居五常任理事国之首。这又是为什么?因为20世纪60年代之后新独立的发展中国家大量增加,美国在联合国已经失去了对多数的控制。从1990年8月2日伊拉克侵占科威特后的约4个月时间里,安理会针对海湾危机陆续通过了12项决议,五常任理事国没有行使过一次否决权。这种情况在安理会的表决史上是少有的。这无疑反映了国际社会在经历了长期的冷战折磨后,苏联在衰退,世界的两极格局正在发生巨大变化。

第六点,否决权制度虽然具体规定于《联合国宪章》第27条,但这并非此项制度的全部内容。对安理会决策机制的研究应该扩及如下3组条文。

1. 第23条规定:中、法、俄、英、美为安理会常任理事国,享有独特地位。五国是否决权的主体。

2. 第27条授予常任理事国在表决中以超越一般计量的权力,使一票具有压倒多数票的表决效果。此条是否决权制度的主干条款。

3. 第108~110条规定:常任理事国对于《联合国宪章》的生效以及《联合国宪章》生效后的修正案的生效,均享有否决权。其法律效果是如果某常任理事国有意坚持和维护否决权制度则在《联合国宪章》草案未规定否决权时,或者在《联合国宪章》生效后否决权条款遭到该国不愿接受的修正案时,该国都可以用否决权来抵制或阻止这种可能得到多数赞成的方案成为现实。从这一角度来看,这组条文是上述两条的永恒性保障条款。

这3组条文相互为用,很像一台“钢筋三脚架”支撑着联合国的整个体制,并且也使否决权自身在联合国体制中根深蒂固,不易动摇。

第七点也是最后一点:分析至此,似乎应该对安理会否决权制度的讨论作一个简短的结束语了。在国际舆论中,有两种主要见解。一方面,有很多国家(主要是发展中国家)和学者认为,安理会的否决权就像一把大铁锤,使众多符合国际利益或中小国家要求的决议被无情地打掉了,有损“会员国主权平等”原则,因此主张修改或限制否决权,有的甚至要求取消否决权。另一方面,也有不少国家和学者从另一角度分析,十分强调“大国一致”原则的积极作用,认为这一制度是联合国不可动摇的基石。其基本论点为:如果在大国不一致的情况下,安理会可以按多数票做出重大决定,并据此采取重大行动(甚至军事行动),那即有可能激化国际社会的分裂,诱发危机,动摇国际法律秩序,甚至引起联合国的瘫痪和解体。依此论点,可以把否决权比作电路中的保险丝,即使发生短路事故,产生了强大电流,但是由于保险丝在起作用,定能阻止这股危险电流的通过。如果没有这一保险装置,联合国这座大厦就会顷刻被一场熊熊烈火所焚毁。

上述两种见解从不同角度出发,各有其合理内核。但是,又都在不同程度上有不够全面之处。我们在原则上必须首先明确两点:第一,在主要由国家组成的国际社会中,任何一个现实的国际法律制度既须顾及国际社会各实体的“社会性”,也须考虑到这些实体的“非社会性”;第二,在人类发展的现阶段,我们还没有社会基础建立一个能够完全摆脱“国家利益”的联合国,因为联合国毕竟还是由众多独立的国家组成的。所以,在此原则性认识的基础上,应该从整个国际社会和联合国的现实出发从多个角度来考察否决权的作用及其利弊。既要预测到一个没有否决权制度的联合国将出现什么状况,也要看到一个已有否决权制度的联合国产生了何种弊端。问题的要害是,要使国际利益与国家利益平衡;要使各国(大小强弱)之间的利益平衡;要使否决权制度本身利大于弊。只有这样,才有望建立一个和平、公正和有效的国际法律秩序。社会现象如同自然现象,均受“平衡规律”的支配。小到个人与个人之间的各种关系,大到国家,甚至我们的地球、日月星辰、整个宇宙,都只有在反复保持平衡的条件下才能正常有序地运行。

根据这些原则性的构想和思路,笔者在2003年11月所作的“国际法的危机”讲座中,曾就联合国的改革问题提出过8点建议,现将其中有关扩大安理会和改进否决权制度的两项建议摘述如下:

1. 安理会是联合国的权力核心和执行机关，欲使其发挥更大作用，其组成就应根据国际社会50多年来的发展予以适当扩大。一个由包括7～9名常任理事国在内的21～27名理事国组成的安理会，估计是有可能为国际社会所接受的。常任理事国及理事国的名额，应适当注意地域分配上的公允。如常任理事国超过7名，除7名有否决权的常任理事国外，其余则可为无否决权但可较长期连任的(半)常任理事国。

2. 为了扩大国际民主并缓和对安理会否决权制度的抵制，可考虑将常任理事国的"一票否决制"改进为"2～3票(缀连)否决制"。

以上两项建议，纯系"书生之见"，谨供各位在继续研究这一问题时作参考。

第四讲

法学教育方法论系列

——国际法之角度

第一节　大学生要强化“自我塑造”的意识[1]

——和法学院新同学讨论“如何读书与做人”

蚕食桑,而所吐者丝,非桑也;
蜂采花,而所酿者蜜,非花也。

——(清)袁枚[2]

开篇第一节的主题,是“大学生要强化‘自我塑造’的意识”。这里,主要想谈谈我在数十年教学过程中得来的一些点滴的体会与经验,属于“一孔之见”,聊供大家参考。围绕这个主题,准备讨论5个问题。第一个问题是简单说一说“上大学应有的思想准备”;第二个问题是“如何搞好课堂学习”,这是我们上大学的一个非常重要的环节;第三个问题是“必须扩大学习视野”,这里主要谈课外阅读与扩大知识面;第四个问题是重点介绍几种学习方法;第五个问题是一个简短的结束语,总的讲一下“全面发展”和“创造性思维”。

一、“freshmen,预备——跑!”

这个小标题,是一个比赛场中使用的起跑口令。我的意思是想说同学们要有“起跑”的思想准备。如果上大学是一场赛跑运动,那么我们就应该抓紧时间,及时“起跑”。

我们知道,学校教育有几个不同的阶段,就像我们在成长过程中有几个不同的

---

〔1〕 本节系笔者于2005年10月24日为武汉大学法学院全体新同学所作“讲座”的讲稿(是一种比较松散的口语表达)。此处(2009年2月)略有增删。

〔2〕 参见(清)袁枚:《随园诗话》卷十三。

阶段一样。无论是小学阶段、中学阶段，还是大学阶段，都有两个主要的方面：一方面是“教”；另一方面是“学”。但是这两个方面，在各个阶段都有它们不同的特点。

大家一定还记得，在幼儿园和小学，我们与老师是手拉着手来学习的。到了中学阶段，师生关系稍微松散了一些，但是也可以说是老师追着我们赶着我们来学习的。到了大学阶段就大不相同了。为什么？第一，我们长大了，成人了，生理上的发育已经越来越成熟了。第二，我们的注意力已经比中小学生集中得多，比方说，今天这几百人的大教室里就非常非常安静。第三，我们的记忆力和在中小学时不一样，现在不是单靠具体的形象来记忆，而主要是靠自己的理解能力、思维能力、逻辑能力进行记忆，不是死记而是在感悟的基础上记忆。第四，最重要的一点是我们的想象力和创造力也丰富多了。总之，我们现在的学习能力比过去大大提高了，已经具备了自学并进行探讨和研究的能力。而且，我们在心理素质上也有了显著的发展和变化，最突出的是我们已有强烈的自我意识；荣誉感、自尊心和进取心，较之过去也大大增强了。

正是基于这些，大学里的教师就不能像中小学那样来进行教育，同学们也不能够像中小学那样去接受教师的教育。“大学教育绝对不能中学化”。现在，大学里有没有这种现象呢？不能说绝对没有。这种现象，我们应当尽一切力量改进它，使大学教育真正成为地地道道的大学教育。因此，就教师而言，应当不断地改进教学方法，提高教学质量；就学生而言，应当不断地去改进学习方法，提高学习效率。如果不能做到这些，那就有可能产生不良后果：它会妨害大学生的自我塑造和发展，更具体的一点是它会妨害大学生在学习中的主观能动性和创造性思维。

所以，新同学在入学以后，最重要的是首先要在思想认识上有一个充分的准备，要使我们的学习方法能适应大学阶段的教育，能适应大学老师对我们的指导，能适应大学校园的学习和生活。只有在学习的方式和方法上有一个大的转变，我们才能够圆满地完成在大学阶段的学习任务。据说，有的同学在入校以后，不免抱有这样一种想法：高考太累了，现在该休息休息了。但是同学们，“为学犹如逆水行舟，不进则退”。正如我刚才所讲的，如果把上大学比作一场新的赛跑运动，那我们的运动会已经开始，你做好了参加比赛的思想准备没有？如果还没有，那就应该抓紧时间准备，赶快上场。如果还在犹豫不决，那就会大大误了“起跑”的时间。

二、如何搞好课堂学习

(一)教材的作用与价值

每一门课程都有教科书,对于教科书的价值应当怎样去认识呢?过去有一个这样的概括,我觉得可以供大家参考。它说一部好的教材必须具备“三基四性”。所谓“三基”是指教材的基本理论、基本知识和基本技能。“三基”的内容综合性比较强,具有重要的指导意义。我们只有学好了基本的法学理论和知识,掌握了基本的技能,才有可能提高我们分析问题和解决问题的能力。这是我们学好法学专业的一个前提。同时,基本的理论和知识是一种高度的规律性的概括,具有很高的实用价值,学好了会使我们受益终生。“四性”是指一本好的教科书应该具有思想性、科学性、实践性以及先进性。上面所说的“三基四性”为我们提出了怎样去挑选教科书的标准。只有符合以上要求的教科书才是合格的教科书。当前,有一些课程,教科书种类是比较少的,特别是一些新兴课程的教科书就更少;而一些比较成熟的课程,教科书则比较多。教科书种类少,固然难于挑选,因为无以挑选,但是教科书多了也存在困难,因为必须善于挑选。教科书的挑选首先是靠教师,如果觉得教师挑选的教科书不够满意,同学们还可以自己买参考书。实际上,现在书店里有一些教科书,内容常常互相模仿(说得严重一点,也可以说是“抄”),相差无几。按理说,教科书应该是教学的“经典”,其所包含的理论与知识应该是最基本的理论和知识,应该是最准确的。但是现在的教科书质量参差不齐,所以,怎样挑选教科书是我们学习中很重要的一关。

接下来,讲一讲如何阅读教科书的问题。我认为在大学课堂里,应该有师生双方的思想交流。如果要想做到这一点,从而提高课堂里上课的效果,学生预习教科书是非常必要的。有的老师为了使讲授更符合教学规律,或者为了创造新意,可能对讲课内容在顺序上作一些调整。针对这种情况,我们在预习的时候应该把幅度加宽。这样,无论老师怎样调整顺序,他所讲的内容都会在我们的预习范围内。中学时的预习一般只要求大家把书本上的课文、定义、公式、例题等看过就可以,不能理解的可以听老师的详细讲解。在大学里应当要求高一些,为了在上课时能够形成师生“共鸣”,学生在预习时必须找到3个“点”;第一,在阅读过程中要找到各个章节的重点;第二,在思考过程中要发现理论上的难点;第三,通过钻研后要产生学术上的疑点。把这些重点、难点和疑点在书上圈画出来,标注上自己的理解和疑问,这样才算达到了预习的目的。上述这3点,可能也正是老师所要讲授的内容。这样的预习,有助于在课堂里组织学术讨论。

经过老师课上讲解以后,自己回过头来还要复习一遍。同学们在复习的时候,应该把上课所听到的与教科书中所写到的以及自己所想到的内容,三者融合在一起,进一步结合在其他参考材料上所看到的综合地进行思考与研究。然后看这一方面的问题是否都深入理解了。如果还没有完全理解,那就随时请教老师。在课堂里可以给老师递条子或者直接发言提问,也可以在课下再问老师。老师都会耐心地解答问题的。若有必要,还可以由老师专门组织一次讨论会,大家来研究解决问题。

另外,还有一个办法,就是同学们针对有兴趣的课程,三三两两组织成学习研究小组,课后互相学习,交流心得。这样,一方面,加强了同学之间的学术联系;另一方面,学习互助也是一种能够沟通思想与感情的最好的同学关系。

讲到这里,我想到曾有同学告诉我,同学之间的关系有时不好相处,导致学习与情绪很不稳定。那么同学关系怎样才能处得好呢?我想顺便提出三点建议。

第一,除上面所说的"互相学习"外,还要做到"互相谅解"。同学之间如果遇到什么摩擦,互相说一句"对不起"就可以解决了。许多生活中的细节,如果用心去对待,一些无益的纷争就会化解。我们要用宽厚与智慧去对待纷争,换个角度,换个方法,虽然目的相同,但大事就会变小,小事就会变无。要时刻记住:学习最重要,其他皆小事。

第二,要"少一点任性,多一点耐性"。我知道在座的正好是独生子女一代,父母爱你们如掌上明珠。但是现在离开了爸妈的呵护,来到了学校,就应该加强集体意识。我们已经是成年人了,要学会"自我克制",不要一遇到不顺心的事就发一点小脾气。我想这也不失为搞好同学关系的一个好方法。

第三,我认为,还有一个最重要而且最根本的方法,也是一个我经常述说的方法,这个方法不仅适合年轻人,还适合中年人甚至我们老年人。这个方法,无论在家庭里还是在社会上,要想处理好关系都是用得着的。今天,我不吝啬地将它送给大家。这就是"随时随地心中有别人"。例如,别人有难事,要伸出同情援助之手(不吝惜);别人有好事,要与人共享快乐(不嫉妒);如遭到别人怨言,首先要反躬自问,进行"换位思考"(不"唯我正确");如此等等。同学们,只要能做到这一点,同学之间的关系就一定能够搞得很好。我们今天的主题是"自我塑造"问题。假如同学们要问梁老师：在“为人处世”方面，“自我塑造”的核心精神应该是什么呢？我会毫不犹豫地回答：它的核心精神应该是上面讲的这句话——“心中有别人”。这虽然是从前面讲“学习互助”中展开说出来的一句话，但确实是我们“做人”和“做事”的一盏明灯。它能够帮助我们形成一个良好的学习环境。

（二）重视教师的指导作用

首先讲一讲“听课”的问题。同学们，在大学里听老师讲课一定要聚精会神。听课时主要是要用脑，而不单是用手。绝对不能老师讲什么我们就记录什么。在课堂里，主要是听，记录是次要的。要记录也只记录重点。我们要善于发现老师讲得最精辟的地方。同学们，老师在按教材“照本宣科”的时候，不会有什么意外的东西，因为这些内容教科书上都有。上课时应该着重听老师讲什么呢？听他的“弦外之音”。当老师尽情发挥或讲得高兴的时候，应该特别注意听，这里面常常有很精彩的东西。其中可能有一些最精辟的论点，是他毕生的研究成果。我们在一年级就要养成专心听课的习惯，不要思想开小差。教育学上有句名言：“上学以神听，中学以心听，下学以耳听。”（《文子·符言》语）意思是说，最好的学习方法是用精神去听老师讲解，而最差的学习方法是只用耳朵去听老师讲解。其实，不用心去听讲，即使听了，也是听而不闻，怎能领会到老师的“弦外之音”呢？

同学们问我应该如何做笔记，我认为绝对不要像中学时那样，老师讲学生记。教科书上有的就没有必要记了。应该记老师即兴发挥时所讲的东西，记他点滴的经验，记那些你在书本上很难找到的新思路和新观点。还有一个方法就是结合教科书内容在书上作记录。遇到不懂的马上在教科书上打记号，下课后再问老师。

听课的诀窍就在于要争取老师指点迷津，要把老师讲解的“金钥匙”拿过来。拿到“金钥匙”（wit key）以后你就能开启知识的宝库，能够得到更多的东西。老师的指导作用是非常重要的，必须努力主动去争取。同学们一定要认真听课，一方面，这是一项应该遵守的课堂纪律；另一方面，如果老师讲得好，你可从中受到教益，如果讲得不好，你也可从中吸取为何讲得不好的教训。而且，老师所掌握的理论和知识肯定比同学们要多得多，要深刻得多，在他讲 100 分钟的时间里，只要有 20 分钟很精彩，那么这堂课就算很有收获了。设想一下，在大学 4 年里，倘若每一堂课都能够收获 20 分钟的精彩，那么累加起来，到大学毕业时，你的收获会有多少？你会不会变得比过去更聪明更能干呢？答案是肯定的。所以不管老师讲得好不好我们都要认真听讲，争取老师的指导。当然，如果老师讲得不对，也可以和老师展开讨论。这是学术平等，也是坚持真理。课外的指导问题，留到后面来讲。

(三)一套完整的学习资料

在大学毕业的时候，希望大家能够积累一套完整的学习与研究资料。每一门课程结束后，有关这门课程最重要的一些著作你有没有？学习民法，民法著作中最经典的是什么？学习宪法，王世杰先生的名著《比较宪法》看过没有？学习国际法，周鲠生先生的名著《国际法》看过没有？《奥本海国际法》看过没有？每门课都有自己经典性的著作，你如果有，这些著作都应当保留下来，这是第一。

第二，把各门课程老师推荐给我们的中外文教科书保留下来。

第三，一些有价值的参考书和资料，如学习法理学时，不少有关法学基本理论的参考书和资料，很有价值，可以长期使用。还有一些好的工具书，如各种字典、辞典、资料集、案例汇编、法律汇编、条约汇编、人名地名译名手册等，都应当留下来。

第四，每一门课程的自学笔记和课堂笔记也要一一加以整理。从现在起，各自的笔记本最好都买一样大小的，等到毕业的时候就会有一套很整齐的资料。

第五，凡是自己写的文章、学习心得等，也很有价值。假如，你下课后，就刚才所说的“心中有别人”这一句话写了一个心得，那么这篇文章就应该留下来。

把每门课程的这5种资料都整理好、保存好，对你将来的学习、研究与工作都肯定会有帮助。当你活到100岁的时候再拿出来看看，很有意思，大学生活又重现在自己的眼前。第二个大问题“搞好课堂学习”就讲这么多，接着讲第三个大问题。

三、必须扩大学习视野

(一)大学教育的特征

与中小学相比，大学教育有什么特征呢？我想把它简单概括成两点。

第一个特征是，大学教育是高等教育。什么是“高”呢？“高等”在什么地方？我觉得就学生而言，“高”就高在不仅要求学生要从老师那里学得很多高深的知识，而且更重要的是，要在大学过程中，自己直接去发现和找到更多的知识。怎么才能够发现和找到更多的知识呢？靠自学，靠研究，靠思考。在中学时学得多研究得少，而在大学时研究则显得更加重要。大学生不仅要通过老师的传授来获得知识，而且要通过扩大阅读面与研究范围来猎取更广泛的知识。发掘出人类深藏的美德、智慧与潜力。

第二个特征是，大学教育是一种高级专业教育，是一种高级专才教育。大学生不仅要有一般的知识,而且要有专门的知识。将来既能当“万金油”(多能),而且更重要的是能够当“专家”(一专)。当然,大学教育还有很多其他的重要特点,但是这里,围绕今天的主题,就只谈这两条。

根据上述特点,我们应如何去塑造自我呢?就法学专业的学生而言,我认为同学们在大学阶段要努力做到两点。第一点,要具备坚实的法学基础理论。第二点,要具备精深的部门法专门知识。总的来说,是要“品学兼优”。只有这样,才有可能把自己塑造成为真正有用之才。上述两点非常重要,实际上就是,做学问既要“博”又要“专”。“博”与“专”应该是一种什么关系呢?“专”必须建立在“博”的基础上。只有拥有了广泛的理论基础,才有可能获得精深的专业知识;只有拥有了广泛的理论基础,才有可能更便捷地获得精深的专业知识。“博”是金字塔的塔底,“专”是金字塔的塔尖。没有塔底,不可能有塔尖;仅仅有底,又怎能叫作塔呢。可见,两者缺一,就不可能把自己塑造成为一个有用的人才。

一位朋友曾经说过一句寓意颇深的话:“中国缺少的不是人口,而是人才。”我们现在确实缺少人才。我们正处于一种两难的困境:一方面众多的大学生(和研究生)就业很困难,另一方面实际部门又很缺乏“真正有用”的人才。现在社会上竞争得很厉害,是什么竞争?是人才的竞争。我们如果不具备相当的才能,不“品学兼优”,我们就可能成为竞争中的败将。所以我们必须在大学里努力把自己塑造成为一个具有高尚品德的“博而且专”的人才,一个“一专多能”的人才。看起来,我们的教育改革,还有很长很长的路程要走。

(二)需要加强课外学习

前面,我们强调要重视课堂学习,但是大学生单靠课堂学习来获取知识是远远不够的。在中学时,主要是进行课堂教学,考大学时,靠的也主要是老师反复教,同学们翻来覆去地背诵和做习题。这主要是一种应试教育,需要改进,在大学里不能这样。我们不能把自己整天关在教室里,我们要走出教室,走出教科书,扩大自己的阅读范围,扩大自己的知识面。

现在科学知识的发展有这样一种趋势:从纵向来说,发展速度非常快,据分析研究,每10年,知识总量就要增加一倍,这即所谓“知识爆炸”。从横向来看,知识的发展呈现一种交叉化的趋势,科学是在不断综合的过程中发展的。政治与经济同法律不可能没有关系,法律同社会也紧密地联系在一起。现在,很多疑难问题都不可能靠单科知识来解决,很多社会问题是没有学科界限的。学法律的人如果知识面很狭窄，许多问题就解决不了。比如，要解决环境污染或能源的法制问题，除法律以外，起码还需要懂得若干化学、生物、物理和社会学、经济学等方面的基本知识。

法学是一个涉及社会生活各个方面的学科，其跨学科的性质很强，这就要求学习法学的人要掌握多方面的知识。课堂学习是有限的，社会是无限的。教师与教科书所讲的主要是某一专门学科的内容，范围比较单一。所以我们除了要认真搞好课堂学习外，还要多读参考书，加强课外学习，要有读破万卷书的精神。

当然，“读破万卷书”，仍需要有计划地读，“乱点鸳鸯谱”不行。同学们，你每天到图书馆阅览室去，读些什么书？应该有所选择。这个问题留到后面再具体谈。

现在，学校非常强调学生综合素质的培养，要求“德智体美”全面发展，要求加强基础训练，要求加强个人品质和身心涵养等方面的教育。素质培养，同样也需要有渊博的知识。知识广泛了，基础加强了，你就更加充实了。品学兼优，更加能干，也就变得更聪明了。聪明与能干都不是天生的。这些，与一个人的遗传基因虽然有关，但是至少有一半是后天开发和培养出来的。后天培养靠什么？起作用的因素很多，但是对我们学生来说，主要是受教育（学校教育、社会教育、家庭教育），主要是要认真读书，认真磨炼。你读书破万卷了，知识多了，又经过了磨炼，你就心明眼亮了；如果你知识很狭窄，有聪明也只能是一点小聪明，不会有大聪明。

还有一点，我们读书的时候还要考虑到将来就业的去向问题。同学们虽然才一年级，但是要有远见。“人无远虑，必有近忧”。应该仔细想一想，毕业以后将会干什么？能够干什么？实际上，这也是我们“理想”的一部分。人，应该有“理想”，有“决心”，有“信心”。我们不能只看到今天，将来干什么、这一辈子主要干什么，都需要从现在起逐渐形成一种思路。所以，在选择课外读物时，我们除了应该根据自己的特长和自己的爱好外，还要根据现实社会的需求和自己的“理想”来综合考虑这个问题。

据我观察，很多伟人、大实业家、有成就的学者和大学问家的成功，往往是由一个“兴趣”开始的。兴趣常常成为推动我们扩展知识范围的一个重要因素和动力。我们的阅读，应该适当照顾到自己的兴趣，但是也不能单凭兴趣。例如，某一本参考书应该读，但我对它没有兴趣，怎么办？同学们，兴趣也不是天生的，为什么没有兴趣？很可能是你还没有学进去。我记得周鲠生先生为我们讲授国际法时，起初我对国际法并没有多大兴趣，但是后来懂得多了，不知不觉兴趣就来了，而且越学越有兴趣,已经学到了70多岁、80多岁,我还在学,每天都在学。可见,兴趣是可以培养的。读书读到奥妙之处,你就有兴趣了,读到奥妙之处有所发现,有所发展,你就更有兴趣了。

我们要想扩大自己的知识面,还可以多选选修课。学校开了许多选修课,你可以听法学院自己开设的选修课,也可以根据个人知识结构的需要和爱好去听文学系、哲学系、历史学系、新闻学系、经济系、社会学系开设的选修课。只要你有兴趣,你就去听。当然,这也要围绕自己的专业学习计划来安排,不能负担过重。总之,无论是读参考书,还是听选修课,都要有恒心,要挑选得适当,要坚持下去。书中确实蕴藏着无限的风光,只要我们勤于去挖掘。

除了选修课之外,还可以多听些学术报告。武汉大学的学术报告,在我上学的时候较少,现在有很多各式各样的报告。仅用我自己做例子,这些年来就在校园里先后做过十几场报告。现在,校园里几乎每周都有几场报告,同学们可以抽时间去听听。与其日夜去上网,玩网络游戏,在网上聊天,不如省点时间去听学术报告。人家花几天时间来讲理论问题,总会有点内容,你只花2小时就把报告听完,这比自己亲自去寻找信息和查阅图书资料要便捷多了。

同学们,知识多了,知识面广了,你的思想和智慧也就开发了,遇事就更容易产生联想。复杂问题的解决,常常需要有高度的联想能力。看到某种现象,学法律的人,就可能想到:这里面有民法问题,有法理学问题,或者有国际法的问题。所以,知识渊博的人思想敏锐,经常会有一些独到的见解和新的看法。在工作中点子多,适应能力也比较强。比如,将来由于主观或客观的原因,你不一定一辈子当法官,也许有一天你想去当律师,也可能去当法律顾问,也可能从政或经商,还可能去教书或者作研究工作。你适应能力强,你就都能胜任愉快。如果是个书呆子,在大学里就只学了那么一点很狭窄的专业知识,那就不行。一个知识面狭窄的人往往难于处理重大问题,特别是那些带综合性的复杂问题。社会现象和自然现象都是非常复杂的,多种因果关系并存,常常你中有我,我中有你,综合性很强。这里,举一个当前大家都很注意的例子:最近我国有什么大事?航天载人飞船上天,取得了新的更大的成就。在电视里面,航天总指挥是很少出来的,但这次露面了。当这个总指挥真不容易,所涉各种主要问题他都应该心中有数。例如,有关天文、物理、化学、机械、气象等方面的某些重大问题,人的生理心理素质问题,以及航天员应该怎么训练,等等。这些外行和没有多方面基础知识的人都不行。在法律方面,也是如此，如前所述，很多法律问题的解决，都不可能是单一的，而是涉及社会和生活的各个方面，纵横相联，阴阳交错。知识面太狭窄了就很难把工作做好。尤其当今在经济全球化的时代里，地球变得越来越小，各种事物变得越来越复杂。如今，很多国内法律问题常常和国际法律问题联系在一起。所以，我们学法律的人就必须具备广泛的国际知识，才有可能妥善解决这类涉外问题。

知识渊博与基础理论深厚，这两个方面是互相影响的，基础越好的人，知识越容易扩大，知识面越广泛的人，理论基础越容易提高。现在，科学知识发展得非常快，如电脑知识，真是日新月异。发展越快，老化也越快。社会科学包括法学，发展同样很快，也有老化的问题。所以学社会科学的人，也应该在坚实的理论基础上随时补充和更新自己的知识。

我们要加强理论学习，要不断扩大自己的知识面和更新自己的知识，这里存在一个方法论的问题。“人生苦短”，我们时间有限、精力有限，怎能在有限时间内获得那么多那么广泛的知识呢？关键在于改进学习方法和提高学习效率。讲究方法，就能事半功倍，不讲究方法，就会事倍功半。有一句教育学上的名言大家可能知道：“授人以鱼，不如授人以渔。”为什么？捉鱼的方法，比鱼更有价值，因为有了捉鱼的方法，才可以随时捉到更多的鱼。有了好的学习方法，知识不够用，知识老化了，你可以及时猎取更多的新的知识。所以，一个好的老师，不仅应该认真传授知识，而且应该多多教导学生猎取知识的方法；不仅需要向学生强调勤于思考的重要性，而且需要教会学生如何思考。一个高明的老师，会送给学生黄金，而那些更高明的老师还会送给学生点金术。送点金术的老师是更好的老师，这是从教师方面来说的。那么从学生方面来说应该怎样呢？学知识很重要，学得越多越好，但是，更重要的是还要学到猎取知识的方法。所以，我们要加强方法论的学习，提高学习效率，在最短的时间内获取最多的知识。当然，学习与研究的方法有各种各样，是很多很多的，其作用也常常因人而异，不可能“一劳永逸”，但是，我们首先应该有这个“重视学习与研究方法”的意识。至于某些具体的学习方法，我们将用一个专题放在后面来讨论。

（三）在学习中注意能力培养

我们在进行自我塑造中，要多方面有意识地注意自己能力的培养与提高。这与课外学习是相辅相成的两个方面，有彼此推动的作用。具体来说，需要提高的方面是很多很多的。比如，在认识能力方面，你平时的观察力怎么样？注意力能不能高度集中？辨认能力如何？记忆力强不强？同学们，过去电话总台的接线员可了不得，像电脑一样，他能记住好多的电话号码，你问他，他能马上就告诉你。人需要有各方面的能力，特别是应对与反应方面的能力很可贵，很难得，是一种高度综合性的能力。我看到一些外交官答记者问的时候很紧张。为什么？因为有些问题很敏感，要回答得恰当，恰如其分，真不容易。但是有的人，认识与思辨能力都很强，表达能力也很好，能够迅速应对，把问题回答得非常好。这如果没有坚实的基础和丰富的知识，没有长期的培养和锻炼，是不可能办到的。

在思维能力方面，你掌握事物本质与规律的能力如何？有分析综合和概括复杂事物的能力没有？联想能力如何？想象力怎么样？我们学社会科学和法学的人，应该充分注意提高所有这些方面的能力。我在教学中常说，法学领域，有很多事项和问题，表面上并没有"黑白分明"的是非曲直。这就需要深入分析研究，才能洞悉其中的因果关系及其矛盾和症结。分析问题的角度不同、方法不同，就会得出不同的结论。只有正确地理解了法律的精神实质，运用了正确的分析方法，才能得出正确的结论。在这里，同学们不必有为难情绪，所有这些方面的能力都是可以锻炼出来的。有些事情，虽然看起来错综复杂，是非曲直不分明，但是，只要仔细观察和思考，"由此及彼，由表及里"地深入研究，"去粗取精，去伪存真"地反复琢磨，苦思苦想，总是可以辨明真相并抽象出一些规律性的东西来的。年轻人思想活跃，脑海里问题很多，装满了不少的问号，这一特点正是我们锻炼思维能力的一种动力，也是年轻人的一种巨大优势。我们要尽量运用这种优势。

学以致用，将来参加工作之后，社会上有很多问题等待我们去解决，要求我们有高度的实践能力。我们不能眼高手低，要知行合一。我们必须明辨是非，学会创造性地思考，增强自己解决问题的能力。例如，我国在东海海域与日本的划界问题和油气田开发争端，现已成为中日关系中的难题，我们在国际法的学习中，可以结合实际加以研究，组织一些学术讨论，进行全面分析与思考。如果能够在维护我国领土主权与利益的大原则下，提出一个妥善解决东海大陆架划界问题的建议和方案来，那就更好了。这也可以作为我们将来学位论文的选题之一。这无疑是一次很好的综合性的锻炼，需要学习很多有关海洋和海洋法规的基本理论和知识，需要翻阅中日关系的历史，需要阅读很多有关东海问题的文献与资料，需要了解争端的具体内容，需要熟习国家的外交方针，需要进行创造性的思考，总之，需要具有高度分析问题和解决问题的能力。提出这样一个建议和方案有没有可能呢？我想，只要肯下功夫，哪怕再难，总有一天会成为可能。我们应该有这种信心。

（四）博览群书，要善于挑选

如果我们要加强课外学习，要扩大知识范围，那就有必要挑选一些适合于我们学习与参考的优秀读物。到底应该读些什么书呢？图书馆里书山书海的，我们要善于挑选。人们说，"花园里挑花，越挑越差"，为什么？那是方法有问题。如果在这方面没有把握，可以请老师指点。借书时，也可以每次多借几本，"货比三家"，先试读一下，再挑一两本最适合自己的从头读起。

首先，要把学校开设的公共基础理论课学好。要选读一两本法理学、法哲学方面的书。无论是国内法方面的法理学，还是国际法方面的法理学，都应该多看一点，多学一点。现在书店里有一本欧美作家（E. 博登海默）写的《法理学——法哲学及其方法》，这本书有些高年级的同学读过，博士研究生和硕士研究生读的比较多一些。我们可不可以读呢？试一试，如有兴趣又能看懂，未尝不可以读。但它翻译得很生硬，比较难看。如果现在读不通，没有关系，等将来考了研究生后再读原文也可以。北京大学有一位教授沈先生，他写的《现代西方法理学》《中国法理学》，都比较容易看懂，一年级就可以开始读。还有刚才提起过的吉林大学的张先生，曾经写过一本叫作《法学基本范畴研究》的书，作为入门，很适合大家去读，里面写的是一些很基本的东西。法学基础打得扎实的学生，根基深厚，将来发展的潜力大、后劲大。"根深才能叶茂"，这句话说得很形象，很有道理。

我们还应该多看点逻辑学方面的书。逻辑学是关于思维形式与思维规律的一种科学，它所研究的是有关概念、判断与推理及其相互联系的许多规律和规则。这些规律和规则，可以帮助我们正确地思维，可以帮助我们较准确地认识客观真理。学法学的学生，无论在文字上还是语言上，都要求很高。法学应该是逻辑性很强的一门学科。我们不仅要学"形式逻辑"还要学"辩证逻辑"。我们写文章也好说话也好，都应该有逻辑性。说话没有逻辑性，就会语无伦次，一塌糊涂。写的文章没有逻辑性，别人就不可能看懂。如果在文字上连逻辑性都没有，那怎能写出准确的判决书来呢？那怎能写出精彩的有说服力的学术论文来呢？

关于专业方面的一些经典之作，每一门课程都应该选读一两本。好比说，学习"国际法"的时候，你就应该重点读周鲠生先生的《国际法》。周先生的书写得很认真、很好，虽然有些看法已过时，但那是代表当时的观点，仍有历史意义。特别是书中一些基本的国际法原理，旁征博引，阐述得非常准确。老实说，现在的许多教材，其基本内容大多是从他的书中传抄过来的。如果你外语学好了,还可以看些欧美的国际法书籍。国际法是国际的法,需要了解国际社会,不读国外的书怎么行?例如,布朗利(Brownlie)的《国际公法原理》、菲德罗斯(Verdross,奥地利规范学派的代表)的《国际法》和奥本海(Oppenheim)的《国际法》(第9版由Jennings和Watts修订),虽然这3部书量很大,但都已有中文译本。如果考了研究生,以后还可以再读原文版本。此外,我主编的那本《国际法》(总论部分有些特色和新意),由5位教授共同撰写,比较容易读懂,可以提到前面一些阅读。接着,应该读王铁崖先生的《国际法引论》,这是王先生的代表作,是一本总论性的书,值得认真学习。

上面,仅就"国际法"参考书的阅读问题,挑选了几部著作,至于其他各门课程应该阅读哪些著作,我想有关各专业教师会详细为你们说明的,这里不再啰唆了。

另外,还有一些资料也值得去看。好比说各种期刊上的专业论文,各种杂志和报章上的实际社会动态等,图书和报刊阅览室里都有。你每天晚间或周末从早到晚,都可以去阅读。我保证你从阅览室出来的时候,一定很高兴。可能比你买了一包好吃的感觉还要好。还有某些重要的法律文献,也很值得去读。如果你正在上国际法课,那《联合国宪章》看过了没有?世界上许多大事,在《联合国宪章》的111个条文中,均有原则性规定,看看这个很有必要。还有一些著名的案例书,如《东京审判》,介绍分析审判日本法西斯战犯的情况,也值得看一看。社会学方面的书,更是多得很。同学们,社会学是很有意思的,社会学是人类的社会学。人之所以为人,就是因为他们能组成一个"社会"。人和人类社会是怎么发展起来的呢?最初据说同猴子(猿)是一家,逐渐演化成人,在生产与生活中慢慢形成了一个"有组织有秩序"的社会。人类社会是人类文明、人类智慧的结晶,我们应该认真去研究和"欣赏"。平常我们也许觉得这个社会"无所谓"。但是你想想,中国13亿多人口,这么大一个社会,井井有条,虽然还有不少大大小小的问题,但总的看还是挺有秩序的。而非洲某些地方和中东地区的情况就很不相同,这是为什么?我们要学会仔细观察和分析社会的各种实际现象,多找点社会学的书和有关社会实际问题的文章来看看,多做些分析与研究,挺有趣的。学习国际法时,还应看些有关国际社会、国际关系和国际政治的书。要关注世界大事。政治不懂,怎么能学懂法律呢?法律背后总是有政治的,所以我们不能脱离政治,要读政治学方面的书。法律与政治相互影响,对两者的辩证关系应当有个正确的认识。

还有,大学生应该学会写文章。许多大学生写得挺好。但是也有少数写不好。

有的写作方法不对头，有的缺乏基本理论知识，有的思路不够清楚，等等。所以，为了写好文章，有关写作方面的书也应该看一点。

还有，外语学习也很重要。大学生，需要而且应该能够看一些外文书。改革开放，涉外事项越来越多，我们需要了解世界，世界也需要了解我们。学法学的人必须学好外语，本科生至少应该学好英语，研究生能多学一种那就更好。将来若是考了研究生，很多资料都是从外文书中来的，所以要加强外语阅读能力，同时也要学会搞翻译。特别是学国际法专业的学生更需要如此。现在书市上有很多翻译的书，有不少是未学过翻译的人翻译的，不讲究翻译方法，所以有些地方很难看懂，可能连译者自己回过头来也不一定都能看懂它。翻译者至少要具备三方面的基本条件：一是要有所涉专业的较高水平；二是要熟谙被翻译的语种；三是要精通被译成的语种。三者缺一不可。实际上，翻译是一种（语言）艺术，也是一种（语言）创作。可见，我们在可能条件下，最好还学点翻译方法。有一位钱歌川先生，曾长期在南洋大学教翻译课（早年曾在乐山武大执教），他写过《翻译漫谈》和《翻译技巧》等。可以到图书馆去借阅。此前，还有一位陆殿扬先生，在 20 世纪 50 年代初期，写过一本《翻译理论与技巧》，我学着搞翻译，就是从看这本书开始的。该书分上下册，是用英文写的（Translation，Its Principles and Technique），很浅显，容易看懂。此外，还有一本专门用于翻译法律性文字的书，叫作《法窗译话》，教你怎么翻译法律文献。你多看点这样的书，也有助于外语阅读能力的提高。前两天为这个讲座开座谈会时，有位同学问我，除专业书外我年轻时还看些什么书？还有些什么嗜好？我说喜欢散步，喜欢玩石头，喜欢读鲁迅的杂文，还看点较浅的外文小说等。看什么小说呢？年轻时喜欢看 Charles Lamb 和 Mary Lamb 从 Shakespeare 戏剧集中改写的英文小说，A. Conan Doyle 的 *Hollmos* 侦探小说和 J. W. Goethe 写的 *The Sorrow of Young Werther*，等等。这些书在 20 世纪四五十年代，旧书店里有买的，很有趣，对人很有吸引力，不忍释手。这类书，看一些，对提高学习外文的兴趣似乎有点帮助。

还有，提高“道德修养”和“文学修养”方面的书，也应当看一些。

总之，我们的阅读范围，在可能条件下不妨广泛一些，要使自己有一个广泛而合理的知识结构。在大学里，把基本理论学好了，专业搞扎实了，知识面扩大了，综合素质提高了，再加上锻炼，你的能力也就增强了，你也就更聪明了，更容易在实践中取得成就。

(五)读书贵在理解

我常常叮嘱学生,“要使青草变成牛奶”,这是什么意思呢?我的意思主要是要使“死”的材料变成“活”的知识,变成“有用”的知识;要使“死”的资料升华,成为我们能够掌握和运用的知识。就像奶牛吃了草原上的青草,经过消化以后,把它变成了营养丰富的牛奶一样。我们读书,贵在“消化”(理解),如果不能消化理解它,那就不能运用它,这有什么意义呢?知识之所以可贵,就是因为它能够帮我们解决问题,能够以之为国家和社会服务。

清人袁枚有一句话说得非常好:“读书如吃饭,善吃者长精神,不善吃者生痰瘤。”(《随园诗话》卷十三)他是用这个比喻来说明读书贵在消化、吸收和领悟其精髓与实质。会读书的人,可以使体健神旺,不会读书的人,可能会生痰又长瘤。

读书,千万不能死读,要活读。过去有一句笑话:有的人,只会“死读书,读死书,读书死”。这是在告诫人们:读书最重要的是理解,读书不理解,就不能活用,等于没有读。平常所批评的“应试教育”不能说没有这个问题。我记得姚先生在世时,我院国际经济法专业在研究生考试中,曾经有这样一位同学:他的笔试答卷得满分,得了第一名,但是在面试中问他问题时,却一问三不知。所以他的口试成绩很差,结果未被录取。这一现象,很值得研究。从教师方面来考虑,我们的命题应该命活题,让读死书的占不了便宜,让读活书的有充分发挥的余地。就学生方面来考虑,主要是读书要求理解,活学活用,如只会死记硬背,没有深透理解,就等于白学。要记住重要的内容,但是要在理解的基础上去记忆。理解有助于记忆,理解了就更容易被记忆,并且会记得更牢。

五六岁的小孩可以背诵古诗,会背诵“月落乌啼霜满天,江枫渔火对愁眠”,会背诵“大漠孤烟直,长河落日圆”,可是他理解吗?我想,大学生肯定能够理解。不过,要真正完全懂透这些诗句,恐怕还要通过一定生活经历去理解。到了中年、老年,当人生路走过了很多很多的时候,再来吟诵这几句古诗,可能会别有一番意境和体会。学习是一辈子的事,我们需要不断学习。对于一个问题,我今天学懂了,但不见得完全理解了,还要通过实践不断地体会,不断地思索。总之,“理解万岁”,你只有理解透了,书本才会成为你有用的知识,才能“学以致用”。

(六)如何读“精品书”

我们想要扩大知识面,想要扩大阅读范围,除了在网上阅读外,首先就需要有可供阅读的书籍。书有自己买的书,也有从图书馆借来的书。最好的书和精品书,应该自己买。对于自买的书，应该圈圈点点地去读。对于图书馆的书你不能乱圈乱点，也不能乱画。自己的书，自己一个人用，阅读时，要脑手并用。那天开座谈会时，我对同学们说：你看，我有好几支圆珠笔，有红色的、蓝色的，有粗铅笔、细铅笔。看书时，有的用来打圈，有的用来画线。有的地方画三角，有的地方加重点符号。重要的地方，还要加上批语，有眉批、左右批，把自己的心得、体会记下来。

我在念中学的时候，那是一九四几年，离现在已有60多年了，当时，对“几何学”很有兴趣。我一向记忆力比较差，学平面几何时，记不住“定理”的字句，证题时，常常要依靠对“定理”内容的理解。因此对所有的几何学“定理”，我都努力去理解它，把它懂透，考试的时候用自己的语言写出“定理”，写出我为什么要那样“证”，运用的“定理”是什么。这样做，固然很麻烦，但是我确实把这些定理懂透了，所以能够随心所欲地运用他们。在初中三年级的时候，我曾经在旧书店里买到一本几何学的课外书，叫《温特渥斯平面几何学解法》，全书一共有601道问题。我如获至宝，反复认真阅读。在书上加圈加点加批注，写了很多，还写了几行幼稚的中文式的英文字句：It’s my novel，It’s my fiction，It’s my romance！这么多年了，整整半个世纪，这本书我从家乡带到武汉，后来又带到北京，最后又带回了武汉，作为纪念，现在还留在我的书架上，对它的兴趣和感情，至今不忘。同学们，学点几何学有好处，对思维能力，特别是对逻辑思维是很有帮助的。（据说：曾任美国总统颁布《解放黑奴宣言》的Abrahan Lincoln，他在满40岁时结束众议院议员任期之后，开始认真学习几何学，作为其思维锻炼的方法。）

接着，讲一讲从图书馆借来的书。图书馆的书怎么读？第一，你要做内容摘要；第二，读完后，要把它的分类号记下来；第三，书的出版年月、作者、主要目录都需记下。这样做，在以后需要时，便于再去查找。

还有一种书是经常要用的，就是工具书。例如，各种法律法规汇编、国际条约集、案例汇编、资料汇编、百科全书、法律年鉴，等等，都要学会使用。有句古话，“工欲善其事，必先利其器”，就是说做任何事情，都要有工具、有方法。工具书是我们最好的助手、最好的老师，我们在学习过程中，要善于使用工具书。

我认为，在读书过程中，最重要的一条是要有轻、重、缓、急。对于一般的书，我常常用一句很形象的话来说，就是只用“骑马观花”的方式来读。骑着马，在花园里面边走边看。这里是桃花，那里是月季，那里是荷花，大致快速地看一下就行了。对于这种一般的书，可以先浏览一下目录，需要哪一章节，就翻开来看那一章那一节。但是,对于一些重要的书、"精品书",那就应该"下马观花"。下马,一步一步慢慢地走,仔细欣赏和观看,并加以品评。

关于如何读精品书的问题,我有一个"六字读书法",分为三步,即"通读、读通、读透"。

什么叫"通读"呢?我读书有个习惯,首先,总是从它的序言读起,接着读后记,然后看目录,然后把正文大体上粗读一遍,快速地看,要求对全书有一个基本的了解。

什么叫"读通"呢?这是第二步,就是要完全读懂,要求自己真正深入领会全书的内容。尤其是对其中一些主要的概念、论点和论证,都要有十分正确的理解。

第三步是要"读透",什么叫"读透"呢?就是要透彻地读,透悉作者的思路和研究方法。他是从哪里想起的?提出了哪些新见解?结论是如何得出来的?资料使用得怎么样?论证方法有什么特点?还有,你要深入思考和研究他书中的一些基本观点,这些观点有何内在联系?其间有无矛盾之处?每一章每一节都有这样一些重要观点,要用不同颜色的记号标记出来。这样,便于将来复习和查考,也便于日后引用。

我想,关于"读透"的要求,还有更重要的一点,就是要找到书中那些带有规律性的知识。什么叫规律呢?什么是带规律性的知识呢?规律,是不以人们意志为转移的,是反映事物发展过程中的本质联系和必然趋势的,是在同样条件下能够重复有效的。好比说,水是怎么产生的?这里就有规律。只要把两个氢一个氧放在一起,在一定条件下,经过一定的程序,水就产生了。这就是规律,是"放之四海而皆准"的一个规律。读精品书的时候,一定要把书中带规律性的东西都找出来,特别是对其创新之处和闪光的地方不可忽略。

所谓要把精品书"读透",我认为还有最后一点,也是一项最高的要求,那就是要找到:这本书好,好在什么地方?不足,不足在什么地方?因为你只有知道了它的重要学术价值以及它的缺点和不足之处,你才能在它的基础上加以充实和发展。科学就是这样一步一步发展起来的。这里可以举个例子。前面,我们讲到了奥地利著名法学家菲德罗斯撰写的《国际法》,是一部精品书,很值得一读。他在书中写了一章"国际法的社会学的基础",篇幅不小,但是,稍有不足的是论证得不够。也就是说,他还没有把核心问题写透,还没有把基本理论说清楚。有感于此,在主编武大版《国际法》时,我结合国际实践对这一问题进一步作了多角度的分析与研究,并且从中归纳出了若干更为深邃而带有规律性的见解。各位将来如果对国际法有兴趣，只要把菲德罗斯《国际法》上册的第10～19页，同武大版《国际法》的第5～9页对照比较一下，就可以看出这两个地方各有其明显的特点。如果把这两者结合起来学习与研究，收获就会更全面一些。

四、要讲求学习方法

结合前面所讲几个方面的问题，我已经分别提到了自己的若干经验教训和读书方法。现在，再集中来谈谈这个问题。

所谓“方法”，一般说，即人们在认识世界与改造世界的活动中所采取的方式、手段、途径等的总称。就今天这个讲座的主题而言，就是在学习与研究活动中提出问题、分析问题与解决问题的方式、手段和途径。

下面，我们先讨论一下方法的重要性，然后再介绍几种具体的学习方法。

（一）“不以规矩，不能成方圆”

做任何事情都有一定的方法。你想，如果没有方法，能够随意从水里面浮起来游泳吗？如果没有方法，能够用筷子吃饭吗？外国人用筷子吃饭有困难，就是因为他还没有学会用筷子的方法。如果没有掌握方法，我们也打不了高尔夫球。同样，如果不讲求方法，我们也用不了电脑，上不了网，进不了图书馆，也不会查阅各种工具书。没有方法，就不可能把英文翻译成中文，当然，如果不讲求方法，我们也不可能把学习搞好。所以，方法是无处不需要的。例如，我今天用“不以规矩，不能成方圆”这句古语来开题，就是一个讲课的方法问题。因为我觉得用这个方法来开题，比用其他的话来开题更好一些。这句话开门见山，使我们所要讨论的主题思想一下就凸显出来了。“规”和“矩”是制作和校正圆形和方形的工具。没有规，你就划不出很圆的圆形来；没有矩，你也同样划不出很正的方形来。因此，木匠师傅时时刻刻都离不了这套工具。

方法，对大学生的学习很重要，而对刚入校的新同学则显得更加重要。为什么？我想讲下面几点意见：第一点，法学院的课程特别多，一年级的一些基础课，新的概念不少，而且理论性很强，新生一开始不容易接受。那天在座谈会上，有同学反映说：“听课听得很痛苦。”我说：“有这么严重吗？那是为什么？”他说：“名词、概念太多了，听了半天没有听懂。”同学们，不要泄气，没有关系的，今天没听懂，明天你会好一点的，一个月以后，一个学期以后，你会越学越轻松。为什么？因为你和法学的接触越来越多,又掌握了一些学习方法,熟能生巧,懂得多了,就会比较容易听懂。在中学里面,一节物理或化学课,讲一两个定律和几项原理;数学课,讲几个公式,如$(a+b)^2=a^2+2ab+b^2$,然后就在课下反复做练习,这不就行了吧。可是,在大学里面,一堂课要讲好多好多内容,特别是在一年级,新名词、新概念,层出不穷。对刚入门的人来说,确实有些难处。为了克服这些困难,老师在讲课时,要注意"循序渐进";学生在学习中,必须讲求"由浅入深"的学习方法。宋代司马光有句名言:"登乔山者,必践于块埤,适沧海者,必沿于江汉。"(引自《读〈玄〉》)意思是说,登高山,要从低地起步;漂大海,要从江河出发。这是"教"的规律,也是"学"的规律。

第二点,一年级学生的课余时间比较多,但是到了二年级、三年级,不是这样,越到后面课程越多。有的课开得太早了,有的课开得太晚了,而且很多内容是重复的。因此,课程必须改革,要使课程的开设完全符合教育规律。课程与其开得多,不如开得精。应该给学生留下进行广泛阅读以及研究与写作的时间。现在我们面临的问题是,大学生应当如何去应付这种时紧时松的局面。特别是一年级课余时间比较多,应该如何去利用呢?你在中学时,周末有爸爸妈妈约束,在这里没有人管,在网吧里和运动场上玩整天都可以。如果不加以计划,也没有自学安排,那么每星期整整两天两夜的宝贵时间,就无所事事,白白地浪费掉了。每个星期两天,一年就是几十个两天。中学生的课程从早到晚排得满满的,上完课还要做习题,上晚自习,有老师看着,机械得很。相比而言,大学里面比较松散,比较自由也比较主动。这就要求我们更要讲究学习的安排与方法,更要讲究计划性。每天做什么事情都要预先有自己的安排。"一年之计在于春,一天之计在于晨",如果周末没有课就去游荡,不想读书,那就完了。

第三点,大学里面课外活动很多,参加哪一个呢?常常有学术报告和各种学术组织、协会,周末的文娱活动也不少,还有各种各样的比赛。参加哪些?不参加哪些?都应该事先有安排,要考虑好。如果没有把握,可以找同学们商量商量,也可以找导师加以指导。最重要的是,要分出轻重缓急。10个指头弹钢琴,哪一个指头弹哪一个键?哪一个是自己的主要旋律?都要弄清楚。总之,要做到心中有数,独立生活,自主学习,妥善计划,发挥主观能动性,要把学习、休息和生活都安排得有条有理。

同学们,我们的"大学梦"做了很久了,现在美梦已成现实。大学生活已经开始，我们必须以“只争朝夕”的精神，提高我们的思想认识，改进我们的学习方法，尽快适应大学的教育方式与环境，再鼓雄心，拿出高考时的拼搏劲头来，再接再厉，把一年级的学习任务完成好。根据我长期的观察和体验：凡是一年级一开始就能够很快进入学习轨道，并且能够很快“起跑”的大学生，就一定能够较好地完成一年级的学习任务；凡是一年级任务完成得好的，到二年级、三年级也不会有什么问题，以后会越来越好；凡是一年级走了弯路，到二年级、三年级才回头，虽然仍有希望，但是不免多少还会出现些困难。所以，一年级是关键，千万不可大意。

（二）学习方法举例

俗话说：“师傅领进门，修行在个人。”我在这里改一下，“老师领进门，成才在个人”。老师把我们领进了“学术之塔”，但成才还是要靠我们自己。怎么才能“成才”和“成才”的方法，是一门大学问，过去东西方很多教育家都进行过论述，众说纷纭。下面只专门就学习方法举几个例子，供大家“举一反三”，作为参考。

1. 东方“学”与“思”相结合的方法

“学与思相结合”，这个提法很科学，自古有之。本来，学与思就是不可分割的。思是指思考、研究。孔夫子曾经说过：“学而不思则罔，思而不学则殆。”意思是说：只学不思，你还是会迷迷糊糊，达不到学习目的；只思不学，则将成为妄想，终究难有收获。这句话很好地体现了学与思的辩证关系。北宋的张载曾强调：为“学”要多“疑”，要勤“思”。张载在这个问题上已有所发展，着重提出了“疑”在“学”与“思”中的深层作用。我们可以说，许多学问都是从疑问中得来的。我们在学习中要多问几个“为什么”。同学们，我们在阅读教科书时，千万不要把它当作圣经。教科书本应十分正确，但是实际上并不可能条条道理都千真万确，全无错误。由于编者水平参差不齐，可能有些地方是值得商榷的。因此，不能迷信权威。一般说，能够将书中不足之处不断加以修订和提高，那就是一件好事。比如，我今天所讲的，就不见得都正确，其中如果有80%有用处，我就觉得很满意了，如果有60%有用处，我还是觉得成绩不错。一堂课不见得句句话都讲得很对。因此，我们应抱着质疑的态度去听讲座、阅读图书、探讨问题，这是张载的主张，他突出一个“疑”字，我觉得很对。苹果从树上掉到地下，千百万年以来几乎所有的人都没有疑问，认为这是理所当然的事情，还值得怀疑吗？可是有人怀疑了，结果他找出了“所以然”，他做成了大学问，发现了“万有引力”。怀疑是学问的来源，学问学问，就是要问，要疑要问。我们的脑子和剪子一样，剪子不用会生锈，脑子也一样。脑子越用（思）越灵，越用（思）越聪明。越灵越聪明，学得也就越好。反之亦然。

南宋有个大哲学家朱熹。朱熹集理学之大成，建立了一个完整的客观唯心主义的理学体系，他教书50余年，也是一位大教育家。关于做学问，朱熹有一段名言："为学之道，莫先于穷理；穷理之要，必在于读书；读书之法，莫贵于循序而致精；而致精之本，则又在于居敬而持志。"（见《朱文公文集》卷十四《甲寅行宫便殿奏札二》）这段话，分为四个层次，把做学问的道理，说到了极为深邃的地步。值得仔细体会。后来，朱熹的学生把朱熹作为教育家的学习方法，加以整理和总结，归纳为"朱子读书法"六条：其一，"循序渐进"（就是要由浅入深地阅读）。其二，"熟读精思"（就是要深入地学思结合）。其三，"虚心涵咏"（就是要仔细认真地思索）。同学们，我们读书和做人，都要虚心，不能自满和骄慢。能者为师，要虚心向能者学习。"三人行，必有我师焉"，要虚心吸收别人的长处。因此，为学要有"求异"的精神。周总理首次去东南亚开亚非会议，当时新中国刚刚建立，人们对我国还有不少误解。据说，周总理的第一句话是这样讲的："朋友们，我们不是来吵架的，我们是来求同存异的。"这第一句话就赢来了热烈的掌声。确实，交朋友需要"求同存异"。但是，做学问却需要"求异"，做学问需要有"求异"的精神。我们读书写文章，要多找（多求）那些不同于自己的观点来认真思考，精心钻研，如果人家说得对，就要修正自己的观点，虚心接受正确的意见（当然，如果人家说得不对，就要坚持正确的见解，阐述自己的理由）。这样，才是学者的"大家风度"。绝不可还没有进行认真理解与研究，就说人家"胡说"。不能自己天下第一，我的就是对，他的就是错。人家做得好，就共同进步。其四，"切己体察"（就是要结合自己来体验和思考）。特别是那些关于修养的书，我们要联系自己去体察分析。其五，"着紧用力"（就是要抓紧一切机会努力学习）。我想在这里讲个故事，有一位大数学家陈景润，在"文化大革命"时遭到无理批判。他对"哥德巴赫猜想"很有研究，时间抓得很紧，在"批斗"大会上他还在埋头站立着做他的计算。可是"红卫兵"却以为他是在做批判记录。其六，"居敬持志"（就是要一心一意持之以恒）。这是"朱熹六法"的最后一点，很容易看懂，但不容易做到。据说，有的同学进入大学后，有歇一口气的思想，生活很懒散。武大虽未明文禁止谈恋爱，但是我们年纪还小，这一点要十分慎重。你想，如果影响了学习，学习不好，工作不行，那么，即使找到了好朋友又有什么"好"呢？我们在学习阶段，一定要严格要求自己，专心致志地搞好学习。

2. 西方的“S·Q·3R”学习法

据高等教育出版社早先出版的一本《高等教育学》[1]介绍：在一些欧美大学里，开设有方法论的专门课程。有的学者曾在课程中提出过一种称为“S·Q·3R”的学习方法。我们法学院也给研究生开过方法论这门课，但是我们这个“方法论”是由10来位教师去讲的，实际上是一组方法论的专题讲座，各讲各的，系统性不强。据说，在欧美是由专家去讲的，并且有完整的教学体系，很受重视。

“S·Q·3R学习法”是一种什么方法呢？第一个是S，代表浏览或泛读（Survey），要求快速地了解全书的概况。第二个是Q，代表质疑（question），就是要提出问题。在快速浏览过程中，要不断地打一些“question mark”，提出各种问题。例如，论点怎么样？论据好不好？论证准不准确？提倡以一种批判和质疑的态度去读书。搞研究，应该富于“批判性思考”。欧美的教育传统，跟东方有些不同。过去，社会上有所谓“一日为师，终身为父”，甚至只要是老师的话那就是颠扑不破的真理。这种古老的传统不好。要尊师，但不能尊到老师讲得不对的也要接受。我们在看书和听课的时候，应该有“批判吸取”的精神，也就是说要独立思考，要有“疑”的精神。这一点，我们在前面已经讲过了。第三个是3个R。第一个R是“read”，读。如果肯定某本书值得去读，就要精读，不能马马虎虎地读，要彻底地理解。第二个R是“recite”，背诵。要背，但却不可死背。要记住些什么呢？要记住这本书的中心思想和主要观点，要记住一些主要理论的基本思路，还要记住其中的那些名言警句。记住一些至理名言很有好处。前几天我看报纸，有一句话让我拍案叫好。也许没有人承认它是名言警句，但是它确实是名言警句。这篇报道性的文章在结束语中说道：“现在，是这样一个社会：人们只看到现在，而看不到未来；只想到自己，而想不到别人。”当然，这句话未免说得有些绝对，因为毕竟还有很多很多的人想到了别人。也有不少的人，既能看到今天，也愿意看到明天。但是，确确实实也有很多的人，只想到自己，“心中没有别人”；只看到今天，而看不到明天。这里，不妨举一个全球性的例子：当今世界，“南北差距”严重存在，人们对环境的破坏，对自然资源的过度开发、消耗和浪费，越来越严重，已经达到了极其危险的地步。这一现象，正好对应了上述名言。人们常常倚仗一时间一地区的优势，只顾局部利益和眼前利润，把子孙后代的资源都过分地消耗和浪费掉了！几年前，有一位

[1] 参见任宇：《高等教育学选讲》，高等教育出版社1986年版，第177～185页。

国际环境法的博士，在撰写学位论文时，提及一个大原则，叫“代际公平”，就是说现在世界上这一代人之间与下一代人或几代人之间都应该是公平的。这一代同下一代，都是地球的主人，人们如果把后一代甚至几代人的环境资源都破坏了，浪费掉了，应该吗？有这样的权利吗？这样做，公平吗？“我们只有一个地球”，这是全人类的一个大问题。第三个 R 是“review”，复习。就是要及时复习并巩固所学到的东西。看了书，听了课，一些精粹的东西，都要让它能长期保留下来，“学以致用”。

五、结束语

最后，做一个简短的小结，只讲三条。

第一，应该德才兼备体健全。

说一件往事给大家听：在北大校园里，有一个风景区叫“未名湖”，湖边有 4 幢宿舍。1953 年我刚任聘进校的时候，它们从左到右分别称为“才、德、均、备”（四斋）。不久，经历了一次变革，将这 4 个斋改称为“德、才、均、备”。这说明什么呢？说明对“才”和“德”的关系有不同见解。后来，在这 4 个斋的右边，又增加了 3 幢宿舍，分别叫“体、健、全”。同学们，我们应该特别注意“德”和“才”的关系。武大的学生，都是百里挑一的高才生，在中学时代，都是拔尖的。进入武大后，绝大多数发展得都很好。但是也有失败的，据观察，失败的原因多数是在“德”字上出了问题。据说，有的同学这样想：“进了武大的校门就保险了，现在应该多玩玩了。”如是，思想一放松，邪门歪道就容易乘虚而入，一发不可收拾，甚至违反法纪，步步走向堕落。当然，这种情况是极个别的，虽然不多，但是太可惜了。对于这些学生自己要负责，但是学校更有责任。为什么让一个“百里挑一”的学生掉了队呢？[1]有一句话说得非常中肯：“做好人，才能读好书。”此语千真万确，语重心长，应该时刻铭记在心。因为做不好人，方向不正确，就会走错路，就会挥霍很多的时间和精力，思想不集中，学习就会滑坡，于是就灰心了、消沉了，结果就失败了。

有才无德不行，当然，有德无才也不行，一定要“德才兼备”。所以，我们必须把

---

〔1〕 据《今日美国报》2006 年 1 月 25 日一篇名为《大学一年级最危险》的文章（作者罗伯特·戴维斯）分析，大学里的一年级学生，一般说，刚入校时，“并没有准备好应对独立生活中的各种风险”，因此大学里的新生最可能犯大错误。所以像卡罗来纳这样一些大学，都设有“安全教育课程”，指导学生“如何对待自由”，以帮助他们独立生活与学习。

自己塑造成为一个有道德的有才能的高素质的专门人才。而且,在"德才兼备"的基础上,还必须加上一条,那就是"体健全"。我们应该勤奋好学,努力读书,但是也不应该废寝忘食,把身心健康搞坏了。我们不仅要善于纾解外来的学习压力,而且更不能自我增添压力。我们要重视体育锻炼,养成良好的饮食习惯。身心健康是本钱,没有本钱,怎么会有利息呢?所以,有了"道德"和"才能",还应该有好的"身体"。我们应该"生机勃勃,朝气勃勃,兴致勃勃"地发展,不能成为一个"书呆子"。身体不好的,就应该加强锻炼,使之健全起来。与其去逛街,不如去锻炼。刚才提到过的大数学家陈景润先生,50 多岁时身体就不行了,真可惜。我平常要求学生努力学习,是很注意分寸的,我总是说:"要在不搞坏身心健康的情况下拼命学习。"条件和极限是不能搞坏身体。总之,我们要轻松愉快地学习,高高兴兴地学习,不要背着沉重的包袱去学习。

此外,我们还要做到"行为美",更重要的是要"心里美",行为和心里都"美",身心都健康,人生才是最美丽的。

第二,学会总结经验教训。

"学无定法",以上介绍的各种各样的学习方法,以及我个人的一些经验与教训,不一定都适合于每一个人。每个人的情况与条件各不相同,所以,在学习方法上,还需要自己在实践中根据个人的情况去摸索和总结。哪种方法适合自己,就适用哪一种。

我经常和朋友们讨论这样一个问题:从一种特定的角度来分析,世界上有三种人。第一种,他能够借用别人的经验教训为自己服务。别人成功了,他努力学着做,并且做得更好;别人失败了,他尽力避免,以免重蹈覆辙。这是很聪明的人(这种情况最合算)。第二种,他能够利用自己的经验教训为自己服务。自己有成功的经验,就继续利用它、发展它;自己有失败的教训,就下决心改进它、克服它,永不再犯。这是比较聪明的人(这种情况要付出一定代价)。第三种,既不会利用自己经验教训更不会借用别人经验教训的人。这是很不聪明的人(这种情况最不合算,要付出沉重代价)。当然,上述这种说法未免过于简单,过于机械化,但是,却有些启发性。这一现象,在人们"读书与做人"的诸多方面,常常反映出来。但是我敢于肯定,我们在座的都是第一种人,因为大家都很聪明。

第三,创造性思维。

创造性思维,是社会文明发展的动力。人之所以为"万物之灵",就在于具有不断创新的能力。人类如果不能创新,那就会像原始森林里的猴子那样,说不定现在仍然只会在树枝上跳来跳去地生活;那就不会有今天的大学,不会有珞珈山这么美丽的高楼大厦,也不会有我们今天做讲座的这么大一间模拟法庭。

同学们,我们的学习与研究,要想取得进步,也贵在创新。独立思考与批判精神,是创新的源泉。本来,学习(或研究)就是一个再创造与创新的思维过程,而并非单纯是一种简单和被动的接受。我们不应原地踏步,要超越。不能只会跟在前人后面"跟踪模仿","依样画虎"。要"青出于蓝而胜于蓝"。我们应强化"自我塑造"的意识。在学习中,要善于利用科学的思维模式和新的研究方法。要善于思考,强化创新思维。要勇于开拓,勇于破旧立新,富有不断探索和进取的精神。在我们同学中,在我们学校里,天天有各式各样的先进青年涌现出来。我们相信,明天会比今天做得更好。

最近全世界各大媒体,都在报道中国的载人太空飞行。我们要像太空飞行员那样,树立自信,努力不懈,以无往不胜的太空飞行的精神,在我们的学习中,在德、智、体、美各个方面,取得新的更大的成就。

第二节 关于教学方法的若干问题〔1〕

——和青年教师讨论“如何搞好课堂教学工作”

由于大学教师退休或辞职,或在退休、辞职前过世,假定他们所在的系不缩小规模的话,就要有人接替他们。任何一个补充教师的决定,都是大学的学术方向与质量的一个决定因素。每一个晋升一位已经聘任的教师的决定,也同样是未来方向与质量的一个决定因素。

——[美]爱德华·希尔斯〔2〕

在《文心雕龙》这部古老的文学理论著作中,可以挖掘出一个重要思想,即所谓“文无定法”。写文章,确实没有什么固定的方法。明清科举制度所规定的“八股文”,讲究破题、起承转合等,实在荒谬,它只能禁锢人们的思想,决不可能写出好文章来。同样,就教学而言,又何尝不是如此。我们也应该说:“教无定法”。在现代欧美教育中,更是很少有人主张一成不变的、呆板的教学模式。然而,各人具体的教学方法虽然可以各不相同,但却需要遵循一项总的原则:为了达到“最好的教学效果”,我们都务必选择一种与本专业特点、课程内容、教学对象相适应的“最佳的教学方法”。今天,我准备讲10个问题,但只是“一孔之见”,难免带有片面性,请诸位指正。

---

〔1〕 本节系笔者于1995年6月在武汉大学法学院“教学研究座谈会”上的专题报告的提纲,此处(2009年2月)有增删。

〔2〕 参见[美]爱德华·希尔斯:《学术的秩序——当代大学论文集》,李家永译,商务印书馆2007年版,第285页。

一、备课与资料问题

有一位老师说得很好："讲课并不神秘，但却是非常神圣的！"这是因为学生将把老师的讲解当作真理来接受，所以教师应该具有高度的责任感，不能"误人子弟"。我们应该把课程讲好。

备好课是讲好课的前提。根据我的经验，作为一名教师，哪怕学问再好，如果不进行认真与扎实的备课，是决不可能把课讲好的。一般地说，老教师或讲老课：备课与讲课的最低比例应为5∶1；新教师或讲新课：备课与讲课的最低比例应为10∶1。为什么要如此强调备课呢？因为讲课是要把专业的基本理论、基本知识和基本技能如实地传授给学生，要求有高度的准确性。它是一种必须按照特有的教育规律并采用特有的语言方式来进行的特殊工作。如果没有充分和特别的准备，是不会有预期的教学效果的。所以，写讲稿，并不像通常所说的"比写论文容易"，一份高质量的讲稿和一篇高质量的论文一样，都需要下很大的功夫。一个会聊天、会交际的人，甚至讲演家，不一定能讲得好课。一个大作家，不一定能写好讲稿。关键是一定要有充分和特殊的准备。一定要认真备课。如果不备课或备课不认真，即使是教师自己理解得很深的东西，也不一定能够讲得使学生理解。至于自己理解得不深不透的东西，那就更无法把学生讲懂了。

要做好备课工作，必须具备两方面的条件：一是在主观方面，教师自身务必是高水平的，务必具有扎实和深广的专业理论基础与知识基础，勤于科学研究；二是在客观方面，要有经常的和充分的资料积累。当然，前者是决定性的，如果教员水平低，资料再多，也不可能把课备好。

下面专门谈谈经常性的资料积累问题：

收集、占有和掌握资料，是进行备课的必要步骤。没有丰富的资料，即无从备课。资料需要长期积累，长期不积累新的资料，我们的知识就会陈旧不堪。备课中的资料积累，实际上也是一种经常性的研究工作。离开了研究工作，就谈不上是科学地积累资料，就不可能把"死"资料变成"活"资料。

在20世纪70年代末，我在北大法律系第一次在我国为国际法专业学生创设"国际组织法"这门新课程，当时虽然只讲50多个学时的课，竟先后断续地准备了7年，查阅、翻译和整理了100多万字的资料。这一过程是一项非常认真的研究工作。可见，日积月累地做好资料工作，对我们从事社会科学工作的教师来说，是多么重要的事情。我有这样一个切身的体会(也是一句经验之谈)，当我主讲一门课程时，如果我只讲自己所懂得的50%甚至50%以下时，我有可能讲得很好，感到得心应手，胜任愉快；如果我要讲到自己所懂得的80%，甚至90%时，我就感到力不从心，非常吃力，而且讲课的效果一定好不了。只有资料积累得很丰富，并且对这些资料整理、分析、研究得非常渗透，使之真正变成自己所占有和掌握的东西，这才有可能正确地运用到讲稿和讲课中去，才有可能讲好课程。

现在进一步就资料积累的具体方法来谈一谈：

第一点：资料，无论是用脑子记忆，还是文字记录、电脑储存，都需要在博览群书的基础上进行。在资料缺少的情况下，要善于发现资料。在资料甚多的情况下，就要善于选择资料。无选择，就谈不上是科学的资料积累。如最近几年来，关于知识产权等方面的著作及资料相当多，内容却大同小异，这就需要我们"去粗取精，去伪存真"。至于最后写入讲稿中的资料，那就更要精中选精了。

第二点：要写好法律课程的讲稿，必须收集些什么资料呢？法律是一门涉及非常广泛的应用学科，联系实际非常紧密，主讲人最好能先对中外古今有关所讲问题的各种材料进行一次普查。在此基础上，首先要重点收集的第一种资料，是理论性的资料。应该了解教育界(学术界)在这方面的现状，特别是前沿研究的情况。这包括国内外有关的各种专著、教科书、学术论文中的有关重要学说、观点及时事材料等。

科学研究与理论的发展是一个渐进的过程，我们应该在前人已有成就的基础上继续向前走。只有借鉴前人的经验，加以提高，才能使我们撰写的讲稿和讲授工作再上一个新台阶，讲出新的水平来。当然，这需要我们进行认真的科学研究工作，注意提炼，绝不能照搬别人的成果。不然，就难于进一步提高。

值得强调的是，我们写讲稿、讲课，都不能忽视基础理论的教学。现在有一种轻视基本理论与基本知识的趋势，这是违反教育和教学规律的。没有扎实的基础，怎能把万丈高楼建立起来呢？学生，只有基本理论与基本知识扎实，才有发展的后劲。所以，基本理论与基本知识应是讲授的重点，应多讲一些带有规律性的认识。学生能接触到的信息资源非常丰富，一般普遍的、零散的常识，学生自己容易懂。为了启发学生思考，开拓其视野，还应讲授一些带争议性的问题，鼓励学生进行讨论和研究。但应该加以正确引导，同时又不能把自己的"一家之言"强加给学生。

此外，必须收集的第二种资料是立法文献。应该注意到，我们所讲授的法律问题,说到底不仅是一个纯理论的问题,而是一种需要付诸实施的、有约束力的行为规范。因此,我们的讲授工作,必须立足于有关立法文献的基础上。这类资料包括各种有关法律、法令、条例、规定的正式文本和立法机关、司法机关的各种批示、答复、解释,以及审判及仲裁机关的各种判决、裁决和典型的案例,等等。如果是讲授国际法,则更需要搜集国际造法机构及国际司法、仲裁机构的有关法律文本及国际案例、国际法院的判决书,以及重要外交会议的各种公报、声明、纪要,等等。

要收集的第三种资料是边缘性或交叉性的资料。上面已经提到,法学是一门涉及面很广的学科。与其相关的学科有很多很多,如政治、经济、社会、科学技术、海洋、空间(甚至外层空间)、环境等,如果与讲课内容相关,我们也应加以留意。它们可能包含着我们进行说理和论证的重要说明和补充材料。

第三点:我们应把从各方面搜集来的资料,科学地加以分类和整理,以便有效地加以应用。因此,在积累工作中,需要对资料进行认真的分析研究、鉴别与比较。在图书资料中,凡自备的好书,要仔细钻研,加写眉批或者另作研究心得笔记。中外文都需要如此,以便今后查阅应用资料时,一目了然。但次要的书,则只需走马观花,一览而过就行了。对借用的公有图书,就比较复杂了,需要作读书记录,并把书的架号、作者、出版社及出版年月等记录下来。摘录外文时,可用原文,也可用中文"节译"把大意记下来。如果将来引用,再正式翻译一次。引用别人的译文,如有可能,还应认真复校一次。

我早期收集的资料是采取简易的目录卡片,但后来,资料卡片太多了、太泛了、太散了,在"文化大革命"中都被烧毁了。从 1978 年起,我全部用 400 字一页的稿纸,一项内容一页纸,内容相近的集中在一起,再就中心内容加上一个标题。这样,在资料积累得很多的时候,就可以根据标题的内容加以分类编排。最后逐级划分成章节目,以便形成一个较完整的资料体系,不仅查阅迅速,而且便于比较取舍。当然,如果有条件和能力利用电脑储存资料,甚至成为当前最先进的"互联网络"用户时,即可免去这种费力的手写操作。但是我认为,上述这种分类和编排的科学方法,在电脑程序编制中是完全可以运用的。

我有一个习惯,即自己新录取的学生,无论是硕士研究生或博士研究生,第一次见面时,总是要请他参观自己的工作室。第一件事是,建议他立即开始为学习与研究工作广泛积累资料,并把自己所搜集起来的几十本资料集翻给他看。"登山必自卑",做学问也要从基础做起。积累资料是猎取知识的重要方法之一,贵在一个

“恒”字,不可一日间断。

第四点:我们除尽量利用校、系所有的图书资料外,建议各位,为长远计,至少需要自备3套基本图书资料。第一类是专业书籍(包括法理学方面的专业基础方面的各种经典的中外专著、教科书、案例汇编等);第二类是主要中外文工具书(如大百科全书法学卷、法学词典、法律全书、各种人名和地名翻译手册、辞海、英汉大字典等);第三类是自己的著作、讲义、研究成果报告、研究心得笔记或自己搜集的各种资料选集等。

有关备课的最后一个问题是,我们在写讲稿和讲课时,都应该按照有关教学工作的文件、本专业的“教学计划”和“教学大纲”的基本要求来进行。请注意以下几点:

1. 有教材的,应认真钻研教材,全面掌握教材的基本理论和知识;并运用自己所收集到的主要资料,在讲稿中把这些基本理论和知识写透,在课堂上把它们讲透,并力求准确。

2. 讲课时,要重视教学方法。应特别注意把握住每节课的主要思路和讲解层次,突出重点,一层一层地把问题谈清楚,力求少而精。

3. 要切实了解学生已有的学习基础及已修其他课程的主要内容和一般情况,以及后续课程的要求和安排。以使本课程与前后课程之间有一种良好的衔接关系,避免教学内容重复而增加学生的负担。

4. 注意理论联系实际。

5. 应经常注意反馈对课堂教学的意见,以便随时改进教学工作。

二、教师的台风问题

这个问题比较简单,似乎无须多谈,但是我觉得仍有几点应加以留心:

第一,台风代表着讲课教员的风度与风格,对教师的形象很有影响。教员应该落落大方,要使听讲者既感到亲切而又有一种“权威感”。这种权威感,不是靠自我夸耀,而是来自讲授的水平与风格。良好的台风有助于教学效果的提高,不能忽视。

第二,切不可为了讲课生动,而把演讲家的技巧,甚至近似表演艺术的方法引进到教学中来。因为教师毕竟不是表演家,他所迫切需要的是要使学生具有信任感。

第三,讲课大致可表现为两种风格。一种是比较低强度的风格:重在讲稿内容的千锤百炼,讲求确切性;不尚侈谈,讲话水分较少;着重法律逻辑的运用,贵在说理和论证;讲解的一般势态是沉静而平和,时有稍许幽默感,但不成为主调。另一种是比较高强度的风格:重在内容的延展性,放得开;语言讲究修饰,华丽生动而活跃,富有感情色彩;讲解具有一种渲染的气势,课堂气氛较浓。这两种风格,在讲课效果上各有优劣,可以扬长避短。前者是一种学者(或书生)的风度,后者则接近于讲演的模式。就法律的课堂教学而言,似乎以前一种模式为好,但应吸收后一种模式的长处。

第四,在讲课的台风上,还有一件事需要注意,即衣着要注意整洁,体态要注意庄重。总之,要有一种与课堂教学相称的仪表。

三、讲好第一堂课

按照教学大纲的要求,每门课程的每一堂课,都应该讲好。特别是第一堂课,更应如此。相比之下,无论是新教员还是老教员的第一堂课,都具有一定的难度和重要性。因为第一堂课,往往会涉及该课程的一些最基本的概念;需要高度概括地向学生交代本课程的学习对象、目的和任务;需要通过这一堂课,引导学生入门;并由此调动学生学习本课程的主观能动性和学习的兴趣。

在课堂上有一个好的开头,这对巩固学生的学习决心和对主讲老师的信赖,大有帮助。如果第一堂课砸了锅,这会对学生以后的学习造成许多心理障碍,也会使主讲人自己丧失自信心。《兵法》上所谓"出师不利"的心理因素,将会影响今后的教学效果。

如何讲好第一堂课呢?除了上面谈到的充分备好课和写好讲稿之外,最有效的方法是试讲。我记得自己在20世纪50年代初期讲有生以来的第一堂课时,除了先在教研室试讲之外,还先后请我夫人及同事单独为我听试讲,甚至自己对着镜子来试讲。后来,在"文化大革命"之后,为了恢复学生对教师的信任感,我还曾经下苦功夫,先对着录音机试讲一遍,再回头来自己反复听录音。一直讲到自己满意、"自我感觉良好"之后,才算试讲结束。人们常说:"一个良好的开头,等于50%的成功"。这虽然有些言过其实,但却不是毫无道理。

四、在有教材的情况下如何讲课

学生没有教材,老师讲课固然难讲(其难处是教员写讲稿的负担太重,需要讲授的内容太多,课堂任务太重,不用说,学生记笔记的任务也太重)。但是,学生有了教材,老师讲课也有其难处,因为这对教师讲课的要求更高了。如果教师全按教材讲,学生就会觉得重复太多,课堂教学没有新东西,不喜欢听;如果教师离开教材讲课,学生又可能觉得老师另搞一套,显得乱,学习起来不好掌握。

这个矛盾应该如何解决呢?既然按教学计划采用了"合格的教材",就应该基本上按照所采用的教材来讲课。但是,教师也需要以自己的备课为基础,讲出自己的特色。这个特色主要体现在,要使自己的讲稿与教材有机地结合起来,要使自己的讲稿与教材形成一种"互补的关系"。我自己曾经这样做过:(1)凡是教材上已经阐述并且论证得很好的内容,我一般只着重讲述重点和难点,使重点更为突出,加深教学效果。(2)凡是教材上已经写得很多、内容也很丰富的部分,我一般只着重做一些概括和提高的工作,指导学生进一步去形成一些规律性的认识,提高其理解的水平。(3)凡是教材上还存在疑点的地方,就需要着重去讲疑点。(4)凡是教材上写得较少较弱甚至该写而没有写的地方,当然就应该多花力气去补充内容,多下功夫去作讲解。(5)还有一种情况,如果教材较老,有些过时的内容,或者实践中出现了新的重大变化,那就更需要大力修改和更新讲课的内容,以便使我们的教学不致脱离实际。

根据实际经验,有一种方法是绝对要不得的。即为了避免照本宣科,而把教科书的内容作大量的搬动或形式上的调整,可是在内容上却未作实质性的修改和提高。这种做法,一方面消耗了老师的备课时间,另一方面也会引起混乱,反而降低了教材的利用率,并增加了学生的学习负担。可见,这是一种"费力不讨好"的方法。

学生有了教科书以后,老师的教学任务主要如下:(1)从理论与实践的结合上,讲重点、难点和疑点,提高学生的基本理论和专业水平;(2)指导学生进行自学和研究,提高学生分析与解决问题的能力;(3)启发学生学习的主观能动性,加强学生的素质培养与自我锻炼。

根据上述想法,我觉得我们在法学教学过程中,还应尽可能地采取一些"课堂讨论""案例教学""实习模拟教学"的方法。从而把课堂教学搞得"活"一些,使之和学生的思想认识、社会的客观实践有机地结合起来。

最后还有一个观念问题,我想在这里附带提一下:我们是师者,是长者,是指导者,但是在真理面前,在理论及学术问题上,我们还要有平等观念。师生互动,可以

“教学相长”。对此，我深有体会。

五、板书与语言表达

在传统的教学方式中，板书与语言是我们传授理论与知识的两种重要手段。在讲课过程中，板书具有多种功能。对一些比较难懂的地方方言、专门术语的初次出现、应引起注意的重点问题，以及讲课的体系等，都可以利用板书来加深学生的印象，使之便于记忆或做记录。但是，在大学这个高层次的课堂中，决不可用大量板书来促使学生大量抄写笔记。因为这将大大影响讲课的效果，也会妨碍学生锻炼和提高文字水平的机会。一般地说，可以把黑板分区利用，左边记载教学体系，右边用作其他方面。

另外，教师的语言艺术和修养，在很大程度上，决定着学生的听课效率。课堂讲授，不能采取一般宣讲的方式，而应采取讲解和讨论研究的方式。讲课的语言，要有高低快慢、轻重缓急之分。广播员的语言表达虽然很好，但不适宜于讲课。因为广播式地讲课，留给学生思维的过程太短，不便于教师与学生之间的思想交流。

六、课堂需要思想交流

在课堂上，教师和学生的思想交流，是一种内在的意识活动，而不是外在行为。所以，从教学方法上说，这是一个深层次的问题，主讲者需要特别注意。

就学生而言，这种内在的思想状况，在客观上能通过学生的表情反映出来。如果主讲人忽视它，就会影响教学效果，如果主讲人能主动地掌握它，就能促进这种交流，从而提高教学效率。比如，课堂里有人在“窃窃私语”，这说明什么呢？也许说明我所讲的与学生所想的已经错位了；也许说明讲解发生了内容或表述上的错误；也许学生对所讲内容有疑问而我却把它忽略了。又如，课堂里十分安静，“鸦雀无声”，都在注视着讲台，这可能表示听讲者正在聚精会神地领略着教师的讲解……教师应该通过这些现象掌握学生听课的脉搏。

总之，学生与老师之间，应形成一种学术思想上的良性循环，使之逐渐出现一种思想共鸣的高潮。这样，就会提高学生的接受能力，加强教学效果。反之，如果这种交流中断，学生想的非老师之所想，教师讲的非学生之所需，教学效果是绝对好不了的。

因此，老师讲课时必须切实注意和掌握整个课堂的情绪，千万不可把眼睛注视着教室的天花板。要使课堂的每一个人，都觉得我是在注视着他、关心他，是在和他对话。

七、讲课进度问题

这个问题不算大，只需简单一提就够了。

赶进度，是教师不按照教学计划讲课因而“前松后紧”的结果。这既影响讲授效果，也会给学生增加不必要的压力。

如果能做到上面所说的，注意按重点来讲课，着重引导学生自学和自我钻研，那么，一般就不会发生赶进度的问题了。

八、理论联系实际的问题

这个问题，在教学过程中经常强调，但是解决得不够好。有的老师说得对，不能简单地把讲几个案例或讲些基层情况就当成联系实际的全部。据说，学生喜欢听案例，这是件好事，但案例并不能代替基本理论和基本知识的学习。要把案例提高到理论上来认识。

就课堂教学而言，我们所强调的“联系实际”主要是指教师所写讲稿的内容和所讲授的理论与观点，是从广泛社会实践的基础上分析和概括出来的，不是凭空想象，不是无的放矢；这些理论和观点，源于实践又高于实践，是一种带规律性的认识，可以用来指导实践工作；特别是，对未来的发展可能还具有较强的预测力。

九、加强学生能力的培养

这个问题，我们都在注意，但做起来颇不容易。从教育方法上看，在教师中存在两种极端的模式：一种是完全放手让学生自己去管自己，自己去发挥其才能，采取所谓“放野马”的方法；另一种是把学生当成孩子，事事细心照料，天天妥善安排，处处谆谆教诲，采取所谓“抱着走”的方法。这些，具体到课堂教学上，也有不同程度的反映。

我觉得，教师对学生最适当的做法，应该是“重在引导、贵在引导”。“放野马”有失教师天职；“抱着走”则有碍于学生能力的自我锻炼与培养，对学生的发展是一种束缚。

如果我是一个高明猎手的徒弟，希望从师傅那里得到什么呢？是大量的猎物

(兔子、老虎、野山羊等),还是师傅的打猎技术?可能绝大多数的徒弟都会希望能够学会师傅百发百中的打猎技术。如果把“猎物”换成“知识”,学生固然希望从老师那里学到珍贵的知识,但是,他可能更希望学到如何猎取知识的技巧和解决问题的方法。因为使用这种技巧和方法的能力是“取之不尽、用之不竭”的。

由此可见,我们在加强基础教学的同时,还应该特别注意方法论的教学,特别注意能力的培养。不然,我们培养出来的学生,就可能“眼高手低”,难以适应实际工作的要求。

十、教风和师德问题

有三个方面的因素影响着青年学生的成长,即家庭、社会和学校。学校是专门培养人才的场所,对青年学生德、智、体的发展,是最重要的一个方面。

教师的天职是“教书育人”,因此,我们要尽全力使我们的学生“德才兼备”。在整个教学过程中,教师在教风和师德方面的表现是至关重要的,决不应忽视。教师的教风在很大程度上会影响学生的学风。教授的学问再好,如果教风不好,师德不佳,就不配当教师。只有“道德、文章都好”的教师,才能算是真正的好教师。

教师对学生起着潜移默化的作用。有这样一些学生,对自己大名鼎鼎的家长,往往并不敬佩,为什么?因为一些家长很容易把自己的不良行为暴露在儿女面前。但是,在人生道路上,受德高望重的名师熏陶而成为有用之才,甚至成为伟人的却不少。

教师的主要职责是,传授理论、培养能力和教育学生做人。“教人必先正己”,教师必须严格要求自己,“言传身教”,才能真正做到教书育人。在《伊索寓言》中,有这样一个故事:一天,大螃蟹对她的小螃蟹说:“走路要直着走,不要横着爬!”小螃蟹要求说:“我的好妈妈,您先走给我看看!”大螃蟹在“直着走”这一点上,能够做到“言传身教”吗?看来,大螃蟹即使能够言传,但也无法身教。自己不正,焉能正人。先生不走“正”道,怎能教会学生走“正”道呢?

据我所知,学生有一种习惯,非常注意老师的一举一动,喜欢评论老师。我有2位中学老师,终身从事教育,一生为人正直,他们在我脑海中的崇高形象,对我的帮助和教诲,使我至今难忘。我的国际法启蒙老师周鲠生先生(当时武大的校长),有两件小事,给我留下了深刻的印象:一件是,凡是向他请教学习问题的学生,无论是在课堂上还是在家里,他都不辞辛劳、不厌其烦地予以指导,而一般烦琐的客套或形式上的拜访，他都很不客气、很不欢迎。另一件是，据说每当招生入学考试的前后，他都吩咐秘书：所有向他求情安插学生的信件，一律都要在正式录取工作结束之后才能送给他看。看后，如考生没被录取，他宁愿酌情回信，表示歉意。

据我所知，教育界也有一些不太好的例子：在我曾经教过书的一个学校里，有一学生，一次偶然发现：他在课堂上非常尊敬的某老师，在办公室里为了个人名利，竟恶言恶语地谩骂攻击另一位同事。后来，这位同学私下对别人说："原来某老师竟是一位'假道学先生'。"

在高等学校里，还存在一些责任心不强的事例。例如，第一节课开始了，某主讲教师还在宿舍里没有睡醒；毕业论文送来了，某导师看看目录，就随手一挥，叫学生马上去打印；有的把讲课当成"副业"，备课很草率，在课堂上就只好"海阔天空"；有的老师，不严格要求自己的教学工作，也不严格要求学生学习，甚至出现"送分"的现象；在某些师生之间，受社会不良风气的影响，还产生过一些不容忽视的颇为庸俗的关系。虽然这里所列举的只是一些个别现象，但是影响确实不好，很值得警惕。

我觉得，从各方面反映来看，我们学校的老师要求自己还是比较严格的。他们均备课认真，教学负责，还有不少"学而不厌、诲人不倦"的事例。

第三节　改进国际法教学的几点思考[1]

羿之教人射，必志于彀，学者亦必志于彀。大匠诲人，必以规矩，学者亦必以规矩。

——（战国）孟轲[2]

能力、志向、才干的培养问题，没有教师的个性对学生个性的直接影响，是不可能实际解决的。能力只能由能力来培养，志向只能由志向来培养，才干也只能由才干来培养。

——[苏]苏霍姆林斯基[3]

这一节专门谈谈改进国际法教学的几个问题。关于国际法的教学，确实有不少问题需要研究，大到"教学宗旨""培养目标""教学体制改革"等，小到"教学方法""开课顺序""课时长短"，都是一些非常重要而值得讨论的问题。

这里，我只准备挑几个比较具体的问题，针对目前情况和某些弊端，发表一些不成熟的意见，"抛砖引玉"，谨供参考。

一、如何挑选教科书

现在，书店里和图书馆的书架上，有关国际法（包括公法、私法和经济法）的教

---

〔1〕 本节系笔者在湖北省国际法研究会 2007 年年会上的讲话提纲，此处（2009 年 2 月）略有增删。

〔2〕《孟子·告子上》。

〔3〕[苏]B. A. 苏霍姆林斯基：《给教师的一百条建议》，周蕖等译，天津人民出版社 1981 年版，第 182 页。

材，很多很多。如何去挑选呢？“花园里挑花，越挑越难挑”。

教材，是教学的基础。对教学质量的影响，至关重大。怎样才算是一本优秀的教材呢？标准是什么？它与一般著作有什么不同？下面我谈几点看法。

第一点，根据我用过的一些教科书和学生毕业后的发展来分析，我认为，教科书最重要的一点是，它必须把本课程的“基本理论”与“基本知识”写深写透。

从造就人才的角度着眼，只有为学生打好了“坚实的理论和知识基础”，日后，他才可能有专业发展的“巨大潜力和后劲”。也只有在这个坚实的基础上，才能萌发创造性思维，把专业的高楼大厦建筑起来。只有加强基本理论和基本知识的教学，才有利于学生“综合素质”的培养。为了培养宽口径的人才，也应该强调基本理论和基本知识。这既有助于学生提高适应社会需要的能力，也有助于扩大学生的就业机会和范围。

第二点，教科书，不同于一般的专著。它必须有一个覆盖本课程的完整的理论体系。它应体现教育宗旨的精神，而且不能违背一般的教育规律。

第三点，教科书，是“培育人才之书”。它被要求能够明确无误地传授理论和知识。因而，它必须具有高度的“准确性”和“思想性”。同时，它还应该表述完美，具备一定的“可读性”，使学生能够充分吸收和理解，便于进行自学和科学研究。

第四点，教科书，可能很难写成“经典”，但是，它应该“胜似经典”，应该比经典更经典。它的核心价值，在于具有“科学性”“先进性”“实践性”。是一种高度的理论概括，是一种放之于四海而皆准的、带规律性的知识。

第五点，鉴于上述这些教育学上的基本要求和教科书本身的核心价值，我觉得，一本优秀的教科书，不在于篇幅有多大，而在于它所包含的基本理论的精深和基本知识的博大。

什么叫“科学”？说到底，科学就是要把本来复杂的问题搞简单，而绝不是把本来简单的问题搞得更复杂。所以，教科书应该是水分最少的精品，不应故弄玄虚而应该尽最大力量把教科书写成精品书。草率从事或轻视教科书的一切做法和观点，都是十分有害的。

第六点，我们的高等教育，要面向世界。国际法是“国际的法”，是“国际社会的法”，因此国际法的教学工作，更应该面向世界。现在，我国一些高等院校，部分采取了“双语教学”的形式，并先后选用了一些欧美的优秀教材。我想，上述这些对教科书的要求和标准，对于引进的国际法教材，也是同样可以适用的。

二、怎样发挥教师的作用

上面，我们着重谈到了对教材的基本要求和它的核心价值。然而在教学过程中，真正起决定性作用的，并非教科书，而应该是教师。（何况教材本身，也是教师撰写出来的。）教师是教学质量的根本保证。

但是，教师在教学过程中，到底应该起什么作用呢？对这个问题，有过多种不同的答案。

传统教育观念中所说的“传道、授业与解惑”，只是对“教师职责”的一般要求。“教师是灵魂的工程师”，对高等教育来说，我觉得应该有更高的要求。教师还应该履行一项更高的职责，那就是在强调大学生“自我塑造”的基础上，进行“更深入的思想指导”。从思想（灵魂）深处指导学生如何“读书与做人”，发掘人类潜在的美德与智慧，以提高其觉悟水平；启发学生积极进取的主观能动性，以提高其治学效率；鼓励学生讲求学习方法，勇于开拓创新，独立开展科学研究，以提高其分析问题与解决问题的能力。

大学生，能够自己走，应该自己走，不需要老师牵着或赶着走。因此，有针对性的“学术思想指导”，启发学生通过深入学习与研究自己悟出“法的理念”和“法的精神”来，这才是大学教师应该起到的最重要的作用。《礼记·学记》中有这样一段话：“君子之教喻也，道而弗牵，强而弗抑，开而弗达。”其中心思想为：老师教诲学生的方法应该是“引导”，而不是硬推；是“勉励”，而不是泄气；是“启发”，而不是灌输。此语言简意赅，有其深刻道理。

所以，我们都不赞成利用教科书“照本宣科”。与其让教师一页一页地去灌输教科书，作“传声筒”，还不如给学生多留出一点思考问题的时间和空间，精心指点和引导他们仔细认真地自己去阅读和钻研教科书，并使之进一步围绕教科书中的重点去扩大其阅读范围。

我觉得，能够正确地“传道、授业与解惑”的老师，当然是好老师，但是，如果还能够“正确指导”学生如何自己去发掘知识和“自我塑造”的老师，应该是更好的老师。这就叫作“授人以鱼，不如授人以渔”。

因此，我们除了不断提高自己的学术水平外，还应该加强“教育方法论”的研究。上述《礼记·学记》还有句至理名言：“学，然后知不足；教，然后知困。”要想解决这种困惑，教师本身也有一个“要想‘教好’则必须首先‘学好’”的问题。这样，才有可能真正做到“言传身教”，有如春风化雨，润物无声。这是一种施教的最佳状态。

最后，还需要谈谈，有了教科书之后，教师到底应该如何与教科书配合？

我过去曾经采用过的方法是，在课堂讲授中，既不是离开教科书的体系随意地“乱点鸳鸯谱”，也不是页页俱到地对教科书进行通篇讲解。

凡是教科书用很大篇幅做了充分论述的部分，讲课时，就只对其中的主要问题进一步加以梳理，进行概括与提高，使之更加条理化。并画龙点睛地加以评论，引导学生思考，以加深其理解和领悟的程度。

凡是教科书内容比较单薄，而且没有把问题写深写透的部分，讲课时，就要进行充实和说明，并加以论证，以补充教科书之不足。

凡是教科书内容有缺漏或者因未及时修订，观点有些过时，甚至有错误之处，讲课时，就必须加以修正和补充，使之“与时俱进”（up to date），赶上时代。

过去，曾经有过这样的总结，主张“讲重点，讲难点，讲疑点”。我觉得很有道理，值得坚持下去。

三、备课和讲课中的几个具体问题

（一）把科研与教学紧密结合起来

科学研究，是搞好教学的重要保证。没有扎实的科学研究，教学质量就不可能提高，教学成果也难以达到应有的深度和广度。

为此，教师需要多钻研一点法理学，多钻研一点“国际法的法理学”。多钻研几本本专业的国内外经典著作。

高等学校，不是专职的研究机构，所以不能脱离教学来搞科研。我在教学实践中，得出了一个简单的公式，即“教什么，就研究什么”。

在教学方面，我给自己立下了一个不可逾越的规矩：“没有充分准备，绝对不上讲台”。这里所说的“准备”，就是指“科学研究”。

在教学中要多安排学生讨论典型案例，这是一种很好的教学方法。但是对于案例，教与学双方都要进行充分准备，要把它结合到国际法的原理原则中去研究。不然，就只是教师简单的“举例”，因而失去“案例教学法”的真实意义了。

（二）讲课内容要条理清楚，层次分明

为了提高教学效果，要求教师具有高度的逻辑思维能力。所以，我们不妨多钻

研一点哲学和逻辑学。

我的切身体会是，要想使自己的讲解清晰，有条有理，首先必须把讲课的内容搞深搞透，从而使自己的思路清晰，思维有条有理。

“语言是思想的表现”。如果自己的思想模糊不清，讲课的表达水平，是很难很难提高的。任何一个天才，都不可能把自己还不清晰的问题向别人讲清楚。

（三）在备课和讲课中，要关注国际社会的演变与发展

这是对国际法教师的一项特殊要求。

在人类社会日益“全球化”和“组织化”的时代里，国内管辖中许多与法律相关的事物，往往超越国界，与外部世界连接起来了。进入21世纪后，这种趋势的发展，显得更加迅速。因此，“国家利益”和国际社会的协调与平衡，十分值得注意。

前面已经提到，“国际法是国际社会的法”。因此，法学教育，特别是国际法的教学，必须面向全球。我们的教学工作，不能脱离国际关系，不能脱离国际情势的变化和发展。如果偏离了国际社会的实际，我们的教学将是“纸上谈兵”，寸步难移。因此，要引导学生联系国际法，深入观察和分析与法律相关的国际大局及其重大事件。

“国际社会，是国际法产生、存在与发展的重要社会基础”。国际法（包括大国际法的各个部分），其跨学科的性质非常明显，从来就没有脱离过国际社会及其经济与文化等因素的影响，而且实际上也不可能脱离这种影响。

国际法律制度的发展，总是以社会需要为动力，以政治运作为背景。政治对国际法的理论与实践之影响，时隐时现，无处不在。

（四）语言表达，不仅要准确，而且要生动

教师，要“传道”“释疑”，要“讲解基本理论和基本知识”，这不仅要求教师具备准确无误的表达能力，而且要求教师语言生动有趣。所以，我们不妨多学一点辩论和讲演的方法与艺术。

在讲课中，如果教师的表达和论证雄辩有力，给学生留下的印象，就会深刻很多；如果教师的阐述，旁征博引，学生的理解，就会更为透彻；如果教师的语言，生动优美，给学生的吸引力和兴趣，就会更大一些；如果教师的讲解，引导有方，富于启发性，对调动学生“自我塑造的意识”和“学习研究的主观能动性”，就会产生更好的效果。

（五）在课堂内，要形成“思想共鸣”

讲课时，为了让学生的学术思想活跃起来，应该促使学生积极思考。在师生之

间，进行思想交流，形成思想共鸣，是非常必要的。在这方面，教师必须发挥引导作用。如果只是“老师讲，学生记”，那就成了所谓的“应试教育”，很难说，这是一个真正的高等教育的课堂。

课堂，要以教师的讲授为主，但是对一些带有争议而值得研究的问题，如能引导和启发学生进行探讨性的发言，往往可以收到“举一反三”的效果。必要时，还可以组织师生对话或班级的专题研讨会。

（六）要同时发挥多媒体的功能和教师的主导作用

现在，有不少教师在运用多媒体进行教学。这是一种很好的教学形式与方法。应当充分发挥它的技术优势，使之同教师的讲解紧密配合，形成互补，以便更好地完成课堂教学任务。

但是，在使用多媒体的过程中，绝不能失去教师在课堂中的主导作用。

就社会科学而言，如果把讲课的主要内容缩写成简要提纲，都放到大屏幕上，那么，学生的眼球和注意力，就往往被吸引到逐字逐句地抄写提纲上面去了。而教师的生动讲述和精辟论证，则常常会遭到不应有的忽视。这就大大削弱了教师的指导作用，使本应“以讲授为主的课堂教学”，无形中转变成了“以大屏幕为主的课堂记录”。

这个问题，怎么解决？我建议采取两个补救措施：

第一，把大屏幕主要用来做“重点、难点、疑点”的提示，但是不给学生传送教科书中已有的详细内容。这些资料，学生可以在课下仔细去阅读，认真去研究。当然，一些重要而必须逐字逐句讲解的法律条款和图表（如果教材上没有），还是可以在大屏幕上反映出来。

第二，在使用多媒体的同时，教师根据讲解需要，可以随时利用黑板，进行粉笔书写，以提高教学效率。这样，就把多媒体的技术优势同教师的讲解优势，有机地结合起来了，使之产生最佳的课堂教学效果。

第四节　法学学位论文的设计与写作[1]

业精于勤，荒于嬉；

行成于思，毁于随。

——（唐）韩愈[2]

高等学校实行学位制度之后，有不少国际法专业的学生要求谈谈如何写作学位论文的问题。大学的学位论文，包括本科生的学士论文和研究生的硕士论文及博士论文，都是学习与研究的成果，重在拓新，贵在论证与说理。因此，同一般普及性的文章相比，学位论文是一种学术性较强的论说文。但是由于申请学位的等级不同，在学术水平上不能求其一致，对研究生论文的要求比对本科生论文要高得多。我不准备在此对三类论文的不同要求进行讨论，只打算就写作的准备与方法挑出几个共同性的问题来谈谈。

一、主题的选定问题

高等学校的学生，不但要尽力猎取知识，而且要善于运用知识，独立进行科学研究，提高分析问题与解决问题的能力。因此，在选定论文主题时，应注意就自己造诣较深的专业性问题来考虑。问题的大小要得当，难易要适宜。大小难易有其相对性，但结合作者的主观条件就自然具体化了。问题如果太大太难，与作者的科研能力不适应，终将事倍功半，难以完成。如果问题过于狭小与容易，也不足以发

---

〔1〕本节系笔者早年就“如何撰写学位论文”这一问题为研究生作课外指导时的讲话提纲，现（2009年2月）已作必要的修改和补充。

〔2〕（唐）韩愈：《进学解》。

挥作者的才华,表达不出真正的水平来。所以选题时,既要估计到主观能力,也要有勇气与信心去挑选那些只要肯下功夫即能完成的有一定难度的题目。

从客观需要来考虑,选题还应注意两点:

第一,要挑选与本专业基本理论相关的重要问题,以便通过对此问题的调查与研究,带动其他问题的学习,提高作者的理论水平,推动本学科的发展。什么问题算重要呢?这要善于发现与挑选。比如,国家主权问题是国际法上的一个老问题,但是若从现代国际法关于经济主权、空间主权、海洋主权等的新发展来研究,若从冷战后的新主权观来研究,那就大有文章可做了。由于科学与信息技术快速发展,经济全球化浪潮席卷世界,国际交往日益频繁,从而使国际法所调整的国家间关系越来越广,外交、经济、文化、科技等问题错综复杂。上至外层空间,下至海床洋底,包括国际生活的各个方面,都有许多重要的新的法律问题需要我们去研究。其中不少问题被人忽视了,但被人忽视的问题并非都是不重要的。有的学生读书不少,信息很多,就是提不出问题,这说明还没有真正读进去,或者是读进去了还没有钻出来。

第二,要挑选有现实意义的学科前沿问题,以便使我们的科学研究具有实用价值。例如,当前有关国际难民、网络信息(互联网)、国家资源、专属经济区上空、跨国犯罪、反恐防恐、国家边界、国际责任、国际争端、外交豁免、WTO、NGO、国际劳工保护等方面的众多法律问题,国际海底资源的开发、能源问题、联合国在促进国际合作方面的作用、国际贸易关系中的某些法律问题,以及国际条约法、国际发展法、国际人权法、国际旅游法、国际金融法、国际环境法中的若干新问题,都是我们研究工作的当务之急。但是在做这种挑选时,应富有想象力,要预见到未来的发展,不然,就会陷入一种极其浅见而狭隘的境地。

选题,就像猎人到深山旷野去寻找猎物一样,既要考虑到自己的猎技,又要具备勇气和信心;既要看准追捕的方向,又要善于搜索与发现。

二、资料的积累问题

发现与掌握材料,是进行科学研究与写作论文的前提。科学研究需要材料,就像人类生活需要粮食一样,没有丰富的材料(特别是第一手材料)作基础,何谈研究。一篇几千字的文章,往往需要看几万字的材料。前几年我写了一本20多万字的书,竟先后查阅、翻译和整理了200多万字的资料才勉强完成。可见,日积月累地做好资料工作,对我们搞社会科学的人来说是多么重要。

资料的搜集,可以借助于记忆,也可以借助于文字记录。人的脑子有惊人的记忆能力,我们应该尽力去开发它。据科学研究,如果始终好学不倦,一生储藏在脑子里的知识,可以超过美国国会图书馆的藏书总量。但尽管如此,利用文字或通过其他工具如复印机、电脑(互联网)等来积累资料,仍然十分必要。因为记忆本身毕竟是有选择性的,有些东西记不下来。即使强记下来也难以持久。下面着重讨论一下文字资料的积累工作。

第一,理解与选择。

资料,无论用脑子记忆还是用文字记录,或者利用电脑等先进手段储存,都需要首先理解它。只有理解(消化)了才能使资料变成知识,使牧草变成牛奶;也只有理解了才能对资料进行选择。强行记忆,记而不牢;不理解而一概抄录,录而无用。在资料搜集过程中,常常会发现新问题,使搜集的线索与范围不断扩大。这就需要我们在查阅资料的过程中,认真进行鉴别、分析和比较,而后才能“择优录取”。

在积累工作中,要尽量调查并掌握那些有助于说理论证的主要材料。无选择地“眉毛胡子一把抓”,就谈不上积累。即使运用互联网或其他方法来积累资料,选择也是很重要的一步。至于最后直接写入文章中的资料,那就更要精选了。这即所谓厚积薄发。但是,选择不是断章取义,应全面观察问题,不能只选那些符合自己观点的。在资料缺乏的情况下,搜集工作固然有困难,需要善于发现;在资料浩瀚的情况下,搜集工作也有困难,需要善于选择。这里不妨举个例子,欧美著作关于全世界现有政府间组织的数量,有很多不同的统计,我收集了其中较有代表性的7种说法。它们彼此相差悬殊,最多的为2000多个,最少的为337个。在无法获得第一手材料的情况下,只有对此进行一番分析研究,才有可能选出一个比较接近实际的数字。上述统计的差数为何如此之大?据我理解,这主要是由于政府间组织有大有小,其性质、作用和影响相去甚远,人们往往以不同观点、从不同角度去进行统计。例如,有人竟把一些跨国公司也视为国际组织,这样,统计数字就自然大大增加了。我依据自己掌握的旁证材料,以及对国际组织一般发展与分布情况的比较,宁愿采取较为“谨慎”的说法。因此,在参加1981年《国际法》统编教材和《中国大百科全书》(法学卷)的撰写时,我对这个问题的表述是:“根据有关国际组织的材料统计,政府间的重要组织约有五百个,绝大多数是在进入20世纪50年代之后建立起来的。”后来在《现代国际组织》一书中,也是按此观点来措辞的。当然,这一说法是否真正准确，尚有待进一步检验。

第二，搜集的范围。

就国际法论文来说，必须搜集哪些资料呢？国际法学是一门涉及面甚广的学科。在论文主题选定后，作者要对中外古今有关这一问题的各种材料进行一次普遍调查。首先应该了解学术界在这方面的现状及问题的来龙去脉，特别是应该了解有何新的信息与动向。从方法上来说，应该先从理论性的资料着手。这包括国内外国际法学者载于各种专著与报纸杂志的有关重要学说、观点及事实材料等，也包括实际工作者从实践中总结出来的许多宝贵材料。科学研究与理论的进步，是一个学术薪火不断相传的过程，我们应该在先行者已有业绩的基础上再接再厉向前发展。只有吸取先行者的经验教训，才能"青出于蓝而胜于蓝"，才能作出更好的成绩来。自然，这方面的资料多是第二手的，需要进行独立思考与分析，不能囫囵吞枣，不然，"吃人家嚼过的馍"有什么味道呢？

此外，还应注意到，国际法的效力同其他法律一样，并不只是理论问题，它主要是以各国政府间的协议为根据的。因此，关于国际法的科研和写作，必须以有关国际法规文献为基础。所以，我们需要进一步搜集同所选主题有关的各种国际公约、国际惯例与司法案件。国际公约，是一种国家间的书面协议，是用以阐述问题的重要根据，数量虽然不少，但常有各种形式的条约集出版，查阅比较方便。国际惯例，对国际法的形成起着重要作用，是各国实践的产物。因此我们要特别注意足以体现国家实践的各种官方文献，包括有关的声明、宣言、双边协定、国际会议的决议与记录以及其他外交文件与档案等。他们的数量虽然很大，难以收集，但有些国家也有这类文献的编辑出版，可供查找。案例研究，在英美法系国家中特别受到重视，在教科书及专著中引用的案例甚多，学者常把各种国际司法机关和国家法院的国际法案例按便于查找的体系摘要汇编在一起。但案例繁多，篇幅冗长，需要有充分的时间才能完成这方面的收集工作。

国际法，特别是现代国际法，有很强的跨学科性，与其相关的临界学科是非常之多的，包括政治、经济、社会、科学技术、环境保护和法哲学等。如果涉及所选主题，也需要搜集。

第三，分类整理。

学生在整个学习期间，都应重视资料的积累，到结业时，应掌握一套关于本专业的较系统的资料，以备日后工作之需。例如，重要课程的课堂记录；各种有关教科书与参考书;各种资料专辑与工具书等。这对学位论文的写作会有很大帮助。

在图书资料中,自购的书,对其重要内容可以打圈加点,或者另作心得笔记。如果书多,也可重点做些卡片。图书馆的书,须摘要作内容记录,并把书的分类号、作者姓名、主要章节目录抄下来,以便必要时进行复查。摘录外文书时,可用“节译”方法以中文记下大意。有关内容的摘录,最好用活页纸。一页纸一项内容。内容相近的集中在一起,就中心内容加上一个醒目的小标题。活页的最大好处是,在资料积累到一定数量时,可以根据内容进行分类与编排。经过这样整理后的资料,更便于装订管理和使用。

第四,网络资源和专业数据库的利用。

需要提到的是,随着互联网技术的成熟与发展,以上三个方面的工作都可以不同程度地利用网络资源,尤其是专业数据库。互联网极大地改善了教学和科研条件,我们因此可以方便快捷地了解、收集国内外学者的成果及国际实践的最新动态。对学习和研究国际法的人来说,这一点怎么强调其意义都不过分。21 世纪国际法专业的学生,善于检索网络资源及专业数据库亦是必备的基本能力。公共搜索引擎如谷歌(google)、百度(baidu)固然需要学会使用,专业数据库如中国期刊网(www. cnki. net)、heinonline. org、www. jstor. org、www. lexisnexis. com、www. westlaw. com,等等,更需要熟悉其门路。对国际法专业的学生而言,一些重要国际组织的网站,也需要根据学习和研究的情况经常浏览,如联合国(www. un. org)、联合国国际贸易法委员会(www. uncitral. org)、国际法院(www. icj-cij. org)、国际刑事法院(www. icc-cpi. int)、世界知识产权组织(www. wipo. int)、世界贸易组织(www. wto. org)、欧洲联盟(europa. eu)、海牙国际私法会议(www. hcch. net)、国际商会(www. iccwbo. org),等等。在网络时代,大学生特别是国际法专业的学生,不懂得利用网络资源,是不可能学好国际法的,更谈不上研究国际法了。

三、撰写中的问题

为论文做好基本准备之后,就可以进入撰写阶段。着手写文章之前,需要草拟一份提纲,设计一个写作框架。在草拟提纲中,作者要进一步明确观点,安排材料。根据主题思想的要求与材料的搭配,提纲可以由简到繁地多写几次,直到比较满意为止。

以说理论证为特征的论说文,与一般叙述文不一样,重在概括与分析,要从社会现象中找出内在的发展规律。国际法问题总是同政治及经济因素交织在一起的，因此应特别注意对政治和经济问题的理解。要求说理准确，表述清晰，论证有力，合乎逻辑。文章要有深度与广度，文风要严谨，但篇幅不宜过大。要以质量胜人，不以数量取胜。硕士学位论文与博士学位论文应该长一些，但学士学位论文最好在1万字以下。为了做到这一点，文章必须具备严谨的结构。要有条不紊，一层比一层深入。一个层次表述一层思想，一目了然。欲使文章的层次清楚，首先必须自己的思路通顺，思路不明，层次是不可能清楚的。

就法学论文来说，尤其值得提出的是，应该注意使用严格的法学语言。法学语言的严格性表现在哪里呢？首先要求文字练达，用语明确。更重要的是要正确运用法的观念、逻辑和规范。如果把一篇国际法论文写成一篇纯粹国际政治、国际经济甚至一般时事性的文章，那就有违初衷了。我批改过几篇有关中国在联合国代表权问题的论文稿，都写得很不错。特别是其中有一篇，除讲清了一般政治道理外，还着重从国际法关于政府与国家的关系以及《联合国宪章》有关会员国权利等条款的角度作了深刻的论证，所以就显得说理性更强，不像一般的肤浅叙述那样空泛了。可见，法学论文一定要讲求法学方法。

以上对法学论文的严格要求，绝不能使之在行文上迂腐呆板。文章在用词遣句方面，要有活力，要优美，要写出文采来，要富于可读性。

学术论文应该有自己的独创和特色。在论文中要敢于提出新观点。既要实事求是、承认客观真理，又要独立思考，富有开拓精神。但是，任何新的科学成就，都首先来自刻苦的钻研，我们只有付出艰辛的劳动，才有可能攀登新的学术高峰。

第五节 再议法学学位论文的设计与写作[1]

关于打算考察的对象,应该要求的不是某些别人的看法,也不是我们自己的推测,而是我们能够从中清楚而明显地直观出什么,或者说,从中确定无疑地演绎出什么;因为,要获得真知,是没有其他办法的。

——[法]迪卡尔[2]

研究一个问题,就要摘去枝节,抓住主干,并用剥笋的办法,层层剥,一直剥到核心。……

——王铁崖[3]

"文无定法",写文章,不能墨守成规,也确实没有什么一成不变的方法。因此,今天所讲的内容虽然经过了长期调查研究,恐怕还是难以满足各位的要求,权作一孔之见,仅供参考。这里,要讨论的主题是"法学学位论文的设计与写作",分为五个部分:(1)学位制度与学位论文;(2)选题的视野与角度;(3)资料的积累问题;(4)研究与思维方法;(5)如何在撰写中下功夫。因在多年前我曾讲过这个问题,故此处名为"再议法学学位论文的设计与写作"。希望在以前讲述的基础上有所提高,进一步加以深化和扩展。

---

〔1〕 本节系笔者为 2005 年 5 月武汉大学法学院研究生"法学研究方法论"讲座所撰写的详细"讲授手稿"。初由国际法研究所研究生谢晓庆根据"讲授手稿"进行整理,最后经笔者于 2005 年 8 月和 2006 年 8 月两次修改定稿。此处(2009 年 2 月)笔者又进行了增删,使之进一步接近教学实践。

〔2〕 [法]迪卡尔:《探求真理的指导原则》,管震湖译,商务印书馆 1991 年版,第 10 页。

〔3〕 王铁崖:《略谈国际法的研究及其论文写作》,载王力、朱光潜等:《怎样写学术论文》,北京大学出版社 1981 年版,第 80 页。

一、学位制度与学位论文

（一）学位制度的设置

学位是国家授予个人的终身有效的一种有关学术地位的称号。学位制度则是国家为选拔科学专门人才，提高各学科学术水平而实施的一种教育制度和措施。学位制度最早出现在欧洲中世纪，是从 12 世纪英法等国的一些大学逐渐发展起来的。类比而言，我国有一种“科举制度”，也源远流长，其源头可追溯到公元 7 世纪的隋唐时期。我国现代的学位制度始于 1935 年。当时的南京政府仿效英美体制，制定并颁布过一部《学位授予法》，以汉语中的“博士”“硕士”“学士”3 个名词对应欧美学位制度中的“Doctor”“Master”“Bachelor”3 个级别（degree）。但未完全实行。新中国于 1950 年开始招收研究生。但从 1966 年起，由于“文化大革命的冲击”，研究生教育中断了 12 年之久，到 1978 年才恢复培养研究生的制度。1980 年 2 月 12 日第五届全国人大常委会第十三次会议审议通过了《学位条例》，并于 1981 年 1 月 1 日起施行。[1] 1981 年 5 月 20 日国务院批准了《学位条例暂行实施办法》。两者分别制定了对学士、硕士、博士三级学位的基本要求和学术标准，这与现在各国通行的做法是大体一致的。据此，各有权授予学位的学校（研究机构）都制定有实施《学位条例》的细则。

（二）为何要写学位论文

其一，根据《学位条例》及《学位条例暂行实施办法》的规定，研究生为取得学位（硕士学位或博士学位），必须在学好和完成学位课程的同时，撰写一篇合格的学位论文。因此，撰写学位论文是授予学位的一个条件和根据，是为了考核学位申请者是否已具备相应的学术水平。

其二，撰写学位论文是培养人才的一种有效的综合训练方式。围绕学位论文写作这一任务，可以带动各种基本能力的训练。主要包括：可以提高学生对各科的学习与研究能力，分析与解决问题的能力，汉语写作与外语阅读（翻译）的能力。

其三，撰写学位论文是国家和社会的需要。撰写学位论文的研究成果，有助于

---

〔1〕 2004 年 8 月 8 日，第十届全国人大常委会第十一次会议通过并公布了《关于修改〈中华人民共和国学位条例〉的决定》，将第 9 条第 2 款修改为：“学位论文答辩委员会必须有外单位的有关专家参加，其组成人员由学位授予单位遴选决定。学位评定委员会组成人员名单由学位授予单位确定，报国务院有关部门和国务院学位委员会备案。”该决定自公布之日起施行。这是 20 多年来，对该条例的唯一一次修订。

国家建设和社会的发展。撰写学位论文也是大学和学科发展的需要。可以说,学位论文水平的高低和研究生学风的好坏是能否办成“一流大学”的一个重要标志。

其四,撰写学位论文是为今后的专业工作打基础。无论今后做教学或研究工作,还是去国家和社会的实践部门,学位论文都是展现研究生个人能力和专长的一块“敲门砖”。特别是在求职难的今天,这块“敲门砖”尤显重要。例如,八九年前,我有位研究生写过一篇《论国际核扩散的法律控制》的学位论文。就是这篇论文成了他到中央军事科研单位工作的“敲门砖”。他送交论文不久,即被邀与该单位的涉外专家、人事负责人共进晚餐。实际上是在餐桌上进行面试,考核这位研究生的专业情况、一般知识和外语水平等。结果他很快就被录用,并约定可立即报销进京的全部旅差费。

(三)及早作好学习与研究工作的安排

从上面的分析可以看出,撰写学位论文是十分必要而且非常重要的。大家需要及早做好学习与研究工作的安排。建议各位在一年级,就要开始论文准备工作,选定研究的范围和主题,收集资料并构思初步的写作大纲;二年级是最关键的一年,应继续收集资料并写就论文初稿;以便在三年级时,能顺利进行答辩和及时联系就业(但就硕士研究生而言,因已改成两年制,所以撰写学位论文的时间就更加紧迫了)。在这一过程中,要抓紧时间,“宁抢三分,不慢一秒”。其实,何止写学位论文应该如此,在处理其他重要工作和生活问题时,都应该如此。

二、选题的视野与角度

选题的过程,是一个逐步明朗的过程,是一个将写作意向、写作范围具体化的过程。在选题时,要坚持三项原则,即要有理论价值与现实意义、要有新的视野、要顾及主客观条件和就业远景。

(一)要有理论价值与现实意义

选题必须兼具理论价值与现实意义。只有选题具有理论价值,才能使作者对此问题的调查与研究,有助于进一步提高其思想及理论水平,推动社会与学科的发展。只有选题具有现实意义,才能使我们的研究成果具备实用价值。

那么,“理论价值”的选择如何实现呢? 这要注意三个方面:第一,不能脱离本专业的基本研究方向去选题。例如,研究刑法的不应选择 WTO 的有关问题,因为 WTO 不大可能涉及刑法的原理及原则。研究国际法的也不应选择犯罪心理学的有关问题，因为犯罪心理学不大可能涉及国际法的原理原则。第二，要有理论开拓的余地（空间）。例如，那些个别非关节性的条款，个别影响不大没有代表性的案例，太个别的法律现象，都很难展开来写长篇的学术论文。就目前情况看，这方面做得并不好。现在选题者偏爱技术性的居多，忽视理论深度。这种情况值得注意。第三，力求“小题大做”。要做到这一点，就需要选取那些有适当切入点并可能向纵深展开的问题。例如，有关联合国安理会的否决权制度、非政府组织（nongovernmental organization，NGO）的法律地位等问题，广泛涉及国际社会的发展规律、社会结构和法律秩序等深层次的问题。这类选题大有文章可做。与“小题大做”相对的是“大题小做”。这类选题要求作者具有高度的概括能力，容易挂一漏万。两相对比，还是前者易于操作和掌握。

理论与现实常常是互相关联的，与现实脱离的理论，一般说不可能是真正有价值的理论。那么，怎样才叫有“现实意义”呢？其一，要挑选对客观实践有重大影响的问题。需要指出的是，有很多被人忽视的问题常常是非常之重要的。这需要我们善于去发现。其二，国家建设及社会发展急需解决的问题，需要优先考虑。例如，据 WTO 报告，2003 年中国遭受的“反倾销”调查，名列世界第一，共计 45 项。无论背景如何，这都表明“反倾销”问题已成为我国国际贸易中的难题，过去注意不够，现在应该抓紧研究。可见，在科研上，要有前瞻性，要看远一点，要会看趋势。例如，据 2004 年 4 月 19 日北京《新闻周刊》报道，武汉有 12 名法官共同贪赃枉法，并涉及十几名律师行贿。如果要对这一事件进行研究，不仅应看到“共同犯罪”问题，更要看到在“共同职务犯罪”“审判体制”“司法监督程序”“律师制度”等方面一系列重大问题的“苗头”。其三，选题切忌“大而空洞”“广而浮泛”。例如，曾有一名研究生，起先的选题是“联合国宪章与世界政府”。这一题目不太好，因为范围太空太泛，现实意义不大，而且在内容上也太偏于国际政治专业。后来建议他改选“联合国宪章与集体安全制度”，这就比较切合实际了。

（二）要有新的视野

为什么要强调新视野呢？因为用老眼光看不出新问题，你对新问题会“视而不见、听而不闻”，怎样才能有新的视野呢？途径有二：第一，一切事物都是彼此联系的，因而可从“横”向上扩大视野。例如，国际法与国内法，法学与社会学都是相互关联的。可以跨学科选题，但应与本专业有机地紧密结合起来。我们要拓宽基础知识，不能局限于狭窄的专业范围。培养宽口径的人才正是当前发展的趋势。其二,“一切皆变,无物常住”,即一切事物都在不断发展变化,因而还可从“纵”向上扩大视野。我们要注意新鲜事物,善于观察潜在的问题,懂得借鉴历史发展的规律。

前述那位选题为“论国际核扩散的法律控制”的研究生,其选题的着眼点在于:第一,从横向看,这一题目涉及国际格局、国际组织法和战争法的新领域。第二,从纵向看,当时 5 个公认的核大国,就全面禁止核试验条约的谈判已有一些进展,美苏削减战略武器的条约已经签署,裁军有望。第三,而在现实中,想要跨越“核门槛”的国家,却日渐增多(如当时的印度、巴基斯坦、以色列等),如何进一步控制核武器的扩散,必将成为国际社会此后严重关注的问题。这一选题的特点在于:第一,有一定的难度(资料较难收集,需要有战争法、核法、国际组织法、国际关系学的扎实基础和一般自然科学的知识);第二,事实说明选题具有前瞻性;第三,其研究成果兼具理论价值和现实意义;第四,符合国家和国际社会的需要。他选题的视野和经验,对我们有一定的参考价值。

(三)顾及主客观条件和就业远景

就主观条件而言,首先,选题的大小难易要适当。如果选题太大太难,与作者的科研能力不适应,则终将事倍功半,难以完成。如果选题过于狭小与容易,则又不足以发挥作者的才华,表达不出真正的水平来。恰当地说,选题应有一定的难度。而衡量“一定难度”的标准,就是那些“只要肯下功夫就能完成的,也只有肯下功夫才能完成的”题目。此外,选题还要适当照顾自己的兴趣,包括那些原来已有兴趣和虽然没有但可培养出兴趣的题目。

就客观条件而言,有两点需要注意:第一,要选取已经或可能找到资料的题目。如前面提到的那位写“核扩散”的研究生,后来就通过与“国际原子能机构”(International Atomic Energy Agency,IAEA)联系,解决了资料难的问题。第二,选题最好能征得导师和愿意而且有可能指导的老师的同意。

至于就业远景,这里是指选题要适当顾及社会就业的需求和可能性。但是我们必须牢记:人才过剩,但精英不会过剩;人才紧缺,但不会缺少一般人员。所以,说到底,要实现满意的就业,最重要的,是要发奋培养自己的专业实力。为了适应社会的长远需求,既要打好专业基础,又要扩大知识面。一般而言,专门型大学的学生易于适应工作,进入角色比较快,而综合型大学的学生则后劲比较大,有发展潜力。希望大家除切实搞好专业外,还要珍惜武大丰富的学术资源,努力充实自己的发展后劲。

最后，给大家提供一些有关选题信息的来源。一是部、省科研部门的选题指南；二是各种科研基金的选题目录；三是报章、杂志以及互联网提供的研究线索，如《法学研究》2004 年第 2 期题为“我国国际法学当前应当重点研究的若干问题”之系列文章；四是国内外各学科全国性或地区性学会历年有关年会学术讨论情况的综合报道。

三、资料的积累问题

长期的“知识积累”是写论文的坚实基础。但是，在此基础上的“资料积累”，仍然是非常重要的。我经常对学生讲，占有和掌握丰富的资料，对研究工作来说，“就像人类生活需要粮食一样”。下面集中讲文字资料的积累。

（一）在花园里怎样挑花

俗话说，“花园里挑花，越挑越差”，这里确实有个方法问题。

首先，要明确研究范围，并选定主题及中心。例如，明确“海洋法”这一研究范围后，就可选定“南海诸岛主权归属问题”这一主题，并可考虑以“中越南沙争端”为中心。

其次，围绕主题及中心区别轻重，拟出“问题清单”，以便有目的地收集资料。例如，(1)南海(南沙)的海洋概况(历史沿革及发展进程等)；(2)地缘政治情况(周边国家关系等)；(3)资源情况(资源开发等)；(4)有关各类海域的国际文献和法规(公海、大陆架、专属经济区、渔业、运输和航行等)；(5)各国争端情况；(6)争端解决与未解决的情况；(7)前景；(8)最近动态；(9)最新研究情况。

最后，善于发现和挑选资料。在资料缺乏的情况下，难以写作，这时要善于发现资料。在资料浩瀚，特别是网上资料满天飞的情况下，也难以写作，这时要善于挑选资料。特别是当前，书籍和文章的“仿造品”太多，如果什么都看，往往就会后悔丢失了大量宝贵时间。

应该具体挑选些什么资料呢？

第一，对古今中外有关论文主题的各种资料，需要进行一般性的了解。

第二，目前的学术研究情况，如论文主题所涉领域的各种专业会议的文件和各种学术研讨会的代表性论文。

第三，重点查阅研究与论文主题有关的理论性著作，包括有分量的专著、文章、专家的真知灼见等。法学乃至整个社会科学的发展，很像一场“接力赛跑”，我们应该在前人已经跑出的成绩的基础上，再接再厉地向前跑。中科院数学家王元，在研究“哥德巴赫猜想”中有重大贡献。他认为：要使研究有突破，一定要先学习前人已做过的研究；他自己的成功，“是站在巨人的肩膀上得来的”，而很多人之所以未能取得突破，则是因为“他们一直在地上爬”。他说的很对。但是，我们在前人研究的基础上，也要善于独立思考：前人的研究结果是如何得来的？是否完全正确？有无创新或偏见？有何经验或教训？如果对别人的科研成果，只会囫囵吞枣，那也是不行的。

第四，查阅研究有关的法律文献，包括立法、法规、案例、司法行政文件等。这类资料非常重要，因为法律的效力说到底不是一个理论问题，它是以各种有效的法律渊源为前提的。因此，法学的学习、研究与论文写作，均应立足于有关法规文献的基础之上，不然“纸上谈兵”，无济于事。例如，案例分析就很有用处。案例分析的核心在于，根据法律规范，分析各当事人之间的诸种法律关系，明确当事人应有的各种权利，应尽的各种义务。这既是法官（律师）适用法律的一个必经过程，也是人们沟通理论与实践之关系的一种甚佳的学习与研究方法。它有助于培养我们法律思维和法律运用的能力。

第五，有关边缘学科中的资料。这类资料有利于从不同角度研究和思考问题，有助于加强论文的广度和深度。例如，国际法，特别是现代国际法，牵涉甚广，与其相关的边缘学科或临界学科是很多很多的，包括政治、经济、贸易、金融、科学技术、宇宙空间、海洋、环境保护和法哲学、法社会学等。若有需要，也应加以收集。它们可能包含着我们进行说理论证的重要依据或旁证材料。

第六，其他实践情况。

（二）要使青草变成牛奶

这个问题，主要是想说明，如何使“死”资料变成“活”资料，使资料变成“有用”的东西。在方法上可以分为两步走。

第一步：学习与研究资料。

资料，无论用脑子记忆还是用文字记录，都需要首先理解它。只有先理解（消化）了，才能继而通过分析研究，逐步明确一些观念、认识和思路，使“资料”（信息）升华为自己的“知识”。这就好像“青草”经过奶牛消化后，使之变成了营养丰富的“牛奶”。

第二步：根据主题及论证的需要，去筛选资料和信息。

资料收集一般都有一个先“伸”和后“缩”的过程。先要“顺藤摸瓜”，扩大收集范围；后是“择优录取”，厚积薄发。

需要注意的是，在这一先后转变过程中，人们常常出现的毛病是“片面性”和“断章取义”。这个问题在下文“研究与思维方法”部分会谈到，兹不赘述。

（三）分类整理

资料越多越乱，治乱的方法就是“分类整理”。

通过研究与整理，能够进一步形成自己的思路和见解。

到毕业时，最好能掌握一整套课程资料。这套资料包括：各门主要课程的自学札记与课堂记录；各种中外文的有关教科书与重要参考书；各种资料集与工具书；自己的作业和已发表的文章。这对学位论文的写作和毕业后的工作，都是有很大帮助的。

图书资料有自备和借用的，但专业方面的好书，应当尽量自己购买。自购的重点图书，要圈圈点点地读。我觉得这是一种非常好的阅读习惯。这时就不应爱惜书了。1943 年我在中学学“几何学”时，曾自学过一本《温特渥斯：平面几何学解法》，我在书页上加圈加点、加批注、还在字里行间划了许多线条……至今这本书仍存放在我的书架上，对它的兴趣至今不忘。闲暇时，还翻开书来，细细推敲一番（学好几何学，对思维能力的提高很有帮助）。此外，如果书多，也可重点作些内容摘录卡片或电子学术卡片。这方面的具体做法可参考上海师范大学出版的《高等学校文科学术文摘》，它上面有一个专栏，就叫“学术卡片”。至于借阅的图书，则主要是做内容摘录，并把书的分类号、作者姓名、出版年月及主要章节目录抄下来，以便必要时进行复查。摘录外文书时，可用原文，也可用“节译”方法以中文记下大意，如果将来引用，再认真校对或正式翻译。如果引用已有的译文，应该复查一次。

凡是有关内容的摘录，最好用活页纸。一张纸一项内容。把内容接近的各页，集中起来，就其中心意义加上一个概括性的标题。内容所在的书名及页码需记在末尾，以便引用时在脚注中说明出处。活页的最大好处是，在资料积累到一定数量时，可以根据内容进行分类与编排，将资料由小类到大类，作宝塔式的编辑。经过这样加工整理后的资料，可以装订管理，查阅方便，便于比较取舍，使资料能更有效地发挥作用。以上分类整理的方法，亦可供使用电脑储存信息（资料）和机编（计算机分类编目）时参考。

必须提及的是,我们还要善于使用工具书,特别是专业工具书,如各种人名地名译名手册、大事年表、法律辞典、年鉴、图集、官方文摘、条约集、案例汇编、资料汇编、缩略语词典、百科全书、图书目录和书末索引等。大型工具书可以利用图书馆的,中小型工具书最好自备。“工欲善其事,必先利其器”,工具书是我们进行科研的重要助手和老师。在学位论文写作中,我们要充分让它们为我们工作。

现在的翻译资料中,译名太乱,建议各位:第一,凡“约定俗成”的名称,不能随意改译;第二,新名称则应严格按照规则翻译;第三,在译名(人名、地名、专业术语)后皆附原文。

最后,顺带说说如何阅读“精品书”。目前浮躁之风虽很厉害,但好书还是不少。对一般的书,只需“走马观花”,一览而过就行了。但对精品书,则要“下马观花”地进行精读。近来有学生帮我将“下马观花”的精读方法归纳为“六字法”,即通读、读通、读透。通读,就是从头到尾,连序、说明、后记等,都要细看。读通,就是要读懂。读透,就是要透析作者的思路和论证方法,要掌握书中的各种基本观点,书好在哪里?精在哪里?还要找出其不足之处,以便进一步补充、纠正和发展。例如,菲德罗斯(Verdross)撰写的《国际法》[1]一书是精品,就需要这样去读。

四、研究与思维方法

思维活动,贯穿于法学研究和论文撰写的全过程,对论文质量起决定性的作用。唐代大文学家哲学家韩愈(768~824年),在其《进学解》中说:“行成于思,毁于随。”做事成败的关键在于“思考”,不好好思考就会失败。我们在法学研究过程中,并不存在黑白分明的“是、非、曲、直”。这就要求我们具有高度的思维能力,才能洞悉其中的奥妙与症结。思考问题的角度不同,方法不同,得出的结论往往也会相去甚远。只有掌握了正确的思维方法,吃透了法律的精神与实质,才有可能形成正确的科学结论。

(一)如何定义“思维”?

对于“思维”,较科学的定义应该是,“在客观事物的基础上,进行分析、综合、判断和推理等认识活动的一种过程”。也可以说,思维是“感知”的扩展和深化。简单地说,就是人对客观事物的概括的认识,也就是“理性认识”。更通俗易懂地

---

[1] 该书的中译本,即[奥]阿·菲德罗斯等:《国际法》,李浩培译,商务印书馆1981年版。

说，思维就是“联系起来想”“联系起来思考”。可见，对客观事物的感（觉）和知（觉）乃是思维的立足点。

思维的特点和作用在于：第一，它是在社会实践的基础上进行的，是对客观事物的加工，即对客观材料加以分析综合，由表及里，去伪存真，从而认识事物的本质和规律。例如，早年我在撰写《中国大百科全书》（法学卷）关于国际组织的各个条目时，曾涉及一个有关当时政府间组织的数量问题。关于这一问题，我一共收集到7种说法。它们彼此相差悬殊，最多的为2000多个，最少的为337个。上述统计的差数为何如此之大？经过分析研究，我找出了差异原因，是对国际组织的认识和统计标准不一样。后来，我得出了自己的数据（从比较研究及旁证材料而来），并发现，20世纪的500多个重要的政府间组织中，竟有90%左右，是从第二次世界大战之后发展起来的（这显然是受国际社会发展规律的影响）。此后，在1984年《现代国际组织》一书中也采用了这一数据和观点。第二，思维是一个能动过程。它既能动地反映或认识客观世界，又能动地影响或反作用于客观世界。这正是科学研究的目的，即认识、参与、适应和改善客观世界。

（二）克服片面思维，进行创造性研究

做论文时，有两项基本要素，即客观方面的资料信息（材料）和主观方面的科学思考（研究）。作者应该使周密的思考建立在丰富材料的基础上。但我觉得，要使思考做到真正的科学和周密，比收集材料要难得多。下面着重谈谈如何周密思考的问题。

第一，要克服主观片面性。这是一个“知不易行亦难”的问题，是一个常常讲，却又常常犯的问题。原因有二：其一，在意识上，人们常有“先入为主”的毛病，一旦形成看法后，即不易改变。其二，人有一种“生存本能”，即护己的本能，包括维护己见。两者都很容易产生“片面性”。人们常把片面性比作盲人。在“盲人摸象”的故事中，摸腿的，硬说大象是一根大柱子；摸腰部的，硬说大象是一面墙壁。而在非盲人看来，这都是“片面性”。带片面性的作者，常常偏爱和自满于自己的见解，也常常偏爱对自己见解有利的材料，这在科研上很容易产生“假象”。

那么，应该如何克服“片面性”呢？克服的方法很多，但我觉得有一种方法非常值得学：有意识地养成“求异”的习惯。交朋友贵在“求同”，而读书则贵在“求异”。找资料和做研究工作，都要有求异的精神。“求异”是一种大家风度。唯有能认真思考别人“不同见解”的人，才有更多的机会来提高自己的认识和学术水平。

第二,要创造性地思维。作者需要借助于资料来周密思考问题和进行研究。但是,绝不能使自己的论文成为资料的堆积和翻版。作者首先要敢于想象与搜索,要敢于怀疑并富于学术批判的精神,必须适时地跳出资料的框框。这就是所谓“尽信书不如无书”,“读书要能钻进去,而且还要能钻出来”。作者必须使自己的论文既来于资料,又高于资料,这才能算是自己的科研成果。例如,最近以来,关于中东局势的评论和文章是比较多的,但我在《国际法的危机》一文中关于伊拉克战争的分析,则提出了几个比较新颖的见解:一是关于“战争必然性”的论证(从地缘政治、历史学方法);二是关于“战争性质”的多角度分析;三是针对美国“先发制人”的预防性(自卫)战略,提出了国际法中“自卫权制度”的“三驾马车”的理论(将《联合国宪章》第51条、第2条和第39条3个条文有机地联系起来解释);四是借用自己的“结构平衡论”剖析和解释国际格局、联合国的作用和改造等问题;五是关于当前“国际危机”的高度概括(文章的主题思想)。在文章结束语中,有一句画龙点睛的话是这样说的:“由于国际无政府状态的加剧,国际社会动荡不安,从战争废墟上建立起来的联合国,已无力制止战争,国际法律秩序处于风雨飘摇之中。”[1]关于“创造性思维”,在哲学、逻辑学、语言学等方面,论述非常之多,我在这里谈的只是与写论文有关的一点点体会和想法,现在介绍两本书供大家参考:一是《创造性思维的原理与方法》(卞华、罗伟寿著,国防科大出版社2001年版);二是《创造性想象》([美]奥斯本著,广东人民出版社1987年版)。

最后必须提出的是,这里所谈的“创造性思维”,是以科学态度为前提的,是与切实研究相结合的,绝对不能像写幻想小说一样,随心所欲,异想天开。

(三)顺向思维与逆向思维

1. 顺向思维

所谓顺向思维,是指对某问题形成初步想法后,就必须一直想下去,逐步使之完善。思想像流水一样,也有一种势头,可叫“思想洪流”。演说家脱离讲稿的所谓“即兴发言”,口若悬河。有人思维敏捷,说话快,像放连珠炮一样。还有人写文章快,因此形容他“下笔如有神,一泻千里”。这些都是“思想洪流”的体现。“思想洪流”出现的时刻是非常可贵的,因为在这种思想势头中,常会出现灵感。有了灵感,一定要抓住,要“穷追不舍”,不然,它会瞬纵即失。据说,德国大作曲家贝多芬,一

[1] 参见梁西:《国际法的危机》,载《法学评论》2004年第1期。

日郊外散步,脑海里一瞬间,突然涌现出一个非常优美的旋律,于是,他立马撕下白衬衣的袖子记录之。我很喜欢贝多芬的第6交响曲《田园》。每当听到第2乐章“溪畔小景”时,我就会去想象这位作曲大师,当年在乡村漫步中依恋大自然的那种无比怡然的心境。

2. 逆向思维

如前所述,思维是一个认识的能动过程。一个科学、全面、完善的思维过程,至少应该是双向的,即顺向的和逆向的。研究工作者应该学会逆向思考,即从自己立论(观点)的对立面去进行思考(“换位思考”——也是做人的一种方法)。在建立自己的观点时,要竭力做到完美无缺;在反驳自己的观点时,也要不遗余力,无孔不入,毫不留情。这是作者在思想深处开展的一场自我辩论和自我碰撞,它会碰撞出灿烂的火花。这样反复来回多次,真理会越辩越明。例如,为克服在钢铁、轿车、房地产等领域的盲目投资,有专家曾经建议除搞“可行性论证”外,还要搞“不可行性论证”,以减少社会上的低水平重复建设和无效投资。只有通过“逆向思维”,作者才不会“作茧自缚”,才能使自己的创造性能力得到释放,才能使自己的心智(思想)呈现出一种创新突破的最佳状态。

(四)不要“墨守成规”,学会从新角度思考

如果提出一个问题,“世界上什么最快”?学社会科学的人,可能有不少会回答,“思想最快”。因为思想可以一下子想到宇宙中无限远的地方。但是,思想有时候也是世界上最慢的。我把这称为“思想的迟钝化现象”“思想的惰性”或“思想的惯性”。我对这种“思想惰性”的体会是:对身边事物(包括理论问题),常常不知不觉地习惯于按照一种“想当然”的模式去思考。特别是对自己的观点,对历来的权威性观点,常采取一种类似于“大猫进大洞,小猫进小洞”的孤立或者分离的思维模式。在这种情况下,不可避免地就会思想呆板,不敏锐,对新鲜事物往往“视而不见,听而不闻”。因此,有时连问题都提不出来,更谈不上去分析问题和解决问题了。这样下去的结果就是所谓“墨守成规”,而一个习惯于“墨守成规”的人,在学术上是很难有所发展的。

要打破“墨守成规”,就要学会从新的角度思考。一切社会现象,都有其特殊性或者复杂性,都是立体的、多维的。因此,作者必须学会从多角度(多向)去观察问题。任何问题,从不同的角度(新的角度)去观察和思考,常常会有新的发现。所谓“横看成岭侧成峰,远近高低各不同”。

下面,举一个我们在社会生活中最最“墨守成规”的例子:“给女孩包小脚”。据史书所载,“给女孩包小脚”始于公元900多年的南唐李后主时期,康熙时曾欲禁,后又罢。这一习惯在旧社会里持续的时间最长,范围最广,尤其是在上层社会。“好心的母亲”用白布,把小女儿的脚紧紧地捆绑起来,不管小女儿怎么日夜啼哭,都不肯打开,直到女儿长大后成为“三寸金莲”。奇怪的是,受过“千痛万苦”的女儿,做了母亲以后,仍然“照此办理”。社会上的各等人士,也“想当然”,觉得“小脚美,大脚丑”,对小女儿们的伤痛“视而不见,听而不闻”。据说,清末高级外交官李鸿章(1823～1901年),还嫌过他母亲的脚大有失体面。这一恶习,在我国延续了几十代人。人们为何如此愚蠢和残忍呢?就是认为“这是理所当然的事”。据说,清末改良派人物康有为,曾坚决主张禁止“包小脚”。现在,我想再也不会有人觉得“脚大不美”了,恰恰相反,我在大街上,曾经多次见到有人穿特别特别长的尖头皮鞋。(有人称为“巫鞋”。)

总之,谈这些,是为了说明搞科研,要学会从“新角度”思考,不能“墨守成规”。遇事多问几个“为什么”,不要“想当然”。

(五)不仅勤于“动脑”,而且勤于“动笔”

语言(文字)与思维活动是紧密相连的,是一种形式与内容的关系。文字是随着思想而来的。思路清晰,文字才能表达明确。相反,思路模糊,文字表达不可能好。可见,只有形成思路后,才能开始写“写作大纲”,进而撰写论文。从纯理论上说,是“先思后写”,这正是规律所在。

但实践中,两者又有一种交互影响的辩证关系。我的感觉是,有些问题,想着想着,经过琢磨,写起来就更加顺手了;有些问题,写着写着,多撰写几次,思路就更加清楚了。如此反复进行,文章就会越来越好!论文要一气呵成,是很难的。“理解”与“表述”之间,存在一种十分奥妙的联系。将自己的理解向他人表达,据试验证明,这是加深理解的一种非常有效的方法。对此,我深有体会,一篇文章如果反复修改多次,这种效果就明显反映出来了。在电脑上写论文,在这方面有一定的局限性。有些外文书,看后印象有些零乱,可能这是一个原因。当然,也可能与东西方思维方式不同有关系。按照“写作大纲”撰写论文时,首先在整体上,要掌握好全文的“思路布局”及“表达框架”;然后在微观上,要一段一段地琢磨,一个观点一个观点地修改和补充。如此交叉进行,思之再三,改之再三,才能圆满完成撰写的任务。例如,我此次在写今天所讲的“研究与思维方法”这几页讲稿时,就曾反复草拟大纲，琢磨，改写过多次。起初，我想从纵向的角度着手，由浅入深地写；后来，又想从横向的角度，对不同性质的问题按其内在联系并列出若干条。但最后，觉得这两种体系虽然都很好、很科学，却“心有余，力不足”，只得作罢。现在这个讲稿，是退而求其次，是根据我个人点点滴滴的实际体会来写的，不强调系统性。这对我来说，是一个新问题，现在仍不理想，还需要继续思考和改写。

（六）科学运用信息，善于疏通思路

在论文写作中，有两种情况，本来应该是作者的黄金时刻，但是在某些特殊条件下，也可能使作者意外地陷入困境。一种情况是，脑海里积累的资料信息很多很多，但由于杂乱无章，就觉得千头万绪，好像走进了“万花筒”，难以取舍，这时，反而感到“无所适从”。另一种情况是，当兴致勃勃时，思想十分活跃，各种想法，如潮涌心头，但由于意念很多，彼此矛盾，难于驾驭，这时，酷似“误入迷宫”，思路反而越来越不清晰了。

这种困境，我把它称为“paradox”，即自相矛盾之事。这里出现的是，好事变成了坏事，形成了一种“悖论”。这时，作者处于十字路口，进退两难，正是考验作者思辨能力和科学意志的关键时刻。好比攀登珠穆朗玛，进，登上顶峰；退，跌入低谷。有一位研究生在做关于联合国“维和行动”（peace-keeping operation）的博士学位论文时，就遇到了这种情况。此时，应该做两件事：

第一，进一步调理和筛选资料（信息），使之“了如指掌（一目了然）”，使之与“写作大纲”的论证体系进行更合理的搭配。对于多余的，可用可不用的资料，一定要“舍得丢”。切记：文章，就怕拖泥带水或啰啰唆唆，越干净越利落越好。现在有少数文章是资料堆积，篇幅过大，空泛无物，水分过多。

第二，再仔细审视一次“写作大纲”，进一步明确主题思想，疏通思路，使之更加条理化，由此及彼，一层比一层深入。把一些主要论点，想深想透，突出重点，注意发挥自己的优势。

经过这两步工作之后，上述有关“维和行动”的那篇论文，终于顺利完成，取得了优秀成绩。论文作者，现在是联合国驻非洲刚果（金）的首席军事观察员，“学”与“用”结合得很好。

如果经过上面两步工作，仍然混乱不清，理不出头绪来，建议把写作放一放，换个工作做做，或者索性休息一下之后，再去调理资料，疏通思路。做脑力劳动，不能靠“拼命”，要劳逸结合。正如人类生活一样，不能“过度消费”，要能“持续发展”。

根据我多年的体会认为:“要善于休息才能善于思考”,“磨刀不误砍柴工”。当大脑疲乏时,我就会平卧床上,做100余次深长的呼吸,或者在室内散步10分钟。有时候,我先天睡觉前还没有理出头绪来的问题,次晨在枕头上,稍稍回忆一下就迎刃而解了。这真是“踏破铁鞋无觅处,得来全不费功夫”。思维规律显示,灵感(创造能力)往往显现于“忙里偷闲”之后,因为脑子一放松,更容易接受“联想”的启发,能使人顿时觉醒,豁然贯通。据说,德国大哲学家康德(Kant,1724~1804年),除曾去但泽旅行外,一生未离乡土,但工作和休息的时间却非常之有规律。他每天下午3点30分会准时到哥尼斯堡(出生地)一居民区去散步,以致当地居民常常利用这一点作为他们对表的时间。在这种一成不变的休闲与散步过程中,他曾迸发出一个又一个惊人的思想火花! 康德于1755年(31岁),以其论文《自然通史与天体论》,获得了硕士学位。该文提出了有关太阳系起源的“星云假说”,这对主张宇宙不变的形而上学,是一个重大的冲击。

(七)零度风格与激情风格

好的文章,常常带有自己的风格。在各种不同的风格中有两个极端。一个极端叫“zero style”(修辞学家常用语),这是一种毫不带感情色彩的风格,纯粹超然的风格,绝对客观的风格。有人主张,“论说文宜采此风格”,其实“不然”。“zero style”是一种“唯理主义”,其缺点有四:

第一,论说文主要是讲道理,而理是离不开情的,社会科学的文章尤其如此。情,能使作者权衡价值,辨认善恶,是一种论辩与说服的方式。情,能补充与平衡理智,能摆脱唯理主义的偏见与危机。

第二,做论文是脑力劳动中最艰苦的一种劳动,如对主题毫无兴趣和感情,就会缺乏写作的内在动力。根据个人的体会:纯靠任务观点(赚稿费)是不可能把论文写好的。我在撰写《国际组织法》(总论)(修订第5版)过程中,当进行到“最不发达国家的困境”时,在引用西班牙《国家报》一组有关世界上“最不发达国家”的悲惨统计数字之后,我情不自禁地心如潮涌,写下了最后一段非常激动的文字。后来,请一位老同学提意见,她说,“你这不像论文,太情绪化了”。于是,就改成了现在的样子,只用短短一句话作为结束语:“穷国(穷人),是历史的受害者,他们要求获得起码的公正、平等和偿还,可是,被要求者竟似充耳不闻!”[1]这句话中的这个

---

〔1〕 参见梁西:《国际组织法》(总论)(修订第5版),武汉大学出版社2001年版,第220~221页。

“竟”字，就是作者激动情绪的一种非常克制的表露。

第三，没有情感，很难有创造性的思维。俗话说，“精诚所至，金石为开”。“诚”就是一种情感。带着这个“情”字，有助于调动作者的主观能动性，喷发出写作的灵感，单刀直入，所向披靡。这能推动作者把“理”说得更深更透。在情感的激励下，作者通过理与情的互动，也常会深切地体验到一种莫大的精神上的愉悦与心理上的陶醉。据说唐代青年文学家王勃，在写到《滕王阁序》中的“落霞与孤鹜齐飞，秋水共长天一色”一句时，竟然高兴得跑到院子里手舞足蹈地又蹦又跳。

第四，没有一点感情的文章，总是干巴巴的，特别是法学论文，条条框框多，更是如此，谁会喜欢呢？其实，很明显，如果连自己都不感动的文章，怎能感动别人呢？说穿了，写文章就是为了要输出自己的思想，如果文章不能感动别人，还写它干什么？

但是，这里还需要说明的是，我也并不赞成另一种极端，我将其称为“激情风格”（为了对称“zero style”，我暂且把它译成“passion style”）。如上所说，论说文贵在“以理服人”，而不应以感情用事来实现自己的意旨。“感情哲学”“情绪化”，很容易陷入“主观臆断”，最终会破坏论说文的“说理风格”。即使是宣传性文章（甚至文艺作品），也应靠“真诚”和真理来感动人。歌德（J. W. Goethe）的名作《少年维特之烦恼》（*The Sorrow of Young Werther*）是一部抒情的散文诗式的小说，但书中主人公 Werther 对 Charlotte 的感情也是很含蓄的。再如，著名作家臧克家，在当年为纪念鲁迅而写的《有的人》这篇名作中有两句话，“有的人活着，他已经死了。有的人死了，他还活着”。这既不是“zero style”，也不是“passion style”，而是理智与感情的一种高度结合。

五、如何在撰写中下功夫

（一）制作“写作大纲”

在着手撰写论文之前，首先要精心制作一份比较详细的“写作大纲”，为论文画出蓝图，设计一个理想的写作框架，使主题思想与内容能够用一种尽可能完美的形式表达出来。通过草拟大纲，作者将进一步整理思想，形成概念，明确观点，安排材料。使材料能围绕着主题恰如其分地用来说理与论证。使材料与观点很好地统一起来。这是一个写作的酝酿期，不能急躁，否则，欲速则不达。至于大纲的写法，可以根据主题思想的要求与材料的搭配，先简后繁地补充和修改数次。大纲不达到清晰和令人满意的程度，论文不能正式动笔。在论文撰写过程中，如不顺手，还可回过头来改善甚至重写大纲，使之更趋完善。除全文大纲外，在写每一小题之前，也应先考虑该小题更细的“大纲”。根据我的体会，写“大纲”虽然占出了不少时间，但在正式写作时却省了很多周折。

（二）论说文的目的

与叙述文不同，论说文重在“说理论证”。论说文的目的在于从复杂的社会现象中找出内在的实质性内容和发展规律，总结出一些带规律性的认识。离开了此点，就不成其为论说文。就法学而言，作为社会科学的一个部门，还需要从实践角度，进行广泛的社会评价。即对法律目的进行权衡，对法的价值进行判断，对法的利弊进行分析。这是理论与实践的一种高度结合和统一。法律，作为上层建筑的一个重要部分，与政治、经济和社会等因素紧密相联，离开了这些因素，就无法认识法律的本质。因此，作者在学习与研究中，应该特别注意对政治、经济和社会等背景问题的理解，注意现象与本质的联系。这样写出来的论文，才会有广度、深度和高度，才会有真正的理论价值和现实意义。

（三）法学语言问题

论说文与叙述文、文艺文相比较，在语言上有很大区别。法学语言是一种非常严格的语言，其严格性首先表现在：所用词语要明确而无歧义，文字要练达而不啰嗦，表达要清晰，说理要准确。比如，在各种法律文献或裁决书中，你是很难找到像“大概”“可能”“推测”“近似”等这类词语的。

法学语言的严格性还表现在，要求恰当地运用法的概念、法的逻辑、法的规范。例如，在概念上，应该用“犯罪嫌疑人”的时候就不能用“罪犯”；在逻辑上，推理不能离开条款；在规范上，不能随心所欲地进行解释。

下面谈谈论文的篇幅问题。好文章不在于篇幅的长与短。法学学位论文的篇幅一般不宜过长，硕士论文 3 万字左右就足够了，博士论文可稍长一点，但也只需 10 来万字即可。其实，数字多少并不能说明实质性问题。论文太长，水分太多，有两大缺陷：一是文中的一些精华之处，被大量的水分淹没了（淹没精华）；二是文中如无精华之处，大量的水分就起了遮盖的作用（掩饰浮浅）。

此外，论文应该有条不紊，如前所述，要一个层次表达一层思想，一层比一层深入。不说离题与多余的话，不颠来倒去，不拖泥带水。一般也不要写上百字的长句。特别是某些翻译过来的句子，太长太长，文理不清，往往看完下半句，上半句就忘了。其实,作者或译者本人也不一定看得懂。看这种译文,还不如看原文易懂。这种译文,莫说“信达雅”,就连“忠实于原文”这一最起码的要求都未达到。总之,要切记:一篇写得好的论文,要如“盘中数珠,一目了然”。王铁崖先生在《中国社会科学家自述》一书中,[1]以不足1000字的短文,写出了他的一生。使人深感:思路清晰,层次分明,表达朴实,文字洁美,内容充实,意义深远!再如,英国学者阿库斯特(M. Akehurst),只用约700页的篇幅,写出了*A Modern Introduction to International Law*一书,[2]是很简洁的英语,内容丰富,表述清晰,不乏新意,很值得一读!

综上所述,一言以蔽之,语言(文字)与思想,互为表里,其中思想是基础。欲使论文的语言精确,必须先使自己的思路清晰。要想写好文章,首要的是要提高自己的思想和专业水平。

(四)文风与文采

重在说理与论证的论说文,在文风上也有其特殊要求。在行文方面,我把它归纳为3条:第一,要尽量求其平稳,不可失于夸张;第二,尽量求其庄重,不可流于花哨;第三,尽量求其含蓄,不可过于情绪化。在写作中,要求论证要有根据,材料要认真核实。既不能随声附和,也不能主观武断。对于与自己不同的观点,要认真考虑,不能一批了之。

但是,以上对法学论文的严格要求,绝不可使行文显得呆板或迂腐,要切实加强文章的可读性,使之赏心悦目。在用词遣句方面,在遵循科学性的原则下,要讲究优美。表达要有文采,要富有活力。(当然,所有这些要求,都是以论文本身具有独到见解为前提的。只有这样,论文才能具有真正的魅力。)写论文,只模仿别人的不行,要努力创造各种新的表达模式。《国际组织法》(总论)(修订第5版),其中有一小节名为“中国在联合国代表权问题的解决”。在这一节快结束时,我引用了联合国秘书长(第五任,德奎利亚尔,秘鲁人,对中国较友好)在回顾联合国与中国那段长达20年的“不愉快”历史时所讲的两句话(1985年,联合国成立40周年时):“那是这个组织的悲剧。不然的话,联合国经历的一些灾难,也许是可以避免的”。紧接着,我在此写下了另一句话,作为这一段文字的最后小结语:“然而,历史毕竟只是历史,历史的巨轮在前进,穿过云雾,又是晴天”。这一只有26个字的短

---

〔1〕 参见国务院学位委员会办公室编:《中国社会科学家自述》,上海教育出版社1997年版,第378页。

〔2〕 该书中译本,即[英]阿库斯特:《现代国际法概论》,汪瑄等译,中国社会科学出版社1981年版。

句，言简意赅，富于风趣，有点像“论文诗”（比照“散文诗”的说法）。其内在含义有三：其一，历史不会倒退，这是规律，任何恶势力都无法抗拒（有批评之意）；其二，中国，被排斥于联合国之外，坎坷受困长达 20 年整，其间还发生了朝鲜战争，但最后终于恢复了在联合国的合法代表权（字里行间，充满喜悦之情）；其三，在国际关系中，应该向前看（展示了中国与联合国关系的远景）。[1]

（五）“新”是学位论文的生命（代替结束语）

创新，是人类文明发展的源泉和动力。

“人为万物之灵”。人类之所以高于一般动物，就在于具有创新的能力。从而，使人类自己能够不断进步，能够组成文明社会，能够有秩序地生活。我常常说，人类如果不能创新，那就会“像森林里的猴子一样，现在仍然过着原始时代的生活”。

法学学位论文，也贵在创新。如果作者只会跟在前人后面追踪模仿，“依样画葫芦”，那么所做的论文对社会进步有什么意义呢？所以，一篇没有新鲜内容的论文，是不可能有社会生命力的。

写好论文的关键是，在总体上，首先要有新的思路、新的方法和新的视野。在学习与研究中，要能独立思考，要富于开拓与学术批判的精神。学位论文的写作，是科学研究的结晶，作者应该在前人已有成就的基础上，尽量提出一些独到的见解。这包括对前人理论的进一步完善、充实与发扬，也包括对其错误的纠正与批判。

学位论文的价值就在于，能够“推陈出新”，能够对本专业的重大理论与实践问题有所突破。学术水平的提高，是一个渐进过程，我们的突破，哪怕只是很小的一点，也是非常有意义的。

---

〔1〕 参见梁西：《国际组织法》（总论）（修订第 5 版），武汉大学出版社 2001 年版，第 89 ~90 页。

第五讲

一次概述学术生涯的访谈记录

——法苑往事如歌如云烟

整理者编后说明

2016年,武汉大学法学院领导在学校的引导下,启动了一个为积累资料而邀约"老年人"讲述"老故事"的项目。于2016年12月10日上午,宋佳威导演在校行政大楼215教室,采访梁西先生。经过4个多小时,从人生与社会角度,一共问答了29个问题。现根据采访录音加工整理,将这些史诗般的法苑小故事归纳成四个部分,其具体框架为:一、学生年代(1924~1953年);二、北京大学年代(1953~1983年);三、武汉大学年代(1983~2013年);四、人生感悟90年。

第一节 学生年代之金色童年(1924～1953年)

1.导演:请你从人生与社会角度,首先谈谈你的学生年代。

梁先生:我人生的第一个30年,是我的学生年代。概括起来说我的学生年代几乎是一个战争的年代。在那个阶段,发生了很多战争,打得很惨烈。首先,在欧洲战场,后来发生了太平洋战争,再后来国内发生了内战。所以可以说,战争与磨难,贯穿了我整个青年时代。但是,事情说来也真是幸运得很,正当我大学毕业的时候,解放战争胜利,新中国成立了。因此,我也就成了新中国的第一代大学生。可见,我的学生年代,包括我的人生命运,同中华民族的兴亡,是紧密地联系在一起的。我可真算得上是一个"幸运儿"!

至于我当时在想些什么,在我现在的记忆里:当时人世间,千千万万人遭受无比的灾难,也就是第二次世界大战所产生的影响,对我的学生年代,特别是对我的思想意识,是非常深刻、非常刻骨铭心的。

我出生在湖南湘西,有两个弟弟、两个妹妹,全家居住在一个美丽而古老的山林地区。我父母亲馈赠给我的,也是一个百分之百的"金色童年"。但是,在那个深山老林里,我们那个村庄是中国最穷的村庄之一。当我一天天、一年年长大以后,处在那种长期闭塞、战乱和贫穷的困境下,我在想些什么呢?虽然我酷爱我家乡那些生我、养我并伴我长大的亲人和那些山山水水、草草木木,但我当时最朝思暮想的却只有一条:怎么样才能摆脱这个苦难的困境?事情并不是那么容易,毕竟这个长大了的孩子,那个时候才十来岁呀。

在此期间,曾经出现过这么一件事:那时我在念私塾,年纪还小,大概六七岁,我们村里来了一位穿"四个口袋"上衣的衣冠楚楚的先生。他和我们的形象很不一样,他是穿着鞋袜走路的。那个时候,我们是光着脚走路的。有时,我们小孩子甚至还赤身露体，在水沟里、草地上，放牛、放羊，跑来跑去。而这位先生却穿着鞋袜走路，我很奇怪，于是我就问我娘："这这，这是个什么人哪？"我娘说："他是一个先生，一个读过新学堂的先生，一个教书的先生。"后来，这句话在潜意识里给我留下了难以磨灭的印象。一个难忘的"梦想"悄悄萌芽！我心里总是想着：将来怎么样才能摆脱困境？怎么样才能摆脱这种"光着脚"的生活？思来想去，觉得只有一条路，那就是我也"去读书"，将来也"去教书"，也"去当先生"。可是，在我那个村庄里只有私塾。我想到外面去读"新学堂"，但我的父亲、母亲都说不行，认为这个家里现在只够吃穿，而且去读"新学堂"、读"洋书"，那有用吗？但我仍然心有不甘，不肯放弃。后来，我寻机会、找办法，竟在人生中第一次做"小偷"了。我从我母亲的一个小箱子里偷了两块银圆，这是我第一次做小偷，我偷了这两块银圆后，就私自跑到离我们村约 30 里路的一个小镇，那里有一所高级小学，我们都叫它"新学堂"。我找到校长，说我要读书，非常想读书。校长说，"我们这里不招生了"。他久久地望着我，看得出来，校长很有同情心。他看着我这个骨瘦如柴的少年，摸着我的脑袋问："你叫什么名字啊？"我说，"我读书的时候叫梁宋云，我娘不喊这个名字，喊我容儿"。他说，"你姓梁啊，梁启超的梁。""你姓梁，是凉快的凉，那你就写一篇文章，就写《凉快》吧。"我说，"好！"很快，我就写完了一篇文章，短短的一篇文章。校长看了以后，轻言细语地说："这个还算可以，但是有个条件，接收你进学校以后，你得用功读书，要赶上功课才行。现在只能插班，那你就插班吧。"在班上，我比其他孩子大好几岁，记得我高小毕业的那一年是 1940 年，我那时已经十五六岁，是一个误了年华的大人了。

2. 导演：这些对你学法学有什么影响吗？

梁先生：我经常说，我选择法学，"不是误会，却是偶然"。先讲这个所谓的"不是误会"。我想学法律，确实是基于一个比较原始的想法。为什么呢？因为当时，依据我家庭的那种经济状况，只能自给自足，怎么还能拿得出学费离开家乡去远地读书呢？但是我当时听到说，武汉大学的法律系，不收学费。这对我来讲是一个福音。我想这是一个机会。当我念小学和中学的时候，借钱很不容易，我父母亲年年都觉得有很多为难的地方。不过，当我提出要考武汉大学的时候，我父母亲已经不那么阻拦我了。因为我父母亲已经看出来，这儿子可能还有点出息，所以才勉为其难地让我继续读书，后来我才进了法律系。进了法律系之后，除不收学费以外，我在学校里还想办法占到一些便宜，就是可以吃当时所谓的救济食堂。原来，那个救济食堂是帮助一些战争地区的学生学习的,实际上就是一种困难补助。那个食堂除一般的粗粮粗饭以外,副食有不少是些罐头,是美国人送的一些救济物资,收费自然就便宜多了。学校里也没有什么其他大的花销,住房子好像不要钱。至于讲义费,那个时候,正式教科书很少,很难买到现在这样的精装书。教师上课的时候,很多是自己带着讲稿。我记得当时,燕树棠先生,还有好几位老先生,都有一块方形的大棉布,把讲义包在棉布里面,穿着长袍,把包讲义的那个棉布包夹在腋窝下,手里拄着一根"stick",一根拐杖。现在想起来也是很有意思的,到底是大学教师。学生呢,也是那样,穿着长袍。老师的那个讲稿,我们叫"yellow paper",因为它已经成了黄纸。多少年来,老师拿那个"讲稿"讲课,所以讲稿慢慢地变了颜色。实际上,老先生并不看那个讲稿,可能也并没有讲那个讲稿的内容。有时,老师发给我们一些讲义,这种讲义收不收费呢?我记不清楚了,就是收费那也收得很少,这些讲义都是比较粗糙的纸张。所以当时在武汉大学,确实是花钱不多,这也是我当时考武汉大学的很重要的一个原因。

接着,再来讲讲那个所谓的"却是偶然"。当时我学法律,能够碰到那么多好老师,他们对我的启发和诱导,使我对法学真的产生了兴趣,并且毕生耕耘法学。这真是"始料不及"的!我常常讲,"我很高兴有一亩三分地"。我父亲,也只有一亩三分地。我学我父亲,精心地耕种自己这"一亩三分地",专心地耕种了一辈子。

在大学里面,我觉得每一位老师对我都有不同方面和不同程度的影响,我现在只讲有特点的。"文化大革命"后,武大法学院最早的院长、武大国际法研究所最早的所长——韩德培先生,他从来不穿长袍,经常穿着整洁的西装,在20世纪40年代,是教我们国际私法的老师。当时,他还有一门课,叫《西洋法律思想史》,我是这门课程的课代表。当课代表,被认为是学习比较好的,所以我和韩先生的接触自然比较多。他的学问、教学及为人,对我的影响很大。还有一位直接对我学习国际法产生影响的,是当时的校长周鲠生先生。周先生,在武汉大学从四川乐山复员到湖北珞珈山的那一年,开始做校长。我们知道,周先生是享有国际声誉的著名国际法学家,是中国国际法学科的鼻祖。他的著作,影响了好几个世代的中国人。周先生给我们开国际法,是我大学二年级的时候。他在讲这门大课时,用专题重点地阐释了他自己的著作《不平等条约十讲》。这本书,现在各大图书馆都有保存。他在讲解对华不平等条约过程中,对我的影响是很大的。周先生从自己参加过的联合国的实际活动，联系到历次的对华不平等条约，深刻地论述了这些条约的危害，以及它们对中国的长远影响。使我从内心深处感受到了这种百年国耻和百年屈辱的沉痛。在强权社会里，“弱国无外交”！当时在很多国际事件中，我国外交官虽然参加了活动，但处于一种被歧视和被打压的地位。这一点，对我的冲击很大，使我进一步想起了火烧圆明园和抗日战争中日本法西斯的残酷暴行。从那时起，我就决定：要学法律，就要重点学习国际法。当然，我的学习还包括国内法、法理学、司法实践等各个方面的课程，但是我着重学习和研究的是国际法。从此便对国际法越学越有兴趣。我想，选学法律专业，能够受到法学院各位有名的老师、法学大家的指教，是我的幸运。除了周鲠生先生以外，燕树棠先生也是讲国际法的，还讲民法和婚姻法。刘经旺先生给我们上公司法，姚梅镇先生给我们上民法总则，刘绪贻先生给我们上社会学，罗鼎先生给我们上罗马法，等等。当时的课程比较少，教师也不多，但是教师讲课却各有各的风格。我现在都还记得：燕树棠先生在第一堂课的时候，在黑板上写了很多的参考书，包括外文的和中文的，我们一一记下。燕先生说：“我的讲义啊，那个‘yellow paper’，有限啊，你们要多看些参考书。”在讲课的开场白中燕先生曾自我介绍说：“燕树棠，何许人也，珞珈山上最年轻、最漂亮之教授也！”其实，当时他已有五六十岁了！

武大确实有一种很优良的学习环境。在法学基础的学习方面，除了老师的教学，我自己还喜欢看书，开卷有益，关于哲学、经济学方面的都看，特别是文学方面的。我在中学的时候，就喜欢文学。中学时，我曾发表过一些关于抗日战争的短文，现在还记得，有《两地蔷薇》《樊城风雨》，还有一篇很有哲学意味的所谓杂文——《文明与野蛮》。进武大后，也听了一些文学方面的课程。当时教我们国文的，是有名的苏雪林先生，她对古文学、唐诗宋词等都很有研究。苏先生是女老师，但我们都称她为先生。我曾把我写的《两地蔷薇》这个短篇抗日小说，送给苏老师看过。苏先生看了以后，她只说了一句，“写得还可以，去发表吧”。后来，我就把稿子投到了《安化民报》。我还写了一封信给编辑，说这是大文学家苏雪林先生看过的。当时，苏先生有一个笔名叫作绿漪女士，现在研究文学的都知道绿漪女士。据说，她的先生，当时在南京的一个大学里面教书。我和同学们经常同伴去当时的老二区苏老师家请教问题。后来我病了，苏老师还给我炖了一只鸡，我心里至今还万分感谢。不久前，我和我的学生到了珞珈山上的周总理纪念馆，纪念馆里面珍藏着很多老照片，其中有苏老师的一张大照片，我向苏老师鞠了 3 个躬，还把我至今对她的怀念在她面前毕恭毕敬地说了出来。

3. 导演:你刚才说的是老武大 20 世纪 40 年代的情况,你考进武大后,心情怎么样? 思想认识上有什么变化没有?

梁先生:小时候,我梦想自己长大后去当个“先生”,那是指当个正式老师。当时我的私塾老师农忙时还要耕种,平时才带我们几个或者最多十几个学生,教我们念“学而时习之,不亦说乎”。后来,我进了小学、中学,特别是进了武大以后,想当“先生”的这个想法渐渐发展了。“梦”也做得越来越大,越来越美了。

我考武大时,考完之后,感觉自己的成绩不是很有把握。当时,考武汉大学要考国文,其中有一个作文题目是《多难兴邦》。在考场一见到这个题目就很欣喜,我觉得这正好是我常常思考的问题。这篇文章,可以非常准确地说,我是带着沸腾的热血这样一种激情来写的。第二门是数学,包括几何学、代数和三角。其中,几何考得特别好。我擅于逻辑思维,所以在几何学方面占了便宜。还有一门考试就是物理。我平时,一向喜欢剖析事务的发展规律,对物理学很有兴趣,所以物理可能考得比较好。但化学考得不好,那些分子式老是记不住。其他还有一些科目,我觉得考得很一般。在这种没有很大把握的情况下,虽然孤身一人在外,但我不想回家。所以,我想办法找到一位老同学介绍我到他家乡的湖北公安县去工作。这位同学姓封,是中学高我一个年级的同学。就这样,我在公安的一个小镇上,平生第一次当上了教师。同时,也等着武汉大学发榜。这样,不仅可以自食其力,而且可以不回老家,也可以节省一点路费。

过了一个多月以后,我得到了一个迟到的消息:武汉的报纸上发表了武大的招生录取名单。我惊慌地去找这个名单,急忙在上面找自己的名字。结果,看了两遍,没有! 中间只有一个叫梁采云的,和我差一个字。当时,我还是抱有幻想,有点怀疑这个名字是不是就是我。我的一个同事和我一样也是考的武汉大学,他跟我说:“宋云啊,你别梦想了,天下同名的多着呢,何况你这个还不同名,还差一个字!”不过,我当时还是不到黄河心不死,下决心要亲自到武大去看看,不肯放弃。所以,就立即从公安县出发,乘坐汽车,经过好长时间,到了汉口,过了江,上了珞珈山。那是辆远途汽车,还是敞篷车! 由于当时考试,我的考场不在校内,所以那是我第一次进入武大校园。那时的情形,至今仍印象深刻。首先,到了体育馆,在旁边的大道上,有很高很高的法国梧桐,现在那些梧桐树还在。体育馆顶上绿颜色的琉璃瓦,在阳光照射下,非常非常美。经过樱花大道,看到了雄伟的男生宿舍,就是现在的老斋舍。这是个“依山起筑”的很壮观、很美的具有中西特色的古典大建筑。然后，看到了3个高高的大拱门。从拱门上去就到了老图书馆，多么庄严肃穆！最后，到了文学院，到了注册组。当我走进注册组办公室的时候，好像在做梦一样，很彷徨，又很恐惧，有一种说不出来的紧张。当我站到注册组那个高大的台子前面时，突然感觉自己非常孤独矮小！注册组的那位老师问我：“你叫什么名字？”我低声说：“我叫梁宋云，法律系法理组的。”法理组预定招12个人，报考的人比较多，据说有100多人参加考试。当这位老师看到12个人的名单时，他大声说“有”，并且教我办理入学手续。当我听到这个“有”字后，我懵了，原先所有的“困惑”“懵懂”“惊慌”“颠簸”“疲乏”，全都烟消云散了！这时，只见前面已经是万里晴空！这个世界显得多么可亲可爱！……现在想来：人啊，怎么就这么在乎“得失”！这么经不起挫折！怎么就这么脆弱！这么渺小而可笑！回忆当时：这个从乡下来的放牛娃，这个“美梦成真”的年轻人，这时就像“丑小鸭”变成了“白天鹅”，阿Q变得得意时那样，大大地想入非非而“飘飘然”起来了。

4. 导演：你刚才好像提到了鹦鹉洲？

梁先生：是的。在长沙，当时有湖南大学，好像还有几所私立大学。但是，我当时觉得，武大好像比湖大更好一点，所以我报考了武汉大学。另外，在武汉汉阳镇有个鹦鹉洲，附近有很多湖南人。这是因为当时我们湘西的山林地区，盛产木材，如杉木、松木，主要是杉木。这些木材很大，它们被从各个村庄运出来，到了资江边上就被编成木排，然后由水路经过洞庭湖进入长江，再到鹦鹉洲。停在鹦鹉洲后，再把木材卖出去。所以，当时我到武汉来，可以不花钱借住在老乡的木排上，需要时，就从鹦鹉洲过江，到武昌参加考试。这也是我选择报考武大的经济原因之一。

5. 导演：在武大读书受教育期间，你有没有养成一些对自己人生与学术方面有影响的习惯和品质？

梁先生：我想把这个问题谈得广泛一点，年轻人接受教育，一般来说主要是家庭教育、社会教育和学校教育三个方面。第一，在家庭教育方面，我父亲为人老实，原为湖南桃源县梁家村人，由于家里很贫穷，双亲去世早，由两个哥哥带着长大。父亲15岁左右，被卖到了邻县（安化）一个同宗族的梁家为养子。虽然我父母亲都不识字，但是父母亲的朴实善良、吃苦耐劳与平静知足的高贵品德对我的影响非常大。父母亲在我幼儿时给了我一个特别快乐的“金色童年”，在那样的艰难困苦中，仍给了我一种十分尽心和良好的教养。我的父母亲是100分的父母亲！第二，在社会教育方面，我觉得对我来说，主要是通过那种坎坷、苦楚和复杂的社会经历，总结各种正反面经验教训来进行“自我塑造”的一个点点滴滴和漫长的过程。第三，在学校教育方面，早期，中小学给我的是一般和基础的知识，当然对我的成长与发展很有影响。后来，到了大学阶段，老师在学习和做人方面给了我更多受益终生的启示。大学，是一个小社会，学校的教育环境和各位老师的身教言教，犹似春风细雨，对我影响深远。我学习国际法的启蒙导师周鲠生先生，给我留下了尤为深刻的印象。在我的影册里，选登了4位老师，其中第一位就是周先生，还有燕树棠先生、韩德培先生和姚梅镇先生。周先生教学非常严谨认真，从来不半点马虎。他讲课有一种法学大家、学问大家的风范，不慌不忙，很有层次，论证非常深刻。他给我们讲课的讲义，以及我们所做的记录，每次整理出来，都能成为一篇很好的文章。周先生遗著《国际法》的上下册，实际上就是当时讲稿经过多次修改与提高的升级版。我们曾经到周先生家去请教国际法问题，周先生有个习惯，如果是去拉拢社会关系、搞人情来往，他都会婉言谢绝，绝不会接受。但是，如果是去请教问题，他会耐心指导，肯定不会拒之门外。我对周先生这种言传身教的崇高师德与育人精神，极为敬佩。

6. 导演：周先生这种教学严谨认真的大师品德，给你带来了什么具体的影响呢？

梁先生：这肯定具有一种潜移默化的效果。例如，我学周先生把授课当作一种对学生必须认真完成的神圣义务，毕生不怠。所以，如果没有备好课，我宁愿请假，以后再补，也绝不敢轻易去上课。我经常给年轻朋友们介绍，据我的经验，老教师讲老课，其备课和讲课的时间至少是2∶1；如果是老教师讲新课，两者的比例就应该是10∶1。当然，如果是新教师讲新课，那这个比例肯定就应该更高一些。我一生恪守的原则是：“没有备好课，绝不上讲台！”

7. 导演：你能具体谈一谈自己备课的情况吗？

梁先生：我在“文化大革命”以前，讲课一向是比较认真的。“文化大革命”期间，是学生当先生，学生改写讲义，先生还能上课的不是很多。但“文化大革命”结束后，先生终究还要重新走上讲台。老实讲，再上课的时候，我很没有把握，心里很虚。在十年动乱中，学生和先生之间的那种相互信任与尊重的关系，已经丢失了很多，要再给学生讲课，心理上必须有十分充足的准备。因此，当我决定调回武汉大学时，预先利用暑假亲自到武大做了一次私访式的调研，了解武大教与学的情况。

那时我在北大已经教了30年书，算是个老教员了，但心里还是有不少为难情绪。那个暑假，我在武大法律系资料室的长方形阅览桌上住（睡）了差不多1个月，找暑假留校的学生谈话，到宿舍去访问他们，到行政大楼前面李达林子里，坐在那些大树下的小石桌旁边，一边看书，一边同他们聊天。除此之外，就是自己利用系资料室的资料加紧备课。我调回武大后，我的国际组织法课程虽然在北大已开设了三四年，但仍是一门新课，我必须认真对待。我特别关心的是怎样引起学生对我讲课的兴趣，还要争取他们对我的信任和尊重。教师如果得不到学生的充分信任和尊重，教育效果肯定是好不了的。我备课时从来就非常重视试讲，回武大后还是用我以前的老办法：多次请我夫人单独到教室去，作为学生听我试讲。我在讲堂上面，边讲边写黑板，把第一堂课先讲给她听，她给我提了不少意见。然后，觉得差不多了，再到教研室去试讲。教研室提了意见，没有什么问题，那就可以正式开课了。为了讲好课，我还买了我平生第一台小录音机，把我讲课的声音录下来，然后反复听录音带，一直到自己听得满意了，内容也滚瓜烂熟了，才开始正式讲课。我记得我在武大讲的第一堂课，效果非常好。当时听课的是国际法专业二年级的全体研究生，讲完课以后，有一位姓张的学生向系里反映：他们第一次听到了真正的国际法课。此后，我想要当一辈子"教书匠"的信念，大大加强了。往事如飞云，岁月催人老。猛回头，从我回到武大以来，转眼间又已30多个春秋了。

8. 导演：你教了这么长时间的书，能不能让我们分享一下你的经验和感想？

梁先生：首先，我觉得教学工作，是"教"与"学"的一种互动关系。确实，世界上的事情都具有多方面的关联。教师和学生的关系，除开主要是教师传授基本知识以外，应该也是一个互动的过程，一个师生彼此促进的过程。学生确实从我这里学到了很多基本知识，但我也从学生那里接受了很多启发。好比说，我在讲课以后，学生会向我提问题，我就需要解答；会向我提意见，我就需要改进。教学相长，讲课能力和水平也自然会得到提高。其次，我虽然教了几十年书，但是，如前所说，我在上课的前一天，总是要拿出加倍的时间仔细备课。假如我需要讲一小时的课，我至少要用两小时备课。在这个过程中，我有一个"过电影"的方法。就是把我明天讲课的思路、轮廓，都重新重点思考一下：讲几个大问题？比如，讲三个大问题，这三个大问题的中心论点是什么、重点是什么，都要仔细想一想；这节课中，还有哪些理论上的难点和疑点，还有哪些案例，等等。在这种情况下，课程当然会讲得比较顺畅。此外，我还有一个经验，即在我学有专长的这个知识范围以内，我讲得越少越精，这个课就会讲得越好。比如，我懂100%，但我只重点地讲20%，这个课肯定会讲得很好，下课后，会感觉非常愉快。如果我要讲到50%，情况就会差一点。如果要讲到80%，那就很吃力，这堂课肯定不会有好效果。当然，如果是超过了我这个100%的范围，那就会变成胡说八道了。所以，我讲课的原则是“厚积薄发”四个字。讲课的经验是“准备多，讲得少，课程就一定会讲得好”。下面，专门谈谈写讲稿的问题。我的讲稿，常常要修改多次。每多改一遍，我的思想就会多提高一步；每多写一次讲稿、多讲一次课，我就会多一个升级版。所以，我的课程，越讲到后面越成熟，而且这个讲稿也就逐步变成了我后来的文章或者著作的提纲或初稿。我经常和年轻朋友们讲，我们要把科研和教学紧密地结合起来，教学的过程就是研究的过程，教师的科研主要是为了能够把课教好。我们的讲义，在不断研究的前提下，一再修改，改了又改，就可以升级为自己的文章和著作。现在老了，不讲课了，可是我还有这样的想法：人们常说，“活到老，学到老”，我觉得，自己还有很大的空间去提高自己。所以，现在当我看到一些国际问题，如欧盟当前的裂变、英国的脱欧、中东的战争、难民问题、恐怖袭击、东海及南海的纠纷、东盟的发展、拉美及非洲的变化、美俄中欧错综复杂的大国间关系，甚至网络空间的国际法问题等，我都习惯性地忍不住要思考、要学习，都要拿自己已出版的著作来比对一下，看过去的分析与论述和现在的形势发展，有什么不一样、有哪些差距、需要怎样来提高。我总是在想：老年人也要“与时俱进”，也要“up to date”！也要不断给自己充电。忆往事，促今朝，这也是一种老年生活的好方式，不亦乐乎？

9. 导演：你在毕业之前，有没有想过以后从事怎样的工作，成为怎样的人呢？

梁先生：我初进武大时，和鲁迅笔下的“阿Q”那样，“得意”得很有一点“飘飘然”。后来慢慢地，这种“飘飘然”的感觉淡灭了。为什么？因为想到了将来就业的问题，自己将来怎么生活、怎么吃饭、怎么帮父母亲养老、怎么为社会做点事情，等等。读到大学三年级的时候，我开始领悟这句话：“毕业就是失业！”很多同学也都在嘀咕这个问题。当时，有些同学有得力的背景，家长在社会上有地位或者有人在银行等大机关里面工作。像我这样的情况，没有任何有力的背景，终究还是只“丑小鸭”，到哪里去找工作呢？我现在想起来都还感觉到寒心。在前不久的一个早晨，我告诉我女儿说：“昨晚又做梦了”，她问我做的什么梦？我说：“我梦见我毕业了，但是找不到工作。”这就是前几个星期的事情，这是当年在潜意识里面残留下来的一种无尽的“忧虑”！觉得没有饭碗，怎么办？

事情说来也真美，我毕业的那一年正好是中华人民共和国成立的那一年，所以，我最后成了新中国的第一届大学生。可见，我的好运，终究还是神州大地的这个大命运给我带来的！我记得那个时候，湖北省高级人民法院把我们这班毕业生一卡车都送到了汉口，参加一个中南地区六省的大司法训练班。我在我的影册里，还留有一张在中山公园照的同班学员的照片做纪念，这是一张很老的照片，到现在已经有半个多世纪了吧。在训练班结业以后，我就被分配到了湖北省高级人民法院工作。到了湖北省高级人民法院之后，因为领导觉得我是学"法理学"的，也是一个很爱钻研的年轻人，所以我被安排在研究科工作。我开始到社会基层调查研究婚姻问题：为什么当时离婚案件那么多？从这些离婚案件里面可以总结出什么？对这个安排，我很满意。后来，研究科觉得我工作得还不错，经过两年试用之后，张战科长建议湖北省高级人民法院院长沈德纯（当时兼任武大法学院教授，后来调任最高人民法院办公厅主任）推荐我到北京的中央政法干校去继续学习。那里的校长是彭真，当时最高人民法院院长董老（董必武）是这个干校的主管领导。那个时候，中央政法干校除了讲一般的苏联法学理论以外，主要是讲解各种政策和重要法规。除了学习这些以外，剩下的时间我就跑到图书馆看书去了。

第二节　北京大学年代(1953～1983年)

10. 导演:请简单谈一下你是怎么到北大去教书的,后来怎么又去了农场?

梁先生:我人生的第二个30年,是在北大燕园度过的。北大是我儿时"梦想"终于"成真"的地方。我在中央政法干校参加业务学习和进行思想改造的时候,课余时间就到图书馆去看书,主要是看两类书:一类是关于生理卫生方面的书籍和几份健康杂志;另一类是阅读苏联的一些汉译书籍。那时候我也想找一些英语书籍来看,但好像没有找到过几本。我在图书馆里,看了一些苏联的国际法著作以及刑法书籍。我记得其中有一本是维辛斯基写的《证据学》,我对这本证据学理论很有兴趣。

后来在结业的时候,教师和班领导都觉得我还不错,就打算把我推荐到正需要教职员的北京大学法律系去。我之所以能进北京大学,中间还有一个更重要的原因:当时中央政法干校的教务长叫陈守一,是革命老根据地来的一位老教育家,是朝阳大学早期的学生。他已被董老预定担任即将恢复重建的北京大学法律系的系主任,由他负责在中央政法干校挑选一些结业的学员到北京大学去任职,于是我就有机会被挑选而进了北京大学。我的聘书是时任北京大学校长的马寅初先生颁发的,签署聘书的时间是1955年。实际上,我与北京大学"发生关系"是1953年,经过了3年的试用和考评,才正式签发了担任教员的聘书。至于感想,我当时可能是深怕不能胜任、做不好工作,北京大学是中国的顶尖大学、最高学府,我应该加倍努力才有可能把自己梦寐以求的教学与工作做好。

11. 导演:请继续谈谈你从事国际法研究的情况。

梁先生:解放之初,在中国的高等学校里面,并没有专门的国际法专业。这个专业的发展是,武大法学院在"文化大革命"后最先成立国际法研究所,然后北京大学也接着成立了国际法研究所。我到北大时，一开始参加的工作是法律系的恢复与重建，到1955年才正式开课，所以，我也可以说是北大恢复法律系的创始人员之一。

一、忙里偷闲的牧牛人

12. 导演：你在北京大学教了30年书，中间怎么又去了农场？农场的生活和劳动对你以后研究国际法有什么影响没有？

梁先生：我到北京大学时法律系还未完全恢复，所以学校忙着要重新创设机构，建立教学秩序。1955年我才开始从事教学工作，但我算是年轻教员中讲课较早的教员之一。后来，我经历了一段人生中比较坎坷的历程。“文化大革命”以前的历次运动中，我都受到了不同程度的冲击。“文化大革命”中期，我随大批人员被下放到江西的鄱阳湖畔，在鲤鱼洲接受思想教育和劳动，一干就是2年多。此前，我还到北京的远郊区人民公社劳动过好几次，有一年、半年、几个月，但到鄱阳湖鲤鱼洲劳动的时间最长，大概有3个年头。当时，劳动中的故事和笑话很多。在鲤鱼洲，劳动强度很大，自己修房子、自己种地、自己养活自己。在鲤鱼洲，是工宣队说了算。工宣队的要求，是要在鄱阳湖畔安家立业的，所以除了思想改造外，想回课堂教书是不可能了。在鲤鱼洲，我和龚祥瑞合作放了6头水牛，我牧牛，他割草。龚老先生最近有一本自传出版，在这本遗著里面，提到了这件事情。这6头水牛还有我同我夫人刘老师，都住在一个离工宣队队部有点远的专门的牛棚里面。这个牛棚，同“文化大革命”中那个集中管教被批斗者的所谓“牛棚”是不一样的，不是季羡林先生在其《牛棚杂忆》中所说的那个“牛棚”。我这里所说的牛棚，是真正关牛的草棚。这个牛棚的左半边关着这6头牛，我和老刘就住在牛棚的右半边。那牛粪的臭味还是很难受的。这6头牛同我们相隔的只是一面用稻草秆编成的墙，所以牛粪的臭味很容易就透过来了，尤其是到了热天，臭味就更大。不过，人生与社会的万事万物，总是相对而言的。虽然是住在牛棚里面，但我们的“生”“活”还是比较“自在”的。为什么？因为当时在鲤鱼洲大家都是住集体宿舍，都是互相你瞧着我、我瞧着你的，不能有半点错事，不能随随便便。所以，别人都很羡慕我们两个“臭老九”能够有机会单独住到这个偏僻的“牛公馆”来。白天集体劳动，早晚分组学习，剩下来的黑夜就可以自己躲在牛棚里，虽然吃人的蚊子多一些，但的确比较安然，那真是一个忙里偷闲的好地方！

13. 导演：你在鲤鱼洲这段时间，有没有机会看些法学方面的书籍？

梁先生：这不可能。哪怕是住在牛棚里面也不可能有看书的时间，因为白天的劳动已经很累很累了，晚上一有机会，就特别想休息。同时，我们没有而且也不可能带上什么法学书籍，连报纸都很少看到。我们的任务，主要是在劳动中锻炼，在劳动中提高思想认识。

14. 导演：那是不是不允许看书？

梁先生：不是不允许看书，是没有愿望去看书。看书并不禁止，问题是在那种背景和气氛下，你不会有心情去看什么法学书。阅读理论性的书籍，是需要深沉思考和一个静得下心来的专门环境的。

二、躲进"编译小组"

15. 导演：你这几年，一本书都没有看过吗？

梁先生：确实一本书都没看过，不过，在我思想深处，却还是存在一些对法学教育和国际法的无论如何也挥之不去的莫名其妙的牵挂和梦想。但是，在调离农场以后，我有幸碰巧马上就参加了一个翻译小组的工作，这样，就有专门的时间躲起来去看书了。至于为什么叫"躲"，下面来解释。

16. 导演：你在这么艰苦的劳动过程中，在当时的时代背景下，还有没有什么其他的思考？

梁先生：那个时候，只能下决心在江西安家落户。其实我并不怕劳动。我的功利思想不多，但当时真的很想很想把我下放到老家农村的儿子梁长江和女儿梁芸接出来，好坏都同我们住在一块儿。不过就这么一点，当时也遇到了很多困难。由于当地办不了这个手续，所以他们的户口始终都没有迁到江西来。其实，人生祸福难料，事后证明，这并非是件坏事。

17. 导演：你后来为什么又调到了"编译小组"？

梁先生：在林彪坠机事件之后，据说周总理提出意见，说北大的教职员工应该回北京了。得到这个消息后，大家都觉得这是一个很大的转机，还能够回北大去。这个时候，我又重新燃起了那一点点还没有完全熄灭的有关国际法的梦想。我刚刚调回学校的时候，正好是为尼克松访华做准备的前夕。据说，当时周总理要求外交部准备资料，后来外交部把这个任务的一部分交给了北京大学。学校觉得这件事情很重要，需要成立一个专业的编辑与翻译机构，所以就把这个任务交给了法律系。于是，一个专门的“编译小组”就这样正式成立了。这个小组有7名正式的全职成员，包括我、芮沐、王铁崖、赵理海、龚祥瑞、楼邦彦和沈宗灵，楼邦彦先生原是北京市司法局的副局长，他那个时候已经调回了北大，也参加了鲤鱼洲的劳动锻炼。除上述7名全职成员外，还有一位特殊的兼职成员，即著名作家谢冰心女士。她当时是中央民族学院的教授，她只参加了第一部书尼克松《六次危机》的翻译，好像是其中下册的一小部分。这部书，分为上下两册出版，一共有80多万字。领导要求我们抓紧时间，好像是要在3个月的时间内赶紧完成全书的翻译和出版工作。据说上下册的清样出来以后，即在一次高级领导人的重要会议上作为内部参考资料分发，人手一册，让大家进一步了解尼克松到底何许人也。从历史的角度看，尼克松访华，的确是中美苏三角关系的一个重要转折点，它牵动了国际社会的整体格局。尼克松访华的那个星期，后来被世人称为“改变世界的一周”。

18. 导演：联系到尼克松访华，你愿意谈谈中国与联合国的关系吗？

梁先生：在尼克松访华之前，中美双方对这件事情都是保密的。当时由基辛格走在前面探路，同我国中央领导先接触，之后，才能安排具体的访问事项。当时，关于中国在联合国合法席位的恢复问题，从国际形势来估计，很多人早已料到一定能够马上得到解决。所以在开始翻译《六次危机》时，我们编译小组还担任着若干翻译联合国资料的任务。此后，小组的全体成员，日日夜夜辛勤地埋头工作，一干就是整整7年，直到“文化大革命”结束后，我们7人才分别按专业回到与各自有关的教研室去。7个人在这7年中，除编译完成了大量关于国际关系的文献与资料之外，还正式出版了几部大部头的著作。其中有尼克松的《六次危机》，共上下两册；英国首相希思的外交报告《旧世界，新前景》；后来的美国总统《吉米·卡特》，卡特后来对中美关系产生了很大的影响；在联合国方面的大量资料中，经过选择，出版了两部书，共4本，即《联合国与裁军》（1本）和《联合国手册》（3本）。对于《联合国手册》，后来有人对这个书名有点意见，这部书的原名是“Everyman’s United Nations”，是“每一个人的联合国”。本来这个很简单，但是如果就此“硬译”，那未免显得太“粗糙”了，所以当时才借用“handbook”这个词来进行“通译”。现在的《联合国手册》已经增订几十版了，每一版都有内容增补。我们翻译的那一版是第8版，上下两册，后来还加译了一个增补篇，一共3册。在小组的后期工作中，联合国的文件及资料实际上是我们翻译的重点。总而言之，这个编译组，最后正式出版的书，总共有7部，其中有6部是在商务印书馆出版的，《吉米·卡特》是在北京人民出版社出版的。我们7个人年纪都比较大,所以商务印书馆和人民出版社都认为我们翻译稿的质量十分可靠,并未重新核对,都是我们组内7人分工合作,自己译,自己彼此互相校对,最后由芮沐负责总校。当时,我对联合国的资料文献越翻越有兴趣,后来他们认为我对联合国有兴趣,所以联合国资料干脆让我多翻一点。并且所有涉及国际组织的资料,翻译初稿出来后,先经过互校,最后由我复校一次。所有国际组织法的专门术语,都由我来作统一的确定。

19. 导演:你现在对这些工作有何评价?

梁先生:刚才讲的这几部书和大量有关国际关系与联合国等国际组织的资料及文献,应当说,都有其重要的影响和社会意义。这是法学界历史上第一个这样的翻译组。对当时的社会科学研究来说,这些是一些很难找到而又不便翻译的参考资料,尤其在"文化大革命"那种封闭敏感的气氛下,处境艰难,情况就更是如此。所以应该说,这是一份具有特殊历史意义的工作,是一份"破冰"的工作,有"开山"之功。后来,获得了国内外人士和联合国秘书处的高度赞赏。

20. 导演:你原先在北大法律系讲哪些方面的课?

梁先生:我在北大时,讲过不少课程。开过苏联法学,讲过国际法,主要是国际组织法。我记得,给北京市的大批司法干部,讲过长达一学期的苏维埃刑法,还同刘丁先生合作,给当时的海军司令部讲过政治经济学及海洋法。

三、"中国国际组织法"的开创

21. 导演:请你介绍下国际组织课程开课的问题。

梁先生:我在北大除讲过苏维埃法学之外,还讲过欧美刑法批判。当时,讲欧美刑法是很难被接受的,但是加上批判两个字,这就"合情合理"了。偶尔讲过政治经济学、法学方法论,但是这个都是以做报告的方式来讲的。还讲过中国刑法和司法政策等。

我在翻译过程中,逐步对国际组织有了更全面和更深刻的认识,特别是从其发展中发现了一些国际组织所促成的重要的社会法则、理念与规律。这是我学术思维上的一次跃进,它开启了我学习与研究国际组织法的新航程。后来我常常感叹不已:"文化大革命"10年动乱,我竟然有机会躲在一个"冷宫"里,有这样一段极为意外与奇巧的人生经历,这真是一种极大的偶然性。有人把这个编译组叫作"冷宫",我则把这个编译组叫作"防空洞"。这个小组是外交部建议成立的,所以学校在一般情况下都不便多去干扰，除了一些必要参加的大活动以外，我们一般都能躲在这个“防空洞”里，关起门来做我们的翻译工作。不过，那个时候，我思想上还是背着沉重的“包袱”的。但我从来没有一天完完全全断绝过对国际法的思考，所以后来我就把注意力更加集中到国际组织上来了。这时，我已深刻地感到：我国在解放前、解放后，由于各种各样的原因，对国际组织的研究，都非常不够。甚至在高等院校中，连国际组织法的课程，都从来没有开设过。而欧美国家的许多学者对国际组织的一些条约、协议、规章、制度，已经进行了很多研究，出版了不少著作。至此，我已迫切地感到：国际组织法，是我们务必并急需研究的国际法学体系中的一个“大缺口”。当时，因为希望填补这个空白，我毅然下定决心：要进一步集中精力，更精心地探索和研究以联合国为中心的国际组织。就是在这样一种想法和愿望的驱动下，我除了照常完成一般日常的工作任务以外，还抓紧时间为自己此后预想中的教学与研究工作单独专门积累了200多万字的中外文资料。这200多万字，在帮我赶上改革开放的东风并迅速创设国际组织法课程方面起了非常重要的作用。“功夫不负有心人”，“文化大革命”刚一结束，我就满怀信心地向系里正式提出了开课的建议，并且积极认真地开始撰写国际组织法课程的讲稿和进行开课的各项具体安排了。1977年年底，我就在历来富有创新精神的北京大学率先正式开设了我国有史以来的第一门国际组织法课程。当时我在想：开弓没有回头箭，切不可半途而废！可惜此刻，斯人早已年过半百，还能支撑几时呢？思虑至此，我不禁产生了一种无端的更为不安的“紧迫感”。但后来证实，这种苦恼和忧虑并不是什么坏事。欧美谚语也有这种说法，“Anxiety isn’t always a bad thing”。它，“Anxiety”，进一步促进了自己工作的不断进展。然而，没有料到的是，这件事竟然成了我衰老阶段的一个“人生终曲”的主旋律！

22. 导演：你在国际组织法的研究方面，有何心得？

梁先生：从我所看到的欧美学者关于联合国以及其他国际组织的资料中，我注意到：他们很讲求实证的研究方法；很看重案例的剖解和分析；尤其对国际组织章程的诠释与解析，十分仔细；并相当重视从机构方面来研究国际组织。他们特别关注对联合国的研究，对其机构与案例的阐述，更是详尽无遗。近半个世纪以来，欧美确实在这方面出版了不少有分量的佳作，但其中从宏观理论上研究国际组织的则相对较少。其中有些著作，有点像大部头的全球国际组织手册，涉及很多国际组织及其各种各样的案例与具体的活动情况。虽然这些对我们研究国际组织来说当然是重要的，但是我又总觉得还少了点什么。“务实”可能多了一些，而“务虚”则又嫌少了一点。欧美著作的不少观点和理论见解，给了我不少启发。不过对这些观点和见解，我并不是把它们原封不动地放到我的著作里，而是在进行分析、理解和综合的基础上加以评价，再去其糟粕，最后才取其精华。此外，在他们的著作里面很少联系到中国的实践，我们要研究国际组织，那就必须结合中国的外交活动。这一点，我还做得不够好，但务必尽力而为。

另外一点也值得一提，我觉得研究国际组织，还应该从“人类的组织化”角度出发进行分析和思考。组织化是人类社会发展的一项规律，是人类社会的一个动向。人类在很早很早的年代，可称为人类的“童年时代”，就是在群体中生存的。先是小群体，后是大群体。所以人，似乎有一种天生的组织性。人群在高级动物中的更高级，与一般动物不一样。比如，猴子、蚂蚁，它们也都有群居生活，但是它们都还停留在原始的阶段。而人类则已经由部落、氏族，发展成了国家，进而形成了今日广泛的国际社会。并且，通过各种复杂的国际关系，又发展出了各个领域的国际组织。我的这样一个思路是从哪里出发的呢？我把它叫作社会学的起点。这是我在国际组织法著作中时隐时现的一条主线，这条思想主线的基础，就是我所主张的国际法的“社会基础论”和国际组织的“结构平衡论”。两者实际上是相互补充的，是高屋建瓴，是对现代国际法律秩序的一个高度概括和总结。两者，从社会学角度提升了国际法及国际组织法的原理，也是我始终贯穿在我教学与科研中的理论前提与学术出发点。本来，学术的发展就是这样，是一点一点地积累起来的，是踏着前人的肩膀逐步获得提高和发展的。我感觉这条思路颇为准确，比较顺畅，也大体符合学科发展的一般规律。

第三节　武汉大学年代之重登珞珈山(1983～2013年)

23. 导演:你能不能回忆一下,谈一谈调回武汉大学的详细情况?

梁先生:我人生的第三个30年,是从我调回武大之后开始计算的。武汉大学是我"生根落叶的地方"。我刚才说了,我思想意识的深处,功利主义比较少,所以到了北大以后,虽然一直都深深地爱着北大,但并未由于有了北大的名气而觉得自己有什么特别的。因此,在进北大后没有多久,我就开始怀念武大了。

我想,原因可能有下面几点:首先,我对武大校园有一种天生的感情。就像我前面讲过的,刚进武大时的那一刻,在看到体育馆、法国大梧桐、樱花大道、老斋舍、老图书馆,一直到完全证实自己已经是武大的一名学生时,那种飘飘然的感觉在我的潜意识里大大推动了我想回珞珈山校园,就像想回老家一样。这种回老家的想法早就有了。回来以后,有人问我,你在北大还想走?武大有那么好?回武大后,这30年来,我确实感到了前所未有的轻松和自在,周围的自然环境以及学术环境也都很好。这里有我早年的老师、我的老同学,更觉得亲切而安然。

其次,我和我夫人,早年在武大是同学,她也是我中学的同学,当时我们有书信来往,她考到武大后,我们更接近了。这也是我们重登珞珈山一个很重要的原因。我夫人同我,本性相近,她为人过于淡泊,我也有这种"不太进取"和不太在乎的思想。所以她对我没有什么怨言,不刻意盼望我赚多少钱,也不需要我有多高的地位。只期盼着一生能平平静静地工作与生活。所以两次相聚武大以后,都能够延续我们那种相知、相亲、相互扶持和共渡难关的朴实精神。我对我俩的人生有一句感言,叫作"风雨兼程,同舟同梦"。这似乎还算得上是一种比较健康的状态,也确实有助于成就一个很美好的"四季常青之梦"。

再次,我有一儿一女,儿子在家乡老家,我们老两口的父母亲,年纪也都很大了,因此,我觉得我们应该回南方来。我的女儿,虽然已经在北京生活了20多年,但提起要回风景如画的江南来,她也很高兴。

最后,更重要的一点是,武汉大学有一个全国初创的、第一个成立的国际法研究所。我觉得有了这个法学院,有了这个国际法研究所,对我的教学和科研工作,非常有意义。为了回报母校、回报老师,我也愿意回武大。当时有人认为,我情愿从北大调回来,是想在武大当个领导。几年以后,他们便打消了这种想法,对我“放心”了。我回武大,只是想耕种自己的“一亩三分地”,只是想做点资料工作,做点科学研究,并没有什么别的多余的想法。多年来,我不仅为本科生和研究生开设了国际组织法这门最新的课程,而且做了一些其他的工作。原来武汉大学国际法研究所的博士点,是综合性的,国际公法、国际私法、国际经济法3个博士点在不同程度上都放在一起。后来教学科研工作都有了发展,在韩德培老师的带领下,我们大家共同努力,逐步把这3个博士点分开了。对于国际公法博士点的专门建立和发展,以及国际组织法的教学与科研团队的安排和培养,我都竭诚尽心地做出了自己绵薄的奉献。

第四节　人生感悟90年(“追梦”六问)

24. 导演:你常常谈到偶然性和必然性的问题。现在请回过头来验证一下:是谁,怎么样,使你从一个大山深处牧牛的农家孩子,变成了一个法学家的呢?

梁先生:这个问题倒有点像是一个“人生观”的问题。虽然在前面,我已经回答了您近30个问题,但“人生到底是什么呢?”几千年来,有数不清的哲学家、社会学家、人类学家、心理学家、生态学家,很多人都研究过这个问题,发表过很多精辟的见解。但是,“人生到底是什么呢?”人生无常,每个人,根据一生积累的经验,都各有自己的感觉。我虽早已年过90,但还是没有透彻地想清楚这个亘古谜题。不过,我根据自己业已积累的经验,曾经有过这样一种看法:人生犹如一次长跑,有起点,有终点,人生本来就是一个过程,一个生命的过程,一个生命从始至终的过程。从“无”始,至“无”终。简单说,就是“从零到零”,实际上“很像一个圆圈”。这个圈,有人画得好一点,有人画得差一点,有人画得大一点,有人画得小一点,但总的来说,却都非常相似。在“文化大革命”中,有人批判我这个是小资观点、消极思想、悲观思想。我说,对此切不可作片面解释,虽然这是一个最通俗的形式上的看法,但这也是一种最无奈的内心体验。实事求是地说:人,本来是没有的,后来有了,可是后来又没了。虽然,这是一个很通俗的看法,很平庸,但是,并非言之无物。在生命时光中,我已明确无误地感觉到了:人生这个过程、这个圈、这次长跑的客观存在,很明显是由很多的“点”和很多的“偶然性”形成的。这是我亲身的体验,也是我实际的感觉。现在,再从深处分析:不管我们怎么感觉、怎么看、怎么体验、怎么想、怎么解释,谈得多么玄奥,作为客观世界的反映,在此长跑过程中,人是有一种“精神”的。这是一种潜力、一种生命的力量,寓于生命而又超于生命,是人生的主旋律。其美、丑、良、莠,往往通过其具体行为凸显出来。总之一句话,到此为止,以上所说的这些，都偏重在“论虚”方面。现在，我回过头来，再进一步从社会实践方面，具体检视一下我自己已经走过的这段人生过程。起先，由父母供养我学习，占了30年；此后，参加工作，前30年在北方，后30年在南方，今天还活着。我仔细一想，在这3个30年的漫长过程中，在这人生迷宫里，曾经出现过多少个影响生命轨迹的拐点和偶然性。我这一生啊，就拿那时候考武大这一“点”来说，就很偶然。

记得当时，我要报考的时候，有人建议我考湖南大学，也有人说我学习成绩不错，可以去考北大。但我没有钱去那么远。后来，我们同学一起商量时，有一个同学又说：“武大最好”。我问：你知道武大？他说，武汉地处千湖之省，有著名的三镇，还有长江汉水，那多好啊！他还听人家说，武大校园也很美。就是人家这么一说，我就不去考北大，也不去考湖大，而是选择了武大。

还有一“点”也很偶然。我读四年级的时候，湖南、湖北正好都解放了，当时我很希望能够快点参加工作。此时，长沙市有一个湖南革大正在招生，我和几位同学都想到那里去报名。后来我一位同学的哥哥告诉我：“你别急嘛，离毕业不到一年了，如果毕业后再去革大，就可以多拿一张毕业证书。”之后，我同学考了革大，我则在武大读完了四年级。如果我当年进了革大，那后来99.9%会做行政工作了。

综上可见，在这渺茫的人生跑道上，“偶然性”随时随地都是可能出现的。不过，如果你深入地从宏观方面去分析偶然性和必然性，就会发现：两者在同一时空中，也是“你中有我，我中有你”的。那么，我们再从另一角度来看，“必然”又是什么呢？简单地说，是法则、规律、命运。我的命运，如前面问题所回答的，始终是和国家的命运联系在一起的。不过现在，我似乎也深深地感悟到：我所“跑”过的人生这一段“过程”，这一条读“新学堂”、走出山乡、进入武大、应聘北大、当一辈子教书匠、搞一辈子国际法的“跑道”，好像也有几分是和我儿时的那个美丽的“梦想”和不断“追求”的“精神”联系在一起的。总而言之：“万流归大海”，细流、支流，不管它怎么流、怎么跑、怎么坎坷艰辛，最后都会流入大海。“都会流入大海”，这，就是“必然”。

25. 导演：如果让你重新对人生选择一次，你会选择像现在这样，勤勤恳恳、平平淡淡地过一生呢？还是想选择轰轰烈烈、大呼大唤地过一生呢？为什么？

梁先生：如果让我对人生再选择一回，我会如何选择呢？当然，这只是一个假设。人不会有再生，即使有，我也不想再要了。不过我觉得，从理论上讲，能呼风唤雨、轰轰烈烈地过一生，能为国家及社会做番伟大事业、造福人群，当然了不得，谁不想这样做呢？若是我能够做到的话。但是，一个人，如果能够专注于一个力所能及的小事业或小小事业，成为一个小专家或小小专家，服务大众，对自己的“一亩三分地”总是那么勤勤恳恳、精耕细作，这也是人生的一种活法。我觉得这种活法，也是很值得的。虽然他（她）只是这个大社会、大结构里面的一颗小螺丝钉，是沧海一粟，是大海的一滴小水，但是，“海”是伟大的！假如没有这个大社会结构中的这些数不清的螺丝钉，英雄哪里有其施展雄才大略的由这些螺丝钉所组成的广大空间呢？现在，我们换个角度来看，假如没有为社会做贡献的诸多英雄，这些螺丝钉、这滴水，又怎么有他生存的更为适宜的环境呢？总而言之，在此生命的大海内，人人在为我，我也在为人人。联系到自己，我似乎又已深深地感悟到：我这滴小水，所走过的这一段人生过程和我的命运，原本都是神州大地上的一种共生现象，即使很小，也都是和神州大地这个浩瀚无际的“大海”融合起来了。其实，人人如此，英雄也莫不如此。

26. 导演：你在武汉大学法学院，这么多年了，对于珞珈山，有什么样的感情呢？

梁先生：说不尽，太深了！武大法学院、国际法研究所，总的来说，就是珞珈山，是我的第二故乡。我的原始故乡，是湖南湘西，北大是我前 30 年的故乡，武汉大学是我后 30 年的故乡。所以我经常说，珞珈山，是我“生根落叶”的地方。包括我夫人，都把这句口头禅，放在心里面。在这里，我还要代表我夫人，衷心感谢武大，感谢我们的院、我们的所，对我们在工作、学习和生活等方面的培养、关心和帮助。衷心感谢所有在人生道路上帮助过我的长辈和朋友们！珞珈山太美了，有山有水，站在珞珈山上去看东湖，有一种说不出来的情意。最近，我经常跟我的女儿和我的外孙女解释，她们两个认为我的房子太小，书房里乱七八糟的东西堆得很高，卧室里床上、箱子上到处都是书，躺在那里看书的时候，连桌子都摆不开。我说没有关系，为什么？因为，我们房子虽小，但是我们所在的这个环境是很大的。所以，我对我的周围、我的邻居，以及整个珞珈山的一草一木，都非常关心，我觉得这些都是我的家。我们虽然一套私家房产都没有，但是很富有。很多年前，学校要我换个 160 多平方米的大房子，我说我不搬，我够了，我要那么大的房子干吗呢？人，“日食一升，夜眠八尺”，太大了反而不自在，虽然住的房子小，但是我心里的天地和我的生命空间，是很大的。所以我生活得非常自在。人家问我“人生有什么遗憾”的时候，我说：小的难免，但大的没有。我从来就欣赏乐观主义，对桌子上的那半杯水，我所看到的总是半满，而不是半空。我乐于当一辈子的“教书先生”。这，不多也不少，我是十分知足的。我真算得上是一个幸福的“傻乐老人”！

27. 导演：你愿意联系自己同年轻人谈谈心吗？

梁先生：年轻时，我爱唱一首很流行的民歌，叫《我的青春再也回不来》，那时只知哼着好玩，现在才真正有了感觉。“年轻”是多么可贵呀！老年人很羡慕年轻人，越老越觉得“还是年轻好”。我对年轻人是非常羡慕的。在高度网络化、数字化、智能化和全球化的大社会中，他们富于时代精神，他们的知识和事业都比我们老年人广泛，脑子里想的事情比我年轻时也要多多了。我在读书的时候、参加工作的时候，直到结婚、成立家庭，很多事好像都在碰机会，很多事都在随着自然发展，很被动，很多事也来得很“偶然”。难怪人家说那都是“命运”使然！

上学的时候，民族危机无比深重，在抗日战争中，一些学校疏散到偏远的农村地带，搬到了那个穷苦的老林山区的湘西，给了我机会读书，不然，我连进中学的机会都没有。正要考大学的时候，日本投降，武大复原回到珞珈山，还有幸遇上周鲠生先生当校长，给我学习国际法的机会。在我毕业的时候，正好欢庆解放，新中国成立，我们这个年级成了新中国的第一代大学毕业生。后来，在中央政法干校结业时，又碰到候任北大法律系系主任的陈守一先生，把我分配到了北大。在北大工作30年之后，韩德培先生觉得我这个早年的老学生还不错，又把我邀请回珞珈山了。长期以来，确实，我很幸运，在人生跑道的各个拐点上，有很多人在关心我、帮助我。帮助我不断地去“追求”那个难忘的儿时“梦想”！又有很多偶然性促使我在困难中不断前行！

忆往事，一种感恩之情沛然升起！我将以何为报？和过去比，我们的国家发展了，我们的年轻人进步了，但是这个世界，也变化得越来越快，越来越朝夕莫测了。现在，我们人多事多，家大业大，“大有大的难处”，这个大社会也变得更为复杂了。所以，现在的年轻人比我们老一代人的社会责任更加艰巨了，我们对你们寄予很大的希望。此外，金钱的魅力，好像比我们那个时候更为突出。这，似乎也很自然。我们现在比过去富裕多了，生活要求高，除买电子产品、房子以外，还要买车子等，还要结婚生育子女，婚后还要考虑将来怎么生活、怎么工作。可是，如今工作不容易找。而从另一方面说，虽然我们的大学生很多，但各个企业单位、事业单位所需要的人才，同我们大学培养的人才，有不少专业还有不小的差距。这说明我们的教育改革，将来还要走很长的路，才能使我们的教育，完全符合当代社会的需要。

现在,不是学生少了,而是人才少了,但高学位的学生并不少。就说我们的博士研究生吧,以前早已有人评论,有的学校院所是在批量生产。我们到底应该如何培养博士研究生呢?我们的学生有各式各样的想法,进校以后,他们会逐渐意识到,今后怎么创业、怎么成家,特别是今后怎么样才能发展自己的专业和特长。所有这些想法,都是很自然的,是"人生跑道"上积极进取的一种巨大的潜力。我们的生活酸甜苦辣,不可能是直线的,道路也是多方多面的,人无远虑,必有近忧。所以,我似乎又已深深地感悟到,千条万条,还有最关键的一条不能忘记:我们一定要塑造一条合理的人生道路,一定要有实现自我人生价值的恒心和信心,一定要有永远也不放弃的人生奋发精神,尤其是一定要培养好我们自己实干和苦干的本事和能力。我在《法学教育方法论》中提出过一个教育培养的理论:我们的学生应该是"圆锥形"的人才,圆锥形基础很广,你若知识多,基础打得很好,将来就业和各种机遇就都能适应。但是除此以外,还要有一个很尖端的专长,就像金字塔要有一个塔尖一样,这个塔尖就是我们的专门能力。所以,"一专多能"应该是我们年轻人"自我塑造"的十分重要的一个方面。我们要把自己塑造成一个德才兼备和身心健康的人才,既能当"万金油",又有"一技之长"能为社会做贡献,能够当专家。这样的人才,是我们急需的,也是我们年轻人应该奔向的一个目标。当然,这些,说起来好像比较容易,但做起来还是有一定的难度的,知易行难,趁青春年少时,我们务必马不停蹄,加倍努力!

28. 导演:我们再来谈谈你跟夫人的情况。

梁先生:我这个人,对于生活,最重要的一点是要自由自在。自由自在,好像是我的一种终极愿望,我和我夫人的生活,我觉得在我们的内心世界里还算是比较自在、随意和放松的。我念中学的时候,纪律性很差,自由散漫,颇有一点"野性"。可以说是在随心所欲地随机发展。比如,爱玩、爱闹事、爱出花样、爱聊天、爱看小说、爱好文艺,还爱雕雕刻刻、写点抗日小品文。这些,耽误了不少正课的学习与钻研。我夫人在中学时比较文静,成绩很好,有"小巴金"之称。那个时候,我们年轻人对巴金是非常佩服的,他是一个大文学家。他的《家》《春》《秋》三部书每本都很厚,我读了《家》以后,《春》《秋》就读不下去了,没有那么多时间。课余要写稿,晚间有时还要到附近的民众夜校去教识字,去作抗日宣传。但当时,我还是很好奇,很想去见识见识这位"女巴金",所以我就去找她约稿,我们就这么见面了。后来她多次给我写稿,接着我就借机会给她写信,她也回我信,我们就很自然地成了相知的朋友。我考入武大一年后，她也考进了武大，这有很大的“偶然性”。本来在中学时，我们没有想到要结婚，但她进武大后，我们又生活到一起了，我们慢慢地都感觉到彼此之间能够相知、相亲和相守了，如是，最后我们就成家了。我们结婚是很自然的，也是很简单的，没有任何多余的手续及形式。在人生跑道上，我俩的事我俩自己说了算，连结婚证都没有要一张。当然，我并没有引导年轻人效仿我的意思，借用著名翻译学家严复的一句警语来说：“学我者病”，我今天只是联系自己在同大家谈谈心。我们结婚，都准备了些什么呢？婚礼服、仪式和大宴会，我和我夫人都没有。我们是很随意自然地走在一起的。后来我和我夫人的父母亲，觉得这样不行，给我们俩请了几桌酒。但我说不能收礼，收礼就不请酒。大概请了 3 桌酒，一桌 8 个人，有 20 多个人。在结婚之前，我夫人送给我的礼物，是一支铅笔、一个小本，小本是硬皮的，里面有我夫人写的几句话：“流不断的江水，说不完的话语，数不尽的离亭！”我呢，送给她的是我的一张毕业照。我们两个结婚前的礼物来往，就是这个。在武大念书的时候，我们只到汉口去看过一场电影。所以，我们在一起，我们结婚，也符合我那个自由自在，可以说，这也算是人生中的另一种“天人合一”吧。

29. 导演：夫人文字功底很好，这么多年，在你的生活中，对你的工作、科研、著书立说等方面，有什么帮助呢？

梁先生：我的第一本书，称《现代国际组织》。这本书，是我调回武大之后的第一本专著。“万事开头难”，此书分量不大，经先后 5 次修改、补充、提高，现已出修订第 6 版，名《梁著国际组织法》。原来之所以称现代国际组织，就是主要是对第一次世界大战前后，特别是第二次世界大战以后各式各样的国际组织进行大略的研究与概述。这本书，夫人给我出了不少力。我们“家”，从北大准备迁到武大来的时候，我正忙着写这本书，想把我经多次修改的讲义再提高一步变成我的著作。这时，家里大大小小的事务，完全是夫人操办的。我们的一个儿子、一个女儿，从来都是她照顾的，后来我的小孙子也来到了北京，也是她带的。这样，她把全部的后勤工作都承担了起来，让我有时间去读书、教书、写书，这真是一个很大的帮助。书的初稿出来之后，我夫人帮我把这本书从头到尾看了一遍，还帮我做了一些文字加工。而且她用最工整的书法，用毛笔一个一个字地帮我把大部分书稿誊写出来。她的字迹，在我的影册里有两封信，看得出来，她的字写得很好。我早期授课前试讲时，我夫人做我的第一个学生，听我的试讲，帮我指出来哪些方面需要改进。

除上述各方面以外，特别可贵的是，对于我在生活中碰到的一切大小困难，她都是共同承受，毫无怨言。我们在同一个屋檐下的这一段人生“跑道”上，以及这一段风风雨雨、酸甜苦辣、坎坎坷坷和无可奈何的人生“过程”中，我亏欠我夫人太多、太多了！忆往事，人生若梦……她已经走了一年多，走时88岁，但愿她能够安息，静静地、静静地等着我……她患病卧床的过程大概一个多月，她住院时，包括儿女等所有家人和我都加入睡在她病床边的全程护理中，日日夜夜、寸步不离地陪伴她40余天，我的心呀，至今仍未止痛！她没有离开珞珈山，我俩生前已有共同的约定：我们将化成珞珈山的一草一木，回归大自然，双双翱翔于广袤的苍穹与大地之间！在茫茫中，这个美好的小故事，将永远也不会终结！

最后，请准许我简单重复前面曾经说过的一些话，来结束我们今天的访谈：“珞珈山上有两株小小的青草”，“这里是这两个小生命生根落叶的地方”，“她们沐浴着大自然的朝阳夕雨，静静地在微风中摇曳着……摇曳着……”

附　录

（一）曾令良：《梁西与国际法》（载《武大国际法评论》2014年第16卷第2期）

2014年是梁先生90华诞。先生是我国今日最年长的国际法学家，我作为先生名下毕业年龄最大的博士、现任的国际法研究所所长，于情于理，或于公于私，都应该为先生精心准备隆重的庆祝活动，奈何先生执意不肯。我只能在此向先生致以最美好的祝福。有好奇者向先生请教长寿之策："夫子何以能长寿？"先生诙谐地说："或许因为我是学国际法的吧。"一语惊人，成为美谈。以下记录的是我对先生为学为事的感悟点滴，以飨学界同仁、同事和同学们。

一、一丝不苟、精益求精的学术精神

梁先生于1950年毕业于武汉大学法律系，在北京大学执教30年后，于1983年调回母校任教至今。早年受著名国际法学家周鲠生及李浩培等先生的教益，对国际法深感兴趣。半个多世纪以来，先生在国际法方面的贡献，主要体现在他对国际组织法（学）的开拓性研究与教学活动之中。其主要代表作为《梁著国际组织法》（2011年版）。

先生一生乐于读书，勤于思考，形成了具有自身特色的严谨学风。在改革开放前，他因好学和专心于教学和研究，被批走"白专"道路，并下放农场当了2年"放牛郎"。在"文化大革命"年代，他在北京大学与王铁崖、沈宗灵、芮沐等老一辈法学家组成一个编译组，担任对联合国资料的收集、翻译和研究工作，并独自搜集和研究了大量有关国际组织的中外文资料，为他此后30多年来对我国国际法学及国际组织法学所作创新性的贡献奠定了基础。在我攻读硕士和博士期间，他曾多次讲到中英文语言和文化的差异，强调翻译是一种再创造，"准确性"是唯一的标准。

为此,他和芮沐等教授往往为了一个词的准确翻译,不惜坐公交车往返北京图书馆数次。在教学中,先生常用学生的翻译作业进行对比讲解,效果很好,给我留下了深刻印象。

先生在学术上一丝不苟、精益求精是一贯的,数十年如一日。其早期著作《现代国际组织》及其后来的多次修订版,不仅阐述精辟、条理清晰、措辞严谨、表达流畅,而且,书中的关键词都用黑圆点标示。细心的读者还会发现,无论哪一版,都没有任何的错字、别字、漏字或标点符号的错误。这在法学著作中,如果不是唯一的,那也是屈指可数的范例。先生曾经告诉我,他的书稿有些重要内容是刘老师(师母)采取倒序逐字的方式校对的,所以不易出错。

先生毕生追求学术成果的质量。上述他所撰写的《现代国际组织》,在过去的30年间,先后修订了5次,已出到了第6版,名为《梁著国际组织法》,如此多的次数,且数十年不过时,实属鲜见。[1] 先生主编的《国际法》教材,以创新、精确、简要、流畅著称,也先后3次出版,2次修订和多次重印,成为许多高校法学专业选用的教材。[2] 这两本书都曾以繁体字竖行本在我国台湾地区出版发行。

先生执着追求和产出学术精品的一个重要方法是,在持续积累的基础上,根据新的信息资料和研究成果,定期修订其代表作。在修订过程中,除了更新和补充各种有关的数据资料之外,主要是充实国际法及国际组织法发展的新内容,尤其是吸纳新的研究成果,特别是他本人新的学术观点,从而不断提升研究成果的学术水准。先生关于国际组织法体系的论述及国际组织法学科体系的构建(参见下文),从提出到完善,历经30多年,都是通过原创和不断修订的方式得以实现的。

先生公开发表的论文数量不算多产,但每篇都是精品力作。先生每写一篇文章,在公开发表前都要经过修改。先生习惯于将稿纸对折,左边用于撰写初稿,右边留作修改之用。每一次修改,分别用不同的颜色字体记载和标示。他说,这样做的好处是,一个稿件记载不同的版本,便于辨识、比较和查找。用于发表的稿件,限于篇幅,需要删减部分细节内容(如统计数据、举例说明、引注等),但这些细节内容可以留着待以后演讲、授课或写学术报告时采用。

先生有收集和留存资料的良好习惯。资料的范围广泛而又全面,涉及法律、政治、经济、文化、教育、历史、科技等领域,还有历届学生的档案、单位发布的文件、学

---

〔1〕 该书前四次修订均由梁先生本人完成,第五次修订他委托杨泽伟负责完成。

〔2〕 该书第一次修订由梁先生负责完成,第二次修订他委托曾令良主持完成。

科申报的材料和其他方面的文字记录。只可惜，他在20世纪70年代以前收集的资料，在“文化大革命”期间，被红卫兵抄家时毁掉了。近30多年来，他自己的和所接触的所有文稿和资料，他都有保存。凡是我记不起来的事情，询问先生，有不少都能得到满意的答复。

二、独具匠心，开辟和不断完善新的学科分支——国际组织法

国际组织法是第二次世界大战后逐步形成的一个新的国际法学科分支。在20世纪80年代以前，国际上有关国际组织法的著述大都集中于联合国以及之前的国际联盟的研究，鲜有关于国际组织的一般原理的探讨。80年代初，已故的荷兰国际法学家谢尔莫斯（Schermers）所著的《国际组织法》（*International Institutional Law*）是第一部全面、系统研究国际组织法的著作。该书有三大特点：一是“大而全”几乎覆盖所有的国际组织，就像一本国际组织手册或百科全书；二是主要从组织法的角度进行研究和阐述，很少将国际组织与国际法结合起来进行分析；三是资料翔实，脚注丰富。先生的《现代国际组织》初稿完成于1981年，与谢尔莫斯的《国际组织法》的出版是同一年，但正式出版要晚3年，即1984年出版。该书是我国较全面系统论述国际组织法的第一本专著，初步构建了具有自身特色的国际组织法学科体系，并通过后续的5次修订，不断完善了这一体系。

他的代表作《梁著国际组织法》，与中外同类著作相比，在研究视角和方法上至少有4个方面的特色：一是他所建构的国际组织法学，是建立在深刻分析人类社会发展规律和国际社会结构的基础上的；二是他始终将对国际组织法的研究与国际法的发展趋势有机地结合在一起；三是他的国际组织法学思想富有鲜明的法哲学味道，尤其体现在第一编的绪论和第六编的尾论以及其他各章节的导语之中；四是他的研究紧密地联系着与中国有关国际组织的实践。

他所撰写的《现代国际组织》，曾经在很长时期内是我国这一新兴国际法学科领域唯一的专著。20世纪90年代以后，有关国际组织法的论文和著作逐步多了起来。但是，出版和发表的有关著述，大都是阐释特定的类别性国际组织的法律制度，偶有国际组织法的教科书问世，一般来说，也鲜有超越先生已创立的理论和体系的。在这一新兴学科领域，先生不仅积累了丰富的教学经验、率先出版了个人专著和发表了一系列论文，而且是改革开放后中国第一本全国统编《国际法》教材（法律出版社1981年版）“国际组织”一章的作者。他还是《中国大百科全书》（法

学卷)所有“国际组织”词条的撰稿人。

先生对国际组织法学所做出的开创性贡献涉及这一新兴学科的各个方面,其核心是,创建了具有特色的国际组织法学科体系,构建了国际组织的法理学,并提出和阐述了一系列创新的学术观点,大大提高了国际组织法学的理论深度和学术价值。以下略举11例,以见一斑。

1. 明确提出了国际组织是“国家间进行多边合作的一种国际合作的法律形态”和“国际法律秩序”的观点。研究国际组织的学者,一般都认为,国际组织作为一种社会现象,是一种国际行为体,也是一种国际合作的产物和形式。梁先生则从法学和人类社会发展的双重角度来认识国际组织。他在其著作中开宗明义地提出,“从法学角度来解释:国际组织是国家间多边合作的一种法律形态”。从人类发展史来看,国际组织是人类组织化过程中的第二次飞跃。人类“由远古集群发展到氏族,由氏族到部落,终于产生国家,这是一次飞跃;由国家交往而形成国际社会,在国际合作中产生国际组织,这又是一次飞跃”。两次飞跃导致两种不同法律秩序的形成:一种是国内法律秩序;另一种是“国际法律秩序”。[1] 国际组织及其法律制度是国际法律秩序中一种新的形态。国际组织是一种国际合作的法律形态,是由其两大基本特征所决定的:(1)它是基于国家(或政府)间协议而建立的,而这种协议本身就是一种法律形式;(2)它是有关国家为特定领域的合作目的而建立的,具有高度的国际合作功能。国家之间通过国际组织而开展的合作,是一种常设机制性的合作,具有稳定性、连续性、持久性、民主性,有的国际组织甚至还具有问责性的法律职能。

2. 科学地概括了现代国际组织的发展趋势。先生通过大量的资料分析和理性认识,客观和科学地总结出国际组织的起源、沿革和发展趋势,其要点如下:(1)19世纪初期开始形成的国际民间团体开创了有组织地开展国际合作的先河,并逐步成为国家间协定或条约所承认而成为正式国际体系单位;(2)国家间民间交往发展到政府间的国际会议,是国家间交往与合作的更高一级的形式,政府间国际会议所形成的带有常规性的习惯程序和决策规则,为国际组织的诞生奠定了基础;(3)19世纪中叶开始建立的国际行政联盟,开创了国际组织的“三重结构”,即代表大会、执行机关和国际秘书处分立体制的范例;(4)20世纪国际组织的发展进入了“快车

[1] 梁西:《梁著国际组织法》,武汉大学出版社2011年版,第3页。

道”,数量迅速增加,是“国际组织的世纪”;(5)现代国际组织的职能包罗万象,上至外层空间,下至海底洋层,在人类活动的各个方面,国际组织无处不在;(6)国际组织间的协调日益增强,形成了以联合国为中心的协调网络;(7)在全球化不断扩展和深化的时代,国际组织作为协调各国行动并将其组织起来的机构与制度,大有可为,但也面临严峻的挑战。[1]

3. 深入、系统地分析和总结了国际组织法体系的构成及其理论基础。先生在构建国际组织法体系过程中,固然收集、查阅了大量的中外文资料并博采东西方的主要观点,但他从不照搬既有的观点,而是从法理学出发,阐述自己独到的见解。他指出国际组织数以万计,种类繁多,但国际法(学)所着重研究的主要是国家或政府间组织。而且,他在20世纪70年代末就认定早已形成一个新的重要的国际法分支——国际组织法。他后来将这一新的国际法分支定义为:“它是用以调整国际组织内部及其对外关系的各种规范(包括有关组织建立、存在与活动的一切有约束力的原则、规则和制度)的总体。”[2]

关于国际组织法体系的构成,他首先认为没有固定不变的模式。其次根据国际组织法的上述定义和不同的识别标准,将国际组织法的体系作出了4种理论分析:(1)以法律效力的层次为标准,国际组织法可以区分为各种组织性条约与各种行政性法规;(2)以法律调整的对象为标准,国际组织法可以区分为对外关系法与内部关系法;(3)以组织的各种重要事项及问题为标准,可以将国际组织法区分为若干部分,如组织章程、法律地位、成员资格、组织结构、职权范围、成员国的权利义务、争端解决、财政制度、总部问题、特权与豁免、议事规则,等等;(4)以组织的职能和地域范围,并进行交叉分析,可以将国际组织法区分为综合型组织法律制度与专门性组织法律制度,或区分为全球性组织法律制度与区域性组织法律制度。[3]

4. 首次提出了国际组织法渊源与国际法渊源的共性与个性之关系的观点。

虽然国际组织都有其赖以建立的约章,还有专门的《关于国家和国际组织间或国际组织相互间条约法的维也纳公约》以及其他有关国际组织具体事项的各种法律文件,但是国际法委员会迄今还没有以国际组织法为主题而进行系统的编纂。先生从法学逻辑出发,对国际组织法的渊源进行了类别的比较分析。他认为,“作

---

〔1〕 参见梁西:《梁著国际组织法》,武汉大学出版社2011年版,第18~25页。
〔2〕 梁西:《国际组织法》(总论)(修订第5版),武汉大学出版社2001年版,第3页。
〔3〕 梁西:《梁著国际组织法》,武汉大学出版社2011年版,第12~14页。

为国际法一个新分支的国际组织法,其渊源的性质和种类,是不可能超出一般国际法的范围的",这就是国际组织法与一般国际法的"一般性"或"共性"。与此同时,国际组织法还有其"特殊性"或"个性"。所谓"共性",是指那些"普遍适用于所有国际关系(包括国际组织)"的一般性条约、国际习惯或一般法律原则;所谓"个性"则是指那些"直接关于国际组织的组织性条约"以及"在国际组织内部及其对外关系中所产生的规定及长期形成的各种来自实践的惯例和做法"。[1]

5. 创立了关于国际组织法律人格的"职能性原则"。关于国际组织的法律人格,一直存在两种代表性学说,即"约章授权说"和"隐含权力说"。前者主张,国际组织是否具有法律人格应依其章程的明确规定,是成员国授予的一种权力;后者认为国际组织法律人格是国际组织客观存在的必然结果,是一种固有的权利。先生认为,国际组织并不当然具有法律人格,其法律人格的确定取决于有关组织的基本文件对"职能的大小及范围"所作出的规定。那些重要的特别是那些负有重大国际责任的国际组织,为实现其宗旨,在其"法定职能"范围内通常具有相应的法律人格,以便在其国际交往中行使其权利和履行其义务。这一观点(职能性原则)被认为是以"约章授权论"和"隐含权力论"为基础的一种比较适用的"折中观点"。[2]

6. 提出了专门机构的"三级结构论"。专门机构作为国际社会的一种法定组织,与一般综合性国际组织相比,在基本体制上,虽然没有重大差别,但是也有一些明显的个性或特点。在组织体系上,先生认为,专门机构是一种典型的"三级结构"。具体表现为:各专门机构均设有最高权力机关、执行机关和秘书处,其中最高权力机构一般为大会,由各成员国代表组成,一般 1~2 年召开一次常会;执行机构一般称为理事会,大多由大会选举的少数成员国代表组成;秘书处由国际公务员组成,负责有关机构的经常性事务。尽管专门机构的运作体制不尽一致,但是"三级结构"无疑最具有广泛性和代表性。[3]

7. 提出了联合国安理会常任理事国否决权的"三脚架"原理。先生对安理会常任理事国否决权在宪章中的依据的解释具有系统性和独到性。依他看来,《联合国宪章》第 27 条是直接规定否决权的条款,但是该条款并不是否决权法律基础的全部内容,还要根据《联合国宪章》第 23 条和第 109~110 条进行综合研究。他认为,

---

〔1〕 梁西:《梁著国际组织法》,武汉大学出版社 2011 年版,第 10~12 页。

〔2〕 同上书,第 9 页。

〔3〕 同上书,第 291 页。

其第 23 条规定了五大常任理事国是否决权的主体,这个条文是否决权制度的主体条款;第 27 条授予常任理事国的投票权具有一票压倒多数的法律效果,这个条文是否决权制度的基干条款;第 108～110 条规定常任理事国对宪章的生效和宪章生效后的修正案的生效均享有否决权。这就意味着常任理事国对宪章能否生效和宪章的修正案能否成功都起着决定性的作用。这组条文是上述两项条文的永恒性保障条款。他由此得出结论:“这三组条文相互为用,像一台钢筋三脚架支撑着整个的联合国体制,也使否决权制度本身在联合国体制中根深蒂固,不易动摇”。[1] 多年来,各种力量一直在推动安理会的改革,尤其是其表决制度的改革,但迄今没有实质进展。其中固然有错综复杂的政治和经济原因,然而宪章的这三组条款是最根本的法律因素,由此演绎的“三脚架”原理无疑给出了令人信服的学理解释。

8. 提出了国家自卫权制度的“三驾马车”的观点。长期以来,关于国家自卫权的法律基础,学者们一般都从国际习惯法和《联合国宪章》的双重角度进行阐释。在习惯国际法中,学界都认为自卫权是国家主权和国家基本权利的应有之义。而在《联合国宪章》中,一般都认为,国家自卫权的依据是第 51 条有关自卫权的直接规定。先生在其著作和多次学术报告中对《联合国宪章》中的自卫权依据有自己独到和深邃的见解。他认为,不能将国家自卫权的法律基础只限定在其第 51 条的直接规定,还必须根据宪章的宗旨和原则以及有关维护国际和平与安全的强制性的规定进行综合的分析。为此,他得出结论:《联合国宪章》所确认的自卫权制度涉及 3 个密切相连的条款:其第 51 条是自卫权制度直接的主干条款;第 2 条第 4 款规定的不得以武力相威胁或使用武力是自卫权的前提条款;第 39 条关于对任何和平之威胁、和平之破坏或侵略行为是否存在的断定是主干条款的断定条款。先生将这三组条文形象地比喻为一架拉动自卫权制度的“三驾马车”,缺一不可。[2]

9. 提出了联合国维持和平部队法律基础的新解释。联合国维持和平行动是联合国解决严重国际争端和冲突的一种措施。自 1948 年以来的维和行动共计 50 多次。值得注意的是,《联合国宪章》对于和平行动并无明确的规定,它是在实践中根据宪章的宗旨和原则逐步发展起来的。关于和平行动的法律基础,学界的基本共

---

〔1〕 参见梁西:《梁著国际组织法》,武汉大学出版社 2011 年版,第 147 页。

〔2〕 参见梁西:《国际法的危机》,载《中国国际法精粹》(2005 年卷),高等教育出版社 2005 年版,第 3～14 页;梁西:《世界情势与国际法律秩序的危机》,载《法学研究》2004 年第 2 期。

识是,它不属于《联合国宪章》第 41 条或第 42 条所采取的强制性行动,但是其具体的宪章依据,则一直存在争议。有的学者援引《联合国宪章》第 6 章或第 7 章的有关条款,另有学者援用其他的联合国文件,如 1950 年的《联合国维和决议》,还有的以联合国为实现其宗旨所应具有的一种隐含权力来作为法律根据。梁先生通过考察历次维和部队的建立程序、职责范围和活动实践,作出了新的解释,认为"以宪章第 40 条来解释维持和平部队,似乎比较符合宪章的精神"。也就是说,维和部队的派遣构成安理会在采取强制行动以前促请有关当事国遵行的一种"临时措施",属于"安理会为执行其职能所需要设立的一种辅助机构"。[1]

10. 精辟地论述了集体安全制度的理论与实践及其发展规律。在《现代国际组织》及其历次修订版本中,除了国际组织法的基本原理是其重点内容之外,联合国的内容也是先生浓墨论述的另一个重点,而其中关于集体安全制度的阐述是原创性的,既系统、全面,又深刻、精辟。首先,他开宗明义地指出,"集体安全制度,是传统国际法向现代国际法发展的标志之一";与传统的"个体"或"个体联盟"方式相比,集体安全制度更有利于维护世界和平与安全。他深刻分析了国际联盟的集体安全制度失败的根本原因,即《国际联盟联盟约》没有完全禁止战争和国联行政院无法采取迅速有效和统一的制裁措施。然后,他准确地阐述了联合国集体安全制度在国际法上的进步性。主要表现在:(1)《联合国宪章》制定者在法律体系中给集体安全以重要的地位,将其作为联合国的宗旨与原则予以规定,并且在组织和权力形态上使之具有集权的性质;(2)宪章不仅当然禁止战争,而且普遍禁止使用武力或以武力相威胁。接着,他考察了半个多世纪以来联合国集体安全制度的实践,特别强调在以分权为基础并形成多极的国际社会里,由于大国及各国家集团之间错综复杂的矛盾,集体安全体制运作过程中经常遇到各种难以逾越的障碍和制约。他还特别揭示了冷战结束后集体安全制度出现了一些显著变化:例如,安理会 5 个常任理事国在通过有关采取强制行动的决议时,不轻易使用否决权,从而使联合国采取的强制措施的频率明显上升;安理会逐步把有限的制裁范围和制裁重点放在特定的主体上,如统治阶层、官方机构、经济实体或个人。此外,他还专门阐明了集体安全与普遍裁军的关系,指出"裁减军备与制止战争,是执行集体安全制度的两个相辅相成的问题"。最后,他就集体安全制度总结出了"若干规律性认识",其要

---

〔1〕 参见梁西:《梁著国际组织法》,武汉大学出版社 2011 年版,第 199 ~203 页。

点有以下几个方面:(1)集体安全制度的理论基础是“世界整体和平”这一新概念;(2)建立一个执行集体安全措施的强大机构及其有效行动是物质基础;(3)势力均衡原则对集体安全制度产生重大影响;(4)受国际社会基本结构的制约,集体安全制度一直面临各种阻碍力量,如民族主义、意识形态、军事同盟体制、军备竞赛、霸权主义、强权政治,等等;(5)“集体安全制度与普遍性国际组织的发展密切相关”,前者不可能脱离后者而单独存在,也不可能比后者发展得更快。[1]

11. 首次提出并论述了国际法和国际组织的“极限论”。先生集数十载研究之大成,不仅创建了国际组织法学体系,而且通过不懈的研究,不断在完善这一新兴学科的体系,丰富和提升他的国际法和国际组织法理论。他所著的《国际组织法》(第5版),专门增加了第六编,作为“尾论”,以“人类的组织化趋势”为题,大篇幅地归纳了国际社会的组织化规律及其对国际法发展所产生的影响。在此基础上,对国际法和国际组织的未来提出了前瞻性的“极限论”。他从法哲学的角度总结道:国际法的稳定是相对的,而发展则是绝对的。紧接着,他提出了一个值得深思的问题:国际法的形成、适用和执行“由分散到较为集中”和“国际法调整范围在不断扩大,国家管辖范围在相对缩小”的发展趋势,到底有无极限,其极限是什么?他得出的结论是,虽然随着国际社会的逐步组织化,世界增强了凝聚力,但在国际社会基本结构(众多主权国家并存的“平行式”社会)发生根本变化之前,国际组织仍将基本上是一种“国家间组织”,国际法仍将基本上是一种“国家间法”。这就是极限,超出了这个限度,它就不是“国际组织”或“国际法”了。“这个限度是由现阶段国际社会的本质属性及基本结构所决定的”。[2]

最后需要特别指出的是,自1983年以来,在国际法这一新兴科学领域,梁先生培养了数十位法学硕士和法学博士,并在他的指导下,进行了一系列课题研究,完成并发表或出版了一大批与国际组织直接相关或交叉联系的文章、学术报告、咨询意见、学位论文、教科书及专著,广泛涉及国际组织法的各个部分。除了先生的总论性著作外,较有分量的专著就有20多本。他在2001年就提出建议,希望这些著作的作者们能约定分别进行一次修订,在此基础上合作出版一套大型的新的“珞珈国际组织法丛书”。[3] 我们期待,先生的建设性规划能早日实现!

---

[1] 参见梁西:《梁著国际组织法》,武汉大学出版社2011年版,第181~199页。

[2] 同上书,第347~357页。

[3] 参见梁西:《梁著国际组织法》,武汉大学出版社2011年版和第5版修订说明(2001年)。

三、厚积薄发,创新国际法理论

中国的改革开放给中国的国际法教学与研究带来了蓬勃发展的生机。一个重要的表现是,国际法教材如雨后春笋陆续面世。先生是曾获"全国高等学校优秀教材特等奖"的《国际法》(1981 年版)的主要撰写人之一,他在中国率先在教科书中系统阐述了国际组织法。国内的国际法教材在体系结构上一般都遵行章节平衡的传统模式,编写的内容大同小异。20 世纪 90 年代初,先生根据自己数十年教学和科研的积累,担纲主编了一本新的国际法教科书,旨在"探索国际法发展轨迹和演变规律的同时,试图在法学观念上有所更新"。为此,先生在搜集和调研了中外国际法教材的基础上,拟定了一个新的编写大纲,将国际法学科体系的"整个内容分为总论和分论两编。凡属国际法的基本理论、对国际法各领域具有指导意义和普遍影响的问题、适用于国际法一切效力范围的原则及制度,均归于'总论'编。凡在某一专门领域,已发展成国际法独立分支并具有较成熟体系的部分,均归于'分论'编"。这一新的体系设计,在专家鉴定会上获得一致通过,并逐步获得国际法学界的认同,而且在后来该书的多次修订与再版中沿用。

先生主编的这本《国际法》最耀眼的亮点是他亲自撰写的第一章"国际法的性质和基础"。他首次提出并系统阐述了有关国际法发展规律的"社会基础论"。他通过透彻的分析,概括出"国际法社会基础"的若干规律性的认识,即"众多国家并存"并"交互作用",才能形成国际社会;"国际社会的形成是一个渐进过程";"建立国际法律秩序,是世界各国进行交往的一种内在需要";"国际社会组织化程度,对国际法的发展产生深刻影响";"现代国际法需要适应一种复杂的世界格局"。他进一步预言:"21 世纪的国际法理念及价值取向,必将随着国际社会法律秩序的改善和加强而不断向前发展"。[1]

在论及"国际法的特殊性"时,先生一针见血地指出"国际法是平等者之间的法律",这是由国际社会的基本结构所决定的。他形象地将国内社会描述为一种纵向的"宝塔式"社会,而国际社会则是一种横向的"平行式"社会。由此,他揭示出国际法的最本质的属性和特征,即"它所建立的不是一种以统治权为基础的法律秩序",而是"一种以国际社会的主权者'平等协作'为条件的法律体系,是一种国家

---

〔1〕 参见梁西:《国际法的社会基础与法律性质》,载《武汉大学学报》1992 年第 4 期;梁西主编:《国际法》(修订第 3 版),武汉大学出版社 2011 年版,第 5 ~7 页。

之‘间’的法律体系”。[1]

先生对于现代国际法发展的规律性特征的5个方面的总结,堪称精辟,并且预言这些规律性的特征无疑将继续影响21世纪国际法的发展。(1)国际关系的最大特点是新独立国家的迅速增加及其对国际法发展的重要影响;(2)国际社会的扩大和国际法主体的增加最富有时代意义;(3)国际法的客体的迅速扩大使国家“保留范围”相对缩小;(4)战争法发展最为突出,从战争法规的产生、到对战争的限制、直到战争权的废止,是国际法演变过程中的一条极其重要的轨迹;(5)人类社会的组织化趋势和20世纪国际组织的迅速发展,极大地推动了国际法的发展。[2]

国际法与国内法的关系,是国际法学界长期讨论的“常青藤”问题。对于已有的两大代表性理论,即“一元论”和“二元论”,先生肯定二者各自的长处,又明确指出它们各自的短处。更重要的是,他不盲目遵从两种代表性理论中的任何一种,而是提出了“国际法与国内法内在联系论”,并阐述了这种内在联系的三个方面的根本因素和纽带:(1)国家是国际法与国内法发生内在联系最重要的纽带和动力;(2)国家的对内职能及政策,同国家的对外职能及政策,彼此密切相关;(3)适用国内法的国内社会和适用国际法的国际社会具有千丝万缕的关系。[3]

先生提出的“结构平衡论”是他发展现代国际法理论的又一项重要的贡献。他于1997年在武汉大学举办的“当代国际社会与国际法高级研讨班”上,以“人类组织化与当代国际法的新动向”为题,做主旨报告,首次讲解这一新的理论,并借助这一理论阐释了国际组织的发展规律和作用。以此为基础,在《法学评论》1997年第4期上发表了题为“论国际社会组织化及其对国际法的影响”的论文。在该文中,先生对国际组织的发展规律提出了如下深邃和独到的见解:

“国际组织的出现和一个巨大国际组织网的形成,是世界两股潮流的汇合。一股是,各主权国家基于各自的文化传统与民族利益,热衷于追求己国的独立;同时,在各种国际竞争因素的影响下,国家间利益的冲突、权力分配的矛盾和意识形态的分歧,时隐时现,没有最终消失的时候。所以,国际社会无法将众多分散的国家权力完全融合为一个统一体。这里存在的是一种‘分力’(离心倾向)。另一潮流是,由于各种国际关系和科学技术的发展,国家间的利益联系与行政交往日益增多,从

---

〔1〕 梁西主编:《国际法》(修订第3版),武汉大学出版社2011年版,第11~12页。
〔2〕 同上书,第23~28页。
〔3〕 同上书,第15~16页。

而使国内管辖事项往往溢出国界，需要国际互助；没有他国协助，一国难于实现其相关的管辖任务。所以，各国都希望找到一种多边合作的方式。这里存在的是一种‘合力’（向心倾向）。国际组织的蓬勃发展，正是由于上述两种力量和愿望得到了合理的平衡与调和，从而使现代国家‘既能各自独立又能相互依存’的结果。这是世界进入20世纪以后一种结构性的新现象……国际组织作为现代国际社会的一种结构形式，显然是国家间诸种力量和愿望得到平衡的必然结果。”〔1〕

梁先生，将他创立的“社会基础论”和“结构平衡论”形象地比喻为“俨如一对孪生子，殊途同归”。他正是以这“两个孪生的法理学”为出发点，高屋建瓴，深刻揭示和高度概括了国际法和国际组织的发展规律，创建了自己特色的国际组织法学，提出了一系列创新性的国际法理论。他在数十年来的国际法与国际组织法教学及科研的实践中，始终贯穿着他创建的这两种基本理论。〔2〕

四、教书育人，独树方法论

教书育人，是每个教师的本职工作，古今中外，天经地义，理所当然，似乎无须赘述。然而，说起来容易做起来难。在这方面，“说话的巨人，行动的矮子”者，屡见不鲜。在社会高度市场化和师德已成为社会化问题的今天，强调“教书育人”的重要性和紧迫性，显得尤为必要。在这方面，先生犹如一面镜子。他数十年如一日，坚持既教书，又育人，寓育人于教书之中，在法学院是有口皆碑的师德楷模、育人典范。

先生从来不赞成大学教师只注重科研，而轻视教学。他主张教学科研并重，相辅相成。他认为，对于青年教师而言，讲好课，站稳讲台是第一位的。所以，在育人方面，先生首先注重的是对青年教师的传、帮、带。他经常自发地走进课堂，听青年教师讲课，课后还再约谈主讲老师，对课堂教学的内容安排、表述、举止、互动等方面作出评估，鼓励好的地方，对不足之处，提出改进的建议。他常常告诫青年教师，欲求好的教学效果，充分备课是关键。对于重复开设的课程，每讲1小时，至少备课4小时；而对于新开课程，备课时间至少翻1番。20世纪80年代末，当我准备给本科生主讲国际法课程时，先生亲临寒舍，询问我的备课情况，还要求我在家对着

---

〔1〕 当代中国法学名家编委会编：《当代中国法学名家》（第2卷），人民法院出版社2005年版，第933～934页。

〔2〕 参见梁西：《梁著国际组织法》，武汉大学出版社2011年版。

穿衣镜和录音机进行试讲,自我鉴别和改进讲授的画面和音语效果。从这些细微之处,足见先生对青年教师之爱戴,对教学之重视。

需要说明的是,先生重视教学、重视青年教师培养的所作所为,大都不是出自领导或教学行政管理部门的指示或安排,而是出自一位德高望重的老教授自发的对教育事业的钟爱,对教学效果和质量至善至美的执着追求,对青年教师的成长与事业进步无微不至的关怀,对培养德才兼备的大学人才的高度责任感。

为总结其数十年教学经验的积累并与青年教师和学界进行教学方法的交流,梁先生数次在武大法学院、国际法研究所、湖北省国际法研究会和全国有关高校就教学方法问题作专题报告,其中特别就备课与资料、教师的台风、讲好第一堂的重要性、有教材的情况下如何讲课、板书与语言表达、课堂思想交流、讲课进度、理论联系实际、学生能力的培养、教风和师德等问题进行系统、深入、生动的阐述,受到广泛的好评。如今,先生关于法学教学方法的报告和论文,已汇编整理成书,公开出版发行。[1] 我相信,随着时间的推移,他的教学方法论必将产生更加广泛的影响。

先生十分注重与学生之间的直接交流和互动。梁老师的课堂从来不沉闷,气氛活跃。他不仅凭借其精湛的学术思想和深入浅出、循序渐进的讲解吸引学生的注意力,而且善于运用语调轻重、抑扬顿挫、富有情感的表述感染学生。更重要的是,他常用以问题导向课堂的方式,与学生展开对话交流,即在课堂内形成“思想共鸣”。

他尤其重视课外与学生的直接交流。他与学生的课外交流,不拘泥于形式。无论是他自己讲课,还是听别人讲课,他习惯地利用课间休息或课后主动接触学生,询问和听取学生们对教材、教学内容、教学方法等方面的意见和反映,以便能及时得到解决或改进。他欢迎学生到他家里谈论学术,交谈教与学的感想,反映有关的问题。

先生退休后,不再给本科生讲课。但是,他的心里和脑海里从来没有离开过法学院、国际法研究所和历届的学生们。他不仅从未间断国际法及国际组织法的研究和教学活动,而且身体力行地践行教书育人的辅导活动。2005 年他已经是 81 岁高龄的老人,还欣然为当年入学的法学院新生举办讲座,与之讨论“如何读书与做

---

〔1〕 参见梁西、宋连斌:《法学教育方法论》,武汉大学出版社 2009 年版。

人”的话题。在长达2个多小时的报告中，他以“大学生要强化‘自我塑造’的意识”为题，分别就新生们如何开启大学的学习，如何搞好课堂学习、扩大学习视野、学习方法等问题，用“一种松散的口语表达”方式逐一进行讲述，以便刚刚踏进大学的新生们理解和掌握。先生的讲述，层次清晰，环环相扣，既对每个学习环节进行细致的诱导，又善于提炼各个学习环节的要点，其中关于“博”与“专”的关系、“六字读书法”（通读、读通、读透）、东方的“学”与“思”、西方的“S·Q·3R学习法”（浏览、阅读、质疑、背诵、复习）等论述堪称经典。讲述中生动的比喻比比皆是。报告的核心集中于3个方面，即学生应努力将自己塑造为“德才兼备体健全”“不断总结经验教训”和具有“创造性思维”的高级人才。

先生对研究生的教育可谓用心良苦，而且很注重培养方法。除了课堂教学一丝不苟，平时对学位论文的指导更是严格、认真。他先后指导了10余位硕士研究生和20余位博士研究生。他为每一位研究生建立了单独的档案。学生的简历、课程考试成绩、平时作业的批改、论文（包括习作）的文稿，等等，他都有记载和保存，便于查核和因人施教。

学风严谨是梁老师一生保持的职业操守。他一向主张和坚持独立思维、独立研究和独立创新，当然也鼓励团队精神。他的著作和论文都是个人独立撰写完成的，只有一部国际法教材中的“国际组织法”一章和新近出版的《法学教育方法论》是他分别与2位教师（也是他名下毕业的博士）合著的。他对联合署名十分慎重，前提是必须是实实在在的合作产品。他对于学生和青年教师提交审阅的文稿，他都会逐字逐句地批改，连一个标点符号都不放过。有时，他的修改量大，稿纸上布满了他以自己独特的字体标示的修改内容。经他修改的文稿，如果他认为达到发表水平，他会乐意向有关学术刊物推荐，但他谢绝联名发表。他常说：“审阅和修改学生的文稿以及推荐发表，是做老师的本分，老师不应从中获利”。当今，导师和学生联名发表文章已经成为一种较普遍的现象，先生的这种执着和坚守尤其显得难能可贵。这些年来，受他的影响，我也照例行事。

我对先生为学、为事严谨的作风感受颇深。除上所述之外，还有两件事给我印象深刻，终生难忘。第一件事是，20世纪80年代末期的某一天，国际法研究所要召开一个会议，请我通知梁老师参加。我写了一个便条，放入他的信箱。几天后，当打开自己的信箱，发现了他的回执：在我原来的纸条上，补充了标点符号，然后写下“收到，谢谢！梁西”。

第二件事是，从我成为他名下的研究生时起，我撰写的文稿，包括填写的科研项目申报书、科研奖励申报书、学科申报和评估材料、职称评审申报材料、博导申报材料，等等，一般都要递交给他过目把关。每一次，他都欣然收下，进行认真批阅、修改，并在约定的日期与我详解修改的地方和修改的原因。久而久之，我对先生产生了依赖：没有经过他审阅的文稿，心里总觉得不踏实。1996 年我已经遴选为博士研究生导师，并开始独立招收博士研究生了。我在美国丹佛大学做为期 1 年的富布莱特高级研究学者期间，撰写了一篇论文，题为“论冷战后时代的国家主权”，准备向《中国法学》投稿（后被该刊发表）。我从美国将文稿寄给先生过目，他照例作了详细的修改和评注，从而大大提升了文稿的质量和发表的概率。与此同时，先生嘱托说，我可以“单飞了”。此后，考虑到先生年事已高，我实在不忍心过多打扰，送阅稿也就少了。

梁先生不仅悉心指导研究生，而且十分注重学位论文中的研究方法与写作方法，并逐步形成了系统的方法论。20 世纪 80 年代中期，他曾专门就“如何撰写学位论文”这一问题给研究生作课外指导报告，并在此基础上形成了文章予以发表。[1] 2009 年在出版《法学教育方法论》时又对该文作了必要的修改和补充。在这些报告和文章中，他着重就本科生毕业论文、硕士学位论文和博士学位论文带有共性的一些问题逐一进行了深刻的阐述。

在论文主题的选定方面，他告诫道：应就自己造诣较深的专业性问题来考虑；问题大小要得当，难易要适宜；选题应挑选与本专业基本理论相关的重要问题；要挑选有现实意义的学科前沿问题。总之，“选题，就像猎人到深山旷野去寻找猎物一样，既要考虑到自己的猎技，又要具备勇气和信心；既要看准追捕的方向，又要善于搜索与发现”。如此比喻，何等形象。

在论文的资料的积累方面，他比喻道：“科学研究需要材料，就像人类生活需要粮食一样”重要。对于从事社会科学的人来说，“日积月累做好资料工作”，尤其重要。他特别强调，无论是采用哪种方式搜集资料（用脑子、文字或电脑），理解是第一位的，“只有理解（消化）了才能使资料变成知识，使牧草变成牛奶，也只有理解了才能对资料进行选择”。至于资料搜集的范围，首要对有关主题的各种资料进行普遍调查，以了解现状及问题的来龙去脉，特别是新的信息和动向。方法上，应先

[1] 参见梁西、宋连斌：《法学教育方法论》，武汉大学出版社 2009 年版，第 54 ~60 页。

从理论性的资料着手,因为只有吸取现行者的经验教训,才能“青出于蓝而胜于蓝”。还应注意资料的分类整理,便利于长期之需。此外,要充分和善于利用网络资源和专业数据库。

进入论文的撰写阶段后,他首先强调,应拟好写作提纲,即设计写作框架。提纲宜由简到繁多写几次,直到满意为止。学位论文是一种以说理论证为特征的学术性文章,“重在概括与分析,要从复杂社会现象中找出内在的发展规律”。对于法学论文来说,尤其要注意使用严格的法学语言,他将其概括为“文字练达、用语明确,更重要的是要正确运用法的观念、逻辑和规范,但是,文字上的严格要求,不等于行文上的迂腐呆板。论文的用词遣句要有活力,要优美,富于可读性”。

2009 年先生已逾 85 岁高龄,仍然坚持伏案写作,完成了“再议法学学位论文的设计与写作”一文,继续完善他对法学论文撰写方法的经验之谈和理论概括。这篇文章,实际上是先生于 2005 年 5 月和 2006 年 6 月,分别为法学院全体(包括法学各专业)研究生所作的两次“法学研究方法论”的专题讲座的讲课手稿。这篇文章的构架源于上述第一篇论学位论文写作的文章,但对论文的选题和资料的积累问题增加了新的更深刻的论述。此外,还新增加了“研究与思维方法”一节,并将“如何在撰写中下功夫”问题单列一目进行系统阐释。

首先,在如何选题的问题上,除了重申选题必须兼具理论价值与现实意义外,他进一步阐述了“理论价值”的选择应注意三个方面:(1)不能脱离本专业的基本研究方向;(2)要有理论开拓的余地(空间);(3)力求“小题大做”。然后阐明“现实意义”的具体要求:(1)要挑选对客观实践有重大影响的问题;(2)国家建设及社会发展急需解决的问题;(3)选题切忌“大而空洞”“广而浮泛”。其次,他特别强调学位论文选题“要有新的视野”,并且要“顾及主客观条件和就业远景”。最后,他提供了一些有关选题信息的主要来源。

在如何积累资料的问题上,他着重建议:首先,要明确研究范围,选定主题及中心。其次,围绕主题及中心,拟出“问题清单”,以便有目的地收集资料。还要善于发现和挑选资料,并注重查阅研究有关的法律文献、包括立法、法规、案例、司法行政文件等原始资料。此外,不可忽视有关实践的情况和边缘学科中的资料。他再次强调“要使青草变成牛奶”的重要性,并介绍了如何使“死”资料变成“活”资料的具体方法。最后,他就资料的“分类整理”建议了几种具体方法。

特别值得注意的是,梁先生在这篇文章中关于“研究与思维方法”的内容。

第一,他强调“思维活动,贯穿于法学研究和论文撰写的全过程,对论文质量起着决定性的作用”。做论文时,作者应该使周密的思考建立在丰富材料的基础上,特别“要克服主观片面性”。如何克服呢?先生建议养成“求异”的习惯。“唯有能虚心和认真思考别人‘不同见解’和反对意见的人,才有更多的机会来提高自己的认识和学术水平”。

第二,他提倡“要创造性地思维”,决不能使自己的论文成为资料的堆积或翻版。为此,“要敢于想象和探索,敢于怀疑并富于学术批判的精神”。但是,他又强调,“创造性思维”,应以科学态度为前提,与切实研究相结合,不能“随心所欲,异想天开”。

第三,他主张应“顺向思维与逆向思维”并举。在“顺向思维”方面,他指出:对某问题形成初步想法后,就必须一直想下去,逐步使之完善。思想像流水一样,也有一种势头,可叫“思想洪流”。“思想洪流的出现,就会产生灵感。有了灵感,就要穷追不舍”。在“逆向思维”方面,他指出:“从自己立论(观点)的对立面进行思考(换位思考)”。

第四,他坚持不要“墨守成规”,要从新角度思考。他说,“一切社会现象,都有其特殊性或复杂性,都是立体的、多维的……任何问题,从不同的角度(新的角度)去观察和思考,常常会有新的发现。所谓‘横看成岭侧成峰,远近高低各不同’”。

第五,他倡导不仅勤于“动脑”,而且勤于“动笔”。他指出,语言(文字)与思维是一种形式与内容的关系。“文字是随着思想而来的。思路清晰,文字才能表达明确。相反,思路模糊,文字表达不可能良好”。“先思后写”是一般规律。他的经验是:“有些问题,想着想着,经过琢磨,写起来就更加顺手;有些问题写着写着,多撰写几次,思路就更加清楚了”。可见,“思”与“写”还有一种相互促进的作用。

第六,他注重科学运用信息,善于疏通思路。根据他自身的体会,在写作过程中,可能产生两种困境:一种情况是,资料信息很多,杂乱无章,难以取舍,感到“无所适从”;另一种情况是,兴致勃勃,各种想法如潮涌,但难以驾驭,酷似“误入迷宫”。遇到这两种情况时,他建议:(1)进一步调理和筛选资料(信息),使之一目了然,使之与写作大纲的论证体系合理搭配,舍弃多余的资料;(2)再仔细审视一次写作大纲,进一步明确主题思想,疏通思路,使之更加条理化,由此及彼,一层比一层深入;把一些主要论点,想深想透,突出重点,发挥自己的优势。如果经过上述两步工作,仍然混乱不清,理不出头绪,他建议暂时休息,“忙里偷闲”之后,会顿时醒悟,豁然贯通。

第七,他重视"零度风格"与"激情风格"的结合。"零度"与"激情"是两种极端的文体风格,前者不带感情色彩,是一种客观的风格,后者带有作者强烈的感情色彩。有人主张,论说文不宜采用激情风格,而应采用零度风格。对此,先生不以为然。他认为:(1)论说文主要是讲道理,而理是离不开情的,社会科学的文章尤其如此。情,能使作者权衡价值,辨认善恶好丑,是一种论辩与说服的方式;情,能补充与平衡理智,能摆脱唯理主义的偏见与危机。(2)做论文是脑力劳动中一种最艰苦的劳动,如对主题毫无兴趣和感情,就会缺乏写作的内在动力。(3)没有情感,很难有创造性的思维。(4)没有一点感情的文章,就不能感动别人,难以取得社会效果。但是,先生也不赞成另一种极端,即"激情风格"。他认为,论说文贵在"以理服人",而不是以感情用事来实现自己的意旨。因此,法学论文,应该是"理智与感情的一种适度结合"的产物。

关于"如何在撰写中下功夫"的问题,他再次强调"写作大纲"和论说文的"说理论证"的重要性。在法学语言方面,他强调"所有词语要明确而无歧义,文字要练达而不啰唆,表达要清晰,说理要准确"。

最后,他"画龙点睛":"新"是学位论文的生命。

五、具有鲜明个性和感染力的文风

我特别喜欢阅读先生的著作和论文,他的作品我通常要阅读好几遍,并时不时地翻阅。每一次品读,都会情不自禁地频频点头,也常常皱眉思索,领悟其中的要义或寓意。我之所以痴迷如此,其中学术上的原因,自不待言,还有一个重要的原因,那就是我敬佩先生独特的文风或著述的风格。近 20 多年来,每年国际法专业研究生入学,我向他们首推的阅读书目就是先生的著述。先生的著述在风格上具有如下一些独特性:

其一,构思缜密,结构严谨。阅读他撰写的著作,首先映入眼帘的是严密的体系结构,编与编之间、章与章之间、节与节之间、目与目之间的内在联系十分的紧密,富有层次感。而且,这种严密的构思贯穿于全书。书中的前段与后段之间、前句与后句之间都有严密的逻辑关系。

其二,不爱人云亦云,勤于个人思考。在上述引用的一些著述中,我们已经领略了他的一些思想上的独到性和理论上的创新性。这里,再从其文风的角度,作一点补充。先生一系列独到的学术建树，还得益于他数十年如一日"喜欢积累资料，讲求据实分析，不爱人云亦云，勤于个人思考"。在其著述中，对于学科中已有理论或学术观点，他一般都要先进行介绍和总结，但他从来不照搬，而是根据自己的观察和思考，进行点评，肯定其长处，指出其不足，然后鲜明地亮出自己的新见解，并进行充分的论证。这些新的见解，有的是原有学说的补充，有的是修正，有的是选择另一种视角，还有的是填补理论的真空。他常说，世界的事物总是在不断变化和发展，任何的理论和观点都会有时代的局限性，都会受各种主观和客观因素的制约或影响，只有通过敏锐观察，作出符合实际的逻辑分析，才能透过事物的现象看到其本质，从而得出新的结论或见解。

其三，注重分析，更强调概括。先生看问题，视角广泛；常常超前，具有远见；他对任何问题或现象的阐述，不会只停留在一般介绍，而总是要进行深入的分析，揭示出事物的根源或规律。可以说，是"入骨三分""淋漓尽致"，有说服力和感染力。根本原因是，他长期养成的深邃思维的习惯，不仅看重分析，而且善于归纳和概括。无论是著作，还是论文，先生都要就论述的主题作出结论，他有时称之为"尾论"或"规律性认识"，从而便于读者集中理解和把握著述的主要观点，并从中受到启迪，激发进一步的研究。先生还常常将这种"高度概括"运用于书（或文）中子主题的小结。先生常说："没有结论的论文，很难说是好论文"。

其四，用词精准，表达有力。先生写作，讲究遣词造句。他常说，"只有用词准确，才能表达准确"。先生往往为了使用一个字或一个词（包括翻译），要反复推敲，甚至还要查阅字典、辞海和大百科全书等工具书。他的文章行文简洁、明快、易懂，阅读起来十分流畅。有读者著文称赞说："先生的文笔，犹似春晚细雨，读之如闻雅乐。"他曾经对我讲："英文的特点是长句子多，从句套从句，体现了行文严谨；中文则不同，句子越短，表达就越有力。中文用长句容易造成句法错误，应当尽量避免长句。"正是由于先生扎实的文字功底和干练的语言表达，可以肯定说：先生的著述中没有一个错别字，没有一句碎语、闲言，句句紧扣主题。

其五，善于比喻，富有哲理。先生的著述之所以富有感染力，其中还有一个因素是，他善于运用比喻的手法来阐述国际法及国际组织法的理论与实践。法律语言本来以规范性、严肃性和逻辑性为特征，但这并不等于法学语言必定是呆板、生硬，不具有描述性。适当运用比喻来阐述法律现象和法学理论，能大大提高法学著作和论文的可读性和感染力。翻阅先生的著述，可以说，各种明喻和暗喻比比皆是。这些比喻，既生动又形象、贴切，读起来耐人寻味。他的著述具有浓厚的哲理味道。他不仅自己擅长于法哲学思维的运用，而且经常告诫学生要读法哲学，学会运用法哲学。他常言：分析问题和解决问题要善于前后思维、左右思维、上下思维、正反思维和纵横思维，即"立体思维"。只要这样，得出的结论，就可以避免片面性。

总之，阅读先生的著述，除了学术上受益之外，还是一种"美"的享受。这种"美"是法学特有的"美"，是一种"朴实、精练的美"，一种"法哲学的美"，一种"逻辑学的美"，一种"修辞学的美"。

小结

先生自谦是一介"布衣"书生。然而，在大家的心目中，他是一位平易近人、亦师亦友的长者，是一位诲人不倦、德高望重的法学家，他无愧为中国国际组织法学的"无冕之王"。虽然他曾因种种原因，没有出国留洋，但他学贯中西，出版和发表了大量翻译作品，做的是国际性学问，而且成就卓越。曾有学生撰文对先生的人生经历与学术思想作过恰如其分的评价："先生一生是以两种身份生活着的：一是'学'者，二是'师'者。作为学者，他是我国国际组织法学的开拓者和奠基人，公认的当代法学名家。作为师者，他一生育人无数，桃李满天下。然而，在这两种身份的背后，我们还发现，先生更是一个'仁'者。"[1]他在国际法及国际组织法方面的学术成就已产生广泛影响。最近，他收到联合国秘书处的正式公函，邀请他为联合国国际法视听图书馆视屏录制国际法专题讲座，作为联合国在全世界范围内推行国际法教学、研究和传播的组成部分，永久性地保存在该图书馆，以便在全球内可持续地使用。该系列专题讲座的主讲人由联合国秘书处从联合国 192 个会员国中挑选的著名国际法专家担任，题目和内容覆盖国际法的所有领域。先生虽已 90 岁高龄，但仍欣然接受邀请，并拟以"安理会否决权制度与联合国改革"为主题展开他的讲座，这将是先生为国际法在人类社会广泛传播所作出的又一次新的努力。

---

〔1〕 马冉、谢晓庆：《梁西》，载何其生主编：《珞珈国际法：学人与学问》，武汉大学出版社 2011 年版，第 343 ~382 页。

（二）谢石松：《我从梁西老师那里学到的教育理念》（载《武大国际法评论》2014 年第 16 卷第 2 期）

作为武汉大学法学院国际法学专业的第一届学生，我们也应该是梁西老师从北京大学调回到武大后教的第一届本科学生。梁老师的课排在 1983 年 9 月我们开始学习国际法专业课的第一个学期，即我们大学三年级的第一个学期。武大法律系在 1981 年招收了"法律"和"国际法"两个专业的本科生，按照国际法专业的课程设计，我们第一年和第二年是在法律系跟法律专业的同学一起学习法律基础课，同时在外语系跟英文专业的同学一起学习英语；从第三年开始，除了继续与法律专业的同学一起学习法律专业的课程外，我们开始专门学习国际法方面的专业课程，梁老师给我们讲授 4 个学分的专业必修课《国际组织法》。梁老师在课堂上除了教给我们国际法和国际组织法的理论知识以外，还特别强调对概括能力、应对能力、思辨能力和实践能力的培养，并通过期末考试的形式，对我们在这些方面的学习效果进行了充分的测试。其中，对抽象概括能力的测试给我们留下了最为深刻的印象，梁老师在试卷上对每一个题目答案的字数都提出了明确的要求，如一个问答题的答案字数是 500 字左右，误差不能太大；一个论述题的答案字数是 1000 字左右，误差也不能太大。在后来的教学生涯中，我也一直在向学生们强调这些能力的培养，特别是在批阅研究生考卷时，我也会特别注意考生在概括能力方面的表现。

而对于法学研究生的教育，梁老师也特别强调在研究生阶段同样需要注意对上述 4 种能力的培养，特别是有关思辨能力的培养，尤其强调要术业有专攻。除此之外，还特别注重大家在基础理论知识方面的积累，特别强调要多读经典著作，既要泛读以博，又要精读以专。他认为，现代法学人才最好要做到一专多能，多多领悟如周鲠生老先生等大家的著作。

我在武大法学院10年学习期间,跟法学院很多老师都建立起了非常亲密的关系,而梁老师和师母刘老师则是我在武大法学院最亲密的老师之一。这是因为,我的父亲和刘老师是一个县(桃江县)的小老乡,我的母亲和梁老师是一个县(安化县)的小老乡。所以,虽然尽管我不是国际公法的研究生,但在研究生阶段,可能会比国际公法的同学们还要经常去梁老师家里请教各种各样的学习或者生活方面的问题。但是,当我在1988年1月的某一天,为准备报考国际私法专业博士研究生而去请教梁老师该怎么复习国际公法,并请他帮忙推荐一些复习资料时(因为我知道我们国际公法的考卷是梁老师出的),梁老师不仅非常爽快地答应了,而且当即就进了他的书房,一会儿就给我开出了一个17本书的书单。我当时还有点失望地告诉梁老师,我还要复习英语和国际私法,可能没有那么多的时间来复习国际公法,没有办法看完书单上所有的书,看他能不能帮自己在那个书单里再挑出一些相对来说更重要的必读书来。梁老师当时就非常明确地告诉我,这些已经是最小的阅读范围了,我只好失望地离开了梁老师家。不过,失望归失望,离开梁老师家后,我立即就去了当时的国际法资料室、法学院资料室以及学校图书馆,把梁老师书单上的17本书全部借回了宿舍,并加班加点、夜以继日地通读了一遍。一直等到我从博士研究生考场出来,听到旁边的同学说国际公法题目出得很偏的时候,才意识到自己当初离开梁老师家时的失望是不应该的。也就是在我随口跟旁边的考生说自己怎么一点都不觉得题目偏的时候,才真正感受到梁老师对教导和帮助是多么的重要。如果没有通读完那17本书,我估计也会跟其他考生一样,觉得当年国际公法的题目很偏、很难。

梁老师给我开出的那17本书的书单,不仅让我很顺利地通过了当年的博士研究生考试,更让我充分认识到了重点阅读和广泛阅读、精读与泛读的重要,懂得了法学、特别是国际法学基本理论知识对一个国际法专业的研究生来说是多么的重要。因此,在我后来的教学生涯中,也会特别向学生强调:应该将相关学科的所有论文和著作作为复习考研的参考资料;将每一门课所涉及的整个领域的所有论文和著作作为学习这门课程所应该阅读的资料。而对于我指导的研究生,则更是在入学前就给他们一个书单,要求他们在入学前精读完30本(原来是45本)相关论著,并写出读书笔记,入学报到时交我审查通过后才能继续做我的学生。入学后则会给他们一个更详细的培养计划,就国际法专业学习而言,除了要将国际公法、国际私法、国际经济法方面的一些经典著作精读几遍，每精读一遍写出读书笔记以外，还必须精读完史尚宽先生和王泽鉴先生的民法学著作，必须通读完在网上和学校图书馆能够找到的所有国际私法、国际经济法、民商法方面的论文和著作，并写出读书笔记。我从不在乎自己的研究生什么时候能够通过司法考试，但必须按照我的要求完成读书计划。我一直认为，作为学法律的人，通过司法考试是迟早的事情；而且，把书读到家了，通过司法考试也是很自然的结果；我甚至反对学生为了司法考试而去读书。像梁老师所要求的那样，我也一再告诫学生们，坚实的法学理论基础才是他们走出校门以后的立世之本。

（三）古祖雪：《梁西先生与我的法学人生》（载《武大国际法评论》2014 年第 16 卷第 2 期）

2014 年是梁西先生的 90 岁华诞，也是我与先生有缘相识的第 20 年。20 年前的 1993 年 6 月，原中南工业大学成立法律系，我被学校聘为系主任。为了让"一张白纸"的法律系尽快得到发展，当年 10 月，我受学校委派，前往中国法学教育和研究重镇——武汉大学法学院拜师求教。在梁小尹老师（当时在武汉大学法学院进修学习国际法）和白映福博士的引荐下，我去拜访了梁先生。虽是初次见面，但先生平易近人、和蔼可亲，我们一见如故。梁先生不仅送了我他独著的《国际组织法》和主编的《国际法》两本著作，而且对如何办好中南工业大学法律系提出了很多中肯的建议，并接受了中南工业大学客座教授的聘任邀请，愿意为家乡法学事业的发展做出无偿贡献。从此，我与梁先生不仅结下了同事之缘，更结下了师生之缘，并由此开始了我的法学人生。

（一）

1993 年之前，我一直从事科学技术哲学的教学和研究工作，并且在国内科学技术哲学界已有了一定影响。因此，虽然职责要求我将自己的学术领域从哲学转向法学，但对于是否实现这种转向，却一直犹豫不决，内心十分矛盾。因为这种转向意味着放弃已有的思维习惯、研究范式及学术资源。正当我在学术道路上彷徨的时候，我有幸认识了梁先生。先生不仅通过他独著的《国际组织法》和他主编的《国际法》，向我阐释了哲学和法学之间的相通性，从而激发了我对法学特别是国际法学的好奇；而且通过列举从哲学转向法学的成功案例，给我分析了从哲学走向法学的可行性，从而坚定了我走向法学人生的决心。

可以说，正是先生的著作，让我领略了国际法学的精彩。因为，在先生的著作中,不仅有对国际法原则和制度的条分缕析,更有对国际法本质和发展规律的深度概括,他提出的国际法的“社会基础论”、国际组织发展的“结构平衡论”、国际法与国内法之间的“相互联系论”等理论,无不充满了哲理的光辉。正是先生的鼓励,让我扬起了法学人生的风帆。因为,在先生的鼓励中,不仅有前辈对后学的肯定和期盼,更有一个学术大家对自己法学人生的深刻感悟,他在历次逆境中的学术坚守、在乱象面前的理性洞察,无不为我们提供了人生的楷模。

(二)

1995 年 5 月我被录取为先生的博士研究生,(1996 年上半年赴德国完成高级访问学者研究计划)并于 1996 年 9 月开始了博士研究生的学习和研究生活。尽管哲学和法学之间具有相通性,但它们毕竟是两个性质不同的学术领域,前者注重理论思辨,后者着力实证分析,具有两套不同的研究范式。因此,要实现从哲学共同体向法学共同体的转变,并非易事。先生为了让我尽快掌握法学,特别是国际法学的研究范式,一开始就为我量身定做了攻读博士学位的学习和研究计划,开出了必读的书目,并规定每星期汇报读书心得,与他讨论相关学术问题。尽管我当时还兼有中南工业大学法律系的管理工作,但先生并没有因此放松对我的要求。在完成第一学年的课程学习之后,我原本打算回工作单位一边工作一边学习。但先生不同意,不仅要求我在武汉大学继续专心读书一个学期,而且当我回到工作单位的时候,他还赴长沙亲自督促我的学习,每星期向他汇报读书情况。正是在先生的要求和督促下,我先后精读了法理学、知识产权法学和国际法学的 30 多本著作和教材,并作了 30 多万字的读书笔记,从而为日后的学术研究奠定了初步基础。

珞珈山的读书生活,虽然辛苦,但非常幸福。这种幸福不仅来自读书过程中所产生的愉悦,更来自先生在言传身教中释放出的人格魅力。每当想起先生在他的书房里为我答疑解惑的情形和在通往枫园宿舍路上谆谆教诲的身影,我都会激动不已。如果没有先生当年的严格要求和细心教育,今天我可能还是法学,特别是国际法学的“门外汉”。

(三)

经过专业基础的学习和研究,1998 年年初,先生允许我进入博士学位论文的选题和写作阶段。这个阶段不仅是对我过去学习成效的检验,更是确立未来学术走向的重要环节。因此,先生对我的论文选题非常重视,为此,先生对我过去有关科学技术哲学方面的论著进行了一番研究,了解我的研究状况。在此基础上,先生强调，我的选题必须考虑两个方面的因素：一是我在科学技术哲学领域的已有特长；二是国际法发展的前沿动态。在先生的启发下，我考虑了两个选题：一是“现代国际法中的知识产权制度研究”；二是“国际法的效力研究”。在这两个选题中，前者可以利用我的科技基础，后者可以发挥自己的哲学优势。经过综合考虑，先生同意将前者作为我博士学位论文选题，但同时鼓励我日后在国际法的基础理论方面开展研究，以便充分利用我在哲学方面的特长。

回顾博士毕业后所走过的法学研究道路，我深深感到，当年先生强调的选题原则，不仅为我的博士学位论文选题指明了方向，同时也对我后来在国际法基本理论、国际知识产权法和国际通信法等领域的研究产生了重大影响。从这个意义上说，我今天在法学领域取得的点滴成绩，与先生当年高屋建瓴的指导分不开的。

“一日为师，终身为父”。能够做先生的学生，是我一生的荣耀。时值先生90岁华诞之际，唯有祝愿先生：健康长寿！

(四)梅小侃:《评梁西〈现代国际组织〉》(载《中国国际法年刊》1986 年)

在过去的一个多世纪中,特别是自第二次世界大战结束以来,国际组织如雨后春笋一般发展起来了。各种各样的国际组织——政府间的或非政府间的、普遍性的或区域性的、一般性的或专门化的——占据了国际社会的各个角落,成为国际生活的重要组成部分。甚至可以说,在今天的世界上,任何一个主要的领域都有国际组织的存在,任何大规模的活动都离不开国际组织的参与。特别是政府间的国际组织,其重要性是有目共睹的。我国自 20 世纪 70 年代以来也积极参与了国际组织的工作,与不少国际组织交往频繁,建立了正式的关系。

相形之下,我们对国际组织的研究却落后了,远远不能满足实际需要。寥若晨星的几部著作,有的是关于某一组织的(如《欧洲经济共同体》),有的是关于特定问题的(如《联合国宪章的修改问题》),还有的是比较概括的介绍(如《国际组织概况》《国际经济组织知识》)。全面系统地研究国际组织一般性问题的著作以前还没有过。在这种情况下,《现代国际组织》一书的出版是令人欣喜的。

书的作者先后在北京大学和武汉大学任教,解放后首次在我国开设"国际组织法"这一课程。本书就是作者在多年从事教学、研究与翻译工作的基础上写成的。全书分为五编。第一编论述国际组织的概念、法律地位、历史沿革与发展趋势;第二编介绍国际联盟的基本情况;第三编结合实践并通过与国际联盟的对比,详细介绍世界上最大、最重要的国际组织——联合国,包括它的成立背景、宗旨和原则、会员国、组织结构、职权范围以及活动程序等,并在"联合国与国际社会"的标题下,对一些与联合国有关的重大国际法问题,如非殖民化、新的国际经济秩序、和平解决争端、强制行动、维持和平部队以及国际法的编纂等,分别进行阐述;第四编论述区域组织的概念，并分别介绍世界各大洲有代表性的区域组织；第五编讨论专门性国际组织的法律问题，并对联合国体系中的专门机构分门别类，作了较详细的叙述和分析。附录中列出了200多个国际组织的英汉名称。

综观全书，我们可以看到这样几个特点：

1. 作者将国际组织始终放在宏大的历史背景中加以考察。国际组织并非从天而降，也不是孤立存在的，无论是它的产生、发展还是现状，都离不开政治、经济、科学技术等因素的作用，法律问题往往与国际关系问题交织在一起。作者注意到了这一点，因而正确反映了国际组织的性质，符合事物发展的客观规律。本书这一特点贯穿始终。其中，有关国际联盟和联合国的成立、否决权等问题的章节尤为明显。

2. 内容详略得当，重点突出。目前，政府间国际组织有几百个，它们各自的重要性和影响力显然是大有区别的。作者并没有对众多的国际组织平均使用力量，而是先简略介绍联合国的前身，再以约占全书一半的篇幅论述联合国组织的各个方面，然后以联合国为纲，介绍有关的区域组织和专门机构。在联合国的6个主要机关中，又以大会和安理会为重点。关于各大洲的区域组织，作者先概述一个洲的各主要组织，然后选定该洲最有代表性的一个组织详细介绍。关于专门机构，作者先集中讨论它们的共同点，这样在后来的分别介绍中就避免了重复的内容。同时，作者抓住各类组织的不同特点加以对比。另外，为了避免正文被枝节问题冲淡，作者常将某些内容转入脚注，因而脚注中包含一些重要的实质性问题，既突出了正文，又不影响它的简洁和流畅。这样的安排使读者能够提纲挈领，一目了然。

3. 对各类国际组织有介绍、有分析、有评论，几方面内容有机地结合在一起，许多地方表现了作者独到的见解。例如，关于国际组织的起源，一般著作往往从国际河川委员会开始，而本书叙述了"从民间交往到政府间会议""欧洲协作"，以及国际行政联盟等几个阶段的发展；在谈到联合国的宗旨和原则时，一般作者往往只注意《联合国宪章》第1条、第2条，而本书对宪章的序文相当重视；在介绍联合国的6个主要机构时，作者从组成人员和管辖范围两个角度对它们进行分类；在分析安理会常任理事国的否决权时，作者指出应从宪章中的三组条文入手，而不是只就第27条进行研究；在论述维持和平部队时，作者以《联合国宪章》第40条来解释其法律根据；在谈到区域组织的性质时，作者指出现代国际关系中全球性组织与区域性组织互相渗透的倾向；等等。这些论断都是精辟而具独创性的。

4. 强调了国际组织的实践。作者在重视国际组织章程等有关法律规定的同时,并没有把自己局限在“成文法”的范围之内,而是大量记叙国际组织的实际活动,评价它们各自的成功与失败。例如,作者介绍了欧洲共同体推行一体化的进程、关税及贸易总协定举行的一系列谈判,等等。有关联合国的部分更是如此。除了前面提到的“联合国与国际社会”以外,其他章节也处处谈到联合国的实践。而且,对于一些富有意义的特殊事件,如1955年接纳新会员国的“一揽子交易”、1979年安理会非常任理事国的选举、1981年秘书长人选的竞争等,书中都作了简洁生动的描述。作者还特别注意了我国同各个国际组织的关系。

5. 结构严谨,文辞精练。作者力图以法学的语言与方法来阐明国际法问题,不尚奢谈。

6. 材料不仅丰富,而且新。本书于1983年完稿,而它所引用的材料很多是20世纪80年代的东西,如1983年9月国际货币基金组织的会议、同年10月中非国家经济共同体的诞生等,及时地反映了国际组织的最新动态。

当然这并不是说,这本书已经十全十美了。这里提出以下几点与作者商榷:

1. 本书的书名为《现代国际组织》,书中又多次提到“现代国际组织体系”,但究竟什么是现代国际组织?书中只对“国际组织”下了定义,而“现代”一词含义不大明确。国际法理论上有“现代国际法”(相对于传统国际法)一说,“现代国际组织”是否与此有关呢?

2. 书中还有些理论问题值得探讨。例如,关于国际组织的性质与分类问题,作者强调了国际组织“介于国家之间”这个一般特点,而倾向于否认有特殊的“超国家”组织存在。其实这在西方学者中已经谈论很久了,他们常以欧洲共同体为例,来说明超国家组织或一体化组织(相对于合作性组织)的存在。尽管共同体内部对于一体化程度与方式也有不同的意见,但它们(3个共同体)毕竟是一种新型的国际组织,具有一些不同寻常的特点:其决策机关做出的决定可直接在各成员国中适用;执行委员会在相当程度上独立于各成员国政府;设有由直接选举产生并有权迫使委员会辞职的欧洲议会;欧洲法院可宣告共同体机关的行为或决定无效,并可在一定条件下受理个人提出的诉讼;等等。因此,无论是将欧洲共同体看作一“类”国际组织的一个例子,还是看作一般国际组织的一个例外,共同体的特殊性都应在国际组织法理论上占有一定的位置,值得我们给予更多的关注。

类似的问题还可以举出:关于国际组织在国际法上的特点,作者谈到成员国主权平等原则、不超越基本文件规定等,但如何从理论上解释某些表决制度(多数表决制、加权表决制、否决权)和国际组织隐含的权力?书中虽然有所涉及,但还有待于进一步展开。

3. 书中大量介绍了第三世界国家在国际组织中的立场和态度,这无疑是值得称赞的。但对于西方(或“北方”)观点的介绍似乎略嫌不足。例如,在谈到联合国会员国发展的趋势及影响时,只强调了77国集团“有可能促使其想通过的任何决议在大会上获得通过”,而没有提到某些大国,特别是美国对它们所称之为“多数暴政”的不满;关于否决权问题也只谈到中小国家要求进行修改或限制的合理性,而没有指出问题的现实性一面。这些地方有时使人感到作者有些“理想化”倾向。对于一些较“敏感”或较困难的问题,如国际组织与人权问题、国际组织与裁军问题等,作者似乎有意地避开了。

4. 本书强调了联合国作为国际组织网之中心的作用,但对于联合国体系外国际组织的介绍似乎还可以加强一些。在章节安排上,如果说把对联合国的评价放在会员国一章、把经费问题放在联合国职权一章还有一定的理由,那么使“联合国的法律人格问题”隶属于“联合国的组织结构”就不合适了。按其重要性来说,法律人格问题可以单列为一章,或者可以将该章的题目改为“联合国的组织结构与法律人格问题”。第八章、第九章两章纯粹是从各机关的角度来论述联合国职权与活动程序的,因此这两章的题目如在“联合国”之后加上“各机关”的字样就与其内容更相符了。

总的来说,这部著作无论是对于从事国际法、国际政治和国际经济等领域的研究者来说,还是对于从事有关涉外活动的实际工作者来说,都是一本有价值的参考书。特别值得指出的是,它很适合于作大专院校有关专业开设的“国际组织”或“国际组织法”课程的教材。希望有更多的院校开设这方面的课程,也希望我国学者写出更多的有关国际组织的著作。

（五）龚向前：《独有珞珈桂花香——访法学院教授梁西先生》（载《法学院通讯》2003年）

2003年是我国著名国际法学家梁西先生的80岁寿诞。怀着崇敬的心情，我特地到珞珈山上拜访。梁先生是中国国际组织法的开拓者，但与这位心怀天下、研究新学的老先生接触，却让我感受到了一股浓浓的传统文人气息——笃行乐道、谦逊自省。

牛的故事

梁先生出生于湖南安化县一个古老的农村。5岁开始入乡间私塾读书，但3年后由于家境清寒，便和旧社会许许多多的农村小孩一样成了放牛娃。田埂上赤着脚放牛吃草，小河里光着身子捉鱼，倒也悠悠然。在梁先生的记忆中，童年的故乡是一幅“小桥流水”“鱼翔浅底”的三湘山水画。所以他一直热爱大自然，清静幽美才是心灵停泊之所。

9岁时发生的一件事打断了他的放牛生活。一天中午，邻村的牛贩子，来到梁西家，气势汹汹地把他心爱的黄牛牵走了。原来，因为他父亲不识字，将一张卖牛字据误以为借款抵押字据，并在上面捺了指印，所以牛就这样被骗走了。他深受伤害，暗下决心：不管家里多么困难，也要去上学。没隔多久，父亲咬紧牙关把他送进了离村不太远的一所新式小学。

他的中学时代是在抗日烽火中度过的。在学习条件极差、生活异常艰苦、敌机日夜威胁的环境下，父母通过辛辛苦苦的耕种和高利借款，勉强供他读完了6年中学。国难与家贫，铸造了他发奋图强、坚韧不拔的品格，也激发了他的爱国热情——他投身救亡运动的伟大洪流，发表了《樊城风雨》《蛙声》《文明与野蛮》《两地蔷薇》等多篇作品，宣传抗日。

1946年梁西先生以一篇热血满腔的作文《多难兴邦》和各科优异成绩，考入抗战胜利后从四川乐山迁回武昌珞珈山的武汉大学。第二年，曾任“中国赴旧金山联合国成立大会代表团”顾问的周鲠生校长，开设“国际法”课程。他深情地回忆道：“周老师关于《对华不平等条约》一节的讲解，使同学们心情激昂，深感‘弱国无外交’，务必创建一个民富国强的新中国！”在周先生的影响和鼓励下，他毕业后，即选定国际法作为自己终生的研究任务。

1953年他应聘参加北京大学法律系的重建工作，并成为20世纪50年代中国法律院校最早的一批兼职律师。当年被人骗走一头牛的梁西，此时是多次出席重大涉外案件庭审的大律师，为公正而奋斗。1955年5月最高人民法院开庭审理“卡麦隆驾驶美机侵入中国领空进行骚扰挑衅危害中国安全”一案，他接受委托担任被告律师。此案在中美关系史上意义重大，举世瞩目。

从旧社会的放牛娃到新中国最高学府的人民教师，他开始了在北京大学30年的教学生涯。不过，他与牛的缘分却并未结束。20世纪60年代末，“文化大革命”期间，在江西鄱阳湖畔的北京大学“五七分校”，他凑巧又有机会喂起了几头水牛，过起了日出而作、日落而息的与牛相依的生活。两年以后分校解散回北京大学时，他怀着颇为复杂的心情，光着膀子，同公牛合拍了一张照片。这张老照片至今仍置于梁先生的案头。照片上的梁西，肌肉发达，微笑着，丝毫没有沮丧的情绪。

梁西教授喜欢牛，因为牛是默默耕耘者，“朴实无华，淡泊明志，人生才是美丽的”。

“防空洞”里的意外收获

在北京大学，梁先生是一心一意读书教课的“夫子”，下决心做个“传道、授业、解惑”的好教员。不过，有人却批评他不关心国家大事，走“白专”道路，“小资”情调。梁先生笑着说：“这可是误解，我当时其实挺热心的，是新中国第一个国际法班的授课教师兼班主任，与学生谈心，打成一片，还‘强迫’他们每天早上和我一起沿未名湖练长跑、习口语。”这些当年跟着梁老师上课、锻炼身体的学生现在有的已是外交部的司长、美国的大律师，还有人是中国驻日内瓦人权委员会的工作人员。“身体是革命的本钱”，他喜欢用毛主席的这句话教导学生。

一向内敛低调的梁西先生未逃脱时代给知识分子带来的厄运。不过，谈到自己作为“臭老九”被派往江西“改造”的经历时，梁先生却叮嘱说，“最好不要用‘坎坷’二字来形容我的这段经历”。在他看来，遭遇厄运的这几年戏剧般地成了他人生道路的新起点。他数着手指，介绍了其中的三个“原因”：

“首先，我参加劳动锻炼，思想认识确有提高，再也不是文弱的‘书呆子’，身体更结实，健康可是让人受益终生啦。”

“第二，去江西，也就没有卷入北大内部的两派争斗，避免了受惩。”

“最幸运的一点是，我躲进了一个‘防空洞’……”

原来，林彪坠机事件后，在周总理安排下，北大外出劳动锻炼的教师们大都返校了。为了做好尼克松访华的准备，周总理委托外交部搜集有关尼克松的资料，最后，外交部又把一部分任务交给了北大法律系。梁西先生与王铁崖、芮沐、沈宗灵等学者一起，成了编译组成员，参与翻译了《联合国与裁军》《联合国手册》《六次危机》《希思外交报告：旧世界与新前景》等 6 部书和大量有关联合国的文件。这些书和文件对于我国的学术研究和中国恢复联合国席位后的外事工作，极具参考价值，曾获国内外和联合国秘书处的赞赏。期间，梁先生还专门收集和摘译了一批有关国际关系及国际组织等方面的文献，单独积累了 200 多万字的资料。

“参加编译组的 7 年，不仅使我躲进了一个远离动乱与纷争的‘防空洞’，而且对自身语言的提高和研究素材的积累，比再读几所大学的收获还要大！”他庆幸自己于动荡之年，还能有这样的学术经历。

就这样，当一些人卷入种种风波，或飞扬一时，或受尽折磨时，他却在“防空洞”的庇护下默默地积蓄能量。他从各种信息资料中敏锐地觉察到，国际组织在未来的世界将扮演着越来越重要的角色，而中国在联合国也将起到日益突出的作用，他决心研究以联合国为核心的国际组织，夜以继日，不辞辛劳。功夫不负有心人，“文化大革命”一结束，他就基本构建出国际组织法的新体系，并终于在我国率先创设了“国际组织法”这门新课程。

“冷与热”的辩证法

图书馆、教室、家，自 20 世纪 50 年代以来，梁西先生都过的是这种三点一线的生活。梁先生说：“教书匠，是过去对教师的一种蔑视的称呼。我是地地道道当了一辈子教书匠，吃了粉笔灰，但我无怨无悔，我以此为乐，以此为荣！”梁先生接着说，做学问要有所成，须甘于寂寞，力戒浮躁，“冷”与“热”要辩证地看。多年来，他就是跟着这“冷热辩证法”走过来的。

在“政治热情”高涨的年代，他始终不爆不火，在未名湖畔钻研着被人冷漠的学问；在“淘金岁月”，他依旧心静似水，在珞珈山上守着一屋书香……

20 世纪 80 年代初，海洋法是国际法的热门，著名法学家王铁崖先生有意让他来主持北京大学的海洋法研究，而他却执着于被人认为是冷门的国际组织法。正当他在北京大学多次被评为优秀教师时，他却于 1982 年回到阔别 30 余年的母校，回到山清水秀的珞珈山。有人认为，他回武汉大学是要弄个“领导”做，而他却辞绝任何职位，一心做个普通教员。“母校有我最难忘的时光，最美好的回忆，最尊敬的师长，最宜人的治学之所……”梁先生对珞珈山的一草一木满怀深情。

回武汉大学任教，梁先生焕发出前所未有的激情，可谓硕果累累，桃李芬芳。

1984 年他准备多年的学术专著《现代国际组织》出版，是国内首次全面系统阐述国际组织法的一本专著，博采中西，见解独到。《国际组织法》经过 5 次修订，被教育部定为全国高校通用教材，1996 年曾获国家教委一等奖。如今，联合国、世界贸易组织、欧盟等为代表的国际组织法学已成为热点中的热点；他协助韩德培先生创办的国际法研究所已成长为该领域唯一的国家重点研究基地。此外，梁先生还主编了已发行数十万册的《国际法》，并发表了许多论文，在海内外产生学术影响。

对于学术上的热点，梁先生也主张冷静观之。早在求学阶段，他就形成了“注意积累材料，讲求据实分析，不爱人云亦云，勤于个人思考”的学风。20 世纪 80 年代曾有人对周鲠生先生著作的观点有所贬低，而他却认为那是周先生在特定历史背景下的独特贡献。

对于如何看待教学与科研的关系，梁先生说“二者结合得好，事半功倍，若是‘两张皮’，则费力不讨好”。所以，他对于培养学生十分倾心。自 1986 年起，梁先生开始招收博士研究生，为我国培养了大批国际法高级人才。经其指导的博士、硕士研究生，已有许多人被评为教授、博士研究生导师、“杰出中青年法学家”，还有多人担任了外交部、驻外使领馆或司法部门的重要职务和高等院校的负责人。现虽年届八旬，梁先生还每天坚持锻炼、打门球、读书写作，有时还深入学生，做讲座，介绍学术心得和学科前沿领域……

（六）《湖北日报》记者韩晓玲、赵海燕、付晓歌：《朴实的人生最美丽》（载《湖北日报》2011 年 12 月 13 日）

梁西，1924 年生，著名国际法学家，先后执教于北京大学法律系和武汉大学法学院。长期从事国际法、国际组织法等方面的研究，是中国国际组织法的开拓者与奠基人。他是新中国 20 世纪 50 年代大学教师中最早的兼职律师之一，曾多次出席最高人民法院与北京市法院重大涉外案件的庭审。

“现在年纪大了，想把自己的经验和走的弯路总结出来，给年轻人作参考。”提起自己近两年编著的《法学教育方法论》，88 岁高龄的梁西老先生谦逊地说，这本强调大学生“自我塑造”的书，主要来自对自身点滴的具体回顾，是一些“实用”的经验之谈。

这位国际法学家，童年时却差点与治学失之交臂。

梁西出生于湖南一个农村。小时候，因为家境清寒，仅在私塾读了 3 年书就不得不做放牛娃。回想过去，他不无感慨地说：“我喜欢游泳，也喜欢在小河里捉鱼，喜欢在雪山上打猎，唯独没有想过做法学家。”

但是，在那个动荡的社会里，父亲因不识字而上当，家里的黄牛被骗走，促使梁西下定决心读书，梦想用知识来改变命运。他在抗日烽火中度过了中学时代。国难与家贫，铸造了他发奋图强、坚韧不拔的品格，也激发了他抗拒帝国主义的爱国热情。

1946 年梁西考入武汉大学。次年，周鲠生校长开设国际法课程。他深情地回忆道：“周老师关于《对华不平等条约》一节的讲解，使同学们心情激昂，痛感‘弱国无外交’，务必创建一个民富国强的新中国！”在周鲠生先生的影响下，梁西将国际法作为自己终生的研究方向。

毕业后，梁西在北京大学执教 30 年之久。在 20 世纪 50 年代，他成为新中国法律院校最早的一批兼职律师之一，多次出席重大涉外案件庭审。1955 年 5 月最高人民法院开庭审理“卡麦隆驾驶美机侵入中国领空进行骚扰挑衅危害中国安全”一案，他接受委托担任被告律师。此案在中美关系史上意义重大，举世瞩目。

在尼克松访华之前，周恩来总理委托外交部门搜集有关资料。梁西成为北大法律系编译小组的 7 位成员之一，参与翻译出版了《联合国与裁军》《联合国手册》《六次危机》《希思外交报告：旧世界与新前景》等 6 部书，并编译了大量有关联合国的文件。

在编译小组的 7 年，使梁西在那个特殊的年代里得以积累研究素材。他个人还另外专门搜集和摘译了一批有关国际关系及国际组织的中外文献，积累了 200 多万字的资料。他已敏锐地觉察到，国际组织在未来的世界将扮演着越来越重要的角色，而中国在联合国也将起到日益突出的作用。

梁西潜心研究以联合国为核心的国际组织，日复一日，夜以继日，视力急骤下降。“文化大革命”一结束，他就基本构建出国际组织法教学与研究的新体系，并在北京大学率先创设了“国际组织法”这门新课程。

之前，法学泰斗韩德培教授曾赴北京大学动员梁西回到母校武汉大学国际法研究所执教，还专门给他写了 3 封信。1982 年梁西回到阔别已久的武汉大学任教。他厚积薄发的学术人生，在这里进一步焕发光彩。

没有充分准备与研究，绝对不上讲台，这是梁西教授在多年教学中的首要原则。凡是他主讲的课程，都有自己精心编写的讲稿。而且他坚持关注国际法发展轨迹和演变规律及趋势，与时俱进，不断创新。

1984 年梁西教授所著《现代国际组织》出版，是国内首部全面系统阐述国际组织法的专著，初步填补国内学科空白。《国际组织法》先后 5 次修订，被教育部指定为全国高校通用教材，该书已于 2011 年 8 月出第 6 版，名为《梁著国际组织法》，堪称梁西代表作。他主编的《国际法》，是全国发行量最大的国际法教科书之一。

梁西教授曾说过：“朴实无华，淡泊明志，人生才是最美丽的。做学问要有所成就，须甘于寂寞，力戒浮躁，‘冷’与‘热’要辩证地看。”他以一辈子当教书匠、吃粉笔灰为荣。

自 1986 年起，梁西教授开始招收博士研究生，为我国培养了大批国际法高级人才；他当年协助韩德培教授创办的武大国际法研究所，已成为教育部人文社科重点研究基地。

(七)《今日中国》(*China Today*):《梁西:中国国际组织法的奠基人》[载《今日中国》(*China Today*)2016年特刊]

梁西,别名梁宋云,我国当今最年长的国际法学家之一,1924年生于一个贫困的农民家庭。1946年考入武汉大学法律系,1950年毕业。师从著名国际法学家周鲠生先生,对他后来的学术发展有深刻影响。

1953～1983年,在北京大学法律系执教30载,历经坎坷。曾参与该系解放初期的恢复与重建工作,并先后主讲苏联法学、欧美刑法、国际法和国际组织法等多门课程。1980年相继被评为北大和北京市优秀教师,是新中国最早的一批兼职律师,曾兼任国家邮电部法律顾问。对解放初期的法制建设做出了重要贡献。

从1983年起,应邀调回武汉大学国际法研究所执教,任国际法教授。1986年经国务院学位委员会评选批准为博士研究生导师。曾先后兼任中国国际法学会理事及顾问、湖北省人大常委会法律顾问、中国海事仲裁委员会委员等职。

毕生耕耘"国际法"

他从武汉大学毕业后,即长期主攻国际法,并从事国际法教学。1955年5月,最高人民法院开庭审理"L. W. Cameron驾驶美机侵入中国领空"一案,他接受委托担任被告律师。此案在中美关系史上意义重大,举世瞩目。曾多次为我国参加第三次联合国海洋法会议做材料准备工作,包括校正《海洋法公约草案》文本(中文与英文)的专门术语及文字表达。曾多次应邀参加全国人大常委会立法的起草准备工作,为相关涉外事项提出咨询意见。

"文化大革命"中期,他被下放到鄱阳湖劳动改造。但在关键时刻,他躲进了一个意外的“防空洞”。正是在这个“防空洞”,他为自己筑就了一个人生道路的新拐点。当时为做好尼克松访华的准备,周总理要外交部准备相关资料,后来,为此在北大法律系组成了一个“编译小组”。他与王铁崖、芮沐、赵理海、沈宗灵等7位学者,成为该小组专门成员。此后,连续7年,分工合作,先后翻译出版了《联合国与裁军》《联合国手册》《六次危机》《希思外交报告:旧世界与新前景》等6部书和大量有关国际组织的资料和文件。这对当时的社会科学研究,特别是对我国1971年在联合国恢复合法席位后的初期工作,有重要参考价值,获得了国内外和联合国秘书处的赞赏。1974年5月在北京召开7省市20所大学(包括北大和武大)的翻译工作会议,他应邀在代表大会作了关于联合国文件翻译问题的长达1个多小时的讲话。在上述“防空洞”的庇护下,即使处境最艰难(被作为“中右”挨批挨整)的时刻也不肯轻易放弃工作,他发现经过两次世界大战之后,有关国际组织的众多条约、规章制度,已逐渐成为现代国际法一个全新的重要分支。欧美学者,对此已有不少研究。但我国由于多种原因,解放前及解放后均重视不够。为此,他决心进一步集中精力,钻研以联合国为核心的国际组织。“文化大革命”一结束,他就构建出研究国际组织法的基本体系,并在北京大学创设了我国有史以来的国际组织法这门崭新的课程。1984年在其教学基础上,他精心撰写多年的《现代国际组织》一书也正式出版,这是国内首部较全面论述国际组织法的一本专著。近30年来,此书先后修订增补5次,已于2011年出第6版,名为《梁著国际组织法》。其中,《国际组织法》(第4版)获国家教委优秀著作一等奖,《国际组织法》(总论)(第5版)被国家教育部推荐为“研究生教学用书”。这是一部不可多得的学术精品。他在这方面开拓性的研究与多年的教学工作:为在我国建构国际组织法学的教学与科研体系及其理论发展,做出了重要贡献;为在武大建立国际法博士学位点并培养一批相关的教学科研力量,投入了全部精力。他主编的《国际法》,先后3版,已发行40余万册,是全国发行最多的国际法教科书之一。其独著《国际组织法》(第3版)和主编的《国际法》(1993年版)两书,均以繁体字竖行本在我国台湾地区出版发行,具有学术影响。还发表了不少观点新颖的论文。形成并提出了很多见解独到的学术思想和理论观点。如“社会基础论”“结构平衡论”“职能性原则”“类别性国际法渊源理论”“国际法与国内法内在联系论”“国际法的五大发展趋势”“国际组织法的体系分析”“安理会否决权制度的三脚架原理”“关于国际法发展极限的思考”“国际组织的发展动向”“关于国际法委员会编纂工作的总结”“集体安全制度的发展规律”“联合国半世纪评述”“关于国家自卫权制度的三驾马车观点”，等等，均具新意，有其精辟之处。其中，特别是“社会基础论”和“结构平衡论”高屋建瓴，对国际法和国际组织的存在基础与发展规律，作了高度概括，深化了国际法学与国际组织法学的原理。两者，从总体上揭示了现代国际法律秩序的社会学特征与基本性质。两者，正是他用以建构其国际法与国际组织法教学及科研体系的学术出发点，也是他始终贯穿于其各种著述及学术报告中的理论前提。

一辈子的“教书先生”

在北京大学时，他是青年教师中开课最早(1955 年)的教师之一。后来曾担任新中国第一个国际法班的授课(国际组织法)教师兼班主任。这些当年跟着先生上课和参加社会锻炼的学生，后来有许多已是中国的高级外交官，有的是联合国和其他国际组织的官员、外交部司长、大学副校长、著名学者、美国的大律师。

他为我国培养了大批(包括硕士和博士研究生在内的)国际法高级专门人才。仅就经其直接指导并已毕业的近 40 位研究生进行统计，获硕士学位者 14 人，获博士学位者 17 人。在获博士学位者中，之后曾担任高级外交官的 6 人:2 人分别为中国驻纽约和澳大利亚的副总领事，1 人为亚非法协副秘书长(后任国家驻外大使)，1 人为条约法律司司长，1 人为中国驻联合国亚太经社理事会首席官员，1 人为联合国驻非洲刚果(金)首席军事观察员(后任教授)；担任教授的 8 人:5 人为国际法博士研究生导师，3 人兼法学院院长；在中央国家机关工作的 2 人:1 人负责军事法律事务，1 人参加处理国际核裁军事务；在大企业部门负责国际法律事务的 2 人。他们为社会做出了重要贡献，获得了多种荣誉称号。

他一辈子都在“圆一个梦”:言传身教，为人师表，授业解惑，循循善诱。无论在北京大学(前 30 年)还是在武汉大学(后 30 年)，都赢得了青年学生的尊重与爱戴。

难得平生半日闲

他已年过九旬，但仍每天读书写作，有时还深入学生中，介绍学术心得和学科前沿领域。早先曾在北京大学，特别是改革开放后，曾先后在武汉大学、中南政法学院、西北政法学院、广西师范大学、湖南大学、湖南师范大学、深圳大学、苏州大学、安徽大学、中南大学等高校，做过有关国际法与国际组织法以及教育方法论的各种学术报告。有的报告稿经多次改写，已作为论文正式发表。

初唐诗人卢照邻曾经留下“寂寂寥寥扬子居，年年岁岁一床书；独有南山桂花发，飞来飞去袭人裾”的名句。这用来刻画梁先生“宁静致远”的为人品格和“精益求精”的治学精神，或许是最合适不过了。

部分著作及译著目录

代表性著作（独著）：《现代国际组织》，1984 年版；《国际组织法》（总论），2001 年版；《梁著国际组织法》，2011 年修订第 6 版。

主编及合著：《国际法》（主编），2011 年修订第 3 版；《国际法》（梁西为主要撰写人之一，王铁崖任主编）1981 年版；《中国大百科全书》（法学）（梁西撰写国际法中有关“国际组织”的全部条目，王铁崖任国际法主编），1984 年版；《法学教育方法论》（前五讲），2009 年版。

主要学术论文（独撰）：《国际法的危机》，2005 年；《国际法律秩序的呼唤——“9·11”事件后的理性反思》，2002 年；《论国际社会组织化及其对国际法的影响》，1997 年；《联合国：奔向二十一世纪》，1995 年；《国际法的社会基础与法律性质》，1992 年；《国际困境：联合国安理会的改革问题——从日、德、印、巴争当常任理事国说起》，2005 年；《安理会改革热潮再析》，2006 年；《论国际法的发展》，1990 年；《联合国与中国》，1989 年；《论现代国际法中的集体安全制度》，1988 年；《联合国国际法委员会与国际法的发展》，1981 年。

主要译文（独译）与合作译著：《新国际经济秩序及其对国际法发展的影响》，1979 年；《非洲国家与国际法的渊源》，1980 年；《国际法中“国家承认”的性质问题》，1979 年；《国际组织的发展》，1980 年；《从国际司法角度看联合国的各项原则》，1979 年；《中国与国际法》，1978 年；《赤道国家波哥大宣言》，1982 年；《尼克松：六次危机》（上下两册），商务印书馆 1972 年版；《联合国与裁军》，商务印书馆 1972 年版；《联合国手册第 8 版》（共 3 册），商务印书馆 1973 年版；《希思外交报告：旧世界新前景》，商务印书馆 1973 年版。

（八）A Dream Once More：一封"情书"（原件）

中南大学

P.1

文农兄：

久未晤面，一切可好？虽然"日久渔书断"（《半耕斋诗文稿》句，P.49），但"旧了""尘梦"，时在怀念之中！

这次，我刚到长沙，便收到你2002年5月所寄送的《诗文稿》，翻开首页，即喜见尊兄彩照。这虽是一次迟到的会晤，却引我进入了梦幻般的无边遐想，"情思恰似午烟"（P.46），飘到了半个多世纪以前的彩霞坪：

·在资江之滨的小道上，楚梁、家正，还有你我，每当周末傍晚，结伴漫步，一路欢声笑语，无所不及……

·在漫天烽火的年月里，我们三三两两，径以徒自地同做抗日宣传……

·在山顶大操场的一次周会中，有个自称"保某"的狂学生，挤开主席台上的校长，自己上去发表一个所谓"顶天立地"的狂言，为仁兄伏辩护……接着，迫于情势，又双双出去发坊，结果招来了记乙过两次……

·后来，不知何时何故，楚梁竟英年早逝了……

这一点点，一滴滴，就好像是在昨天，又好像是在很远很远的过去！……等我从梦幻中清醒

地址：湖南·长沙·岳麓山　　RA·3·45－999

中南大學

P.2

过来时，《诗文稿》正好端端地摆在我胸前！

人生的"鸿爪雪泥"（P.47），而今如斜阳在坪，谁知早已"赏尽天桥"，满目"豆棚瓜架"（P.13）了！何奈故人天涯外，独有流水"日西斜"（P.55）！

我再次拾起《诗文稿》，从字里，感觉着作者的"廿载风雨"，从行间，共温着"雾散冰融"（P.1）的欢欣！

宇宙万物循环，由无至有，由有至无，在此意义上，"人生确是个圈"（P.152）。是一个小圈？是一个大圈？是一个古怪的圈？是一个充满苦乐艰辛的圈？万古哲学家，谁也没能把这说得清楚。每个人划的圈，都是那么的不一样，但又似乎都有许多雷同之处，只是其美丑好恶有些大差别而已！

全书，蕴意甚广：有述情言志者，有论今证古者，有品事评人者，笔下喜怒哀乐，无不感我肺腑。诗文中多次提及惠九、质彬（致中）、华农师、开金东、家正、宪侯（国璋）、法君、文炳等……细思量，思绪集，感慨不已！

老兄，还是让我们更欣赏一点吧。使我欣慰的是：从另一角度看，《诗文稿》作者视野开阔，心态平静自如，淡泊明志，生活丰富多彩，已

地址：湖南·长沙·岳麓山

中南大學

P.3

达到王维名句"大漠孤烟直，长河落日圆"的绝妙境界。我为兄庆之贺之！

今日胡言乱语多，就此搁笔，尚祈吾兄见谅。这次，原想趁会机回老家一趟，并登府拜望，只因身体不适，未敢冒然成行。现特将所余旅费寄兄500元，烦代劳自购些可口的东西，以略微表我牵念之意，不成敬意，请笑纳之。

顺此问候嫂夫人！

宗雲 弟

于2003年10月6日（返湘前夕）

附：我的电话是：027-87682828

为寄信，地址为：武汉市武汉大学国际法研究所

梁西 收

地址：湖南·长沙·岳麓山

RA·3·45－999

后　　记

关于第五讲的一点说明:这本选集共约 30 万言,按内容类别,分为五讲。从其总体结构分析,相对第一讲为全书"引论"而言,第五讲可视为全书"总论"。但从其主要内容分析,第五讲也是一个综合性的"人生小结"。这个小结,从人生与社会角度,提出了不少广泛而深邃的观念和若干值得深思的问题。因此,第五讲在此选集中具有多重含义,意味深长。

衷心感谢杨泽伟博士鼎力相助！没有他的热情帮助,本书将难以圆满完成。

衷心感谢我女儿梁芸和外孙女梁爽！没有她俩的帮忙,本书亦难以完成。

衷心感谢武汉大学法学院与国际法研究所的各位领导和同事,以及读者朋友们和法律出版社法治与经济分社社长沈小英与编辑刘晓萌！感谢你们对本书撰写与出版的大力支持及关怀,十分感谢！

梁西

2018 年 8 月 29 日

于珞珈山南小坡

图书在版编目(CIP)数据

梁西论国际法与国际组织五讲：节选集／梁西著
.--北京：法律出版社，2019
ISBN 978-7-5197-3346-9

Ⅰ.①梁… Ⅱ.①梁… Ⅲ.①国际法—法的理论
Ⅳ.①D990

中国版本图书馆CIP数据核字(2019)第059176号

梁西论国际法与国际组织五讲(节选集)
LIANGXI LUN GUOJIFA YU GUOJI ZUZHI WUJIANG (JIEXUANJI)

梁　西　著

策划编辑 沈小英
责任编辑 刘晓萌
装帧设计 马　帅

出版 法律出版社
总发行 中国法律图书有限公司
经销 新华书店
印刷 中煤(北京)印务有限公司
责任校对 马　丽
责任印制 吕亚莉

编辑统筹 法治与经济出版分社
开本 710毫米×1000毫米 1/16
印张 25.5
字数 405千
版本 2019年6月第1版
印次 2019年6月第1次印刷

法律出版社／北京市丰台区莲花池西里7号(100073)
网址／www.lawpress.com.cn
投稿邮箱／info@lawpress.com.cn
举报维权邮箱／jbwq@lawpress.com.cn
销售热线／010-83938336
咨询电话／010-63939796

中国法律图书有限公司／北京市丰台区莲花池西里7号(100073)
全国各地中法图分、子公司销售电话：
统一销售客服／400-660-6393
第一法律书店／010-83938334/8335　西安分公司／029-85330678　重庆分公司／023-67453036
上海分公司／021-62071639/1636　深圳分公司／0755-83072995

书号：ISBN 978-7-5197-3346-9　**定价：**128.00元
(如有缺页或倒装，中国法律图书有限公司负责退换)